Roger Peverelli | Reggy de Feniks | Walter Capellmann

Wie sich die Finanzbranche neu erfindet

Wie sich die Finanzbranche neu erfindet

Was Kunden von Finanzdienstleistern wirklich erwarten

Roger Peverelli | Reggy de Feniks | Walter Capellmann

FBV

Bibliografische Information der Deutschen Nationalbibliothek
Die Deutsche Nationalbibliothek verzeichnet diese Publikation in der Deutschen
Nationalbibliografie.
Detaillierte bibliografische Daten sind im Internet über http://dnb.d-nb.de abrufbar.

Für Fragen und Anregungen:
peverelli@finanzbuchverlag.de
defeniks@finanzbuchverlag.de
capellmann@finanzbuchverlag.de

1. Auflage 2012

© 2012 FinanzBuch Verlag, ein Imprint der Münchner Verlagsgruppe GmbH
Nymphenburger Straße 86
D-80636 München
Tel.: 089 651285-0
Fax: 089 652096

Original edition copyright © by Roger Peverelli and Reggy de Feniks, Pearson Education Benelux,
2010. All rights reserved.
Die Originalausgabe erschien 2010 unter dem Titel »Reinventing Financial Services« bei Pearson
Education. Die deutsche Ausgabe wurde 2012 vollständig aktualisiert. All rights reserved.

Übersetzung: Moritz Malsch, Buch-Concept
Lektorat: Marion Reuter
Satz: Grafikstudio Foerster, Daniel Förster
Druck: Florjancic Tisk d.o.o., Slowenien

ISBN Print 978-3-89879-682-8
ISBN E-Book (PDF): 978-3-86248-323-5

Weitere Informationen zum Verlag finden Sie unter
www.finanzbuchverlag.de
Beachten Sie auch unsere weiteren Verlage unter
www.muenchner-verlagsgruppe.de

Inhalt

Beiträge und Interviews

Vorwort

Aktuelle Umfragen unter den Verbrauchern belegen zweifelsfrei: Viele Menschen stehen der Finanzdienstleistungsbranche mit einer gehörigen Portion Skepsis gegenüber. Zwei internationale Bankenkrisen innerhalb weniger Jahre sowie häufige Berichte über gravierende Fehlberatung und hohe, nicht nachvollziehbare Gebühren haben das Vertrauen der Kunden in ihre Geldinstitute erodieren lassen. Die Wiederherstellung des Vertrauens in unsere Branche erscheint daher als eine zentrale Herausforderung. Es ist für uns von großer Wichtigkeit, über die Bank- und Versicherungsgeschäfte der Zukunft neu nachzudenken. So gesehen, hätte das vorliegende Buch zu keinem günstigeren Zeitpunkt erscheinen können. Die klassischen Aufgaben von Banken – einerseits ihren Kunden attraktive Spar- und Anlageprodukte zu bieten und andererseits Kredite auszureichen – rücken zunehmend wieder in den Vordergrund unseres Geschäfts. Deshalb ist es für unseren nachhaltigen wirtschaftlichen Erfolg entscheidend, das Vertrauen der Kunden zu gewinnen und dauerhaft zu festigen. Dieses Vertrauen ist nicht mehr und nicht weniger als eine Lizenz für das operative Geschäft der Banken. Ich bin überzeugt, dass Finanzdienstleister nur dann die nötigen Spareinlagen erhalten, die sie zur effektiven Erfüllung ihrer wichtigen wirtschaftlichen und gesellschaftlichen Rolle brauchen, wenn sie dauerhaft das Vertrauen ihrer Kunden haben.

Wir sind stolz darauf, dass unsere Bank jetzt die drittgrößte Privatkundenbank in Deutschland ist. Sie verzeichnete in den zurückliegenden Jahren ein viel beachtetes Wachstum. Das ist kein Grund zur Selbstzufriedenheit, denn gerade kritische Kunden kehren ihrer Bank schnell wieder den Rücken zu, wenn ihre Erwartungen nicht erfüllt werden. Wir denken, dass unsere Geschäftsphilosophie, die auf den Säulen Dialog, Transparenz und Fairness ruht, der Schlüssel zum Erfolg ist. Was verbirgt sich hinter diesen Begriffen?

Wir glauben an einen konstruktiven Dialog mit den Verbraucherschützern, die wir nicht als die »natürlichen Feinde« der Bank sehen, sondern als wichtige Impulsgeber für unser Handeln. Dieser Dialog ist nicht immer einfach und bequem, aber er liefert uns wertvolle Erkenntnisse. Ein intensiver Austausch mit unabhängigen Fachjournalisten gehört ebenso dazu wie das Meinungsbild unserer Kunden.

Transparenz wiederum bedeutet zum einen Verzicht auf Komplexität und die Konzentration auf Bankprodukte, die der Kunde wirklich braucht. Weniger kann dabei durchaus mehr sein, was folgendes Beispiel beweist: Im Jahr 2001 hatten wir noch 20 Produkte in unserem Portfolio, im Jahr 2011 waren es nur noch 10. Gleichzeitig stiegen aber die Retail Balances von 9 auf 154 Milliarden Euro.

Transparenz heißt ferner, die Voraussetzungen für den gut informierten und selbstbestimmt handelnden Kunden zu schaffen. Wir glauben, dass die Zukunft den Finanzdienstleistern gehört, die auf Alternativen zur provisionsabhängigen Beratung setzen. Eine Herausforderung, die Transparenz, umfassende Informationen und zahlreiche interaktive Tools im Online-Auftritt erfordert. 2010 starteten wir das unabhängige Internet-Verbraucherportal »Finanzversteher.de«. Der Kunde kann sich auf diesen Seiten umfassend und absolut produktneutral zu den Themen Geldanlage und Altersversorgung informieren. Inzwischen wurde dieses Angebot mit Social-Media-Funktionen erweitert. Ziel ist es, über diese Seite eine sich gegenseitig beratende und unterstützende »Finanzversteher-Community« aufzubauen.

Unter Fairness verstehen wir, gute Produkte zu attraktiven Konditionen anzubieten. Es ist nicht notwendig, der Billigste um jeden Preis zu sein, sondern einer der Besten zum fairsten Preis. Das bedeutet auch, alte Zöpfe abzuschneiden und den Kunden mehr Flexibilität zu bieten. Diese Philosophie muss konsequent über alle Kategorien eingesetzt werden.

Es dreht sich letztlich um eine ganz simple Frage, die sich die Finanzdienstleistungsbranche immer wieder stellen muss: Was erwarten die Kunden von uns? Sie erwarten exzellenten Service sowie ein Maximum an Transparenz und Einfachheit. Diese Erwartungshaltung zu erfüllen ist für uns zum ING-DiBa-Prinzip geworden.

Ohne Frage, die Finanzdienstleistungsbranche muss noch einen langen Weg gehen, um die Kunden wirklich in den Mittelpunkt zu stellen. Und zwar in einer für den Kunden spürbaren und glaubwürdigen Form. Aber ich bin zuversichtlich, dass unserer Branche dies gelingen wird. Meine Zuversicht wuchs, als ich das vorliegende Buch las und den Eindruck gewann, dass viele Kollegen die Notwendigkeit eines Wandels in den Kundenbeziehungen ebenso deutlich empfinden wie ich. Ich danke Roger Peverelli, Reggy de Feniks und Walter Capellmann für die Herausgabe dieses gut geschriebenen und klar strukturierten Buches. Nicht zuletzt wünsche ich allen Lesern eine ebenso spannende wie inspirierende Lektüre.

Roland Boekhout, CEO ING-DiBa AG

Einleitung

Eine kurze Geschichte der Finanzkrise

Am 15. September 2008, als die US-Investmentbank Lehman Brothers zusammenbrach, verstanden nur wenige Menschen, dass die Welt an einem Abgrund stand. Während der folgenden Monate wurde deutlich, dass der Lehman-Kollaps nicht nur einen Wendepunkt in der Finanzbranche markierte, sondern auch den Beginn der größten Rezession der Nachkriegszeit.

Jahre zuvor hatte der Verkauf der allerersten Subprime-Hypothek, die in ein anständig aussehendes Anlageprodukt verpackt war, einen beispiellosen Dominoeffekt ausgelöst, der jahrelang anhalten sollte. Wie eine tickende Zeitbombe, die beim Explodieren Chaos verursacht. Finanzinstitute hörten auf, einander zu vertrauen – niemand wusste, in welchem Maße die anderen bei diesen Produkten engagiert waren. Die Geldmärkte erstarrten. Die Kreditmärkte froren ein, was selbst große Unternehmen in Panik versetzte. Dies wiederum verursachte die wirtschaftliche Rezession, die die letzten drei Jahre überschattete. Außerdem erlebt Europa eine Schuldenkrise, in der Griechenland, Irland, Portugal, Italien und Spanien die Hauptrolle spielen.

Aufgrund der Schuldenkrise versuchen die europäischen Verantwortlichen Maßnahmen zu ergreifen, um das Vertrauen sowohl in die EU-Banken als auch in den Euro wiederherzustellen. Dazu zählt unter anderem eine Steigerung der Kernkapitalanforderungen sowie Abschreibungen auf die Staatsanleihen der Banken.

Niemand blieb unversehrt

Kein Land, Unternehmen oder Mensch war nicht in irgendeiner Weise von der Finanzkrise betroffen. Der IWF schätzt die Gesamtkosten der Krise auf 8 Billionen Euro oder umgerechnet 2000 Euro für jeden Bewohner des Planeten. Weltweit stieg die Arbeitslosigkeit an, insbesondere unter jungen Leuten. Erwachsene und besonders ältere Arbeitnehmer, kurz vor dem Ruhestand, sahen ihre Altersvorsorge dramatisch an Wert verlieren.

Fotografie auf der vorherigen Seite: Hverarönd, Island. Mit freundlicher Genehmigung von Ymke Sie.

Die Krise schmälerte das Eigenkapital und die Gewinne und weitete die Staatsdefizite aus. In vielen Ländern rund um die Welt leiden die Menschen weiterhin jeden Tag unter den Folgen. Sie sparen am Notwendigsten, schrauben ihren Lebensstil herunter und geben vorsichtiger Geld aus.

Die Wohlhabenden sind ebenfalls betroffen. Laut dem World Wealth Report 2009 von Capgemini und Merrill Lynch sank weltweit die Zahl der Millionäre in einem einzigen Jahr um 15 Prozent. Deren Gesamtvermögen schrumpfte um fast 20 Prozent. In China nahm die Zahl vermögender Haushalte in den zehn größten Städten von 1,1 Millionen im Jahr 2008 auf 970 000 im Jahr 2009 ab, wie der TNS China Affluent Survey 2009 verrät. Jedoch wird nach Einschätzung einer Studie von Julius Bär aus dem Jahr 2011 die Zahl der sehr vermögenden sogenannten »High Net Worth Individuals« (HNWI) insbesondere in Asien wieder schnell wachsen. Allein China und Indien werden zusammen 40 Prozent zu der weltweiten Zunahme beitragen. Die Studie erwartet, dass die Zahl der HNWIs sich in den zehn wichtigsten asiatischen Märkten bis 2015 auf 2,82 Millionen mehr als verdoppeln wird – wovon allein 1,4 Millionen Chinesen sind – und dass sich das Vermögen auf 15,81 Billionen US-Dollar beinahe verdreifachen wird.

Laut dem World Wealth Report 2011 stabilisierten sich die weltweite HNWI-Bevölkerung und deren Vermögen 2010; die Zahl der Millionäre stieg auf 10,9 Millionen, und deren Finanzvermögen erreichte 42,7 Billionen US-Dollar. In Russland stieg die Zahl der HNWIs um 14 Prozent auf 133 700 Personen, die Finanzanlagen im Wert von über einer Million US-Dollar besitzen.

Künftig wird die Notwendigkeit, Einlagen auf sich zu ziehen, bei den meisten Finanzinstituten ganz oben auf der Agenda stehen, was die Wohlhabenden zu einer noch wichtigeren Zielgruppe macht.

In Spanien sind die Banken mittlerweile die bei Weitem größten Immobilienbesitzer, da sie zahlreiche Häuser von Bauunternehmen und privaten Eigenheimbesitzern übernommen haben. Die Banken haben darum massiv in Immobilienportale im Internet investiert, ihre eigenen Maklerfirmen aufgebaut und an Immobilienmessen teilgenommen. Ihr Bestand umfasst zahlreiche verkaufsbereite Häuser, aber auch viele, die noch fertig gebaut werden müssen. Spanische Banken übernehmen also eine ganze Reihe neuer Rollen, die neue Investitionsentscheidungen erfordern. Dies bringt auch Vorteile mit sich: Anders als herkömmliche Maklerfirmen haben Spaniens Banken den Verkauf des Vermögenswerts in der Hand, da sie das Geschäft mit attraktiven Finanzierungsangeboten versüßen können. Das heißt, solange sie dazu bereit sind, angesichts von 1,5 Millionen zum Verkauf stehenden Häusern.

Eine Verschiebung der wirtschaftlichen Macht

Die Geschwindigkeit, mit der sich der Virus der Kreditklemme ausbreitete, offenbarte, wie globalisiert und eng verflochten die Finanzmärkte sind. Die Staaten dagegen reagierten mit einem Rückzug nach innen und einem zunehmenden Protektionismus und Nationalismus. Die Wirtschaft ist global, die Politik lokal. Regierungen haben im Gegenzug für ihre Unterstützung die Finanzinstitute unter Druck gesetzt, sich mehr auf ihren Heimatmarkt, die Steuerzahlerbasis, die die Hilfsleistungen finanziert, zu konzentrieren. US- und europäische Banken zogen Geld aus den Schwellenländern in Lateinamerika, Asien sowie Mittel- und Osteuropa ab. Eine unerwartete Folge war, dass Anleger aus weniger betroffenen Ländern wie China und Brasilien nachrückten. Damit kam es zu einer wirtschaftlichen Machtverschiebung. Zwar litten alle Volkswirtschaften, aber nur die westlichen schrumpften wirklich. China, Indien und Brasilien setzten währenddessen ihr Wachstum fort, wenn auch etwas verlangsamt. In diesen Ländern brach nicht ein einziges Finanzinstitut zusammen.

Ein Spitzenmanager eines der größten chinesischen Versicherungsunternehmen, mit dem wir sprachen, erzählte uns, dass das Unternehmen sein Wachstumsziel aufgrund der Kreditklemme auf »nur« 30 Prozent gegenüber dem Vorjahr zurückgeschraubt hatte.

Weil sie mehr Geld zur Verfügung haben, sind die Schwellenländer perfekt positioniert, um bei künftigen Innovationen die Führung zu übernehmen, beispielsweise auf dem Feld der Nachhaltigkeit. Als Folge der Kreditklemme wird sich die ökonomische Machtverschiebung in Ländern wie China, Indien und Brasilien beschleunigen. Dies hat zur Folge, dass wir uns nun in Richtung einer multipolaren Welt bewegen, in der die Vereinigten Staaten ihre Führungsrolle mit der EU und China teilen müssen. HSBC verlagerte das Büro seines CEOs bereits von London nach Hongkong.

Die ganze Branche sitzt im selben Boot

Noch vor nicht allzu langer Zeit standen Banker für Wohlstand und Prosperität. Heute sind sie die Sündenböcke für eine der größten Depressionen aller Zeiten.

Auch wenn nicht alle Finanzdienstleister direkt in die Ursachen der Kreditklemme verwickelt waren, haben die Ereignisse das Image der Branche insgesamt getrübt.

Jeder, der in der Finanzbranche arbeitet, kann heute erwarten, sich bei einer Party in hitzigen Debatten rechtfertigen zu müssen. Die Behauptung, dass das eigene Unternehmen sich nichts habe zu Schulden kommen lassen, entlastet einen nicht. Das Ende vom Lied ist, dass das Vorgehen von Bank A das Bild der gesamten Branche, der Banken B bis Z beeinträchtigt, egal, ob es sich dabei um eine unerwartete Abschreibung, eine schwer zu vermittelnde Bonusregelung oder unsensible Werbung handelt. Selbst wenn ein Finanzinstitut nicht direkt in die Ursachen der Krise involviert war, sollte es dennoch extreme Vorsicht walten lassen. Die öffentliche Meinung unterscheidet nicht – alle Finanzdienstleister sind schuldig.

Einige Unternehmen verzögern unterdessen die Erholung der Branche insgesamt, indem sie fortwährend ihre Konkurrenten beschuldigen, um selbst in besserem Lichte dazustehen.

Vertrauensbildende Interventionen der Regierung

Die Macht der Kreditklemme überraschte alle. Die Regierungen reagierten mit einer zweigleisigen Strategie: der Rettung der systemwichtige Finanzinstitute sowie dem Versuch, die Wirtschaft liquide zu halten.

Die Regierungen schufen ein ganzes Arsenal an Maßnahmen, die verhindern sollen, dass eine solche Krise je wieder eintritt. Während der Rettungsaktionen wurden zahlreiche Banken und Versicherer rund um den Globus verstaatlicht oder erhielten staatliche Kapitalspritzen. Laut Bloomberg Markets hatten allein die USA bis Mitte 2009 13,2 Billionen US-Dollar auf das Rettungspaket für den Finanzsektor namens TARP sowie die Rettung der großen Finanzinstitute Freddie Mac, Fannie Mae und AIG verwendet. Die Bank of England »investierte« massiv in faule Wertpapiere. Deutschland rief eine »Bad Bank« ins Leben, die die faulen Wertpapiere mehrerer Landesbanken aufnahm.

Bezüglich neuer Sicherheitsmechanismen debattieren die Regierungen weltweit noch über verschiedenste Lösungen.

Die Regulierung wird auf allen Ebenen überprüft, von den G20 über die EU bis hin zur nationalstaatlichen Ebene. Die Kapital- und Liquiditätsanforderungen sind gestiegen – dies stellt einen großen Durchbruch dar, denn Banker verweigerten sich bislang größeren Kapitalpolstern, da diese ihre Gewinne schmälern. Strengere Regeln für Hedgefonds und Ratingagenturen sind ebenfalls eingeführt worden. Die Bilanzierungsregeln wurden geändert. Die Leitlinien für Spitzenvergütungen werden überarbeitet. Ein verbesserter Verbraucherschutz ist ebenfalls Gegenstand regulatorischer Veränderungen. Die Vickers-Kommission empfahl im September 2011 einschneidende Reformen fürs britische Bankwesen, unter anderem einen Schutzschirm für die Handelsbanken sowie eine Abtrennung von den riskanteren Aktivitäten des Investmentbanking. Das Ziel ist, die Pleite der riskanteren Bestandteile zu ermöglichen, ohne dass dadurch die Kundenkonten in Gefahr gebracht werden.

Eine McKinsey-Studie von 2011 unter den 13 größten Kreditgebern der Welt zeigte, dass die durchschnittliche Eigenkapitalrendite von 20 Prozent im Jahr 2010 durch die strengeren Regulierungen wie zum Beispiel Basel III auf rund 7 Prozent fallen könnte, wenn nicht Gegenmaßnahmen ergriffen werden. Die Bank für internationalen Zahlungsausgleich erklärte im Juni 2011, sie erwarte, dass langfristig eine Eigenkapitalrendite von 11 bis 12 Prozent normal sein würde.

Ob »mehr Regeln« der Schlüssel zum Erfolg sind, ist umstritten. Jaap Winter, Professor für Corporate Governance an der Duisenberg School of Finance, gehört zu den vielen, die dies bezweifeln. Er argumentiert, dass Regeln das Gefühl von Sicherheit und Kontrolle vermittelten, welche zu den menschlichen Grundbedürfnissen zählten, aber diese lösten vorwiegend frühere Probleme und keine aktuellen. Außerdem liegt der Grund der Krise nicht im System, sondern in den Menschen, die es betreiben. Und Menschen lassen sich durch Regeln nicht beschränken. Überdies verringern immer mehr Regeln unser Gefühl, für das eigene Verhalten verantwortlich zu sein, stattdessen müssen nur noch Regeln befolgt werden. Mit anderen Worten: Je mehr Regeln es gibt, desto weniger werden die Leute sich selbst hinterfragen.

Der amerikanische Psychologe Barry Schwartz drückte es so aus: »Das moralische Urteilsvermögen wird durch immer mehr Regeln beschädigt, unser moralischer Wille wird durch immer mehr Anreize zerstört.« Insbesondere der zweite Teil dieser Aussage ist interessant: Finanzielle Anreize hemmen laut Schwartz die inhärente Motivation, Gutes zu tun. Winter sieht die Lösung darin, persönlich Verantwortung zu übernehmen – nicht im Sinne einer Befolgung von Regeln, sondern als Teil der persönlichen Kultur und Unternehmenskultur.

Neben zusätzlicher Regulierung konzentrieren sich die Diskussionen meist auf drei Felder:

1. Das System vereinfachen, um die Gefahr einer Kettenreaktion zu reduzieren, indem man die wechselseitige Abhängigkeit von Finanzinstituten aufhebt, so dass Finanzinstitute bankrottgehen können, ohne das gesamte System zum Absturz zu bringen.

2. Standards bezüglich Größe, Reichweite und Schwerpunkt setzen: Wenn ein Finanzinstitut zu groß ist, um bankrottgehen zu dürfen, ist es auch zu groß, um existieren zu dürfen. Man muss es also zerschlagen und verhindern, dass die Einzelteile wiederum zu groß werden. Das Investmentbanking vom klassischen Bankgeschäft zu trennen, wie es das Glass-Steagall-Gesetz während der US-Depression der 1930er-Jahre durchsetzte, ist ebenfalls eine Option, die in Erwägung gezogen wird. Die Absicht ist, die Risiko tragenden Teile – die »Casino-Funktion« – von der öffentlichen Versorgerfunktion einer Bank zu trennen.

Die EU-Kommission übt Druck aus, die größeren Finanzinstitute zu verkleinern, um wieder für ein »ebenes Spielfeld« zu sorgen. Einige argumentieren jedoch, dass Vorschläge zur Größenbeschränkung von Finanzinstituten nicht zur Lösung des Problems beitragen. Deren Meinung nach wird hier Größe mit Risiko verwechselt. Das Problem lautet nicht »zu groß«, sondern »zu kompliziert« und »zu riskant«. Größe ist an sich etwas Gutes: Skaleneffekte, Effizienzen, die schnellere Verbreitung von Innovationen und das Best-Practice-Prinzip bringen riesige Vorteile mit sich – wenn diese wirklich zum Tragen kommen.

3. Die Begrenzung von Finanzinnovationen, wie sie unter anderem George Soros vorschlägt. Soros verglich Credit Default Swaps mit dem Kauf einer Lebensversicherung und der anschließenden Genehmigung, den Versicherungsnehmer zu erschießen. Diese Debatten finden gegenwärtig unter Finanzprofis, Politikern und Branchenexperten statt und werden voraussichtlich eine ganze Weile andauern.

Die Regierungsinterventionen werden langfristig sein

Dass eine Reihe von Finanzinstituten jetzt verstaatlicht oder teilweise staatlich finanziert sind, hat wesentliche Konsequenzen. Wenn Sie vor der Krise einem Banker oder Versicherungsmitarbeiter erzählt hätten, dass ein Finanzinstitut von der EU-Kommission gezwungen würde, sich in zwei Hälften aufzuteilen, hätte er Sie ausgelacht. Die Finanzinstitute müssen sich noch an die Beteiligung der Regierung gewöhnen. Sie hätten nie erwartet, zu einer Neuorganisation diesen Umfangs genötigt zu werden.

Es gibt ein weit verbreitetes Gefühl, dass das Gesicht der Branche sich für immer verändert hat. Allerdings gibt es auch einige Banken und Versicherer, die große Anstrengungen unternehmen, die staatlichen Hilfsgelder schnellstmöglich zurückzubezahlen, um die Fesseln staatlicher Kontrolle abzuwerfen. Einige tun dies, um ihre Top-Talente halten zu können, bei anderen steht der Wunsch, so schnell wie möglich zum Normalbetrieb zurückzukehren, im Vordergrund. Die Banken und Versicherungen haben vielleicht noch nicht vollständig begriffen, in welchem Maß sich die Szenerie verändert hat. Die Regierungen werden mindestens weitere zehn Jahre genauer aufpassen, ebenso die Kunden.

Finanzinstitute kehren zu demselben aggressiven Verhalten zurück, das sie vor der Krise an den Tag legten. Große Vergütungen erleben ein Comeback. Und es scheint, dass das kollektive Erinnerungsvermögen kürzer und kürzer wird.

Fragwürdige Berechnungen

Eine weitere »großartige Idee« nach dem Zusammenbruch des Hypothekengeschäfts: Einem älteren oder kranken Menschen, der aus welchem Grund auch immer sofort Bargeld benötigt, seine Lebensversicherungspolice, die eine Million US-Dollar wert ist, für 400 000 Dollar abzukaufen; Hunderte oder Tausende dieser Policen zu bündeln und zu verbriefen und diese Wertpapiere an Pensionsfonds verkaufen, die die Auszahlung erhalten, sobald der Versicherungsnehmer stirbt. Je früher der Halter der Police stirbt, desto größer der Gewinn. Doch wenn die Leute länger leben als erwartet, können Anleger sogar Geld verlieren. In jedem Fall streichen die Investmentbanken die Gebühren für die Schaffung, den Wiederverkauf und den Handel der Papiere ein. Kommt Ihnen das bekannt vor? Es klingt, als seien die guten alten Zeiten zurückgekehrt. Und angesichts von Lebensversicherungen im Wert von 26 Billionen Dollar allein in den USA handelt es sich um einen riesigen Markt. Den Handel mit Lebensversicherungspolicen werden wir zukünftig noch häufiger erleben.

Trotz einer Reihe von Reformen steckt die Bankenbranche weiterhin in großen Schwierigkeiten. Jedoch meinen in der Finanzwirtschaft viele, dass es keinen Bedarf für weitere Veränderungen gebe. Sie erwarten eine baldige Rückkehr zur Tagesordnung, und die Verbraucher spüren dies. Fast 70 Prozent der Befragten des Edelman Trust Barometer von 2010, einer weltweiten Verbrauchererhebung, befürchteten, dass die Finanzdienstleister wieder in alte Gewohnheiten verfallen würden.

Bei einer Konferenz für Vorstände von Finanzdienstleistern fragten wir die 150 Teilnehmer, ob sie eine Änderung des Geschäfts oder eine Rückkehr zu Vor-Krisen-Bedingungen erwarteten. Beinahe die Hälfte erwartete damals eine Rückkehr zum »business as usual«. Was ein großes Unglück bedeutet. Denn wenn die vergangenen Jahre die Ausübenden des Finanzgeschäfts nichts gelehrt haben, so haben sie doch zumindest eine zunehmende Beziehungskrise zwischen Finanzbranche und Verbrauchern sichtbar gemacht.

Wir sollten nicht zulassen, dass sich das Zeitfenster für eine Veränderung der Branche schließt.

Während der letzten drei Jahre haben wir beinahe ununterbrochen mit den Vorständen von Banken und Versicherungsunternehmen in den Finanzzentren Europas, Asiens sowie Nord- und Südamerikas über die Zukunft der Finanzdienstleistungen gesprochen. Die Mehrheit der Leute, mit denen wir sprachen, war überzeugt, dass sich die Branche dramatisch und irreversibel verändert hat. Wie geht es nun weiter? Zwei Paradigmenwechsel tauchen beinahe in jedem Bericht und jeder Publikation über die Zukunft der Finanzbranche auf: »zu den Grundlagen zurückkehren« und »den Kunden an die erste Stelle setzen«.

Viele unserer Gespräche offenbaren, dass »der Kunde« gegenwärtig in den Diskussionen bei Verwaltungsratssitzungen kaum je eine Rolle spielt. Der Fokus liegt auf Kapital, Kosten und Risiken, aber niemals auf den Kunden und darauf, was diese denken, brauchen und wollen.

Was wir ihnen über wichtige Verbrauchertrends und darüber, wie die Kundeneinstellungen sich durch die Krise gewandelt haben, zu sagen hatten, wurde positiv aufgenommen und als »erfrischend« beschrieben. Viele Banker und Versicherungsmitarbeiter hatten verständlicherweise nur eine Priorität: zu überleben. Die Diskussionen über Kundenorientierung und was diese bedeutet oder nicht bedeutet, wie sie umgesetzt werden könnte und wie diese sich mit dem Geschäftsmodell verträgt, waren ausnahmslos lebhaft und inspirierend. Die Absicht, die Kunden in den Mittelpunkt zu stellen, ist verbreitet und aufrichtig.

In diesem Sinne entschieden wir uns, dieses Buch zu schreiben – um die Veränderungen zum Besseren zu beschleunigen.

In *Wie sich die Finanzbranche neu erfindet* geht es um Kunden und Verbraucher

Dies ist kein Buch über die Finanzkrise. Das erste Ziel von *Wie sich die Finanzbranche neu erfindet* ist, den Begriff »Kundenzentrierung« mit Leben zu füllen. Deswegen spielt der Kunde in *Wie sich die Finanzbranche neu erfindet* die Hauptrolle. Dabei handelt es sich nicht zwangsläufig um den Kunden von heute, sondern eher um den Kunden der kommenden fünf Jahre, denn, um es mit den Worten des berühmten kanadischen Eishockey-Champions Wayne Gretzky zu sagen, »man muss dahin laufen, wo der Puck sich hinbewegt, nicht dahin, wo er ist«.

Wie sich die Finanzbranche neu erfindet soll alle, die im Finanzsektor arbeiten oder sich für Kundendienstleistungen im Finanzbereich interessieren, inspirieren und informieren. Das Buch konzentriert sich insbesondere auf die Endverbrauchermärkte im Banken- und Versicherungsbereich sowie auf die globalen Verbrauchertrends aller Märkte. In den sechs Kapiteln dieses Buches werden wir die wichtigsten Verbrauchertrends umreißen, die Finanzinstitute im Blick behalten sollten. Denn diese Trends sind es, die der Zukunft des Finanzwesens den Boden bereiten und die Imperative festschreiben, wie das erfolgreiche Finanzdienstleister der Zukunft beschaffen sein muss: Wie werden sich die Bedürfnisse der Konsumenten in den kommenden fünf Jahren ändern? Was bewegt die Konsumenten? Und wie sollten wir darauf reagieren?

> Wir behaupten nicht, dass es in den kommenden fünf Jahren nur sechs Verbrauchertrends gebe, die es zu beachten gilt. Wir wählten nur die wichtigsten aus – die Trends, die nicht zurückpendeln werden. Doch halten Sie nach weiteren Trends Ausschau! Und denken Sie daran, dass ein Trend meist nicht für alle Kunden gilt. Es wird immer Kunden geben, die sich anders entwickeln und verhalten.

Wir werden die Beziehung zwischen Verbrauchern und Finanzbranche darstellen, wie radikal sich diese in nur einem Jahr verändert hat und wie sie sich in den kommenden Jahren weiter verändern wird.

Wir werden jeden Trend und seine Bedeutung für die Finanzdienstleistungen erklären, unsere Vision für die weitere Entwicklung des Trends sowie dessen unter der Oberfläche liegende Zusammenhänge beschreiben. Insbesondere werden wir erläutern, worin die Folgen bestehen, indem wir klarstellen, was die Kunden erwarten, und konkret darlegen, was dies für eine Bank oder ein Versicherungsunternehmen bedeutet.

Kundenorientierung hat Einfluss auf die gesamte Organisation: auf das Geschäftsmodell – wie können wir mit einem kundenorientierten Modell Geld verdienen? –, auf das Angebot an Produkten und Dienstleistungen, auf die Art der Kundenerfahrung sowie auf den organisatorischen Aufbau und die Unternehmenskultur, die erforderlich ist, um dies alles zu bewirken.

Im Grunde haben wir die sechs wichtigsten Verbrauchertrends damit verknüpft, wie eine Bank oder Versicherung sich verändern sollte, um genau den richtigen Ton zu treffen. Sie können dies als einen Einkaufszettel betrachten, der Ihnen dabei hilft, sich mit den richtigen Zutaten einzudecken, um sich auf die neue finanzielle Realität vorzubereiten.

Neue Ideen entfachen

Das zweite Ziel von *Wie sich die Finanzbranche neu erfindet* ist es, neue Ideen zu entfachen. Alle in diesem Buch vorgestellten Verbrauchertrends sind auf die eine oder andere Weise bereits Realität. An nicht wenigen Stellen innerhalb der Branche haben die Finanzprofis bereits auf die Zeichen der Zeit reagiert. Diese besten Verfahrensweisen bei der Kundenorientierung demonstrieren, was unmittelbar umsetzbar und schon auf den Weg gebracht ist. Wir haben über 100 davon in diesem Buch beschrieben.

Das internationale Forum für Finanzstabilität hat 30 systemrelevante Finanzkonzerne ausgemacht, um einer weltweiten Ansteckung mit systemischen Risiken in einer neuen Finanzkrise vorzubeugen. *Wie sich die Finanzbranche neu erfindet* enthält Beiträge von Vorständen von 17 dieser 30 wichtigsten Finanzkonzerne der Welt sowie einer großen Zahl weiterer Spitzenleute aus der Branche. Wir fühlen uns geehrt, dass über 50 Vorstände führender Finanzinstitute und Branchenexperten führender Business Schools bereit waren, ihre Gedanken, Sorgen und Zweifel mitzuteilen. Auch sind wir froh über die Mitwirkung von Experten außerhalb der Finanzbranche, die uns auf bestimmten Gebieten an ihrer Vision teilhaben lassen. Beispielsweise schreiben Vorstände von Expedia und Google darüber, wie man die »Weisheit der Massen« anzapft, Spitzenkoch Ferran Adriá schreibt über die Verbindung von Innovation und Ausbildung und Philips Electronics über die Erfahrungen des Unternehmens mit einem Geschäftsmodell, das sich an Einfachheit orientiert. Um zu spezifischen Themen und Entwicklungen substanzielle Erkenntnisse zu erlangen, nutzten wir außerdem verschiedenste weitere Quellen, die auf der Internetseite reinventingfinancialservices.com umfassend aufgelistet sind.

Letztendlich spiegelt die Vision, die wir präsentieren, jedoch unsere eigene Meinung wider. Diese ist provokativ und kühn und steht oftmals den Meinungen der Interviewpartner kritisch gegenüber. Unser Ziel ist, ein Bild davon zu entwerfen, wie ein Finanzdienstleistungsunternehmen aussehen könnte. Wir hoffen, dass Sie einigen unserer Aussagen zustimmen können, und erwarten, dass Sie mit einigen anderen überhaupt nicht einverstanden sind. Letztendlich wird die Diskussion, die unser Buch in Gang setzt, der Branche hoffentlich dabei helfen, den nächsten großen Schritt zu wagen, was Finanzinstituten wie auch ihren Kunden Vorteile bringt.

Wir laden daher Sie, die Leser von *Wie sich die Finanzbranche neu erfindet*, ein, uns unter rpeverelli@vodw.com, rdefeniks@9senses.com und w.capellmann@capconsult.de zu kontaktieren und uns Ihre Meinung mitzuteilen. Auch fordern wir Sie auf, unsere Ideen in Zweifel zu ziehen und die Trends und ihren Einfluss auf die Zukunft der Finanzdienstleistungen zu diskutieren.

Wir sind zuversichtlich, dass diese Diskussionen am Ende zu einer für die Verbraucher besseren Welt führen werden.

»Ein Geist, der sich auf eine neue Idee ausweitet, kehrt nie zu seinen ursprünglichen Dimensionen zurück.« Der amerikanische Autor und Arzt Oliver Wendell Holmes sagte dies vor etwa 100 Jahren und drückte damit exakt das aus, worum es uns in diesem Buch geht.

Unter dem Strich handelt das Buch nicht von coolen, wissenswerten Trends und Inspirationen, sondern von Innovation, deren Umsetzung und Ausführung. Das letzte Kapitel des Buches schlägt konkrete Maßnahmen vor, wie Veränderung bewirkt werden kann. Lassen Sie uns noch einmal unmissverständlich klarstellen: Wenn es eines gibt, was ganz oben auf der Agenda stehen sollte, ist es Veränderung – Veränderung aus Kundensicht.

Alle sprechen von der Wichtigkeit der Kunden. In *Wie sich die Finanzbranche neu erfindet* wird diese greifbar und praktisch umsetzbar!

Roger Peverelli, Reggy de Feniks und Walter Capellmann

Um dieses Buch so interaktiv wie möglich zu gestalten, drucken wir sogenannte QR-Codes mit ab. Wenn Sie ein Smartphone besitzen, dann können Sie darüber zur noch größeren Inspiration auf YouTube-Videos zugreifen. Und so funktioniert's: Laden Sie aus dem App-Store einen QR-Code-Scanner auf Ihr Smartphone herunter. Scannen Sie die Codes und folgen Sie einfach dem Link, wenn Sie ein Video sehen möchten.

Gelingt der Neuanfang?

Herbert Walter, ehemaliger Vorstandsvorsitzender der Dresdner Bank
Nach der Finanzkrise hat sich eine unschöne Gemengelage ergeben. Verbraucher haben viel Ver-
trauen in die Finanzberatung verloren. Sie scheuen davor zurück, sich längerfristig finanziell zu
binden und in Risikopapiere zu investieren. Die Politik versucht unterdessen, mit einer härteren
Regulierung des Marktes den Verbraucherschutz zu verbessern, d.h. mit bürokratischen Mitteln für
mehr Vertrauen zu sorgen. Sollte sich die Vertrauenslage nicht ändern, sind Wohlstandsverluste
unvermeidlich.

Die Rückgewinnung des Vertrauens

Die Kernfrage lautet, ob die deutsche Kreditwirtschaft die Rückgewinnung des Vertrauens dem Staat überlassen oder aus eigenem Antrieb einen markanten Beitrag leisten will. Grundsätzlich lassen sich die Vertrauensbeziehungen erst dann wieder aufbauen, wenn neue Praktiken, Regeln und Verhaltensweisen die alten ersetzen, die in Frage gestellt wurden. Das ist ein langer und steiniger Weg. Vier Einsichten stehen am Anfang, dass nämlich:

- tatsächlich ein drängendes Vertrauensproblem in der Finanzberatung besteht,
- bei aller Notwendigkeit einer besseren Regulierung durch den Staat eine Initiative der Banken unerlässlich sein wird,
- im Mittelpunkt des Neuanfangs der Filialvertrieb stehen muss, also die Beratung für Anlage und Zukunftssparen,
- die Situation nur dann nachhaltig verbessert werden kann, wenn Kunden eine reformierte Bankberatung honorieren und sich selbst stärker als in der Vergangenheit für ihre Finanzanlagen interessieren.

Vertrauensprobleme in der Finanzbranche

Studien zeigen, dass Deutschlands Finanzbranche heute in der Gruppe der Länder mit einem ausgesprochen niedrigen Vertrauensniveau zu finden ist. Nur 14 Prozent der Bundesbürger vertrauen der Berufsgruppe der Finanzberater, lediglich 17 Prozent hatten 2010 Vertrauen in das Bankensystem. Vier von fünf Deutschen fordern ein Berufsverbot für schlechte Berater. Obwohl Deutschlands Wahrnehmung als finanzkräftiger Zahlmeister Europas gewachsen ist, haben die Deutschen deutlich weniger Vertrauen als etwa die Portugiesen. Besonders kritisch sind die Besserverdiener und vermögenden Kunden, von denen nur jeder Dritte Vertrauen in die eigene Bank, nur jeder Achte noch Vertrauen in das System von Banken und Finanzberatung entwickelt.

Problemlösung nicht dem Staat überlassen

Es mag sein, dass die Politik den Bürgern die Angst vor Bankenpleiten nehmen kann. Der Appell von Bundeskanzlerin Merkel Ende 2008 (»die Spareinlagen sind sicher«) wird manchen noch bewusst sein. Aber ist dadurch das Vertrauen in die Bankenbranche gestiegen? Die Feldstudien sagen etwas anderes. Außerdem wird die Regulierung der Kreditwirtschaft von den Bürgern ja gerade nicht als ein transparenter und konsequenter Prozess eingeschätzt, sondern wirkt auf sie eher wie ein bürokratisches Tauziehen zwischen Verbraucherschutz und Banken um Beratungsprotokolle, Produktbeipackzettel und Gebühren für Geldautomaten, so dass man sich nicht wundern muss, wenn sich das Publikum bisher mit Vertrauensbekundungen in diesen Prozess zurückhält. Ein Neuanfang wird deshalb nur gelingen, wenn die Branche die Sache selbst in die Hand nimmt und ihre Geschäftsmodelle glaubwürdig und transparent reformiert.

Geschäftsmodell Filialbetrieb unter Veränderungsdruck

Die Stoßrichtung ist klar: Der Kundennutzen muß stärker in den Vordergrund rücken, ein fairer Ausgleich der Interessen zwischen Kunde und Bank muss gewährleistet sein. Grundsätzlich erscheint es sinnvoll, zwischen Direktvertrieb und Flächenvertrieb zu unterscheiden, weil beide im Markt ganz unterschiedlich positioniert sind. Die Kundengruppe der »Selbststeuerer« wird auf mittlere Sicht etwa ein Drittel der deutschen Bankkunden ausmachen, weshalb es für den Flächenvertrieb lebenswichtig sein dürfte, sich gerade im Beratungsgeschäft vom Wettbewerb abzuheben: durch individuell messbaren Kundennutzen, ehrliche Aufklärung, umfassende Perspektive auf die Lebenssituation des Kunden, klare Gespräche und faire Empfehlungen sowie Loyalität und Gesprächskontinuität. Langfristiges Zukunftssparen sollte dabei als Anlageperspektive im Fokus stehen.

Praktische Konsequenzen

Ein faires Geschäftsmodell erfordert die schrittweise Umstellung von »Produktpush« auf »Kundenpull«. Nicht das Angebot der Woche, sondern die Nachfrage des Kunden prägt die Dynamik von Markt und Geschäft. Viele Kunden würden durch einen solchen Prozessmusterwechsel stärker in die erwünschte Rolle eines mündigen Verbrauchers hereinwachsen, das bisherige transaktionsorientierte Geschäftsmodell könnte sich zu einer Partnerschaft entwickeln, aus Standardprodukten könnten echte Dienstleistungen werden, in die der Kunde aktiv einbezogen wird. Ein weiteres wichtiges Handlungsfeld sind die Anreizsysteme für die Kundenberater, die nicht auf Interessenkonflikte, sondern auf Interessensynthesen ausgerichtet sein sollten. Auch die vertrauensbildende, unabhängige Beratung gegen Honorar bietet eine sinnvolle Option auf regulatorische Differenzierung zwischen »unabhängiger Beratung« und reiner »Vermittlung«. Denkbar wäre auch, die Qualitätsberatung für Privatkunden auf eine Stufe zu stellen mit dem Beruf des Steuerberaters, um ein starkes Signal zu senden, dass die Banken es ernst meinen mit der Berufsethik des Beraters.

Polarisierung der Angebote

Aus heutiger Sicht spricht vieles dafür, dass sich der deutsche Privatkundenmarkt unter dem Druck von Regulierung und Kundenerwartungen noch stärker polarisieren wird:

- Die Premiumberatung für vermögende Kunden wird immer häufiger gegen Honorar stattfinden, das Financial Planning wird an Bedeutung gewinnen.
- Die Standardangebote werden zunehmend online und bei hohem Preiswettbewerb zu attraktiven Preisen offeriert. Der Kunde akzeptiert Abstriche bei Beratung und Service. Der Verkauf von Produkten gegen Provision behält die Oberhand.
- Freiwillige und marktorientierte Regelungen sind die beste Lösung, um Vertrauen auch nachhaltig zurückzugewinnen.

Noch einmal zur japanischen Asset-Blase der 1980er-Jahre

Im Zusammenhang mit der aktuellen Kreditkrise wird als Beispiel oft Japan erwähnt, wegen der früheren Finanzkrisen dieses Landes. Wir diskutierten Japans vergangene Krisen mit Naoya Takezawa von der Graduate School of Business Administration, Nanzan University in Nagoya.

Worin besteht die Erfahrung Japans mit früheren Krisen?

Als Ursache der sogenannten »Blasenwirtschaft« der späten 1980er-Jahre werden vorwiegend mit Immobilien besicherte Kredite betrachtet. Die Immobilienpreise stiegen nicht nur mit ungeahnter Geschwindigkeit, sondern auch auf ein beispielloses Niveau. Der entscheidende Motor der Blase war der durch einen Kreislauf aus Asset-Inflation und Besicherung dieser Assets generierte Geldfluss. Die Konsequenzen dieser Finanzkrise prägten den Ausdruck »Japans verlorenes Jahrzehnt«. Bis die Regierung zu Ende des 20. Jahrhunderts das japanische Finanzsystem liberalisierte, konnte wenig getan werden, um die ausgedehnte wirtschaftliche Agonie zu lindern. Im Ergebnis dessen liegt eine gewisse Ironie: Die riesigen Geldsummen, die innerhalb eines annähernd stagnierenden Finanzsystems in Bewegung gesetzt wurden, schufen eine neue Generation von Wertpapieren und Finanzinstrumenten, die Kapital auf innovative, aber auch gefährliche Art und Weise mobilisierten. Finanzinnovationen werden immer von neuen Herausforderungen begleitet, etwa denen, eine neue Anlageklasse zu managen, zu vertreiben und in Umlauf zu bringen.

Japans Herausforderung erschien zur Jahrhundertwende in Form der IT-Blase, die von der Kreditblase abgelöst wurde, die gerade erst in der Subprime-Krise endete.

Warum ist es erneut geschehen? Warum hat Japan nicht aus der Vergangenheit gelernt?

Wahrscheinlich waren den japanischen Finanzinstituten die Gefahren eines überhitzten Finanzmarkts durchaus bewusst, aber sie waren wohl nicht gut darauf vorbereitet, die komplizierten Finanzprodukte sowie den Kapitalzufluss zu managen, durch den in großem Umfang Vermögen aus Übersee im Inland aufgezehrt wurde. Bevor man sich Gedanken macht, ob Japan jemals aus der Vergangenheit gelernt hat, muss man verstehen, was man denn hätte lernen können. Die Produkte, die während der IT- und Kreditblase populär wurden, basierten auf schwer greifbaren Vermögenswerten wie Technologien und Krediten. Dass der Finanzmarkt sich rasch globalisierte und in den Weltkapitalmarkt integrierte, machte die Situation noch komplizierter. Das Chaos führte dazu, dass herkömmliche Risikobewertungen bei neuartigen Anlageformen, auf die die Standardmethoden des Risikomanagements nicht anwendbar waren, versagten.

Warum wurden diese Produkte nicht sorgfältiger überwacht?

Darum geht es nicht. Man muss verstehen, dass Finanzblasen in einem Kapitalmarktsystem unausweichlich sind; es stellt sich also nicht die Frage, ob, sondern wann solche ungewöhnlichen Entwicklungen enden. Das zwingt die Risikovorstände nicht nur zu der Entscheidung, ob sie eine bestimmte Transaktion genehmigen sollen, sondern auch zu der Entscheidung, wie lange sie dieselbe Art von Transaktion erlauben sollen.

Worin bestehen Ihrer Meinung nach die wichtigsten Lehren für die Finanzwelt?

Wir müssen wahrscheinlich verstehen, dass Blasen Innovation und Wachstum zugrunde liegen. Es kann also nicht darum gehen, Blasen zu vermeiden, sondern man muss Wege zu finden, um diese richtig zu managen.

Zu verstehen, in was man investiert, wird zunehmend wichtiger als die Rendite dieser Investments. Das alte Risiko-Rendite-Verhältnis muss von Zeit zu Zeit überprüft werden, um sicherzustellen, dass man sich mit den neuen und schwer greifbaren Finanzprodukten, deren Auftauchen das Wachstum der Weltwirtschaft regelmäßig begleitet, wohl fühlt. Innovationen in der Finanzwelt zurückzuweisen ist eine Lösung, aber einen Weg zu finden, diese für sich zu nutzen, ist besser und noch immer sehr aufregend.

Fünf wesentliche Änderungen zur Wiederherstellung des Vertrauens

Wie alle Zentralbanken in den Ländern der OECD hat die Bank of Korea das Ziel, Preisstabilität zu gewährleisten. Der Ökonom Dosoung Choi, Mitglied des Währungspolitischen Ausschusses der Bank of Korea, spricht mit uns über seine Vision eines grundlegenden Vertrauens, dem die Banken mehr Beachtung schenken müssen.

Der Geldfluss ist die Grundlage unseres Wirtschaftssystems, und damit die Wirtschaft gut funktionieren kann, müssen Zentralbanken wie die Bank of Korea diesen Geldfluss gewährleisten. Deswegen haben die Zentralbanken traditionell eine wichtige Rolle bei der Regulierung der Finanzdienstleistungsbranche gespielt, und zwar erstens zum Schutz der Verbraucher (gegen übermächtige Anbieter) und zweitens bei der Absicherung der Preisstabilität (zum Beispiel im Fall einer Bankenpleite), um sicherstellen zu können, dass die Kaufkraft des Geldes nicht verloren geht. Was sind die wichtigsten Veränderungen, welche die Banken in ihrem Geschäftsgebaren und/oder in ihren internen Prozessen umsetzen müssen, um ihre Vertrauenswürdigkeit auf lange Sicht zu behalten?

Wie Finanzinstitute – vor der Krise – Vertrauen verspielt haben	*Was Finanzdienstleister tun müssen, um Vertrauen wiederherzustellen*
Unredlichkeit und Verschleierung Die Kreditgeber stellten dem Verbraucher selektive Informationen zur Verfügung und verschwiegen einen Teil des Risikos. Dadurch war es möglich, viele Subprime-Produkte wie NINJA-Kredite zu verkaufen. Der Verbraucher profitiert davon, solange sich der Markt positiv entwickelt, wenn es allerdings zu einem Markteinbruch kommt, verliert der Verbraucher alles. Die Verbraucher waren sich dieses Risikos nicht bewusst.	*Ehrlichkeit und Offenheit* Finanzdienstleister sollten ihren Kunden die ganze Wahrheit sagen und sie über Chancen und Risiken aufklären. Die pharmazeutische Industrie hat den Beipackzettel erfunden, der auf mögliche Nebenwirkungen hinweist.

Führungsschwäche durch falschen Zeitdruck
Traditionelle Banken und Anbieter innovativer Finanzprodukte (zum Beispiel Derivatehändler, Hedgefonds) beschäftigen im Allgemeinen sehr intelligente Mitarbeiter, die jedoch in einem halsbrecherischen Tempo arbeiten müssen. Schnelligkeit war wichtiger als das Ziel. Das führte in der Finanzdienstleistungsbranche zu Kontroll- und Orientierungsverlust. Verbraucher und Banker litten gleichermaßen unter dieser Entwicklung.

Fixierung auf die Aktionäre
Finanzdienstleister haben die Produkte in ihrem Portfolio, zum Beispiel Hypothekenkredite, verkauft, ohne die Bedürfnisse ihrer Kunden wirklich zu kennen. Viele Industriezweige sind in diese Aktionärsfalle getappt, weil man die Kontrolle an technische Experten abgegeben hatte, ohne auf die wirklichen Bedürfnisse der Kunden einzugehen. Die Mobiltelefone von Motorola sind sehr gute Ingenieurleistungen, die jedoch offensichtlich die Bedürfnisse der Kunden weniger gut befriedigen als zum Beispiel das iPhone von Apple.

Produktorientiertes, das heißt nach innen gerichtetes Risikomanagement
Kunden mit einem ausgeprägten Risikoprofil, die ein riskantes Produkt kaufen, bedeuten ein riskantes Geschäft!
Das Risikomanagement der Finanzdienstleister beschränkte sich auf Informationen über Jahresbilanzen und Aktionäre, zum Beispiel auf die Kreditwürdigkeit, auf rechtliche und politische Aspekte. Es wurde viel Mühe auf die Beherrschung des Risikos eines Finanzprodukts verwendet, aber sehr wenig für die Beherrschung des Risikos getan, das der Verbraucher selbst darstellt.

Unterschreiben Sie einfach hier!
Die Finanzprodukte waren nicht für alle verständlich. Selbst Ratingagenturen wie Moody's waren nicht in der Lage zu entscheiden, wie CDOs und Zinsderivate zu bewerten und/oder ob sie zu empfehlen seien.

Zuerst die Richtung definieren, dann aufs Tempo drücken
Die Finanzdienstleister müssen eine eindeutige Richtung vorgeben, die intern kommuniziert wird und für den Verbraucher verständlich sein muss. Eine klar und deutlich kommunizierte Strategie als Wertpapierhändler, Sparinstitut und so weiter führt zu größerem Vertrauen bei allen Beteiligten.

Kundenorientierung
Finanzdienstleister sollten sich mehr auf die wirklichen Bedürfnisse ihrer Kunden konzentrieren und maßgeschneiderte Lösungen anbieten. Ein Arzt würde seinem Patienten entweder die richtige Medizin verschreiben oder den Patienten an einen Spezialisten verweisen.
Werte sollten vor allem für den Verbraucher, und nicht nur für die Aktionäre geschaffen werden. Die Finanzdienstleistungsbranche muss sich darauf besinnen, dass ihre Kunden und ihre Aktionäre Beteiligte mit gleichberechtigten Interessen sind.

Verbraucherorientiertes, das heißt nach außen gerichtetes Risikomanagement
Wenn vertrauenswürdige Kunden ein vertrauenswürdiges Produkt kaufen, dann bleiben die Risiken überschaubar. Finanzdienstleister sollten solche vertrauenswürdigen Produkte verantwortungsvoll auf den Markt bringen, und sie sollten mit kreditwürdigen Kunden zusammenarbeiten.

Qualifikation von Mitarbeitern und Kunden
Finanzdienstleister müssen ihre Kunden qualifizieren, indem sie ihnen die folgenden Informationen zur Verfügung stellen:
Das Pro und Kontra eines Produkts
Einfache und klare Geschäftsbedingungen ohne langatmige Passagen voller Fachausdrücke und Kleingedrucktem.

Green. Mit freundlicher Genehmigung des Künstlers, Peter de Boer.

Danksagungen

Wie sich die Finanzbranche neu erfindet hätte ohne die Unterstützung vieler unserer Kollegen und Geschäftspartner nicht geschrieben werden können.

Wir möchten den Vorständen und Experten aus der Branche danken, die sich die Zeit nahmen, die Zukunft der Finanzdienstleistungen mit uns zu diskutieren, und/oder in diesem Buch ihre Ansichten mitteilten. Insbesondere danken wir Alfonso Zapata (ING Group), Alfredo Flores (Deutsche Bank), Amit Tabakovic (Schweizerische Post), Andrei Litvinov (Financial Group Life), Andrés Albo Márquez (Banamex Citigroup), Andrew Clayton (Allianz), Angelo Trotta (Zurich Financial Services), Anne-Mette Højland (Scandinavian DesignLab), Bárbara Calderón Sanz (BBVA), Beate van Dongen Crombags (VODW), Beatriz Lara (BBVA), Bernard Arps (Universität Leiden), Bernhard Gottwald (Swiss Re Europe), Brynjolfur Helgason (ehemals Landsbanki), Carlos Casanovas (La Caixa), Christian Deuringer (Allianz), David Villaseca (BBVA), Donovan Pfaff (Bonpago), Dosoung Choi (Bank of Korea), Doug Brown (ANZ), Egbert Deekeling (Deekeling Arndt Advisors), Egbert Jan van Bel (Autor von *Follow That Customer!: The Event-Driven Marketing Handbook*), Egbert van Acht (Philips), Enric Casi (Mango), Enrique Goñi (Caja Navarra), Erik Jens (ABN AMRO), Fabio Barbosa (Grupo Santander Brasil), Felix Tenniglo (Inshared), Ferran Adrià (El Bulli), Francesc Prior Sanz (IESE Business School), François Coste (ehemals AXA), Frank Pedersen (Jyske Bank, Dänemark), Frank Verkerk (MoneyYou), Gabriele Neitzke (ING-DiBa), Gaston Bottazzini (Falabella Group), Gianfranco Bisagni (UniCredit Bank Austria), Greg Davies (Barclays), Guido Lanzoni (UniCredit Group), Guillaume Van der Stighelen (DuvalGuillaume), Hans-Peter Schwintowski (Humboldt-Universität zu Berlin), Herbert Walter (ehemals Dresdner Bank), Herberth Samsom (Inshared), Horst Schmidt (Bethmann Bank), Horst-Richard Jekel (Frankfurt School of Finance and Management), Ignacio Villoch Bayod (BBVA), Irina Chichmeli (Life Financial Group, Russland), Jaap Winter (Duisenberg School of Finance), Jacki Johnson (Insurance Australia Group), Jaime Kirkpatrick (AEGON), Jan Hommen (ING Group), Jan Lodewijk Roebroek (BNP Paribas), Jan-Willem Dreteler (SNS Reaal), Jaspar Roos (ABN AMRO), Javier Santomá (IESE Business School), Jean Noel Kapferer (HEC Paris), Jean-Claude Larréché (INSEAD), Jeffrey Pfeffer (Stanford University), Joe Pine (Autor von *Authenticity*), Jonathan Marshall (Lloyds Banking Group), Jord van den Berg (ASR, Niederlande), Jos Nederpel (VODW), José Manuel Campa (IESE Business School), Jouk Pleiter (Backbase), Juan Plaza Ventura (Caja Navarra), Juanjo Pérez Cuesta (Autor von *Rompe Frenos*), Kalo Bagijn (Brand New Day), Lard Friese (ING Group), Lisa Cochrane (Allstate), Louisa Scadden (Admiral Group, UK), Luis Badrinas (Zurich Financial Services), Mads Helleberg Dorff Christiansen (Danske Bank Group), Marcel Beutler (Nettobank), Marcel van Brenk (VODW), Mark Cliffe (ING Group), Markus Pertlwieser (Deutsche Bank), Martin Aalders (VVAA), Matías Vallebella (TNS, Argentinien), Maton Sonnemans (VODW), Mats Carduner (Google), Matthias Kroener (Fidor Bank), Michael Jordaan (First National Bank, Südafrika), Michael Useem (Wharton Business School), Michel Vrolijk (Ohpen), Mikael Andersson (Expedia), Mike Keller (Farmers Life), Naama Gat (United Mizrahi Tefahot Bank, Israel), Naoya Takezawa (Nanzan University Nagoya), Natalie Cowen (First Direct HSBC), Nicolas Parasie (Thomson Reuters),

28

Nirmalya Kumar (London Business School), Oliver Pradetto (blau direkt), Oscar Puig (Caixa Catalunya), Otto Lucius (Österreichische Bankwissenschaftliche Gesellschaft und Karl-Franzens-Universität Graz), Patricia Leiva (ING Group), Patrick Ruijs (VODW), Peter Blom (Triodos Bank), Pol Navarro (Banco Sabadell), Rainer Zimmermann (Deekeling Arndt Think Tank), Ray Davis (Umpqua Bank), Richard Hill (Standard Chartered Bank), Rob Spuijbroek (AEGON), Robert Wiest (Swiss Re China), Roland Boekhout (ING-DiBa), Rolf van Woerkom (Zwitserleven), Roz Calder (TNS NeedScope), Scott Osman (Landor Associates New York), Sipko Schat (Rabobank), Sorin-Mihai Popa (BRD Groupe Société Générale), Stephen Covey (Autor von *The Speed of Trust*), Suzanne Duncan (State Street), Theo Bouts (Allianz), Tilman Hengevoss (Zurich Financial Services), T. R. Ramachandran (Aviva, Indien), Trish Dorsey (TNS), Valerie Belhassen (BNP Paribas), Vasily Solodkov (Higher School of Economics), Vicente Tardío (Allianz Seguros), (Mitautor der deutschen Ausgabe) Wander Meijer (TNS, Lateinamerika), Wietze Reehoorn (ABN AMRO), Willy Linssen (Heartware Korea) und Xavier Bernal (BBVA).

Weiterhin gilt unser Dank TNS Global Finance (Bertina Bus) und Trendwatching.com (Reinier Evers), die uns die Verwendung zahlreicher ihrer Recherchematerialien und Berichte gestatteten, sowie unseren Geschäftspartnern bei VODW und 9senses, die uns erlaubten, den für dieses Buch notwendigen Recherchen Zeit zu widmen.

Hinter den Kulissen haben eine ganze Reihe von Leuten mitgewirkt: Amanda Brown (HSBC), Andreas Cezanne (Deutsche Bank), Andy Muncer (State Street), Angelique Slach (Rabobank), Charles Ray (ABN AMRO), Arend Jan Velsink (Brand New Day), Barbara van Bakel (Quinten Business Development Bologna), Cris Donze (MarketResponse), Dagmar Elsner (Allianz), Ernst-Jan Boers (SNS Reaal), Frédéric Fléjou (AXA), Gabriela Rocha O'Kelard (Banamex Citigroup), Giorgianna Cuneo, Gérard van Kalmthout, Ian van der Schenk, Jan Willem Gelderblom (ABN AMRO), Jelmer de Jong (Backbase), Jens Heinen (Bethmann Bank), Katerina Piro (Allianz), Kathrin Warisch (Fidor Bank), Lennert de Rijk (Internet Advantage), Nadine Steible (Allianz), Nick Riegger (Fidor Bank), Pascal Jorritsma, Peter de Boer, Philippe Baechler (Zurich Financial Services), Raleigh Floyd (Allstate), Rob Okhuijsen, Rodrigo Vieira da Cunha (LiveAd), Sascha Luechinger (Zurich Financial Services), Teresa Sádaba (Caja Navarra), Thomas Steiner (Triodos Bank), Traian Traicu (BRD Groupe Société Générale), Ullrich Ott (ING DiBa), Victoria Yasinetskaya, Virginia Magapatona (First National Bank, Südafrika), Wouter van Aggelen (ING Group) und Yoko Yoshimoto Tyrefors. An sie alle geht unser Dank.

Weil sie von unseren Bemühungen der Ausarbeitung dieses Buches wussten, leisteten unsere Kollegen bei VODW uns unschätzbare Unterstützung, indem sie unsere Aufmerksamkeit immer wieder auf relevante Best Practices oder auf themenbezogene Forschungsmaterialien lenkten, indem sie Teile des Buches kritisch durchsahen oder als Diskutanten für bestimmte Fragen dienten; insbesondere gilt dies für Carlotte Mos, Charlotte Buys, Danielle Schouten, Deborah Wietzes, Dries Laurs, Elrik Paap, Eric Klaassen, Eveline de Winne, Friedrich Pétré, Herman Wiegerinck, Hiek van der Scheer, Hiske Altena, Ilona Hoogland, Ingeborg Biesterbos, Irene van den Brink, Isolde Schram, Kirsten Spahr, Lianne Bogaard, Lilian Alibux, Margot van Beusekom, Marinde van Leeuwen-Fontein, Marit Metz, Maurice Rohde, Nienke Gruppelaar, Sabrina Post, Steije Renes, Stephanie Smit, Thomas van Ardenne, Valborg Korthals Altes, Willemijn Schneyder und Wouter In 't Velt.

Dankende Erwähnung sollen auch Marcella Heilijgers, Marion Leguit, Marise Goedhart and Saskia Ooms für ihre Hilfe bei der Realisierung des Buches finden.

Fatima Cinar und Christian Jund vom FinanzBuch Verlag gebührt Dank für ihre Unterstützung und Geduld. Einen herzlichen Dank auch an den Übersetzer Moritz Malsch und Marion Reuter, für ihre abschließende gründliche Durchsicht und ihr Lektorat.

Des Weiteren geht unser besonderer Dank an Bertina Bus (TNS Global Finance), Willy Linssen (Heartware Korea), Egbert Deekeling (Deekeling Arndt Advisors) und Pascalle Teuwsen für ihren erheblichen Beitrag zu *Wie sich die Finanzbranche neu erfindet*, der von konzeptuellen Diskussionen bis hin zu praktischen Anregungen reichte.

Last, not least möchten wir Ymke, Mariska und Martina für ihre unendliche Unterstützung danken.

Kapitel 1

Das Verhältnis der Verbraucher zu Finanzinstituten hat sich verändert

In *Wie sich die Finanzbranche neu erfindet* geht es um die Verbraucher und um die Zukunft. Es geht nicht um die Krise. Doch um zukünftig genau den richtigen Ton anzuschlagen, müssen die Finanzleute verstehen, welche Auswirkung die vergangenen drei Jahre auf die Verbraucher hatten – wie diese drei Jahre ihre Gefühle, Wahrnehmungen und Einstellungen gegenüber den Finanzdienstleister veränderten. Die Finanzinstitute werden sich diesen Veränderungen zwangsläufig stellen müssen. Deswegen ist es unausweichlich, auf dieses Kapitel der Geschichte zurückzublicken, und sei es auch nur, um in der direkten Gegenüberstellung klarer zu erkennen, welchen Fortschritt die von uns vorgeschlagene Reaktion auf die Verbrauchertrends bedeutet.

Vertrauen ist lebenswichtig für die Branche

Immer wenn man mit Leuten aus der Branche über die Wichtigkeit des Vertrauens spricht, sind sich so gut wie alle einig, dass Vertrauen für die Branche lebenswichtig ist, und jeglicher Schaden, der angerichtet worden ist, soll mit höchster Dringlichkeit beseitigt werden.

Vertrauen ist kein Luxusgut – man benötigt es nicht nur gelegentlich. Ohne jede Ausnahme gehört zu jeglicher kommerzieller Transaktion ein gewisses Maß an Vertrauen. Die moderne Gesellschaft kann einfach nicht funktionieren, wenn die Menschen sich nicht untereinander vertrauen und auch kein Vertrauen zu den Schlüsselinstitutionen besteht.

Die Fotografien auf der vorangehenden Seite stammen von Jacquelien Bunt. Mit freundlicher Genehmigung der Microcredit for Mothers Foundation. Frau Bien ist die Kreditkontrolleurin ihrer Gemeinde für ein Projekt der Microcredit for Mothers Foundation in der nordwestlichen vietnamesischen Provinz Dien Bien. Jeden Monat sammelt sie mithilfe von 19 lokalen Vorstehern die Raten- und Zinszahlungen ein.

Vertrauen ist die Bereitschaft, verletzlich zu sein

Es gibt zahllose Definitionen von »Vertrauen«. Wir bevorzugen diejenige, die Pablo Cardona und Wei He von der spanischen IESE Business School vorgestellt haben: Vertrauen kann als Beziehung verstanden werden, zu der die Bereitschaft gehört, durch die Handlungen einer anderen Person verletzbar zu sein. Sie basiert auf positiven Erwartungen bezüglich der Absichten und des Verhaltens der anderen Person.

Diese Erwartungen sind das Ergebnis direkter oder indirekter Erfahrungen mit der anderen Person, vergangener Interaktionen oder persönlicher Beobachtungen des Verhaltens der Person gegenüber anderen. Das Vertrauen nimmt durch eine Reihe positiver Erfahrungen, Interaktionen und Beobachtungen zu.

Vertrauen ermöglicht es den Menschen, miteinander Geschäfte zu machen. Da Geschäfte die wichtigste Quelle des Wohlstands sind, ist Vertrauen der Schlüssel zum Wohlstand. Dank Adam Smith verhalf uns das Konzept der Arbeitsteilung zu einer beschleunigten Schaffung von Wohlstand. Doch dieses Konzept funktioniert nur, wenn die Produzenten entlang der Wertschöpfungskette darauf vertrauen können, dass sie einander exakt das Vereinbarte liefern.

Laut Steve Knack, einem leitenden Weltbank-Ökonom, der auf die Ökonomie des Vertrauens spezialisiert ist, hat Vertrauen sogar einen größeren Einfluss auf den Unterschied zwischen wohlhabenden und armen Nationen als das Vorhandensein natürlicher Ressourcen. Vertrauen ist wahrhaft das Schmiermittel im Motor einer jeden Volkswirtschaft.

Vertrauen schafft Wert. Es reduziert die Kosten der Erschließung neuer Märkte, bindet Mitarbeiter ans Unternehmen und verbessert die Beziehung zwischen den Stakeholdern.

Laut dem Edelman Trust Barometer von 2011 ergibt sich beim Vergleich der zehn Staaten mit dem größten BIP, dass das Vertrauen in die Unternehmen in den meisten BRIC-Staaten höher ist als anderswo. Eine Ausnahme bildet Russland, wo die gegenüber Unternehmen und Regierung Misstrauischen dominieren. Das Vertrauen in Unternehmen, die ihren Hauptsitz in BRIC-Staaten haben, steigt, auch in die russischen.

Finanzdienstleistungen sind der Sektor, dem weltweit am wenigsten vertraut wird. Gegenüber 2008 war 2011 das Vertrauen in die Banken in den USA und Großbritannien dramatisch gesunken. In China und Indien dagegen ist das Vertrauen in die Finanzinstitute groß und ist während des letzten Jahres sogar geringfügig angestiegen.

An wen können sich die Kunden wenden, um finanziellen Rat einzuholen?

Laut dem Edelman Trust Barometer 2012 sind die Finanzdienstleistungen das zweite Jahr in Folge der Sektor, dem weltweit das geringste Vertrauen entgegengebracht wird; die Banken liegen hier auf dem vorletzten Platz. Im Bankensektor ist das Vertrauensniveau in Japan und Korea am höchsten. Die Verbraucher in Großbritannien, Deutschland und Frankreich dagegen sind infolge der Eurokrise am misstrauischsten.

Misstrauen spiegelt sich unmittelbar in den Handlungen der Konsumenten wider. Der TNS Global Financial Services Survey von 2009 zeigt auf, dass während der Krise gut 60 Prozent der Verbraucher auf die eine oder andere Weise Maßnahmen. Entweder sie verteilten ihr Geld auf verschiedene Banken, oder sie hielten nur noch Bargeld, kauften »krisensichere« Anlageformen, verkauften Finanzprodukte, die nicht sicher erschienen, und wechselten ihre Hausbank, ihre Sparkasse oder ihren Investment-Anbieter. Laut dem World Wealth Report von Capgemini und Merrill Lynch des Jahres 2009 entzogen weltweit über 25 Prozent der Millionäre ihrem Vermögensverwalter zumindest einen Teil ihrer Geldanlagen aufgrund mangelnder Transparenz oder ungenügenden Risikomanagements. Eine nicht geringe Anzahl beendete sogar die Geschäftsbeziehung mit ihrem Vermögensverwalter. Die Verbraucher wechseln in Sachen Management ihrer Finanzen zunehmend auf den Fahrersitz und ergreifen selbst die Initiative. Daraus ergibt sich die Frage, ob Finanzexperten in den Augen der Verbraucher noch immer die naheliegendste Quelle des Finanz-Know-hows sind. Wenn nicht, würde dies eine erhebliche Änderung des Verbraucherverhaltens bedeuten, mit der die Finanzinstitute fertig werden müssen. Laut dem World Wealth Report 2011 hat die jüngere Generation der HNWI (High Net Worth Individuals) in Sachen Transparenz, Effizienz und Bequemlichkeit höhere Ansprüche an ihre Vermögensberater. Nach der Finanzkrise ist sich die nächste Generation der vermögenden Kunden unsicher, ob die Zusammenarbeit mit einem Vermögensberater wirklich in ihrem Interesse liegt.

Der TNS Global Affluent Investor Survey 2011 belegt, dass 65 Prozent der wohlhabenderen Anleger in Deutschland, die ihre Geldanlagen selbst managen, dies aufgrund eines allgemeinen Misstrauens nicht an professionelle Berater delegieren. Dies ist im globalen Vergleich einer der schlechtesten Werte überhaupt. In den USA beispielsweise liegt dieser Wert bei 34 Prozent »Die Finanzkrise 2008/2009 hat das Vertrauen der Deutschen in Bank- und Anlageberater stark erschüttert. Allerdings haben wir schon seit Ende der 1990er-Jahre einen kontinuierlichen Trend vom früheren Vertrauen zum heutigen Misstrauen gemessen«, so die beiden TNS-Forscher Andreas Pohle und Hans-Jürgen Kräh.

Vom reaktiven zum proaktiven Ansatz zur Wiederherstellung des Vertrauens

Das geänderte Finanzverhalten der Verbraucher führte zu erheblichen Verlagerungen bei den verwalteten Vermögensanlagen und verursachte einen signifikanten Gewinnrückgang. 2009 wurden von den Finanzdienstleistern eine ganze Reihe an Maßnahmen ergriffen, um das Verbrauchervertrauen so schnell wie möglich wiederherzustellen und die Kundenbeziehungen effektiver zu managen. Die meisten dieser ersten Maßnahmen scheinen reaktiv und kurzfristig gemeint gewesen zu sein – auf uns wirkte es nicht so, als wurzelten sie in einem wirklichen Verständnis der Ereignisse und ihrer Auswirkungen auf die Einstellung und die Emotionen der Verbraucher. Nur ein paar Beispiele:

Eine Reihe Finanzinstitute starteten fast sofort Werbekampagnen, mit denen sie sich neu positionierten und die neuen Markenwerte, die die Verbraucher wollen, betonten – mit dem Risiko, dass sie ein Versprechen kommunizierten, das nicht vollständig eingelöst werden kann, oder ein Versprechen, das der grundsätzlichen Wahrnehmung des Unternehmens durch den Verbraucher widerspricht.

Andere schufen neue Marken für ihre Aktivitäten. Der US-amerikanische Empfänger eines riesigen Rettungspakets GMAC gab seiner Online-Bank einen neuen Namen: Ally Bank, »auf den Fundamenten von GMAC gebaut«, was in den sozialen Medien viele Diskussionen auslöste.

Dann baten CEOs ihre Topmanager, Bonuszahlungen zurückzugeben, woraufhin sich mehrere Banker öffentlich für das Versagen ihrer Banken entschuldigten. Sich zu entschuldigen ist schwierig, da Ausdrücke des Bedauerns zu Körperschaftsklagen führen können. Lord Stevenson von HBOS gab eine vorsichtige Erklärung ab, in der er sagte, er »bedaure die Wendung der Ereignisse«, was in den Ohren der Verbraucher nicht wie eine wirkliche Entschuldigung klang.

In einer Branche, die auf Vertrauen aufgebaut ist, ist es von äußerster Wichtigkeit, sich auf grundlegende Weise um die Wiederherstellung des Vertrauens zu kümmern. Eine nachhaltige Wiederherstellung erfordert ein größeres Wissen darüber, wie die Verbraucher im Zuge der Finanzkrise ihr Denken und Verhalten geändert haben.

Die Beziehung zwischen Finanzinstitut und Kunde ist kompliziert geworden

Um die geeignetsten Maßnahmen zur Wiederherstellung des Vertrauens herauszufinden, müssen wir uns in die Kunden hineinversetzen. Dabei kommt man schnell zu dem Schluss, dass das Vertrauen zwischen Finanzdienstleistern und ihren Kunden verschwunden ist. Vor der Krise war das Verhältnis zwischen Kunde und Finanzinstitut ziemlich einfach. Funktionen von geringer emotionaler Beteiligung wie Überweisungen wurden beinahe als Grundversorgung angesehen. In einigen Produktkategorien, die ihrer Natur nach einer größeren inneren Beteiligung bedürfen, konnte die Bank durchaus der Berater des Vertrauens sein. Auf welchem Beteiligungsniveau auch immer – das Verhältnis war klar: Der Finanzdienstleister bot einen Dienst an, und der Kunde kaufte diese Dienstleistung und wusste, was er zu erwarten hatte. Beide Seiten konnten darauf vertrauen, dass wie vereinbart geliefert wurde.

Innerhalb von weniger als einem Jahr zerbrach diese einfache Anbieter-Kunden-Beziehung und wurde mit Emotionen aufgeladen – die Verbraucher empfanden als Bürger Angst, Sorgen und Empörung, ihre finanzielle Sicherheit in ihrer Eigenschaft als Kunden wurde unterminiert, und als Steuerzahler waren sie gezwungen, sich an öffentlichen Rettungsaktionen zu beteiligen. Eine solche Änderung der Kundenbeziehung ist ohne Beispiel, selbst außerhalb der Branche. Ihr Ausmaß macht die Wiederherstellung des Vertrauens zu keiner leichten Aufgabe. Einige der Folgen mögen kurzfristig sein, andere dauerhaft. Werfen wir einen Blick auf die drei verschiedenen Rollen innerhalb der Beziehung: Menschen als Bürger, Kunden und Steuerzahler.

Die erste Rolle, die wir betrachten möchten, ist die als Bürger, nicht unbedingt als Kunden eines bestimmten Finanzinstituts.

Verbraucher sind Bürger, die die Auswirkungen der Finanzwirtschaft im Alltag zu spüren bekommen

Die Verbraucher dachten, dass Finanzdienstleister einfach dafür da wären, sich um ihre Überweisungen, Ersparnisse, Versicherungen und Hypotheken zu kümmern. Viele sahen sie nicht als wichtig für die Gesamtwirtschaft an oder brachten sie nicht mit dem Beschäftigungsniveau in ihrem Unternehmen oder ihren Aussichten auf einen sorgenfreien Ruhestand in Verbindung. Entsprechend erlebten sie eine unangenehme Überraschung.

Wie die Verbraucher die Ursachen der Kreditkrise wahrnehmen:

»Unethisches Verhalten: Hypotheken zu verkaufen, die Verbraucher in Schwierigkeiten bringen können, ist unmoralisch. Ein grauer Kapitalmarkt gehebelter Produkte wurde geschaffen, die so komplex und intransparent sind, dass man die Risiken nicht mehr beurteilen konnte.«

»Dieser graue Kapitalmarkt wurde hauptsächlich von der Gier getrieben: Es ging um Vergütungen, Anreizsysteme und millionenschwere Bonuszahlungen für Verwaltungsratsmitglieder und Vermittler, die sich auf kurzfristige Gewinne konzentrierten.«

»Die Leute verstanden ihre eigenen Produkte nicht, aber niemand traute sich, dies zuzugeben. Sie waren so kompliziert, dass selbst die staatliche Aufsicht daran scheiterte.«

»Immer wieder werden in irgendeinem Keller Leichen gefunden, was das Bild von chaotischen Zuständen in der Finanzbranche, in denen es an richtigem Management und Kontrollen fehlt, noch verstärkt.«

»Die Situation ist offensichtlich so ernst geworden, dass die Banken und Versicherungen sich nicht einmal mehr gegenseitig vertrauen – warum sollte ich ihnen also vertrauen?«

»Das gesamte Finanzsystem muss vom Staat gerettet werden, mithilfe riesiger Finanzspritzen und Verstaatlichungen, die auf Kosten des Steuerzahlers gehen. Und am Ende sind wir Verbraucher doppelt betroffen: Wir bezahlen deren Rettungsaktionen, doch dieselben Banken verleihen nicht genug, so dass in der Folge sogar gut geführte Unternehmen bankrottgehen und Arbeitsplätze verschwinden. Selbst mein Job steht auf dem Spiel.«

»Um sicherzustellen, dass wir ihre Arroganz und Selbstbezogenheit bemerken, haben dieselben Banken unser Geld für millionenschwere Sondervergütungen und goldene Handschläge verwendet. Einige ihrer Boni betragen ein Vielfaches der Gehälter gewöhnlicher Leute, deren Arbeit für die Gemeinschaft Wert besitzt. Ihnen ist in Wahrheit egal, was wir, ihre Kunden und Finanziers, über sie denken. Finanzprofis kümmern sich nur um sich selbst und denken nicht über uns, ihre Kunden, nach.«

Dieser Gedankengang, der zum Teil von der Krise selbst herrührte, zeigt uns, wie Verbraucher im Verlauf der letzten Dekade über große Unternehmen allgemein und über große Finanzdienstleister im Speziellen zu denken begonnen haben.

Die Globalisierung sowie Großkonzerne werden nicht von allen als ein Segen betrachtet. Größe wird leicht mit Indifferenz und Arroganz in Verbindung gebracht. Schon vor Ausbruch der Krise war das Image der Finanzdienstleister als Branche verbesserungswürdig. »Es sieht aus, als seien die Kunden für die Bank oder Versicherung da, und nicht umgekehrt«, war ein Kommentar, der bereits vor der Krise allzu oft in der Marktforschung auftauchte.

Die Branche muss anfangen, die Verbraucherwahrnehmungen zu managen

In der Analyse der Ursachen der Krise mögen viele in der Branche nicht mit den Verbraucherwahrnehmungen übereinstimmen und anderen Akteuren die Schuld geben, etwa den Ratingagenturen, und ihnen vorwerfen, dass sie ihre Arbeit nicht richtig tun, oder noch andere Gründe anführen. Auf der folgenden Seite haben wir die Ursachen aufgeführt, die oft von Branchenverantwortlichen und Experten genannt werden. Wenn man diese Liste mit den Augen eines gewöhnlichen Kunden durchliest, wird deutlich, dass für ihn all diese Ursachen weit zu theoretisch und kompliziert sind, als dass er sie verstehen könnte. Die Verbraucher halten sich lieber an ihre eigene klare Gedankenkette. Die Politiker bestärken sie darin, da einfache Antworten, und seien sie auch noch so einseitig, falsch oder unbegründet, besser ankommen als differenzierte, aber längere Erklärungen. Wie auch immer die Wahrheit lautet, falls es eine gibt: Die Branche muss die Verbraucherwahrnehmung viel besser managen.

Einige Ursachen der Kreditkrise laut Branchenvertretern

- Die Gier der Verbraucher. Ihre Eigenheime als Geldautomat zu benutzen, war nicht besonders klug von den Verbrauchern (William Dudley, CEO der Federal Reserve Bank of New York). Verbraucherverschuldung, insbesondere am kurzen Ende der Einkommens- und Wohlstandsverteilung, kann schnell und mit Macht aufs Finanzsystem insgesamt durchschlagen (Nobelpreisträger Vernon L. Smith).
- Die Effizienzmarkttheorien – die sich darauf verlassen, dass der Markt einen Vermögensgegenstand immer richtig bewertet und sich so selbst korrigiert – stellten sich als wertlos heraus, da es irgendwann einfach keinen Markt mehr gab. Daher verursachte die Wirtschaftswissenschaft die Krise, die diese nicht kommen sah und keine Ahnung hat, wie darauf zu reagieren ist.
- Die Fed beging den Fehler, Lehman Brothers nicht zu retten. Die Bank hatte eine riesige Bilanzsumme und massenweise Derivate in den Büchern stehen. Das Nettorisiko dieser Positionen war relativ gering, weil es gegenüber anderen Parteien Gegenpositionen gab. Doch indem man Lehman in Konkurs gehen ließ, mussten alle diese Parteien ihre Positionen umkehren. Dies verursachte eine Kettenreaktion und in der Folge Chaos. Wenn das Unternehmen gerettet worden wäre, hätte man nur mit dem Nettorisiko fertig werden müssen, mit der Differenz zwischen Kauf- und Verkaufpositionen (Nobelpreisträger Robert Merton).
- Die wiederholte Bündelung der Hypothekendarlehen löschte die Beziehung zwischen Geldverleiher und Eigenheimbesitzer aus. Der Käufer des Bündels hatte keine Ahnung, was er tun sollte, wenn der Kreditnehmer seine Zinsen und Raten nicht bezahlte.
- In den Jahren der Niedrigzinspolitik Alan Greenspans expandierte die Verschuldung der amerikanischen Haushalte und Unternehmen. Außerdem war er miserabel in Sachen Regulierung, und das ist – wie wir jetzt wissen – der Weg ins Desaster (James Galbraith, University of Texas).
- Die Fair-Value-Bilanzierungsregeln unterstützten den Boom, beschleunigten aber auch den Zusammenbruch.

Die Verbraucher sehen ihre finanzielle Zukunft pessimistisch und unsicher

Eine Folge der Finanzkrise war die Notwendigkeit, den Wert der Pensionssparpläne nach unten anzupassen, um die Vermögensverluste durch die Erosion der Asset-Preise widerzuspiegeln. Leute, die sich ihrem Ruhestand nähern, sind plötzlich mit der Aussicht konfrontiert, viel geringere Ruhestandsgelder zu erhalten als erwartet, und stehen vor der beängstigenden Möglichkeit, dass sie ihre Ersparnisse überleben könnten. Andere müssen sich mit dem Gedanken anfreunden, dass sie länger werden arbeiten müssen, als sie geplant hatten, und das im Umfeld eines schrumpfenden Arbeitsmarkts, in dem ständig Arbeitnehmer entlassen werden. Für viele ist dies eine beunruhigende Zeit. Die meisten haben in ihrem gesamten Leben keine größere finanzielle Unsicherheit erlebt. Was wird aus meinen Ersparnissen? Werden sie ausreichen? Wie sind meine Aussichten? Die Unsicherheit rund um diese Fragen ist für die Verbraucher neu, und viele Fragen harren der Antworten und Lösungen.

Die zweite Rolle, die die Verbraucher spielen, ist die, Kunden eines bestimmten Finanzinstituts zu sein.

Die Finanzinstitute hätten stärker auf die Krise reagieren sollen

Während der Krise erwarteten die Verbraucher von ihren Finanzdienstleistern, dass diese sie adäquat über die Krise und darüber, wie das Unternehmen damit umgehen würde, informierten. Doch nur wenige Institute kontaktierten ihre Kunden proaktiv, um deren persönliche Situation zu besprechen und Lösungen vorzuschlagen.

Man kann sagen, dass die Finanzleute genau an dieser Stelle versagten und Vertrauen verspielten. Die Unternehmenswebsites schienen zu ignorieren, dass es gerade eine Krise gab; TV-Spots, die mit »Verlässlichkeit« warben, standen im Gegensatz zu aktuellen Berichten, die suggerierten, dass die Finanzinstitute alles andere als verlässlich waren. Zumindest hätten die Kunden einen schlichten Brief von ihrem Finanzdienstleister erwarten können, in dem die Situation erklärt wird. Die Verwendung von Metaphern wie »in ein schweres Gewitter geraten« oder »toxischen Wertpapieren ausgesetzt sein« erweckten den Eindruck, dass die Finanzleute nichts damit zu tun hätten – während alle den Verdacht hatten, dass sie es besser wussten.

Unterm Strich kommunizierten nur wenige proaktiv, in ausreichendem Maße und in geeigneter Weise im Hinblick auf die Krise. Dadurch erweckten sie den Eindruck, dass Banken und Versicherungen sich nicht wirklich für ihre Kunden interessierten.

Vertrauen wurde immer als gegeben vorausgesetzt

Bis zur Finanzkrise hatten die Finanzdienstleister ihren Kunden nie beweisen müssen, dass sie vertrauenswürdig waren. Vertrauen wurde immer vorausgesetzt. Verschiedene Banken und Versicherungen erzählten uns, dass sie reagieren wollten, aber dass es 6 bis 14 Wochen dauerte, bis ein Brief freigegeben war, und jeder Brief war von den Ereignissen überholt worden, bis er die Freigabe erhielt. Andere sagten, ihre PR-Agentur habe ihnen geraten, sich aus den Schlagzeilen zu halten und keine Maßnahmen zu ergreifen, bis der Sturm vorübergezogen sei. Oder dass ihr Rechtsberater sie vor den potenziellen Kosten der Aufrichtigkeit gewarnt habe. Mögliche Gerichtsprozesse schienen offensichtlich eine größere Bedrohung gewesen zu sein als der Verlust des Vertrauens. Nicht oder kaum zu handeln, hat das Vertrauen sogar zusätzlich zum eigentlichen Schaden durch die Finanzkrise selbst weiter beeinträchtigt. Ein solches Maß an Nicht-Kommunikation stimmt sicherlich nicht mit dem überein, was die Verbraucher jetzt und in den kommenden Jahren erwarten.

Luis Badrinas, CEO von Zurich Life Spanien und Vorstandsmitglied von Zurich Global Life, erzählt, dass sein Unternehmen proaktiv diejenigen Kunden kontaktierte, die eine Investment-Police hatten, und ihnen riet, auf eine Einlagen-Police umzustellen. Obwohl die Kunden Geld verloren hatten, waren sie für den proaktiven Ansatz von Zurich dankbar. Zurich nutzte die Gelegenheit und gab den Klienten zusätzliche Finanzratschläge. »Die steigende Arbeitslosigkeit ist ein großes Thema, und die spanische Regierung führte eine neue Regelung ein, nach der Arbeitslose Geld aus ihrem Rentensparplan abziehen dürfen, das sie vor dem Juli 2009 darin investiert hatten. Wir halten es für unsere Pflicht, unsere Kunden kostenlos in dieser Sache zu beraten, ohne einen kommerziellen Vorteil daraus zu schlagen«, sagt er.

Leidenschaft für das Finanzwesen – aber was ist mit den Konsumenten?

Genau wie die meisten Maschinenbauingenieure eine Schwäche für Motoren haben, ist es die Leidenschaft der meisten Banker und Versicherer, mit Geld umzugehen, was sehr verständlich ist. Die Arbeit in einer Bank oder einem Versicherungsunternehmen ist logischerweise die Domäne von Leuten, die vor allem an Wirtschaft und Finanzen interessiert und darin ausgebildet sind – ihr primäres Interesse gilt nicht dem Umgang mit Kunden. In einer Reihe von Banken werden das Großkundengeschäft und das Investmentbanking gegenüber dem Privatkundengeschäft als etwas Höherwertiges betrachtet, weil diese Geschäftsabschlüsse größer, komplizierter und maßgeschneidert sind.

Dadurch besteht ein riesiger Unterschied zwischen dem Vokabular von Finanzdienstleistern und dem ihrer Kunden. Finanzprofis sprechen von Kapitaladäquanz, Kompensation und Risikoappetit. Verbraucher sprechen von Hoffnung, Gier und Furcht. Die Kluft wird unüberbrückbar, wenn Kunden ohne jeden Bezug auf die menschliche Dimension als »Profitcenter« behandelt werden.

Eine einseitige Lösung …

Alle Kommissionen, die eingesetzt wurden, um den Finanzsektor zu überprüfen und neu auszugestalten, bestanden fast ausschließlich aus Leuten aus der Branche sowie Politikern. Dies gilt für die De-Larosière-Gruppe der EU-Kommission, The Turner Review in Großbritannien, The Group of Thirty unter der Leitung des früheren Fed-Vorsitzenden Paul Volcker, die niederländische Maas-Kommission, die vom niederländischen Bankenverband ins Leben gerufen wurde, und für die »Future of Finance«-Initiative des Wall Street Journal. Wenn man die Berichte und Empfehlungen durchliest, muss man zu dem Schluss kommen, dass die Branche stark nach innen orientiert ist und auf die Verbraucherperspektive nur wenig Aufmerksamkeit verwendet. Es geht immer um Unternehmensführung, Risikomanagement, Strukturen und Regulierung – in der Tat entscheidend wichtige Fragen –, aber ihnen allen fehlt die direkte Relevanz für die Verbraucher und der Einfluss auf sie.

- 29 Seiten von Empfehlungen der Group of Thirty enthalten kein einziges Mal die Worte »Verbraucher« oder »Kunde«.
- Auf den 70 Seiten des Berichts der De-Larosière-Gruppe wird der Begriff »Kunde« nur zehnmal erwähnt.
- Von den 73 im Bericht der Maas-Kommission vorgeschlagenen Maßnahmen betrifft nur eine einzige direkt den Verbraucher: Durch diese wird das Niveau der Einlagensicherung sogar gesenkt.
- In den 32 nach Meinung des Turner Review notwendigen Schritten sind zwei derartige Maßnahmen enthalten, und bei beiden geht es um die Einlagensicherung: besserer Schutz und bessere Information.

Das Verbrauchervertrauen in die Finanzbranche wird durch die finanzielle Stabilität beeinflusst

Zusammen mit der Rechercheagentur MarketResponse untersuchten wir den Grad an Vertrauen der holländischen Verbraucher in die Finanzbranche mithilfe des VODW Consumer Trust Navigators. Dieses Modell benennt 13 überprüfte Kriterien des Vertrauens in einen Finanzdienstleister. Außerdem zogen wir verfügbare Forschungsergebnisse aus anderen Ländern zurate.

Auch wenn es Unterschiede bei der Wichtigkeit der einzelnen Vertrauenskriterien unter den Finanzfirmen gibt, weisen die Resultate große Ähnlichkeiten und gemeinsame Nenner auf:

- Unter den einzelnen Kriterien ist *Finanzstabilität* bei Weitem das wichtigste – es macht 20 Prozent des Verbrauchervertrauens in ein Finanzinstitut aus.
- Die verschiedenen Kriterien, die mit der täglichen *Grundversorgung mit Dienstleistungen* zusammenhängen, machen 40 Prozent des Vertrauens aus. Diese Grundversorgung muss transparent und unkompliziert sein. Die Produkte müs-

sen für die Verbraucher leicht verständlich, die Organisation zugänglich und die Prozesse klar und kurz sein. Weitere wichtige Aspekte: proaktiv im Sinne des Kunden zu denken, Vereinbarungen einzuhalten und nicht für unliebsame Überraschungen zu sorgen.

Ähnliche Schlussfolgerungen können aus einer weltweiten Umfrage von Barclays Wealth und der Economist Intelligence Unit unter 2100 vermögenden Privatpersonen mit Geldanlagen zwischen 500 000 und 30 Millionen Britischen Pfund im Jahr 2009 gezogen werden. Die Vertrauenserosion führt zu steigenden Zahlen von einkommensstarken Anlegern, die die Art und Weise verändern, wie sie einen Fondsmanager auswählen. Während eines Booms hätten sie früher auf die vergangene Performance geachtet, heute beziehen sie mehrere Kriterien ein. Die finanzielle Stabilität des Anbieters und die Qualität und Transparenz der Anlegerinformationen haben an Bedeutung zugenommen, während die vergangene Performance und die Gebühren weniger wichtig werden.
Der Trust Index, der an der University of Nottingham vom Financial Services Research Forum entwickelt wurde, unterscheidet zwei Vertrauensniveaus. Bei dem niedrigeren geht es darum, ob eine Organisation zuverlässig tut, was sie sagt, bei dem höheren darum, ob die Organisation sich um die Interessen ihrer Kunden sorgt.

Die Ergebnisse des Trust Index deuten darauf hin, dass Finanzfirmen im Allgemeinen die besten Kundenbewertungen in Sachen fachliches Know-how und Fähigkeit erhalten – das heißt auf den Feldern, die das niedrigere Vertrauensniveau betreffen. Doch das höhere Vertrauensniveau bei ihren Kunden zu erlangen, fällt ihnen wesentlich schwerer, insbesondere was die gemeinsamen Wertvorstellungen angeht.

Stabilität erfordert fortlaufende Bekräftigung

Jahrelang waren Finanzdienstleister geradezu unsterblich. Eine Bank oder ein Versicherungsunternehmen, das bankrottging, war eine historische Rarität. Dies hat sich verändert. Und die Tatsache, dass Finanzfirmen nicht unsterblich sind, hat nun Eingang ins kollektive Gedächtnis der Öffentlichkeit gefunden. Finanzielle Stabilität wird für die Kunden auf Jahre hin ein wichtiges Kaufkriterium bleiben. Finanzdienstleister müssen die Wahrnehmung ihrer finanziellen Stabilität managen. Verbraucher sind zunehmend informierter – sie sind in der Lage, Informationen sowie deren Quellen und Motive zu hinterfragen, und werden dies wahrscheinlich auch tun. Soziale Medien stellen sowohl eine neue Chance als auch eine Bedrohung dar. Wir haben erlebt, wie winzige Informationsfunken oder Gerüchte über finanzielle Instabilität ein loderndes Feuer in Form eines Bankenansturms entfachen können.

Es geht um die Touchpoint-Performance

Auch ist erkennbar, dass die Vertrauenswürdigkeit der Finanzfirmen sich überall an ähnlichen Punkten entscheidet: Es geht um die Touchpoint-Performance, die Qualität der Mitarbeiter mit Kundenkontakt, die Leichtigkeit, mit der das tägliche Geschäft abläuft – dies sind die entscheidenden Punkte beim Aufbau oder der Stärkung des Vertrauens. Vertrauen kann nicht einfach wiederhergestellt werden, indem man in der Werbung davon spricht: Es wird zurückgewonnen, indem man bei der täglichen Bereitstellung von Dienstleistungen und bei der Stärkung der finanziellen Stabilität brilliert.

Verbraucher legen besonders großen Wert auf die tägliche Bereitstellung von Dienstleistungen, weil ihr Vertrauen schwer beschädigt wurde, was bedeutet, dass die Finanzdienstleister es erneut aufbauen müssen, beinahe von Grund auf. Die Verbraucher bewerten fortlaufend die Fähigkeit eines Finanzinstituts, ihre Grundbedürfnisse zu erfüllen. Sie achten genauer auf jeden einzelnen Kontakt und jede Dienstleistung, um erneut zu überprüfen, ob ihre Erwartungen und Grundbedürfnisse erfüllt werden und ob die Bank ihre Versprechungen einhält.

Besonders wachsam sind die Kunden, wenn es um diejenigen Dienstleistungen geht, die einen persönlichen Kontakt involvieren. Diese Beobachtung stimmt mit ähnlichen Ergebnissen von TNS aus den USA überein: 62 Prozent der Bankkunden stimmten der Aussage zu, dass der Banker ihnen heute genauso wichtig sei wie die Bank.

>>Unsere Zeit ist von Unsicherheit und Schnelllebigkeit geprägt. Wir haben immer mehr Eindrücke zu verarbeiten, unsere Emotionen werden permanent beschleunigt<<, legt Horst Schmidt, Vorstandsvorsitzender der Bethmann Bank, dar. >>Der Einfluss der Medien auf die Menschen scheint größer zu sein als je zuvor. Laute Debatten und schnelle Urteile sind allgegenwärtig, kontroverse Meinungen bilden sich, die wiederum neue Positionen hervorbringen und so weiter. Inmitten dieser Unübersichtlichkeit sollte der Kundenbetreuer einer Privatbank wie ein Fels in der Brandung sein. Diesem Bild kann er am besten entsprechen, wenn er erfahren und unabhängig ist.<<

Die Verbraucher sind skeptischer als vor der Krise. Wenn die Erwartungen nicht erfüllt werden, sind sie bereit, gravierendere Konsequenzen zu ziehen als zuvor. Dies ist die tägliche Erfahrung in den Callcentern von Finanzinstituten und das Ergebnis von Zufriedenheitsbefragungen. Der CEO einer Geschäftsbank erzählte uns, seit der Krise sei in jedem zweiten Beschwerdebrief von Kunden ein Absatz zu finden, in dem erwähnt wird, dass eine Kopie des Briefs an eine bekannte Verbrauchersendung des landesweiten Fernsehens weitergeleitet worden sei.

Vertrauen kommt nicht von selbst: Es ist die Folge der gesamten Interaktionen. Erst nach mehreren positiven Erfahrungen wird das Vertrauen wieder zunehmen und der Verbraucher wieder eine Bindung empfinden. Die Geschwindigkeit, in der das Vertrauen wiederkommt, ist also direkt von der Qualität und Häufigkeit der Interaktionen mit dem Kunden abhängig.

Abbildung: Vertrauen entsteht durch Interaktionen.

Die dritte Rolle der Verbraucher, die wir erörtern möchten, ist die als Steuerzahler.

Verbraucher halten es für ihr Recht, mitzureden

Die Kreditklemme und die anschließende Wirtschaftskrise hatten und haben einen riesigen Einfluss aufs tägliche Leben aller, und die Steuerzahler waren es, die die Branche gerettet haben. Deswegen wollen die Verbraucher mitreden.

Finanzdienstleister sollten nicht erwarten, dass diese Beteiligung der Verbraucher in den kommenden Jahren nachlassen wird. Die Folgen des Geschehenen sind so gigantisch, dass wir der Meinung sind, Finanzfirmen sollten damit rechnen, mindestens ein weiteres Jahrzehnt lang im Zentrum der Aufmerksamkeit zu stehen. Alle Marktteilnehmer werden größere Transparenz und Rechenschaftspflicht fordern. Finanzinstitute müssen sich an die Tatsache gewöhnen, dass jeder ihrer Schritte unter die Lupe genommen und von allen bewertet wird: von der Regierung, der Öffentlichkeit, Verbraucherorganisationen, Fachmedien sowie in den sozialen Medien des Internets. Die Verbraucher werden die Handlungen der Finanzinstitute kritisch betrachten, um herauszufinden, ob sie den Werten gerecht werden, die die Konsumenten wichtig finden. Wenn es den Leuten aus der Branche gut geht, bevor der Schaden, den die Branche angerichtet hat, wieder gutgemacht ist, wird man dies empörend finden.

Konträre Sichtweisen

In Verteidigung der herrschenden Bonuskultur hörten wir Argumente wie: »Die Leute, die die Geschäfte machen, sollten das Geld bekommen«, was erklärt, warum diese Banker sich benehmen, als gehörten ihnen die Einlagen ihrer Kunden.

Doch heutzutage merken die Verbraucher deutlich, dass das Rohmaterial, mit dem die Finanzinstitute arbeiten dürfen, ihnen gehört: Es handelt sich um das Geld der durchschnittlichen Leute von der Straße, um deren Ersparnisse und Pensionen.

Unternehmensstolz, -moral und -vertrauen im Inneren nehmen ebenfalls Schaden

Nicht nur die Verbraucherwahrnehmungen und -erwartungen sowie die Spielregeln des Marktes haben sich geändert: So gut wie jedes Unternehmen, das in der Finanzwelt tätig ist, hat sich auch im Inneren tiefgreifend verändert. Dies hat zur Folge, dass die Mitarbeiter nicht mehr so entspannt und positiv gestimmt sind, wie sie es vor den Turbulenzen waren. Stolz, Moral und Vertrauen haben auch innerhalb des Unternehmens Schaden genommen. Das sich verschlechternde Image der Branche beeinträchtigt natürlich auch das persönliche Image der Mitarbeiter. Leute, die bei einer Bank oder Versicherung arbeiten, haben bei Erwähnung ihres Arbeitgebers Feindseligkeiten erlebt. Ihre Integrität wird in Zweifel gezogen, obwohl die übergroße Mehrheit keinen Einfluss auf die Entscheidungen hatte, die die Welt in Schwierigkeiten gestürzt haben. Viele Leute in der Branche wurden Zeugen, wie das Unternehmen, für das sie arbeiten, eine Nahtoderfahrung durchlebte, was auch große Ungewissheit bezüglich ihres Arbeitsplatzes mit sich brachte. Kosteneinsparungen, Hierarchie- und Arbeitsplatzabbau standen und stehen fast überall auf der Agenda. Es wird in nächster Zeit keine vollständige Erholung erwartet.

Alle Elemente des inneren Vertrauens stehen unter Druck

Galford und Seibold Drapeau erkennen drei Elemente des Vertrauens innerhalb von Unternehmen.

Erstens vertrauen Mitarbeiter der Strategie des Unternehmens sowie denen, die über den Weg voran entscheiden.

Zweitens gibt es das Vertrauen der Mitarbeiter in ihre Manager: dass sie gerecht behandelt werden und die Manager nicht ihre eigenen Interessen an die erste Stelle setzen werden.

Drittens geht es um das Vertrauen in die Fairness und Folgerichtigkeit der Prozessabläufe im Unternehmen und darum, dass das Unternehmen sein Versprechen gegenüber den Kunden einhält.

Wir würden ein viertes Element hinzufügen: das Vertrauen der Mitarbeiter in ihre Kollegen, dass diese die gleichen Interessen teilen (die Arbeit bewältigen) und harmonisch zusammenarbeiten können.

Die Ereignisse von 2008/2009 störten alle vier Arten des internen Vertrauens. Was das zukünftige Vertrauen anbelangt, so haben nur wenige Lenker von Finanzinstituten eine klare, überzeugende Vision und Strategie präsentiert, wie das Unternehmen angesichts der Finanzkrise und der veränderten Marktbedingungen etwa in fünf oder zehn Jahren aussehen soll. Die Bemühungen der Aufsichtsräte haben sich auf die Stärkung der Kapitalbasis und die Kostenreduktion konzentriert – Maßnahmen, die für das kurzfristige Überleben essenziell waren, die jedoch das Vertrauen der Mitarbeiter zu ihren Vorgesetzten nur teilweise wiederherstellten.

Laufende Restrukturierungsanstrengungen – wie notwendig sie auch sein mögen – belasten immer das Vertrauen der Mitarbeiter in ihre Manager und Kollegen. Alle erkennen, dass der erste Reflex ist, die persönlichen Interessen zu schützen.

Die Kreditkrise hat viele alte Diskussionen über die Fairness der angebotenen Produkte und Dienstleistungen wiederbelebt – von Zinssätzen und Gebühren über Fragen der Transparenz bis hin zum Handeln im Interesse der Kunden. Angesichts der Kreditklemme haben diese Diskussionen zusätzlich an Bedeutung gewonnen; die Mitarbeiter stellen die Frage, ob sie sich mit der alten Arbeitsweise noch wohl fühlen.

Die Wiederherstellung des internen Vertrauens ist der Schlüssel zur Wiederherstellung des externen Vertrauens

Geringes Vertrauen im Inneren eines Unternehmens führt zu Hintergedanken, zur Verfolgung persönlicher Interessen, um das Überleben sicherzustellen, zu Zielkonflikten, Spannungen und Machtspielen, es führt zu großen Belastungen und geringer Zufriedenheit, schlechter Zusammenarbeit und großem Verlust an talentierten Mitarbeitern. Dies schmälert die Effektivität und Leistung des Unternehmens und führt meist zu einer schlechten Dienstleistungsqualität und zu unzufriedenen Kunden.

In der Finanzbranche ist das Engagement der Mitarbeiter heute wichtiger denn je. Wie können wir das Vertrauen der Kunden wiederherstellen, wenn das Vertrauen im Inneren zu wünschen übrig lässt?

Die Bedeutung des Mitarbeiterengagements
- Laut einer britischen Gallup-Studie erzielten Unternehmen mit hohem Mitarbeiterengagement durchschnittlich 12 Prozent mehr Kundenzustimmung, eine um 18 Prozent höhere Produktivität und eine um 12 Prozent höhere Profitabilität. Unternehmen mit geringem Mitarbeiterengagement müssen 30 bis 50 Prozent mehr Abgänge von Mitarbeitern verkraften.
- Die Standard Chartered Bank fand heraus, dass Branchen mit signifikant erhöhtem Mitarbeiterengagement ein um 16 Prozent höheres Wachstum der Gewinnspanne aufwiesen.

Finanzinstitute erleben eine Identitäts- und Beziehungskrise

Das Verhältnis der Verbraucher zu den Finanzdienstleistern hat sich geändert, diese wurden durch die Finanzkrise sowohl in eine Identitäts- als auch in eine Beziehungskrise geworfen. In eine Identitätskrise, denn die Grundlage der Branche, Vertrauen und Zuverlässigkeit, ist beschädigt worden; eine Beziehungskrise, denn die Beziehung zu den Verbrauchern steht unter Druck, und zwar in jeder Rolle, die diese spielen. Wir schlagen die folgenden neun Maßnahmen vor, um wieder eine fruchtbare Beziehung herzustellen:

1. Ein Angebot für alle Stakeholder

Die Gründe und Natur sowohl der Identitäts- als auch der Beziehungskrise schließen schnelle Lösungen aus. Wir glauben, dass es erheblicher Anstrengung bedarf, eine dauerhafte Lösung für die Identitätskrise wie auch die Beziehungskrise zu finden, sowohl für die interne als auch die externe.

Unserer Vorstellung nach liegt der Hauptgrund für die beiden Krisen darin, dass in den letzten paar Jahrzehnten ein ehrgeiziges und übergreifendes Angebot an alle Beteiligten fehlte – Kunden, Mitarbeiter, Aktionäre und Gesellschaft. Das Versprechen an die Aktionäre, Wert zu erzeugen, hatte keine direkte Verbindung zu den Versprechen an andere Stakeholder, wie auch immer diese lauteten. Auf einer Reihe von Gebieten arbeiteten die Maßnahmen der Chefs von Finanzinstituten sogar den Interessen anderer Stakeholder entgegen, beispielsweise indem auf Kosten der Kunden die Gewinne weit jenseits des moralisch Akzeptablen maximiert wurden oder indem Risiken eingegangen wurden, die die gesamte Gesellschaft beschädigen konnten. Um die eigene Identität sowie das Verhältnis zu den Kunden wiederherzustellen, ist es notwendig, sich von der Ansicht zu verabschieden, dass es das einzige Ziel des Managements sei, den Shareholder Value zu steigern. Kunden, Mitarbeiter und Zivilgesellschaft in die Liste wichtiger Stakeholder aufzunehmen, ist für den Aufbau von Glaubwürdigkeit zwingend erforderlich.

Der wichtigste Fortschritt für die Finanzinstitute wird sein, ein bestechendes Angebot für alle Stakeholder zu machen. Dies sollte so relevant und attraktiv für die Verbraucher sein, dass die Kundenbasis sich dadurch ausweitet; es sollte ein Geldverdienen auf kurze und lange Sicht ermöglichen und konsequent die richtige Art von Aktionären anziehen; es sollte die Mitarbeiter motivieren und inspirieren und deren Werte widerspiegeln und es sollte zur sozialen und ökonomischen Entwicklung beitragen, um die Bedürfnisse der Gesellschaft in Angriff zu nehmen. Zwar sind ausgewogene Angebote an die verschiedenen Stakeholder eine gute Sache, aber eigentlich sollte sich der Ehrgeiz auf ein Angebot richten, das alle Stakeholder anspricht und zusammenführt und für sie alle Wert schafft.

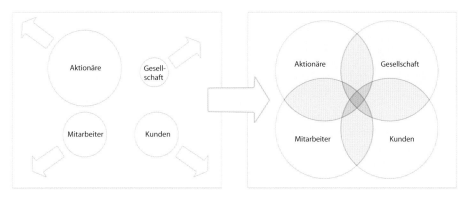

Abbildung: Ein Angebot für alle Stakeholder ist das Ziel.

47

Als wir dieses Modell mit einem Aufsichtsrat einer staatlich kontrollierten Bank diskutierten, bemerkte er: »Es wäre großartig, wenn die Regierung dieses Modell ebenfalls verstünde. Es sollte zwar in der Natur der Sache liegen, dass die Regierung sich um alle Stakeholder sorgt, aber in der Realität benimmt sie sich gegenüber Finanzdienstleistern, die staatliche Hilfe erhalten haben, wie ein gewöhnlicher Aktionär: Gewinn und Wert müssen maximiert werden, um die Aktien später zum höchstmöglichen Kurs verkaufen zu können.«

Robert Wiest, Geschäftsführender Direktor von Swiss Re, China: »In China suchen wir seit Längerem nach innovativen Möglichkeiten, die Strategie der Konzentration aufs Kerngeschäft umzusetzen. Beispielsweise schlossen wir im Juli 2009 eine Vereinbarung mit der Pekinger Stadtverwaltung ab, nach der wir Rückversicherungsschutz für Katastrophenrisiken im Rahmen von Pekings staatlich finanziertem Agrarversicherungsmodell anbieten. Während wir bislang immer ausschließlich mit chinesischen Versicherungsunternehmen zusammengearbeitet haben, kooperieren wir bei diesem Geschäft direkt mit der Regierung, um deren Bedarf sowie den der Versicherer aus dem Agrarversicherungsmodell bestmöglich zu erfüllen.
Unterstützt von der chinesischen Versicherungsregulierungskommission, hat diese bahnbrechende Übereinkunft Fortschritten bei den politischen Rahmenbedingungen für die Agrar-Rückversicherung den Weg bereitet. Die innovative Vereinbarung mit der Regierung erleichtert außerdem die nachhaltige Entwicklung der Agrarversicherung, was in Zeiten der globalen Sorgen um die Versorgungssicherheit bei Lebensmitteln die landwirtschaftliche Produktivität stimuliert. In diesem Sinne führt die Konzentration aufs Kerngeschäft zu einer Stärkung dessen, was wir bereits zuvor taten: unseren Kunden auf innovative und nachhaltige Weise einen Risikotransfer anzubieten.«

2. Die interne Wiederherstellung des Vertrauens

Es ist von entscheidender Bedeutung, ein wahrhaft auf Vertrauen beruhendes Unternehmen aufzubauen: Vertrauen auf Führungskraft und Fähigkeiten des Managements, die Fairness der Kundenprozesse sowie Vertrauen der Mitarbeiter untereinander.

Ein Unternehmen kann nur dann das Vertrauen seiner Kunden zurückgewinnen, wenn die Mitarbeiter mit Hingabe an der Wiederherstellung der Vertrauenswürdigkeit arbeiten. Und die Mitarbeiter können dies nur mit ganzem Herzen tun, wenn sie selbst dem Unternehmen, für das sie arbeiten, voll vertrauen. Ein Unternehmen kann seinen Kunden nur dann transparent und ehrlich entgegentreten, wenn es auch nach innen transparent und ehrlich ist.

Da die Branche auch weiterhin von der Restrukturierung in Anspruch genommen werden wird, stellt dies zweifellos eine große Herausforderung dar.

3. Führung zeigen und den Ereignissen voraus sein

Kunden erwarten Führung. Mitarbeiter erwarten Führung. Führung in dem Sinne, dass man mitteilt, was man aus den letzten paar Jahren gelernt und welche Maßnahmen man ergriffen hat. Das bedeutet, auf den Pessimismus und die Unsicherheit der Verbraucher über ihre finanziellen Aussichten einzugehen und zu erklären, wie man vorhat, ihnen zur Seite zu stehen. Die Erneuerung des Vertrauens erfordert eine Konzentration auf langfristige Beziehungen, nicht auf die nächste Transaktion.

Es ist entscheidend, dass Sie sich die Zeit nehmen und mitteilen, wie Ihre Vision für die Zeit nach der Krise ist und wie sich Ihrer Meinung nach der Markt verändern wird, wie sich die Erwartungen der Stakeholder geändert haben und wie Ihr Unternehmen dies in den kommenden Jahren antizipieren wird. Kurz: Nötig ist eine klare Vision und Strategie, die sich den Verbrauchern erklären lässt und die Mitarbeiter und andere Stakeholder inspiriert.

4. Sich in Momenten der Wahrheit auszeichnen

In den kommenden Jahren werden Kunden, Privatleute und Unternehmen weiterhin die Auswirkungen der Kreditkrise spüren, und sie werden mehrere Momente der Wahrheit erleben. Dies sind die idealen Gelegenheiten, um die Beziehung wiederherzustellen. Viele Verbraucher sorgen sich um ihre Renten. Unterstützen Sie die Kunden bei der Bewältigung ihrer finanziellen Situation, bei der Absicherung ihrer Rentensparpläne. Helfen Sie Hausbesitzern, in ihren Häusern zu bleiben. Antizipieren Sie deren Bedürfnisse durch angepasste Produkte und Dienstleistungen. Nicht aus reinem Gewinninteresse, sondern um den Sorgen der Verbraucher zu begegnen. Für diese haben sich der Markt und ihre persönliche Situation geändert. Produkte und Dienstleistungen sollten sich entsprechend ändern. Jetzt ist der Zeitpunkt, um sich aufrichtig für die Kunden einzusetzen und einen dauerhaft positiven Eindruck zu hinterlassen, womit Sie möglicherweise Botschafter gewinnen.

> Mit »Moment der Wahrheit« meinen wir in diesem gesamten Buch nicht die üblichen Routinekontakte, sondern wirklich kritische Fragen, Probleme und Momente, die die Kunden erleben. Etwa wenn sie es kaum noch schaffen, ihre monatlichen Hypothekenzahlungen zu leisten, wenn sie in einen Verkehrsunfall verwickelt werden, wenn ihr Haus abbrennt, wenn sie arbeitslos werden, wenn sie feststellen, dass ihr Rentensparplan nicht ausreicht, oder wenn ihr Unternehmen in ernste Zahlungsschwierigkeiten gerät.

5. *Neben der operativen Exzellenz bei der Kernkompetenz sorgen*

Die Kunden werten aus, ob der von ihnen gewählte Finanzdienstleister es schafft, ihre Grundbedürfnisse zu erfüllen. Dies ist es also, was Finanzfirmen beweisen müssen. Stellen Sie die Grundlagen bereit, aber sorgen Sie auch für Mehrwert. Liefern Sie, was Sie versprechen, immer wieder.

Eine IBM-Studie von Suzanne Duncan, jetzt Global Head of Research für das State Street Center for Applied Research, ergab, dass 80 Prozent der Geschäftsleitung von Finanzdienstleistern sich bei der Erfüllung ihres Markenversprechens nur als schwach oder mäßig einordnet. »Was die Verbraucher am meisten schätzen, hat sehr wenig mit dem Produkt zu tun«, so Duncan. »Sie legen Wert auf unvoreingenommene hochwertige Beratung und exzellenten Kundenservice und betrachten Anbieter nur als Partei, die ihnen das Leben leichter machen soll.«

Unsere Recherchen zeigen eindeutig, dass die Bereitstellung der alltäglichen Dienstleistungen der richtige Ansatz ist, um das Vertrauen wiederherzustellen. Dies erfordert ein proaktives Beziehungsmanagement: Bleiben Sie mit den Kunden im Dialog, verbringen Sie mehr Zeit im Gespräch mit ihnen, handeln Sie in deren bestem Interesse und liefern Sie ihnen Lösungen für deren persönliche finanzielle Situation. Diese Interaktionen sind es, bei denen ein Finanzdienstleister zeigen kann, dass er wirklich engagiert nach Lösungen sucht. Genau das meinen wir mit Dienstleistungsexzellenz. Die Herausforderung ist daher, nicht nur operative Exzellenz und Kostenreduktionen umzusetzen, sondern auch die Kundenerfahrung zu verbessern. Die Kundenperspektive sollte bei den Bemühungen um operative Exzellenz die Prioritäten vorgeben. Diejenigen Prozesse und Kontaktpunkte, die unmittelbar mit der Kundenerfahrung zu tun haben, sollten als Erstes unter die Lupe genommen werden, um störungsfreie, beständige, außergewöhnliche Dienstleistungen und so oft wie möglich einen Mehrwert bereitzustellen.

Operative Exzellenz und Service-Exzellenz können sehr gut zusammenpassen. Vicente Tardío, CEO der Allianz für Spanien, Portugal und Südamerika, erklärt: »Wir sind überzeugt, dass ein Unternehmen effizient und auf die Kunden fokussiert zugleich sein kann. Ein ineffizientes Unternehmen kann nicht kundenfokussiert sein. Ineffizienz bedeutet viel Bürokratie, die nie im Interesse der Kunden liegt. Kundenorientierung ist unserer Vision nach Einstellungssache, und Einstellungen sind per Definition gratis.«

Die Leistung der Kontaktpunkte und der Mitarbeiter mit Kundenkontakt ist entscheidend, um die Informationen zu sammeln, mit deren Hilfe man jegliche Sorge und jegliches Misstrauen der Kunden antizipieren und im Keim ersticken kann. Vermittler und Geschäftspartner erfüllen eine ähnliche Funktion, also versetzen Sie diese in die Lage, ebenfalls zu handeln.

Eine Erschließung des Segments der Wohlhabenden wird für die meisten Finanzinstitute in den kommenden Jahren eine wichtige Quelle des Wachstums sowie von zusätzlichen Einlagen sein. Gegenwärtig ist zu beobachten, dass die Finanzdienstleister ihre Angebote für Vermögende neu bewerten und im Rahmen ihrer allgemeinen Sparprogramme bei den Dienstleistungen nach Kosteneinsparungen suchen. Auch ist zu beobachten, dass vermögende Kunden, die aufgrund ihres hohen Geldverlustes nicht mehr als »wohlhabend« eingestuft werden, bei nicht wenigen Banken heruntergestuft wurden. Selbstredend kann die gegenwärtige Art der Kostenreduktion das künftige Wachstum beeinträchtigen.

»Im Private Banking zählen einfache Lösungen, Ehrlichkeit und Menschlichkeit«, sagt Horst Schmidt von der Bethmann Bank. »Das gilt für sämtliche Dienstleistungen und auch für den Umgang mit unseren Kunden. Wie aufmerksam sind wir zum Beispiel, wenn Kunden in unsere Niederlassung kommen? Wir sollten sie persönlich am Empfang abholen; wir sollten Lesebrillen in den Besprechungsräumen verfügbar halten oder Dokumente in einer größeren Schrift ausdrucken, damit ältere Kunden sie leichter lesen können. Solche Kleinigkeiten machen den Unterschied aus und werden sehr geschätzt. Auch die Sprache im Private Banking ist oft zu kompliziert. Wir gehen anscheinend davon aus, dass die Kunden die Exklusivität unseres Leistungsangebots auch in unserem Sprachgebrauch wiederfinden wollen. Stattdessen sollten wir versuchen, unseren Kunden das Leben so einfach wie möglich zu machen. Vereinfachung bedeutet, das gesamte Servicespektrum im Private Banking neu zu definieren. Private Banking ist tatsächlich Luxus, aber in einem ganz bestimmten Sinn: dass sich jemand Zeit zum Zuhören und Erläutern, zum persönlichen Beraten und intensiven Diskutieren nimmt und eine ehrliche Meinung vertritt.«

Einer der wichtigsten Erfolgsfaktoren der Umpqua Bank ist ihr besonderer Kundenserviceansatz. Der CEO Ray Davis entschloss sich, dass er die Kunden nicht so behandeln wollte, wie andere Banken es taten: »Ich wollte sie begeistern«, verrät er uns. »Deswegen hielt ich mich zur Inspiration 2003 an Ritz-Carlton, eine hochklassige Hotelkette, die für ihre akribische Detailversessenheit berühmt ist. Um dieses Niveau zu erreichen, riefen wir ein Trainingszentrum für Führungskräfte ins Leben, das Kurse und Regionaltreffen veranstaltet, um jedem einzelnen Umpqua-Mitarbeiter die Geheimnisse eines überlegenen Kundenservice zu erklären. Das Ziel ist, den Kunden jedes Mal, wenn sie eine Umpqua-Filiale betreten, eine gute Erfahrung zu bieten, die im Gedächtnis bleibt. Ritz-Carlton kann uns nicht lehren, bessere Banker zu sein, aber es kann uns beibringen, wie man Menschen behandelt und wie man mit ihnen in kritischen Situationen umgeht.«

6. Die direkte Kommunikation mit dem Verbraucher intensivieren

Der gestiegene Informationsbedarf macht effektive Kommunikation entscheidend. Ein Großteil der bisherigen Kommunikation wendet sich an die Finanzszene, Analysten und Investoren. Die Herausforderung für die in der Finanzwelt tätigen Unternehmen ist daher, sich viel mehr um die Kommunikation mit der allgemeinen Öffentlichkeit zu bemühen, die finanzielle Stabilität zu bekräftigen, die Bilanzen, das Management und die Strategie zu erläutern. Diese Punkte den Durchschnittskunden in gewöhnlicher, verständlicher und verbraucherfreundlicher Sprache zu erklären, wird eine neue Herausforderung darstellen. Es sieht so aus, als müssten Banker und Versicherungsmitarbeiter ein neues Vokabular lernen.

Außerdem sollten die Finanzdienstleister gegenwärtig bescheiden sein und die Realität im Auge behalten. Die Reihenfolge sollte heute wirklich lauten: erst handeln, dann predigen. Stellen Sie die Marke auf angemessene und passende Weise dar. Jegliche Kommunikation sollte zu dem passen, wie sich die Verbraucher fühlen. Zeigen Sie Ihr menschliches Gesicht, authentisch und ehrlich, und handeln Sie aus echtem Interesse an den Belangen und Sorgen Ihrer Kunden. Den Kunden muss versichert werden, wie wertvoll sie für ihre Bank oder Versicherung sind. Verlassen Sie sich also nicht auf die normalen Massenmedien. Bauen Sie auch Kommunikationsströme auf, die sich direkt an die allgemeine Öffentlichkeit richten, von sozialen Medien und Podcasts bis hin zu gezielten Webseiten. Doch achten Sie darauf, die Kunden auch direkt aufzusuchen, für ihre Fragen zur Verfügung zu stehen, und nutzen Sie unkonventionelle Kommunikationsinstrumente, um die bestehende Kundenbasis zu erreichen.

7. Echtes Interesse an den Verbrauchern dauerhaft kultivieren

Sobald das Gefühl vorherrscht, dass das Verhältnis wiederhergestellt ist und das Vertrauen wieder ein wünschenswertes Niveau erreicht hat, besteht die Gefahr, dass die Finanzinstitute bei den Dienstleistungen und beim Beziehungsmanagement wieder kürzen.

Vertrauen ist zerbrechlich. Es muss kontinuierlich durch neue positive Erfahrungen, Interaktionen und Beobachtungen gestärkt werden. Die einzige Möglichkeit, dies dauerhaft zu erreichen, besteht darin, sicherzustellen, dass das Bemühen um Vertrauen von innen kommt und auf echtem Interesse an den Sorgen und Nöten der Kunden beruht. Wie fühlen sie sich? Welche Art der Beziehung erwarten sie? Wie erleben sie Ihre Leistung? Was haben sie erwartet, und was hätten sie begrüßt? Hier fängt ein Unternehmen an, wahrhaft kundenfreundlich zu sein: Betrachten Sie die Kunden als Menschen aus Fleisch und Blut, und zeigen Sie echtes Interesse an den Kunden und Fürsorge für sie.

Fotografie auf der vorangehenden Seite mit freundlicher Genehmigung der Catalunya Caixa. »La Pedrera« in Barcelona, Sitz der sozialen Aktivitäten der Bank.

8. Vertrauen definieren, messen und leben

Wenn Vertrauen ernst genommen wird, muss es Teil des Managements und der Kontrollzyklen sein. In allen unseren Gesprächen mit Finanzdienstleistern zeigte sich, dass dies kaum je der Fall ist. Nur wenige maßen das Vertrauen kontinuierlich, systematisch und auf prozessfähige Weise.

Vertrauen zu leben, beginnt damit, Vertrauen zu definieren. Welche Kriterien des Vertrauens sind unseren Kunden wichtig, jetzt und zukünftig?

Sobald wir dies wissen, müssen wir messen, wie gut wir darin sind im Vergleich zu unseren Mitbewerbern. Wie bewerten die Kunden unsere Leistung bei jedem einzelnen Kriterium? Welche Anhaltspunkte verwenden unsere Kunden, um diese Leistung zu bewerten? Letzteres ergibt Erkenntnisse, die dem Unternehmen Rückmeldung bieten, wo es den Hebel als Erstes ansetzen muss, um die Vertrauenswerte wirksam und effizient zu verbessern. Doch »Vertrauen zu leben« greift unserer Meinung nach noch tiefer. Jeder im Unternehmen sollte sich bewusst sein, wie wichtig dem Unternehmen Vertrauen ist, wie das Unternehmen Vertrauen definiert und wie es in die tägliche Arbeit einfließt. Vertrauen zu leben impliziert, vertrauenswürdiges Verhalten in die Venen und Arterien des Unternehmens zu bekommen, Vertrauen als Leitprinzip für die Funktionsweise der gesamten Firma zu verwenden, wozu auch gehört, Systeme zu etablieren, um es zu fördern und zu messen, etwa Vertrauensindikatoren in Bewertungssysteme einzubeziehen.

9. Die zentrale Rolle in der Gesellschaft annehmen – und sich für künftige Führungsaufgaben positionieren

Irgendwann werden die Kunden der Finanzdienstleister wieder zufrieden mit deren grundlegenden Dienstleistungen und der alltäglichen Unterstützung sein. Dann werden Stabilität und ein gewisses Niveau der Dienstleistungen Grundvoraussetzungen sein, eine Bedingung, die die Kunden von jedem Finanzdienstleister erwarten. An dieser Stelle wird der empathische, emotionale Aspekt der Beziehung sowie die Ethik für die Verbraucher eine wichtigere Rolle spielen. Mit der Zeit werden Empathie und Ethik die Grundpfeiler der Alleinstellung werden.

Die Ereignisse der letzten beiden Jahre zeigen klar, wie die Handlungen der Finanzdienstleister den Alltag beeinflussen. Ohne jeden Zweifel ist Geld das Lebenselixier von Wirtschaft und Gesellschaft. Demzufolge ist die Finanzbranche das Herz-Kreislauf-System.

Die Finanzinstitute stehen im Zentrum einiger der dringlichsten öffentlichen Herausforderungen: der Adäquatheit und Sicherheit der Renten, der Verfügbarkeit von Krediten, der Expansion oder Kontraktion der Konjunktur. Es werden riesige Investitionen in erneuerbare Energien und, in Anbetracht der alternden Bevölkerung, ins Gesundheitssystem erforderlich sein. All dies kann die Verbindung zwischen den Interessen der Finanzdienstleister und der Gesellschaft nur stärken. Wir erwarten, dass die Regierungen eine noch aktivere Rolle dabei spielen werden, öffentliche und private Interessen in Einklang zu bringen – ob Stützungsgelder nun zurückgezahlt werden oder nicht. Dies wird in der kommenden Dekade die wirtschaftliche Realität darstellen. Bei diesen Aussichten ist es weitaus klüger, die gesellschaftliche Schlüsselrolle der Finanzinstitute anzunehmen und, noch vorausschauender, mit den Regierungen zusammenzuarbeiten, um diese Herausforderungen zu meistern. Diejenigen Finanzdienstleister, die bereits jetzt die Herausforderung annehmen, werden sich damit gut für eine künftige Marktführerschaft positionieren – wenn schon nicht in Form von Marktanteilen, so doch bei der Meinungsführerschaft. Indem man ein Beispiel gibt, führt man, anstatt zu folgen. Dies wiederum trägt zu dauerhaftem Vertrauen und erfolgreichen Beziehungen bei.

Kollaterale Vertrauensbeweise

Egbert Deekeling, Mitbegründer eines der führenden Beratungsunternehmen in Deutschland im Bereich der Unternehmenskommunikation, unterscheidet drei Geschäftsfelder, in denen Banken und Finanzinstitute aktiv werden sollten, um verloren gegangenes Vertrauen wiederzugewinnen.

1. Erwartungsmanagement

Die Finanzkrise kam nicht wie ein Blitz aus heiterem Himmel, sondern war die logische Konsequenz unrealistischer Erwartungen. Während zwischen 1980 und 2007 die Summe des weltweiten Bruttoinlandsprodukts um 240 Prozent wuchs, legten die Umsätze der Börsenmärkte weltweit im selben Zeitraum um 2173 Prozent zu. Der Verhältnis zwischen Wirklichkeit und Hoffnung betrug 1:10.

Man würde erwarten, dass die Banken ihre Kunden vor dem naiven Glauben an eine automatische und überproportionale Gewinnausschüttung warnen würden. Das Gegenteil geschah: Die Banken selbst hoben die Standards für die Beurteilung einer guten Rendite an und verführten ihre Kunden, anstatt sie zu warnen.

In den beiden Jahren 2008 und 2009 wurde die Lücke zwischen Fantasie und Wirklichkeit für die meisten Menschen sichtbar. Auf der ganzen Welt, im Fernsehen, in Tausenden von YouTube-Videos und besonders gern von Komikern wurde – für jeden verständlich – erklärt, wie man aus wertlosen Krediten ein AAA-Finanzprodukt macht. Viele Banken scheinen zu denken, dass ihre Kunden schnell vergessen und dass die Gier nach noch mehr Geld schnell zurückkehren würde, was nur zu neuerlichen Enttäuschungen aufseiten der Kunden führen kann. Vertrauen entsteht nur dort, wo Erwartungen und Realität über einen längeren Zeitraum deckungsgleich bleiben. Das richtige Erwartungsmanagement und ein gewisser Sinn für die richtigen Proportionen anstelle zu hoch gesteckter Ziele sind das Gebot der Stunde.

2. Verbraucherschutz

Die Finanzexperten Paul Krugman, Nouriel Roubini und Robert Shiller vertreten dieselbe Sichtweise: Sie fordern mehr Transparenz, um das Vertrauen in das Finanzsystem wiederherzustellen, besonders wenn es um die Beurteilung des Wertes eines Finanzproduktes geht. Transparenz schmälert allerdings leider die Wirtschaftlichkeit, und die Banken werden dieser Forderung nicht nachkommen wollen.

Die Finanzexperten fordern außerdem unabhängige Ratingagenturen und sogar freiwillige Selbstregulierung für Finanzberater. Auch diese Forderungen sind nicht leicht zu erfüllen, weil das System davon lebt, ständig neue Produkte auf den Markt zu bringen und gleichzeitig die bestehenden Investitionen umzuschichten. Unabhängige Ratingagenturen würden dabei nur stören. Die Einführung eines hippokratischen Eides für Integrität und Transparenz bei der Finanzberatung erscheint unwahrscheinlich. Im Grunde genommen müssten Banken und Finanzdienstleister, deren Aktivitäten ganz und gar auf den Verkauf eines Produkts ausgelegt sind, einen Eid schwören, der sie im Extremfall zur Nichterfüllung ihrer Zielvorgaben verpflichten würde. Was soll also geschehen? Überwachungssysteme scheinen weder die Banken noch ihre Kunden zu befriedigen, weil solche Systeme zu oberflächlich für die komplexe Finanzwelt mit ihren ebenso komplexen Finanzprodukten sind. Einige Finanzdienstleister haben Kundenberatungsgremien gebildet und getestet, wobei jedoch die Ergebnisse dieser Probemaßnahmen noch nicht vorliegen.

Deswegen bleibt der Schlüssel zum Schutz der Verbraucher die Sprache. Schauen Sie sich nur einmal einen Auszug aus einer beliebigen Sammlung von Finanzproduktnamen an: absolute Kapitalrendite, erweiterte Ausschüttungsgarantie, durch Vermögenswerte besicherte Wertpapiere, technisch ausgereifte, alternative Investment-Methode. Diese Produktnamen sind so fein poliert, in Szene gesetzt und aufgeblasen wie die glatten und austauschbaren Fotos der gut gecasteten Models. Die Banken sollten wieder eine verständliche und klare Sprache sprechen, weil es in unserer komplexen Welt kein einfaches Finanzprodukt geben kann. Und da Finanzprodukte in jedem Fall schwer verständlich sind, ist es fahrlässig, sie noch weiter zu verschleiern. Ein klarer und angemessener Sprachgebrauch kann dabei helfen, die Komplexität eines Produkts zu durchdringen. Für die Banken wäre das die einfachste und billigste Methode, verloren gegangenes Vertrauen wiederherzustellen.

3. Die Denkweise der Kunden ändern

Die Popularisierung des Kapitalmarkts wurde erstmals durch die Erfindung und Kultivierung einer geldbesitzenden Klasse durch die Investmentbank Merrill Lynch zum großen Geschäft, wie Joseph Nocera 1994 in der New York Times schrieb. Seit 2003 haben Soziologen und Marktforscher jedoch das stark wachsende Segment der sogenannten wertgeleiteten Klasse entdeckt, worunter eine Klasse von Personen verstanden wird, für die ideelle Werte mindestens ebenso wichtig wie Geld sind. Die Mitglieder dieser wertgeleiteten Klasse investieren strategisch als Verbraucher, ökologisch korrekt oder zum Beispiel im Einklang mit der Scharia. Sie investieren direkt und vermeiden den Weg über die Finanzinstitute, glauben an gemeinschaftliche Zusammenarbeit und leihen sich gegenseitig Geld auf Peer-to-Peer-Plattformen im Internet. Der kulturelle Graben zwischen der technokratischen, erfolgsmaximierenden und stark individualistisch geprägten Gesellschaft der 1980er- und 1990er-Jahre und der auf Teilhabe ausgelegten, gemeinschaftlich agierenden Kultur der in den 1980er-Jahren geborenen, digital sozialisierten Generation ist gewaltig.

Der Finanzsektor unterschätzt den kulturellen Druck, der von der wertgeleiteten Klasse und der digitalen Generation ausgeht, wobei dieser Druck sich nicht nur gegen Finanzprodukte und -beratung wendet, sondern ganz allgemein gegen die Geschäftsmodelle des traditionellen Finanzsektors gerichtet ist.

Die Zeitspanne, die wir brauchen, um Informationen zu beschaffen und zu verstehen, ist dramatisch kürzer geworden; Multitasking ist zum Standard geworden, und es wird in hohem Maße erwartet, informiert und auf der Höhe der Zeit zu sein. Nutzergenerierte Inhalte sind ein Zeichen von Pluralismus, und das Mittel zur Sicherung des intersubjektiven Austauschs dieser Informationen und Meinungen ist das Internet, das gleichzeitig als Kanal für die daraus resultierenden monetären Transaktionen bereitsteht.

Im Moment erreicht der Bankensektor unter einem soziokulturellen Blickwinkel die Leitgedanken der jüngeren Generation nicht, wodurch ein Vertrauensproblem entsteht. Die Banken müssen sich die Kultur und die Verhaltensmodelle dieser Generation zu eigen machen, wenn sie ihr Geschäftsfeld von Bankgeschäften nicht im Internet verlieren wollen. Es ist gekommen, wie es Bill Gates vorhergesagt hat: Das Bankgeschäft ist wesentlich, nicht die Bank.

Wirtschaft 2.0: Diesmal wird's persönlich.

Von Mark Cliffe, Chefvolkswirt der ING-Gruppe

Die Ökonomen haben die Chance, ihren beschädigten Ruf zu verbessern und das Vertrauen in die Finanzinstitute wiederherzustellen. Die Finanzkrise hat zu einem breiteren Interesse an Wirtschafts- und Finanzfragen geführt. Viele Menschen leiden unter der Krise durch die Schmälerung ihres Vermögens, den Verlust ihres Arbeitsplatzes oder sogar ihres Zuhauses. Sie wollen wissen, warum es ihnen schlechter geht und was sie tun können. Obwohl die Medien häufig über die Rezession berichten, haben sich die Ökonomen der Banken und der anderen Finanzdienstleister kaum um die Sorgen der Öffentlichkeit gekümmert. Das sollte niemanden überraschen, denn dafür werden sie nicht bezahlt. Es ist Zeit für einen Neuanfang.

Die Argumentation für einen verbraucherfreundlicheren Kurs in Sachen Ökonomie und Finanzen ist nicht einfach nur als ein Schuldeingeständnis angesichts der Finanzkrise zu sehen. Ein erhöhtes Verständnis der Zusammenhänge, die unser ökonomisches Leben bestimmen, seitens der Verbraucher stellt eine echte Verkaufschance dar. Die Menschen werden sich immer mehr denjenigen Unternehmen zuwenden, die ihnen erklären, wie alltägliche Entscheidungen ihre ökonomische Situation beeinflussen können. Bücher wie *Freakonomics, The Armchair Economist* und *The Economic Naturalist* haben die Erkenntnisse der Mikro- und Verhaltensökonomie einem breiten Publikum zugänglich gemacht. Gleichzeitig suchen die Menschen im Internet nach Informationen und Beratung, um ihre finanzielle Situation zu verbessern. Sie suchen dabei nicht nur nach unparteiischen und professionellen Meinungen, sondern sie suchen auch immer mehr in sozialen Netzwerken nach gegenseitiger Hilfe. Finanzdienstleister müssen sich darüber klar werden, dass Kunden ihrem Finanzberater deutlich weniger vertrauen als ihren Mitmenschen. Das sollte niemanden überraschen. Auch wenn die Finanzkrise verebbt, wird die Finanzbranche auf längere Zeit mit einem umfassenden Imageschaden leben müssen.

Glücklicherweise verfügt die Finanzdienstleistungsbranche über die Mittel, die emotionale Erosion ihrer Marken aufzuhalten. Die ständige Verbesserung der Funktionalität von internetbasierten, mobilen und multimedialen Anwendungen führt dazu, dass die Technik immer mehr als Chance statt als Barriere wahrgenommen wird. Finanzdienstleister, und unter ihnen besonders die Banken, verfügen über riesige Datenbanken voller Informationen über jeden einzelnen ihrer Kunden. Die Banken verfügen über einen Schatz an Kundeninformationen, von dem Google nur träumen kann. Natürlich muss die Privatsphäre geschützt werden, aber man könnte sich vorstellen, dass gut abgesicherte Websites, freiwillige Teilnahme und anonymisierte Vergleichszahlen der jeweiligen Zielgruppe eine sehr interessante Benutzung dieser Kundendaten darstellen könnten. Natürlich ist die Zusammenführung von Daten und Technik wichtig, aber das kluge und gewinnende Verkaufsgespräch ist der Bereich, wo Finanzdienstleister ihre starke Seite zeigen können. Hier können Ökonomen innerhalb und außerhalb der Organisationen, für die sie arbeiten, eine wichtige Rolle spielen. Der Wunsch, ihren Kunden dabei zu helfen, bessere finanzielle Entscheidungen zu treffen, sollte eine sehr wichtige Rolle bei ihrer Arbeit spielen.

Die meisten Ökonomen, die in der Finanzdienstleistungsbranche arbeiten, sind jedoch auf Großkunden spezialisiert, die es mit makroökonomischen und Finanzmarktanalysen als Entscheidungshilfe zu versorgen gilt. Das war und wird zwar immer eine wichtige Funktion der Finanzdienstleistungsbranche bleiben. Wenn das Geschäft mit Privatkunden zu einer wichtigeren Quelle von Wachstum und Umsatz wird, dann müssen sich aber auch die Ökonomen den neuen Gegebenheiten stellen.

Aus der Perspektive des ökonomischen und finanziellen Interesses der gesamten Öffentlichkeit müssen Ökonomen:

1. Eine größere Bandbreite von Themen ansprechen. Natürlich ist der traditionelle Blickwinkel einer Makro-Vorhersage, wie er für Großkunden von Interesse ist, auch für Privatkunden interessant. Für die meisten Menschen stellt jedoch die Verfassung ihres regionalen Wohnungsmarktes eine viel wichtigere Frage dar, weil davon die Menge ihres verfügbaren Einkommens und die Höhe der Lebenshaltungskosten abhängen. Darüber hinaus muss jeder von uns im täglichen Leben eine Vielzahl von ökonomischen Entscheidungen treffen. Die Bandbreite reicht von kleinen, aber häufig zu treffenden Enscheidungen wie zum Beispiel der Frage, ob man im Restaurant oder zu Hause isst, bis zu großen Entscheidungen wie der, welchen Studiengang man wählt. Die ING hat mit ihrem eZonomics-Service auf ihrer Website www.ing.com bereits damit begonnen, Entscheidungshilfen für diese eher persönlichen Fragen anzubieten.

2. Den Kommunikationsstil ändern. Da die meisten Menschen kein oder nur ein begrenztes Fachwissen und Verständnis für den Wirtschaftsjargon haben, fällt es professionellen Ökonomen häufig schwer, einfach, knapp und deutlich zu kommunizieren. Dazu kommt noch, dass viele unterschiedliche Themen um die Aufmerksamkeit des Verkäufers buhlen, der gleichzeitig in möglichst kurzweiliger und fesselnder Weise kommunizieren soll. Das Internet und der Siegeszug der sozialen Netzwerke eröffnen neue Wege, um mit Millionen von Kunden interagieren zu können. Online-Umfragen geben den Verbrauchern zum Beispiel eine einfache und schnelle Möglichkeit, ihre Meinung mit der ihrer jeweiligen Bezugsgruppe abzugleichen. Die ING-Bank hat bereits eine Reihe von solchen Online-Umfragen auf ihrer Privatkundenseite www.ing.de eingerichtet, die täglich von über 60 000 Nutzern aufgerufen wird.

In dieser Perspektive stellen die Ökonomen potenziell den Schlüssel zur Erneuerung des Geschäftsmodells der Finanzdienstleister dar. Während Kunden sich einerseits schneller darüber bewusst werden, dass sie zum Kauf eines Finanzprodukts gedrängt werden sollen, so sind sie andererseits offener gegenüber Argumenten, die mit ihren Wünschen übereinstimmen. Wenn Kunden im Austausch für die Mitteilung ihrer persönlichen Daten etwas Sinnvolles zurückbekommen, dann werden sie gewillt sein, mehr von sich preiszugeben. Letztendlich könnte dieser Ansatz dazu führen, dass Finanzdienstleister ihren Kunden ein umfassendes Bild ihrer vergangenen, aktuellen und zukünftigen finanziellen Situation im Vergleich mit anderen tatsächlich existierenden Profilen zeigen können. Das würde im Einzelfall nicht nur zu besseren finanziellen Entscheidungen führen, sondern würde auch das Vertrauen in die Finanzdienstleister stärken, die wiederum in der Lage wären, gewinnträchtige und maßgeschneiderte Produkte anzubieten. Es ist Zeit, dass die Ökonomie zu einer persönlichen und personalisierten Angelegenheit wird.

Die Vertrauensdividende

Stephen M.R. Covey ist der Autor des Beststellers The Speed of Trust. *Wir haben ihn gefragt, wie die Führungskräfte der Finanzbranche das Vertrauen der Verbraucher wiedererlangen können.*

Wie beeinflusst das Vertrauen der Kunden den Erfolg von Finanzdienstleistern und anderen großen Dienstleistungsunternehmen?
Es gibt eine sehr einfache Gleichung, die die Ökonomie des Vertrauens illustriert: Weniger Vertrauen führt zu weniger Schnelligkeit beim Abwickeln von Geschäften und gleichzeitig zu höheren Kosten. Man kann das mit einer Sonderabgabe vergleichen. Diese Sonderabgabe auf fehlendes Vertrauen zeigt sich in Form von Redundanz, Bürokratie, politisch motivierten Entscheidungen, Antriebslosigkeit der Akteure, erhöhter Personalfluktuation sowie Kundenabwanderung und kann bis zu Betrug führen.

Diese Sonderabgabe auf fehlendes Vertrauen zeigt sich in sehr deutlicher Form in vielen Bereichen unserer Gesellschaft. Durch die erhöhten Aktivitäten des internationalen Terrorismus müssen zum Beispiel die Kunden der Fluggesellschaften mehr und zeitraubendere Kontrollen über sich ergehen lassen als vor 2001. Um ein ähnlich akzeptables Niveau von Vertrauen wie vorher zu erreichen, müssen heute mehr Zeit und Mittel aufgewendet werden.

Glücklicherweise funktioniert die Gleichung auch in der Umkehrung: Mehr Vertrauen führt zu mehr Geschwindigkeit bei der Abwicklung von Geschäften, während gleichzeitig die Kosten sinken. Stellen Sie sich den Effekt wie eine Dividende vor. Diese Vertrauensdividende führt zu höheren Aktienkursen, schnellerem Wachstum, mehr Innovationen, verbesserter Zusammenarbeit, starken Partnerschaften, besserer Umsetzung und stärkerer Kundenbindung – um nur die wichtigsten Effekte zu nennen. Großes Vertrauen ist wie ein steigender Wasserpegel, der alle Boote gemeinsam anhebt und so intern und über die Grenzen des Unternehmens hinaus zu einem Leistungsmultiplikator werden kann.

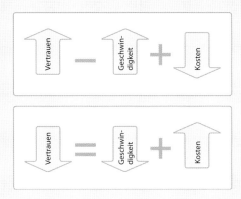

Abbildung: Der Einfluss des Vertrauens auf Geschwindigkeit und Kosten.

Wie kann die Finanzdienstleistungsbranche das verlorene Vertrauen wiederherstellen?
Kunden haben kein Vertrauen in Dinge, die sie nicht anfassen können. Daher müssen Finanzdienstleister Folgendes beachten: Erstens sollte die Absicht, eine vertrauensvolle Partnerschaft aufzubauen, klar und deutlich gegenüber dem Kunden formuliert werden. Zweitens sollte signalisiert werden, was diese Partnerschaft beinhalten soll: Man muss den Kunden sagen, was man vorhat und warum genau dieser Weg der richtige ist. Es sollten in aller Ehrlichkeit die richtigen Erwartungen geweckt werden, so dass der Kunde weiß, was er erwarten kann und was auf ihn zukommt. Drittens sollten die Finanzdienstleister in der Lage sein, umzusetzen, worauf man sich geeinigt hat. Eine erfolgreiche Umsetzung

führt zur Herstellung von Glaubwürdigkeit und Vertrauen. Wenn Kunden bereits wissen, was sie erreichen wollen, und diese Erwartungen sich tatsächlich erfüllen lassen, dann lässt sich dieses Vertrauen sogar noch schneller aufbauen.

In *The Speed of Trust* stellen Sie 13 Verhaltensweisen vor, die zu mehr Vertrauen führen. Auf welche dieser 13 Verhaltensweisen sollte sich die Finanzdienstleistungsbranche besonders konzentrieren?

In der Finanzbranche haben die meisten Kunden den Vertrauensverlust als einen Charakterbruch der Anbieter wahrgenommen, daher ist es wichtig, sich auf die charaktermäßigen Verhaltensweisen zu konzentrieren, worunter zum Beispiel klare Sprache, die Herstellung von Transparenz und die Erklärung von scheinbaren Widersprüchen fallen. Gleichzeitig sollte man über die Grenzen der einzelnen Geschäftsbereiche hinaus auf kompetenzbasierte Verhaltensweisen achten, wie zum Beispiel die Weckung der richtigen Erwartungen und das Übernehmen von Verantwortung. Die allerwichtigste Verhaltensweise ist das Einhalten von Zusagen.

Dieser Prozess der Verhaltensänderung sollte normalerweise intern von der Spitze der Hierarchie über das gesamte Unternehmen reichen und sich bis in die externen Verhandlungen mit Kunden und anderen Interessengruppen fortsetzen. Die Führungsebene muss zu einem Verhalten gelangen, das mit den Werten des Unternehmens übereinstimmt.

Wie können die Führungskräfte intern um Vertrauen werben, die Unternehmensstrukturen umbauen und gleichzeitig das Vertrauen der Kunden zurückgewinnen?

Die Manager müssen ein neues Gleichgewicht zwischen ihren Mitarbeitern und Kunden und dem Gewinn für die Aktionäre finden. Wenn man das richtig macht, dann stellt sich nicht die Frage nach dem Entweder-Oder, sondern dann lassen sich die Interessen aller Seiten miteinander verbinden. Der bekannte Fall der Paracetamol-Krise bei Johnson & Johnson im Jahr 1982 ist immer noch ein gutes Beispiel dafür. Die absichtliche Verunreinigung von Paracetamol-Tabletten mit Blausäure durch einen im Übrigen nie identifizierten Mitarbeiter war durch eine Sicherheitslücke in der Produktionskette möglich. Johnson & Johnson besann sich auf sein Unternehmensleitbild und stellte Fragen des Gewinns hinter Fragen der menschlichen Gesundheit zurück. Das Unternehmen organisierte eine umfassende Rückholaktion, die deutlich über das in solchen Fällen übliche Minimum hinausging und durch die dem Unternehmen riesige Verluste entstanden. Im laufenden Geschäftsjahr wurde das Unternehmen dadurch stark in Mitleidenschaft gezogen. Innerhalb eines Jahres konnte Johnson & Johnson jedoch seinen Marktanteil zurückerobern, und die Gewinne stiegen sogar noch höher. Noch bis heute ist spürbar, wie diese Episode zu einer Stärkung der Vertrauensbasis geführt hat.

Es gibt viele Beispiele für ähnliche Vorfälle, wo Unternehmen den Gewinn vor die Menschen stellten und zu lange abwarteten, bevor sie Klarheit schafften. Diese Unternehmen haben einen hohen Preis gezahlt und haben lange gebraucht, um ihre Krise zu überwinden. Manche von ihnen existieren heute nicht mehr.

Großes Vertrauen kann die Auswirkungen einer falschen Strategie nicht korrigieren, aber der Verlust von Vertrauen lässt sogar eine gute Strategie praktisch immer scheitern.

Zurück zu den Wurzeln, denn die Wurzeln sind gesund

Die Kreditklemme und die Wirtschaftskrise haben die Marketing- und Kommunikationsabteilungen von Banken und Versicherungsgesellschaften vor neue Herausforderungen gestellt. Wie können angemessene Antworten für die vielen Verbraucher gefunden werden, die an der Verlässlichkeit und an der moralischen Integrität des Finanzsektors zweifeln? Der US-amerikanische Versicherungsriese Allstate hat sich der Herausforderung mit einer Kampagne gestellt, die mit dem Slogan »Zurück zu den Wurzeln« das Herauswachsen aus der Krise thematisiert. Ohne Zweifel handelt es sich dabei um das beste Beispiel für gelungene Werbung im Finanzsektor.
Wir haben Lisa Cochrane, Direktorin der Marketingabteilung bei Allstate, nach den hinter dieser herausragenden Kampagne stehenden Erkenntnissen gefragt.

Viele Finanzdienstleister bemühen sich noch immer darum, die richtigen Worte für neue Werbekampagnen zu finden. Was war mit Sicht auf die Verbraucher der Schlüssel für Ihre Kampagne »Zurück zu den Wurzeln«?
Im Sommer 2008 hatten wir einen TV-Werbespot, den wir »Gemischtwarenladen« nannten und in dem der Schauspieler Dennis Haysbert sagt: »Das ist vielleicht keine Rezession, es fühlt sich aber so an.« Das funktionierte bestens bis Ende November, als die Federal Reserve Bank offiziell bestätigte, dass sich die Vereinigten Staaten in einer Rezession befänden. An diesem Punkt mussten wir unseren Werbespot anpassen – die Frage war, wie. Nachdem Versicherer wie AIG zusammengebrochen waren, beäugte das Publikum den Versicherungssektor mit Misstrauen. Uns wurde klar, dass ökonomisch schlechte Zeiten sehr persönliche Auswirkungen haben konnten. Die Leute hatten Angst, und wir hatten so etwas seit Jahren nicht mehr erlebt.
Wir entschieden uns für einen direkteren Ansatz und nahmen uns als Vorbild das offene und unverblümte Gespräch, wie es in vielen amerikanischen Familien am Küchentisch geführt wird, denn die Zeiten sind nicht einfach, und wir glauben, dass wir wissen, wie die Menschen sich füh-

len. Wir machten den Leuten Mut und gaben ihnen Zuversicht, indem wir ihnen sagten, dass Allstate während der Großen Depression gegründet wurde und dass das Unternehmen zwölf Rezessionen überlebt hat. Wir wissen, wie man durch einen schweren Sturm segelt, und wir werden Ihnen helfen, durch diesen hier hindurchzukommen. Bei uns sind Sie in guten Händen, und wir werden Ihre Ersparnisse schützen, wie wir es in der Vergangenheit auch immer getan haben.
Die Assoziation »in guten Händen« ist besonders wichtig in Zeiten, in denen die Verbraucher nach Bestätigung suchen. »Zurück zu den Wurzeln« ist eine Mischung aus Einfühlung und Pragmatismus. Wir lassen Sie nicht allein, wenn die Zeiten hart sind.

Zuzugeben, dass die Zeiten hart sind, ist ein hervorragendes Beispiel für eine transparente Botschaft. Hat es kein Risiko dargestellt, sich auf die 1930er-Jahre zu beziehen?
Natürlich kann man sagen, dass es ein Risiko war, sich auf die Große Depression zu beziehen, aber auf der anderen Seite war das die Wahrheit. Ich glaube, dass es niemals falsch sein kann, die Wahrheit in einer tröstlichen Weise zu sagen. Was ist verkehrt daran, harten Zeiten mit erhobenem Kopf gegenüberzutreten?

Natürlich sollte man die Große Depression nicht romantisieren. Trotzdem, die 1930er-Jahre haben einen starken Nachhall gerade auch wegen der Werte, die mit dieser Epoche assoziiert werden: Einfachheit, Genügsamkeit, Ehrlichkeit. Aber auch Einfallsreichtum: Die Amerikaner haben sich letztendlich aus der Großen Depression herausgearbeitet.

Das Wichtigste an »Zurück zu den Wurzeln« war, eine rein negative Botschaft zu vermeiden. Wir wollten eine positive Botschaft, wir wollten sagen: »Zusammen sind wir stark.«

Durch die Betonung der Motive Haus, Familie und Freizeit – die niemals diskreditiert sein werden – konnten wir aus den positiven Assoziationen der Depressionsjahre schöpfen: Die Dinge sind nicht so, wie sie sein sollten, aber wir sitzen alle im selben Boot. Nachdem der erste Schock vorüber ist, sollten wir uns der Zukunft zuwenden.

Allstates Werbespot »Zurück zu den Wurzeln«, von Leo Burnett gedreht, zeigt Dennis Haysbert, der David Palmer, den ersten schwarzen Präsident der Vereinigten Staaten in der Hit-Serie »24« spielte. Haysbert bewegt sich durch eine Fotomontage, in der dunkle Bilder aus der Zeit der Großen Depression von freundlicheren Bildern abgelöst werden, in denen Familien und Freunde im Lauf der Jahrzehnte in alltäglichen Situationen gezeigt werden.

Der Begleittext ist einfach gehalten:

1931 ... war nicht gerade ein gutes Jahr für eine Unternehmensgründung. Dennoch hat in diesem Jahr Allstate seine Türen geöffnet. Seitdem hat Amerika zwölf Rezessionen erlebt, in denen nach dem ersten Schock etwas Merkwürdiges geschah. Die Menschen fingen an, die kleinen Freuden des Lebens zu genießen. Ein zu Hause gekochtes Mittagessen. Zeit mit seinen Lieben. Wertschätzung für die Dinge, die wir haben. Für die Dinge, auf die wir uns verlassen können.

Haysbert beruhigt und führt den Zuschauer. Er blickt uns in die Augen und macht genau an den Stellen Pausen, an denen sie ihren größten Effekt entfalten können. Seine Stimme ist wie gemacht für Zeiten wie diese, sie wirkt beruhigend.

Gehen wir zurück zu den Wurzeln.

Denn die Wurzeln sind gesund, aber sie brauchen Schutz.

Geben Sie sie ... in gute Hände.

Standaufnahmen mit freundlicher Genehmigung von Allstate.

Aus unserer Sicht kommuniziert »Zurück zu den Wurzeln« eher eine Grundhaltung von Verbrauchern und Finanzdienstleistern und weniger eine kommerzielle Botschaft.

»Zurück zu den Wurzeln« ist mehr als nur eine Idee für einen Werbespot. Normalerweise dreht sich in diesem Genre die Werbung um »Bester Preis, wechseln Sie, sparen Sie«. Verbraucher wollen ihr Geld einfach und übersichtlich anlegen, aber sie investieren in das, was ihnen wichtig erscheint. Unsere Angebote sind immer im besonderen Maße zugänglich gewesen, aber es ging nie darum, der billigste Anbieter zu sein. Wir sagen: »Sie bekommen, wofür Sie bezahlen wollen.«

Wir wollten über Werte und über die richtige Größe von Ausgaben sprechen und darüber, wie man am besten über die Runden kommt. Unsere Kundenberater erfüllen den Teil, in dem es darum geht, einander zu helfen, denn sie arbeiten mit jedem einzelnen unserer Kunden. Auf unserer Website bekommen Sie Tipps, wie Sie bei Ihren monatlichen Ausgaben sparen können, zum Beispiel wie Sie zu hohe Ausgaben für Ihr Auto aufspüren oder wie Sie Ihre Strom- und Wasserrechnung senken können, sowie Links zu Websites, auf denen Sie Sonderangebote finden können.

Wie reagieren die Verbraucher?

Einige Tage nachdem der Werbespot angelaufen war, bekamen wir die ersten Anrufe und E-Mails von Menschen, die uns für den Spot danken wollten. Ein Zuschauer schrieb: »Ihr neuer Werbespot hat mich die Dinge in einem neuen Licht sehen lassen und hat mir trotz der beängstigenden und verstörenden Zeiten, die uns alle getroffen haben, einen wirklich herzerwärmenden Moment verschafft.« Wir haben noch nie so viele Reaktionen auf einen Werbespot bekommen. Wir haben erstaunliche E-Mails von Lehrern, Krankenschwestern und Familien aus den ganzen USA erhalten, die uns sagen, dass unsere Botschaft ihnen das Herz erwärmt hat. Ich glaube, wir haben einen Nerv getroffen.«

http://m.youtube.com/watch?gl=US&hl=en&client=mv-google&v=6HNKqffU3Cc

Nach Angst und Gier: Neuen Schwung gewinnen

Von Jean-Claude Larreche, Alfred H. Heineken Professor für Marketing an der INSEAD

Wenn man bedenkt, wie viel Gutes Banken und Versicherungsgesellschaften in sozialer Hinsicht geschaffen haben – und es ist schwer, sich vorzustellen, dass das 21. Jahrhundert ohne sie funktionieren könnte –, warum sind dann diese Unternehmen bei ihren Kunden allgemein verhasst?

Auch wenn der Ausdruck »allgemein verhasst« vielleicht ein wenig drastisch klingen mag, so haben auch vor der Finanzkrise sicherlich die wenigsten Kunden ihre Finanzinstitute mit den gleichen schwärmerischen Gefühlen bedacht, mit denen sie Apple, Ferrari oder Virgin Atlantic betrachten.

Warum bringt niemand seiner Bank die gleichen Gefühle wie seinem iPod entgegen?

Der Grund dafür dürfte in der Tatsache liegen, dass die Angebote der Finanzbranche im besten Fall kaum attraktiv sind und im schlechtesten Fall Misstrauen oder andere negative Gefühle auslösen. Eine Versicherungsgesellschaft, für die wir gearbeitet haben, hatte eine Umfrage unter ihren Angestellten durchgeführt, um festzustellen, wie die Sonderkonditionen auf hauseigene Versicherungsleistungen von den eigenen Angestellten angenommen wurden. Der erstaunliche Befund: 60 Prozent der eigenen Angestellten waren bei der Konkurrenz versichert, weil das eigene Unternehmen als zu »schwerfällig« wahrgenommen wurde. Wenn schon die Angestellten so dachten, wie um Himmels willen müssen dann die Kunden diese Versicherungsgesellschaft beurteilt haben?

Über viele Jahre hinweg hat die Finanzbranche riesige Summen aufgewendet, um sich als freundlich, fürsorglich, entgegenkommend, als guter Helfer oder als guter Zuhörer auszugeben – und jahrelang haben die Verbraucher nur verächtlich die Achseln gezuckt. Jeder wusste schließlich, dass der Umgang mit den Kunden in der Finanzbranche eine Katastrophe war. Wenn nur ein Bruchteil dieser Ressourcen investiert worden wäre, um ein tieferes Verständnis und echte Lösungen für tatsächliche Probleme zu schaffen, dann wäre das Verhältnis zwischen Verbrauchern und der Finanzbranche ein sehr viel positiveres. Wenn die Finanzinstitute anstelle sporadisch initiierter kosmetischer Verbesserungen beim Kundenservice darauf setzen würden, ihre Angebote systematisch an die wirklichen Bedürfnisse ihrer Kunden anzupassen, dann würde auch die Finanzbranche über Markennamen verfügen, die genauso populär wie Apple wären.

Der katastrophale Einbruch des Finanzsektors ist eine seltene Chance, die Unternehmen zu transformieren und in wirklich kundenorientierte Organisationen umzuwandeln. In meinem Buch *The Momentum Effect* zeige ich, wie man systematisch in acht Schritten verlorenes Vertrauen im Endkundengeschäft wiedergewinnen und effizientes und nachhaltiges Wachstum erreichen kann. Drei wichtige Elemente dieses Prozesses sind: Das Wissen darüber, was der Kunde wirklich braucht, führt zu einem maßgeschneiderten Angebot, das wiederum zur Kundenbindung führt. Die wichtigste Triebfeder eines schwunghaften Wachstums ist die Kundenbindung – eine aktive, engagierte und sich im Laufe der Zeit vertiefende Beziehung zwischen einem Kunden und einem Unternehmen. Nehmen wir als Beispiel First

Direct, die Bank ohne Zweigstellen aus dem Vereinigten Königreich. 70 Prozent der Kunden von First Direct sind so zufrieden mit den Dienstleistungen dieser Bank, dass sie sie ihren Freunden empfohlen haben – 70 Prozent! Ein Drittel der Neukunden dieser Bank wird über eine persönliche Empfehlung vermittelt. Die Akquisekosten für First Direct liegen demnach in diesem Bereich bei null Euro. Das ist die richtige Triebfeder für effizientes Wachstum.

First Direct ist nicht nur eine Bank, sondern das Unternehmen stellt selbst ein umfassendes Angebot dar – und jeder Aspekt dieses Angebots ist an die Ziele, an die Wünsche und an das Selbstbild des jeweiligen Kunden geknüpft. Solche umfassenden Angebote können nicht wie traditionelle Finanzprodukte hergestellt werden, und sie können auch nicht durch Zusätze zu schon bestehenden Produkten entstehen, schon gar nicht, indem bestehende Produkte im Nachhinein mit vermeintlich festgestellten Kundenwünschen abgeglichen werden. Solche umfassenden Angebote basieren auf dem Wissen über Gefühle, auf die Kunden universell reagieren. Solches Wissen entsteht nur dort, wo mit viel Mühe danach geforscht wird.

Banker und Investoren haben schon seit Langem verstanden, dass Emotionen eine wichtige Rolle spielen. Warren Buffett sagte einmal: »Sei ängstlich, wenn andere gierig sind, und sei gierig, wenn andere ängstlich sind.« Wenn die Finanzbranche sich grundlegend verändern will, dann wird sie sich ein viel größeres Arsenal von Gefühlen als lediglich Angst und Gier zu eigen machen müssen. Kunden, die von ihren Emotionen angetrieben werden, üben mit ihren Entscheidungen einen größeren Einfluss aus als solche, deren Verhalten auf rationalen Entscheidungen beruht. Der Erfolg von First Direct hat nichts mit konkurrenzfähigen Zinssätzen zu tun, sondern mit dem Respekt und der Anerkennung, mit denen sich die Kunden des Unternehmens behandelt fühlen. Die Angestellten unseres Versicherungskunden wollten die eigenen Versicherungen nicht – nicht etwa deshalb, weil sie zu teuer gewesen wären, sondern weil sie im Schadensfall die Frustration und die Verzweiflung voraussahen, denen sie ausgesetzt sein würden. Nur durch einen solchen Lernprozess kann ein Unternehmen zur Entwicklung eines umfassenden Angebots kommen und von dem damit einhergehenden effizienten Wachstum profitieren.

DREAM PACK 드림팩

DREAMPACK 주택마련 SET ①

0.5%

DREAMPACK 자산관리 SET ②

자산관리를 위한 안정적 포트폴리오

0.5%

DREAMPACK 목돈마련 SET ③

0.5%

DREAMPACK 월급통장 SET ④

0.5%

DREAMPACK 간편대출 SET ⑤

비상자금이 필요한 고객님들을 위해

0.5%

DREAMPACK 베이직 SET ⑥

0.5%

Kapitel 2

Die Verbraucher wollen Transparenz und Einfachheit

Haben Sie jemals Gordon Ramsay in »Ramsay's Kitchen Nightmares« bei der Arbeit zugeschaut? Ramsay ist ein renommierter Koch, dem mehrere Spitzenrestaurants auf der ganzen Welt sowie eine Sammlung von Michelin-Sternen gehören. In der genannten Sendung hilft er anderen Restaurantbesitzern, die weniger erfolgreich sind. Nach einigen Folgen verstehen Sie sein Rezept. Als Erstes reduziert er die Anzahl der Gerichte von 60 auf höchstens 15. Außerdem bereitet er alle Gerichte mit frischen, reellen Zutaten zu, deren Herkunft bekannt und idealerweise regional ist. »Ramsay's Kitchen Nightmares« ist ein großer Erfolg und wird in Dutzenden von Ländern gesendet. Ein wichtiger Grund für den Erfolg könnte die Tatsache sein, dass Ramsay auf zwei zentrale Verbrauchertrends reagiert: den Wunsch nach Transparenz und Einfachheit.

Was meinen wir mit Transparenz?

Transparenz ist in letzter Zeit in aller Munde. Der Wunsch nach Transparenz ist ein weltweiter und branchenübergreifender Verbrauchertrend. Laut dem Edelman Trust Barometer von 2011 sind »transparente und ehrliche Praktiken« der wichtigste Einzelfaktor für die Reputation eines Unternehmens. Verbraucher wollen immer mehr über die Unternehmen, mit denen sie Geschäfte machen, sowie über deren spezifische Produkte und Dienstleistungen wissen. Das Interesse reicht von der Besitzerstruktur über die Vergütung des Spitzenmanagements und die Unternehmensregeln bis hin zu Arbeitsbedingungen, Produktionsprozessen und Inhaltsstoffen. Verbraucher wollen auch volle Transparenz bezüglich Preis- und Produktmerkmalen – wofür genau bezahle ich und wofür nicht? – wohinter letztendlich die Absicht steht, das beste, billigste und ethisch unbedenklichste Angebot zu finden.

Fotografie auf den vorangehenden Seiten: Dream Packs. Mit freundlicher Genehmigung der Standard Chartered First Korea Bank.

Um die Verbraucher sorgt sich eine wachsende Anzahl von Initiativen, die Überblicke über die verschiedenen Marktanbieter, Unternehmensinformationen, Qualitätsstandards und Preise veröffentlichen, aber auch die Erfahrungen anderer Verbraucher mitteilen.

Fatburgr.com stellt die Nährstoffe der Speisen von über 25 Fastfood-Restaurants wie McDonald's und Subway zusammen: Kalorien, Fett, Kohlenhydrate und Ballaststoffe für jeden Eintrag der Speisekarte. Man kann Fatburgr.com auch per iPhone konsultieren. Das ist sehr bequem, wenn man gerade vor dem Tresen steht.

Der Trend hin zu mehr Transparenz hat mit der Verschiebung der Macht von den Produzenten zu den Verbrauchern zu tun. Transparenz ermöglicht es den Verbrauchern, zu recherchieren, zu vergleichen und zu bewerten und schließlich eine auf empirischem Wissen beruhende mächtigere Position einzunehmen.

Viele Unternehmen sind sich offensichtlich dieses Trends bewusst und haben darauf reagiert. Beispielsweise haben sich vor einigen Jahren große Lebensmittelhersteller wie Unilever und Nestlé entschlossen, das Unternehmen hinter den Marken deutlicher sichtbar zu machen. Das Unilever-Logo ist jetzt auf allen Unilever-Produkten präsent, während zuvor die Untermarke des Herstellers verwendet wurde. Weil die Lieferketten der Lebensmittelindustrie länger, komplexer und internationaler werden, ist Produkttransparenz umso wichtiger. Die Lösungen reichen von der einfachen Ausweisung von Herkunftsland und Zutaten bis hin zu komplizierteren Beschriftungen, die vielleicht sogar darlegen, welche Zutaten in dem Produkt *nicht* enthalten sind und welche Allergien oder Unverträglichkeiten auftreten können. Insgesamt hat die Transparenz erheblichen Einfluss auf die Produktauswahl, die Preise, Prämienangebote und Markentreue.

Erstaunlicherweise haben wir in den Gesprächen mit Finanzdienstleistern immer das Gefühl, dass wir uns erst auf dieselbe Semantik einigen müssen. Vorstände aus der Finanzbranche denken beim Begriff Transparenz vor allem an die Bilanz. Stehen alle Verbindlichkeiten in der Bilanz, oder gibt es sogenannte außerbilanzielle Posten? Diese Perspektive unterscheidet sich natürlich von der des Verbrauchers.

Für Verbraucher bedeutet »transparent« so viel wie »leicht zu durchschauen«, »einfach verständlich« und »frei von Täuschung«. Bei Transparenz geht es um Offenheit, darum, Dinge klar darzulegen, indem man Informationen bereitstellt. Transparenz sollte Verbrauchern ermöglichen, ein Unternehmen auf allen für sie relevanten Gebieten zu bewerten. Gefragt sind Informationen über die Unternehmensphilosophie, darüber, was das Unternehmen mit den Einlagen der Kunden macht, und in Bezug auf die Wiederherstellung des Vertrauens auch Informationen über die finanzielle Stabilität des Unternehmens.

Unternehmen müssen wissen, welche Informationen für die Verbraucher entscheidend sind, und diese Informationen zugänglich, sichtbar und verständlich machen.

Was meinen wir mit Einfachheit?

Das Schlüsselerlebnis der Verbraucher, das den Trend zur Einfachheit begünstigt, ist das Übermaß an Auswahl und Informationen: In einer zunehmend komplexen Welt sind die Konsumenten oft überfordert.

Einerseits geht es darum, dass Verbraucher nach Wegen suchen, um den Aufwand zu mindern und ihre kostbare Zeit zu sparen. Sie bevorzugen Produkte und Dienstleistungen, die leicht und schnell zu verstehen sind. Sie möchten sich mit wenig Aufwand gut informieren und auf dieser Grundlage transparente und für sie gute Kaufentscheidungen treffen können, bei denen sie eine möglichst große Chance haben, richtigzuliegen. Sie wollen es einfach hinter sich bringen. Für sie ist Zeit die wichtigste Währung. Wenn sie zum Beispiel eine neue Heimkinoanlage kaufen, möchten sie dieses Produkt in wenigen Minuten zum Laufen bringen, ohne erst riesige Handbücher lesen zu müssen. Wenn sie ein Dienstleistungsunternehmen suchen, wollen sie sicher sein, dass sie beim Auftauchen eines Problems oder bei einer Frage unkompliziert den Kundendienst kontaktieren und die Abläufe ohne allzu viele Scherereien verstehen können.

Andererseits geht es darum, dass Verbraucher zunehmend das Gefühl haben, dass weniger mehr ist. Sie halten zu viel Auswahl für unnötig. Die Kreditkrise ließ diese Gruppe mit ihrem neuen Lebensstil der selbst gewählten Sparsamkeit anwachsen. Wir stellen fest, dass Leute, die sich für eine derartige Enthaltsamkeit entscheiden, schlichte Produkte bevorzugen. Viele dieser Verbraucher werden bemerkt haben, dass einfachere und billigere Produkte in Wahrheit gar nicht so schlecht sind und das Leben in vielen Fällen auch bequemer machen. Sie werden diese Lehre nach der Kreditkrise sicherlich beherzigen.

Real Simple

Die Tatsache, dass Verbraucher Einfachheit verlangen, wird auch durch den enormen Erfolg des Magazins *Real Simple* illustriert, dessen Motto lautet: »Das Leben jeden Tag einfacher machen«. Neun Jahre nach seiner Einführung ist *Real Simple* heute mit 8,6 Millionen monatlichen Lesern das am schnellsten wachsende Magazin der Vereinigten Staaten, das Juwel im Portfolio von Time Warner, das von den USA bis nach Japan publiziert wird.

Das Magazin und – natürlich – die Internetseite sind voller Tipps und Informationen darüber, wie man das tägliche Leben leichter machen kann. Mit Listen und Hilfsmitteln, um Entscheidungen zu treffen, Tipps, wie man Dinge beschleunigt, und so weiter.

Viele erfolgreiche Unternehmen schließen sich dem Trend zur Einfachheit an. Die Billigfluglinie Easyjet nahm das Einfachheitsversprechen sogar in ihren Markennamen auf. Unilever reduzierte die Anzahl seiner Marken um 75 Prozent. Einfachheit ist ein Schlüsselfaktor für diverse Endverbraucher-Technologieunternehmen wie Apple, die Ikone der Einfachheit, TomTom, Google und Philips mit seinem Slogan »Sense and Simplicity«. Auch Microsoft predigt Einfachheit: »Ihr Computer, vereinfacht. Wir konzipierten Windows 7, um Ihre täglichen Aufgaben zu vereinfachen.« Unter den Finanzdienstleistern ist die ING-DiBa Aushängeschild in Sachen Einfachheit – Leichtigkeit steht im Kern ihres Geschäftsmodells. Auf der ganzen Welt betonen Finanzdienstleister in ihren Namen und Slogans zunehmend die »Einfachheit«. Sich auf Einfachheit zu konzentrieren, ist eine weise Entscheidung. Laut Verbraucherstudien von VODW und MarketResponse finden acht von zehn Leuten Einfachheit von Finanzangeboten im Orientierungsprozess, im Kaufprozess, bei der eigentlichen Nutzung des Produkts oder der Dienstleistung und beim Kundenservice nach dem Verkauf wichtig.

CheBanca! Was für eine Bank!

Im Mai 2008 startete die italienische Investmentbank Mediobanca eine neue Privatkundenbank: CheBanca! – was übersetzt: »Was für eine Bank!« bedeutet. CheBanca! macht sich die Mängel des italienischen Marktes zunutze, der für seine komplizierten, teuren Produkte bekannt ist. Sie bietet ihren Kunden Produkte, die einfach, sicher und günstig sind: maßgeschneidert für die konkreten Bedürfnisse moderner Verbraucher. Das Geschäftskonzept ist, den Klienten nur das anzubieten, was sie wirklich brauchen, aber das effizient und mit hohen Standards an Service und Professionalität.

Im ersten Jahr ihrer Existenz verzeichnete die Bank 5,3 Milliarden Euro an Einlagen, und 170 000 Girokonten wurden eröffnet. Dies sind klare Signale für die Wertschätzung, die der Markt CheBanca! entgegenbringt, die Bank wird für ihren transparenten, effizienten und besonderen Ansatz belohnt. Die erzielten Ergebnisse sind vor dem Hintergrund des Marktumfelds sogar noch positiver zu werten.

Einfachheit in allen Segmenten

Wir erkennen den Wunsch nach größerer Transparenz und Einfachheit in allen Segmenten. Nicht nur im Massen- oder am gehobenen Massenmarkt, sondern auch bei den vermögenden Privatkunden. Anleger aus dem Privatkundensegment entwickeln eine Vorliebe für die grundlegenderen Anlageklassen: Immobilien, Bargeld, Staatsanleihen und lokal gelistete Aktien, so die Recherchen von Barclays Wealth. Innovative, komplizierte Produkte sind gegenwärtig nicht gefragt. Die Krise hat eindeutig belegt, dass die Kunden – und die für die Kundenbeziehungen zuständigen Manager – oftmals nicht in der Lage sind, der Kompliziertheit des Angebots Herr zu werden. Für die meisten Kunden sind einfache, gut strukturierte Lösungen am besten. Wir erkennen dies eindeutig. Die Leute wollen nicht mehr in Produkte investieren, die sie nicht verstehen. Trotz der vielen verschiedenen Anlagemöglichkeiten erleben wir eine Zunahme bei Index- und anderen ganz einfachen Fonds und ETFs.

ETFs (oder Exchange Traded Funds, also börsengehandelte Fonds) verfolgen einen Index, einen Rohstoff oder eine andere Anlagekategorie und sind wegen ihrer relativ geringen Kosten attraktiv sowie weil sie einen leichten Zugang zu normalerweise nicht zugänglichen Märkten bieten. Insbesondere in den Vereinigten Staaten haben ETFs den Markt der Privat- wie auch der institutionellen Anleger stark durchdrungen. In Europa nimmt ihre Beliebtheit rapide zu. Dies macht Banken und Investmentfirmen nicht gerade glücklich, was vorwiegend an den geringeren Margen dieser Produkte liegt. Laut dem World Wealth Report 2011 von Capgemini und Merrill Lynch ist die Transparenz der Geschäftsberichte und Gebühren eine der sechs obersten Prioritäten der HNW-Kunden; 93 Prozent sagen, dass Transparenz für sie ein wichtiges Thema sei.

Jan Lodewijk Roebroek, der CEO von BNP Paribas Investment Partners, Niederlande, bestätigt: »Dass die Verbraucher einen eindeutigen Wunsch nach mehr Transparenz und einem größeren Maß an Einfachheit haben, ist nach der Krise einer der stärksten Trends – die Branche steckt bereits in dem Prozess, darauf einzugehen. Zwei bestimmte Kategorien sind als Beispiele dieser Tendenz erwähnenswert: Das eine ist die verstärkte Nachfrage nach Indexfonds und ETFs. Diese Entwicklung hatte bereits zuvor begonnen und wurde durch die Krise lediglich beschleunigt. Allerdings sollte man darauf hinweisen, dass diese Produkte zwar im Allgemeinen als höchst transparent angesehen werden, aber man trotzdem das Risiko im Blick behalten sollte. Dieses sollte zum Risikoappetit des Klienten passen. Denn Transparenz ist nicht gleichbedeutend mit risikolos. Das zweite Beispiel gilt für die diversen Formen strukturierter Produkte. Deren Einfachheit bezüglich dessen, was unter verschiedenen Umständen von den einzelnen Instrumenten zu erwarten ist, ist meist ziemlich groß, aber damit geht nicht unbedingt immer eine entsprechende Transparenz einher.«

Transparenz ist eine Notwendigkeit – und Einfachheit ist die beste Art, sie zu erreichen

Wie hängen Einfachheit und Transparenz zusammen? Auf den ersten Blick scheinen diese beiden Trends vielleicht sogar entgegengesetzt zu sein. Denn Transparenz bedeutet vermeintlich: »Je mehr Informationen, desto besser«, und das steht dem, was man mit Einfachheit meint, entgegen.

Wir glauben, dass Transparenz eine Grundvoraussetzung für jedes Unternehmen in jeglicher Branche ist, also auch für den Finanzdienstleister der Zukunft. Und Einfachheit ist der Weg, auf dem Transparenz gegenüber dem Kunden erreicht werden kann. Wenn ein Unternehmen die Einfachheit gut umgesetzt hat, wird es viel leichter, transparent zu sein.

Eine in Europa, den USA und vier lateinamerikanischen Ländern durchgeführte IBM-Studie zeigt, dass auch Versicherungskunden Transparenz verlangen. Der Preis ist, obschon wichtig, nicht der bedeutendste Wertfaktor für die Versicherungskunden. In Europa und Lateinamerika ist den Kunden Transparenz wichtiger. Auch Faktoren der Einfachheit wie schnelle und unkomplizierte Schadensmeldungen und übersichtliche Dokumentationen stehen hoch im Kurs. In den USA scheint der Preis wie ein Hygiene-Faktor zu wirken – als etwas, das das Risiko der Kundenunzufriedenheit minimiert, aber nicht unbedingt zum Kauf motiviert.

Warum treten diese Trends bei Finanzdienstleistungen verstärkt in Erscheinung?

Diese Initiativen, um die Transparenz bei den Finanzdienstleistern zu fördern, begannen bereits eindeutig vor der Krise. Die Initiative »Treat Customers Fairly« (TCF) der Finanzdienstleistungsbehörde Großbritanniens von 2006 wollte sicherstellen, dass »die Verbraucher vor, während und nach dem Kauf in angemessener Weise mit klaren Informationen versorgt« werden.

Bei den Finanzdienstleistern hat der Wunsch nach Transparenz und Einfachheit besonders stark zugenommen, denn in der Wahrnehmung der Verbraucher beruhte die Kreditkrise zu guten Teilen auf Komplexität und Intransparenz. Die Verbraucher sehen die Komplexität und Intransparenz als Voraussetzung für übertriebene Risikobereitschaft und Kontrollverlust an. Hypothekenprodukte beispielsweise, die ursprünglich eine Transaktion zwischen Kreditgeber und -nehmer waren, sind international zu einem intransparenten Geschäft zwischen Hunderten von Banken geworden.

In einer von Siegel+Gale unter amerikanischen Hausbesitzern und Anlegern durchgeführten Umfrage antworteten 75 Prozent, dass die Komplexität und der Mangel an Verständnis zu einem erheblichem Anteil für die Finanzkrise verantwortlich waren. Und 63 Prozent der Befragten glaubten, dass »Banken, Hypothekenverleiher und die Wall Street die Dinge bewusst verkomplizieren, um Risiken zu verbergen und die Leute im Dunkeln zu lassen«. Es überrascht daher nicht, dass in derselben Studie 79 Prozent der Amerikaner von Präsident Obama forderten, Klarheit, Transparenz und Einfachheit zu einer Priorität zu machen.

Wie in Kapitel 1 erwähnt, hat VODW-Recherchen zufolge der tägliche von den Verbrauchern erlebte Service einen 40-prozentigen Anteil am Verbrauchervertrauen. Diese Service-Erfahrung sollte einfach und unkompliziert sein: verständliche Produkte, ein zugängliches Unternehmen, klare, kurze Abläufe, die Einhaltung von Versprechen und keine bösen Überraschungen hinterher.

Wir erwarten daher, dass die Trends zu mehr Transparenz und Einfachheit in der Finanzbranche jahrelang anhalten werden. Konsumenten, Verbraucherorganisationen, aber auch Regierungen und Medien werden weiterhin sorgfältig überwachen und evaluieren, wie sich die Finanzfirmen diesen Trends anpassen.

Eine Studie der europäischen Kommission für Verbraucherfragen über 224 Banken bestätigt das, was die Verbraucher täglich erleben:

- Die Kostenstruktur von Girokonten ist oftmals sehr unklar, was es den Verbrauchern fast unmöglich macht, zu wissen, wie viel sie zahlen, und verschiedene Angebote zu vergleichen.
- Sogar erfahrene Profis hatten große Schwierigkeiten, die Gebühreninformationen auf den Websites der Banken zu verstehen und die tatsächlichen Kosten zu bestimmen. In 69 Prozent der Fälle war die Formulierung so unklar, dass Nachfragen bei der Bank nötig waren.
- Die Kreditvereinbarungen einiger britischer Banken richtig zu lesen, dauerte 55 Minuten.
- Die Verbraucher in den Ländern mit unklaren Kostenstrukturen wie Österreich, Frankreich, Italien und Spanien zahlten mehr für ihre Bankkonten.

Wie gesagt versuchen viele Banken und Versicherungen, irgendwie und in irgendeinem Maß die Prinzipien der Transparenz und Einfachheit zu übernehmen. Doch wenn wir die Einführung von Transparenz und Einfachheit mit den Bankern und Versicherungsleuten diskutieren, hören wir regelmäßig dieselben neun Gründe, warum sie dies nicht vollständig tun.

1. »Datenschutz und Geschäftsgeheimnis«

Für viele Unternehmen ist Transparenz unnatürlich. Sie wirft darum Einwände auf, die von Datenschutz für Vorstände bis hin zu Vorteilen für die Konkurrenz reichen, die durch die Preisgabe von Informationen entstehen würden.

2. »Entzauberung«

Die konsequente Durchsetzung von Transparenz und Einfachheit aus der Perspektive des Kunden führt natürlich zu einer Entzauberung der Komplexität, die viele Finanzprodukte umgibt. Dies ist nicht so einfach, denn viele Leute in der Branche definieren ihre Funktion oder beziehen gar ihre Daseinsberechtigung gerade aus dieser Komplexität, seien sie nun Vermittler, Investmentberater, Privatbanker oder Entwickler von Produkten und Dienstleistungen in Banken und Versicherungen. Um diese Entzauberung sollten wir uns nicht allzu viele Gedanken machen. Wenn Sie Ihre Finanzprodukte nicht entzaubern, dann werden es Ihre Kunden und Konkurrenten tun – unterstützt von der Schwarmintelligenz.

3. »Alles wird gleich«

Es gibt viele Sorgen, dass, wenn alles transparent und einfach ist, alles gleich aussehen wird. Wir sind anderer Meinung. Die Verbraucher halten den Preis für wichtiger, wenn das Produkt oder die Dienstleistung eher einem Element der Grundversorgung entspricht. Wenn dies so ist, dann geht es darum, mit Vorstellungskraft, an neuen Ideen und Konzepten auf die wirklichen Bedürfnisse der Verbraucher einzugehen. Denken Sie an Wasser: Was ist transparenter und einfacher? Dennoch schaffen es Marken wie Evian, Spa, Hildon, Perrier, Acqua Panna und San Pellegrino sehr erfolgreich, sich zu unterscheiden. Wenn ein Finanzvermarkter behauptet, er könne dies nicht, dann fehlt es ihm einfach an Ideen – und an einem tieferen Verständnis des Verbrauchers. Wenn die Produkte transparent und einfach werden, herrschen die Ideen.

4. »Warum sollten wir unsere Margen offenlegen?«

»Wenn Sie ein Auto kaufen, kennen Sie auch nicht die Marge des Händlers oder Herstellers. Und das stört auch niemanden.«

Im Prinzip stimmt das. Nur hat die Finanzbranche leider selbst ein übergroßes Interesse an ihren Margen erweckt, indem sie in einigen Produktkategorien überzogene Margen verlangte und exzessive Provisionen und Boni zahlte – ohne dass diese durch eine entsprechende Rendite für die Kunden gerechtfertigt worden wären. Die Wahrheit ist, dass die Finanzfirmen dieses Thema überreizt haben und die Verbraucher nun zu Recht misstrauisch sind und sehen wollen, ob die Margen in angemessenem Verhältnis zu den geleisteten Anstrengungen und den gelieferten Produkten sowie deren Preisen stehen.

5. »Wenn wir alles transparent gestalten, werden die Kunden nichts mehr verstehen«

Beim Thema Transparenz und Einfachheit landet man leicht in Wortklaubereien. Die Verbraucher- oder Nutzerperspektive auf Einfachheit muss sich von der technischen oder Unternehmensperspektive unterscheiden.

Ein Autofahrer muss nicht die volle Komplexität der gesamten Technik unter der Motorhaube verstehen. Doch er muss in der Lage sein, das Auto mithilfe der Instrumente auf dem Armaturenbrett, der Pedale und des Lenkrads gut zu steuern. Dasselbe gilt für Finanzprodukte. Die Kunden müssen nicht alle technischen Aspekte kennen, doch zumindest müssen sie das Risiko-Rendite-Profil eines bestimmten Finanzprodukts verstehen können. Leider sind die Kunden noch immer viel technischer Komplexität ausgesetzt – selbst dort, wo die Unternehmen ihr Bestes gaben, um transparent zu werden.

Transparenz in der Vermögensverwaltung

Ohpen ist ein neuer Vermögensverwalter, der Transparenz zum Kern seiner Strategie gemacht hat. Ohpen berechnet seinen Kunden nur ein Prozent der verwalteten Vermögenswerte; der neue Marktteilnehmer erhebt keine Transaktionsgebühren oder Kosten, die gewöhnlich versteckt sind. Dadurch ist Ohpen um bis zu 80 Prozent günstiger als die Konkurrenz. Dieser Kostenvorteil führt nach zehn Jahren zu einer um 30 Prozent besseren Anlagerendite für die Kunden.

Eine vollständig automatisierte Vermögensverwaltungsplattform (die auf den Theorien von Markowitz und Sharpe beruht) ist der Schlüssel, durch den Ohpen sein Versprechen halten kann. Die Kunden erstellen online mit dem sogenannten »Ohpen Planner« ihren eigenen, persönlichen Anlageplan (Anlagehorizont, Einlage und finanzielles Ziel) und erzielen so ein optimales Portfolio. Eine Software zur »zielorientierten Vermögensverwaltung« überwacht das Portfolio des Kunden und die Chance, das Finanzziel tatsächlich zu erreichen, fortlaufend. Wenn die Umstände dies nahelegen, schlägt der Ohpen Planner dem Kunden eine Anpassung der Vermögensallokation vor. Die Plattform bietet den Kunden zudem eine vollständige Transparenz des Anlageportfolios plus Online-Berichte nach dem neuesten Stand der Technik.

6. »Eine vollständige Transparenz ist unmöglich: Die meisten Produkte haben einfach zu viele Merkmale«

Die moderne Technologie ermöglicht es den Unternehmen, sowohl transparent als auch einfach zu sein, obwohl sie eine Vielzahl an Produkten anbieten. Dasselbe gilt für die Produktmerkmale. Und wenn Sie als Unternehmen keine Lust haben, dies umzusetzen, wird sich die Schwarmintelligenz darum kümmern. Die Bewertungen anderer Leute sind ebenfalls eine Form von Transparenz. Wir sprechen ja nicht nur von den harten Produktmerkmalen als solchen. Außerdem wird der zur Transparenz parallel verlaufende Trend, die Einfachheit, die Produkte durch weniger Merkmale vereinfachen.

7. »Die Verbraucher sind einfach zu faul, genügend Zeit und Mühe auf Recherchen zu verwenden«

Das stimmt sicher für eine große Zahl an Verbrauchern. Aber für viele stimmt es auch nicht. Denken Sie an das zunehmende Interesse an Vergleichswebsites und die Bedeutung des Internets während des Orientierungsprozesses. Auch missachtet dieses Argument die Tatsache, dass die Recherche zunehmend einfacher und schneller wird. Unternehmen, die dieses Argument verwenden, wollen offenbar autonome Kunden und die sogenannten »Maximierer«, die nach der besten Alternative suchen, nicht für sich gewinnen. Auch die durch die Kreditkrise anwachsende Zahl sparsamer Verbraucher scheinen eine Zielgruppe zu sein, die diese Unternehmen ignorieren wollen.

8. »Transparenz und Einfachheit ergeben geschäftlich einfach keinen Sinn«

»Generieren Transparenz und Einfachheit Umsätze und/oder Gewinne? Mehr Transparenz führt zu Margenverlusten.« Wenn Produkte transparenter werden, schrumpfen die Margen. Das stimmt. Die Unternehmen im Finanzdienstleistungssektor können nicht mehr mit 25- oder 30-prozentigen Margen rechnen. Diese Zeiten sind vorbei. Wir haben mit vielen Leuten aus der Branche gesprochen. Sie glauben, dass eine Marge zwischen 8 und 15 Prozent für die Verbraucher akzeptabel ist.Eine Reihe von Unternehmen wie Philips und ING haben bereits die positive Verbindung zwischen Geschäftszielen und Einfachheit demonstriert.

9. »Die Online-Technologie führt zu weniger Transparenz«

Einige argumentieren, dass die Online-Technologie nicht die Preistransparenz verbessert, sondern den Unternehmen eher ermöglicht, weniger transparent zu werden, indem sie jedem Kunden seinen eigenen Preis anbieten und so die Margen erhöhen. Stimmt, genau dies könnte geschehen. Jedoch werden derartige Geschäftspraktiken zwangsläufig schnell von den Konsumenten durchschaut. Dies musste Amazon erfahren, als es eine Preisdifferenzierung der Art einführte, dass verschiedene Leute für dasselbe Produkt unterschiedlich viel zahlen sollten, basierend auf deren Bereitschaft, einen bestimmten Preis zu zahlen. Die Reaktion der Verbraucher war so stark, dass Amazon diese Praxis stoppen musste.

- Ein französischer Vermögensverwalter hatte 400 verschiedene Investmentfonds in seinem Sortiment. Eine derart hohe Zahl macht das Angebot komplett intransparent. Für Privatanleger (die allerdings für diesen Verwalter nicht die Hauptzielgruppe darstellten) ist der Wert einer solch hohen Zahl an Fonds fragwürdig. Wie können Vermögensverwalter oder Anleger hier noch den Wald vor lauter Bäumen sehen?
- Der Direktor einer deutschen Lebensversicherung erzählte uns, er habe zu seinem eigenen Schrecken herausgefunden, dass das Unternehmen nicht weniger als 150 Produkte aktiv anbot. Auf internationaler Ebene vergrößert sich die Zahl leicht um das Zehnfache. Stellen Sie sich vor, was das in der Praxis für die Vertriebsmitarbeiter und Agenten bedeutet: wie viel Wissen und Qualifikation, wie viele Marketingmaterialien und wie viel Zeit nötig sind, um die Unterschiede zu verdeutlichen und so weiter. Die 150 Produkte werden von fast 20 verschiedenen Antragsformularen begleitet, was zu hohen Organisations- und IT-Kosten führt. Jedes Produkt hat seinen eigenen Produktmanager, und für jeweils zehn Produktmanager gibt es einen Produktgruppenmanager – jeder von ihnen verdient sein Geld, indem er sein eigenes Produkt aufrechterhält. Diese deutsche Versicherung hat ihr Produktangebot nun auf 25 zurückgefahren und strenge Richtlinien eingeführt, um künftige Ausweitungen zu verhindern. Der Kunde kann zwischen all den Bäumen wieder den Wald erkennen. Transparenz und Einfachheit steigern das Verbrauchervertrauen und führen zu einer enormen Reduktion der operativen Kosten.

Komplizierte Angelegenheiten

Kürzlich berieten wir ein Versicherungsunternehmen, das ein internationales Online-Konzept einführen wollte. Dazu wurden die Länderbüros gebeten, ihre Bedürfnisse und Wünsche hinzuzufügen. Das französische Länderbüro bestand auf einem verborgenen Feld bei der Produktübersicht des Kunden. Als wir nach dem Grund fragten, wurde uns erzählt, es sei Brauch, dass die Versicherung einer Geliebten von dem beteiligten Mann bezahlt wird. Seine Ehefrau sollte diese speziellen Policen natürlich nicht sehen können.

Der Wunsch nach Transparenz und Einfachheit bestimmt das Geschehen und schafft eine neue Realität, mit der Finanzinstitute künftig werden umgehen müssen. Wir prognostizieren die folgenden Entwicklungen.

Die Technologie bringt Transparenz und Einfachheit voran

Denken Sie an all die Portale und Vergleichsseiten aus dem Versicherungs- und Bankenbereich, die immer ausgefeilter werden. Diese Seiten helfen den Verbrauchern, ihren Entscheidungsstress zu reduzieren, indem sie ihnen viele Alternativen auf clevere und verständliche Weise präsentieren, damit sie sich auf die besten fünf des Rankings konzentrieren können. Der Preisvergleich wird mehr und mehr von Analysen begleitet, was die Entscheidungsfindung erleichtert. Die Seite mybillaudit.com von Validas analysiert beispielsweise die Handyrechnungen der Verbraucher und berät sie, mit welchem Anbieter und/oder Vertrag sie auf Grundlage ihrer aktuellen Nutzung das meiste Geld sparen würden. Die Technologie reduziert die Komplexität.

Außerdem wird das, was die Verbraucher in einer Branche erleben, automatisch zu ihrem Anspruch an andere Branchen. In diesem Sinne setzt Validas Standards. Genauso wie amazon.com, das Millionen von Produkten anbietet und Schwarmintelligenz – die Käufe anderer Verbraucher – nutzt, um zusätzliche Angebote zu machen. »Andere Käufer von Song X haben auch Song Y gekauft.« Trendwatching.com nennt dies »Twinsumers«: Konsumenten, deren Lebensstil, Vorlieben und Abneigungen den Ihren entsprechen und die daher tatsächlich relevant im Hinblick auf das sein könnten, was Sie vielleicht wollen oder brauchen. Amazon bietet nicht nur erstaunlich gut passende Empfehlungen an, es wird auch erleichtert, diese Musik mit wenigen Klicks zu kaufen. Indem man die Anzahl der Wahlmöglichkeiten pro Entscheidungsmoment reduziert, empfinden die Verbraucher den Entscheidungsprozess als einfach, trotz der überwältigenden Anzahl an Produkten, die eigentlich verfügbar sind. Die Online-Personalisierungserfahrung von Amazon ist zum Standard der Erkennung von Verbraucherbedürfnissen und der Personalisierung von Angeboten geworden.

Eine weitere technische Entwicklung ist die weite Verbreitung von Mobiltelefonen, insbesondere Smartphones. Die schnelle Verbreitung des iPhones mit etwa einer halben Million Apps, der Erfolg des Android-Betriebssystems und beliebte Funktionen wie GPS machen das Leben der Verbraucher zunehmend leichter und transparenter. Mit dem mobilen Internet können die Verbraucher nun Preise vergleichen, wann und wo sie wollen.

- Über ShopSavvy können Verbraucher mit der Kamera ihres Telefons Strichcodes scannen. ShopSavvy sucht dann bei über 26 000 Online-Händlern und Ladengeschäften nach dem besten Preis für das Produkt, bietet die Möglichkeit, das Produkt online zu kaufen, und hilft einem sogar, per Google Maps die nächste Verkaufsstelle zu finden. Dass die Verbraucher diese Bequemlichkeit zu schätzen wissen, wird dadurch illustriert, dass über acht Millionen von ihnen ShopSavvy nutzen, um bei Online-Händlern und Geschäften das beste Angebot zu finden.

- Layar ist eine Anwendung der sogenannten »erweiterten Realität« und zeigt Informationen über die Objekte an, auf die man die Kamera seines Telefons richtet. Layar begann mit einfachen Anwendungen, etwa der Suche nach dem nächsten Geldautomaten. Wir stellen uns vor, dass Verbraucher in einem späteren Stadium ihre Kamera auf eine Häuserreihe richten können und so Preise von zum Verkauf stehenden Häusern erhalten sowie von einer Bank maßgeschneiderte Hypothekenangebote, von einem Versicherungsunternehmen eine Hausversicherung angeboten bekommen und Kundenbewertungen zu diesen Produkten finden. Auf diese Weise erhalten Verbraucher relevante Informationen, die ihren Alltag erleichtern, jedes Mal und überall.

http://m.youtube.com/watch?gl=US&hl=en&client=mv-google&v=b64_16K2e08

Neben den Portalen, Vergleichs- und Echtzeitmöglichkeiten, die die Technologie anbietet, um Transparenz und Einfachheit zu erhöhen, sind in naher Zukunft viele weitere neue Funktionen zu erwarten. Alerting ist definitiv eine davon. Die neuesten Navigationsgeräte von TomTom zum Beispiel enthalten unter dem Namen Trip-Advisor Echtzeit-Benutzerbewertungen und zeigen den niedrigsten Benzinpreis auf

Ihrer Route an. Man braucht nicht viel Phantasie, um sich vorzustellen, was Alerting auf dem Feld der Finanzdienstleistungen bewirken könnte.

All diesen Anwendungen ist ihre Konzentration auf Kundenorientierung und Kundenwissen anstatt Produktorientierung und Produkt-Know-how gemein. Bei diesen Entwicklungen geht es nicht um die Technologie selbst. Durchsetzen werden sich die Technologien, die zu Transparenz und Einfachheit führen, was diese Technologien für die Verbraucher relevant macht.

Das Streben nach Einfachheit revolutioniert die Bezahlung per Handy

Eine Vielzahl neuer Initiativen und Experimente machen Mobilfunk-Bezahlsysteme leichter zugänglich – Unternehmen wie Starbucks, PayPal und Mobilfunkanbieter, die traditionell keine Finanzdienstleister sind, betreten die Arena. Technologische Neuerungen wie mobile Brieftaschen und berührungsfreie Bezahlung gewinnen an Boden. Vorreiter sind Großbritannien und asiatische Märkte wie Japan. Laut einer Studie des Pew Research Center haben von den Millennials, der Generation, die nach 1980 geboren wurde, rund 20 Prozent schon mal mit ihrem Handy bezahlt.

Juniper Research sagt voraus, dass der Gesamtwert der mobilen Zahlungen für digitale und physische Güter, Geldüberweisungen und NFC-Transaktionen bis 2015 den Betrag von 670 Milliarden Dollar erreichen wird – beinahe eine Verdreifachung der 240 Milliarden Dollar des Jahres 2011. Der Ferne Osten und China werden für mobile Zahlungen voraussichtlich die wichtigste Region darstellen und 2015 für fast 30 Prozent der Gesamtsumme verantwortlich sein. Auch in Indien wird das Wachstum stark sein – 2015 wird es dort über 400 Millionen Nutzer geben.

Mobile Zahlungsmethoden werden rasch alltäglich, unter anderem durch neue Technologien wie die Near Field Communication (NFC), die in zunehmendem Maße in Smartphones enthalten ist. Google erwartet, dass 2014 50 Prozent der Mobiltelefone die NFC-Technologie verwenden werden, und Juniper Research schätzt den Wert der weltweiten NFC-Transaktionen im Jahr 2014 auf etwa 50 Milliarden US-Dollar.

Neue Anbieter werden von den vorhandenen Geschäftsmodellen und IT-Systemen nicht behindert – deswegen können sie der Konkurrenz enteilen und kostengünstige neue Technologien implementieren. Zugleich treten viele der herkömmlichen Anbieter über Partnerschaften in den Markt ein. Eine Gemeinsamkeit der meisten neuen Zahlangebote ist ihr Fokus auf Einfachheit.

- PayPal stellte kürzlich seine »Bump«-App vor, die es den Benutzern ermöglicht, einander Geld zu überweisen, indem sie ihre Smartphones aneinanderstoßen, was den Zugang zu Ihrer cloud-basierten mobilen Brieftasche weiter erleichtert. Das Internet steht seit langem stark im Fokus von PayPal, da laut Unternehmensvision jedes Gerät mit Internetverbindung eine potenzielle Transaktionsplattform ist, sei es nun ein Smartphone, ein Fernseher, eine Werbetafel oder gar ein Kühlschrank. 2011 hat PayPal sein Credo »anytime, anyplace and anywhere« sogar über das Internet hinaus ausgedehnt, indem die Muttergesellschaft eBay Zong kaufte, das es den Verbrauchern ermöglicht, Käufe über ihre Telefonrechnungen zu bezahlen. Außerdem expandierte das Unternehmen kürzlich in die Zahlungsabwicklung außerhalb des Internets, indem es bei Händlern kontaktlose Zahlungen in Verbindung mit direkten Sonderangeboten und Rabatten ermöglichte, die dann automatisch dem PayPal-Konto gutgeschrieben werden.

http://m.youtube.com/watch?gl=US&hl=en&client=mv-google&v=suCe4-SWsHo

- Jack Dorsey, Mitbegründer von Twitter und aktuell von Square, betrachtet es als sein Ziel, die Bezahlung einer Tasse Kaffee so einfach wie den Kauf eines Songs bei iTunes zu machen. 2011 führte Square den Square Card Reader ein, der an iPhones, iPads und Android-Smartphones angeschlossen werden kann und somit das Zahlungsterminal am Verkaufspunkt ersetzt.

http://m.youtube.com/watch?gl=US&hl=en&client=mv-google&v=gAuqnWT0ctk

- 2011 stellte Google unter anderem zusammen mit Citigroup und Mastercard eine mobile Brieftasche vor, die verschiedene Geld-, Kredit und Kundenkarten speichern kann. Google Wallet trägt die NFC-Technologie über das bloße Bezahlen hinaus, indem es ernsthaft versucht, verschiedenste Kundenkontaktmomente zu erzeugen und zu nutzen. Dies geschieht zum Beispiel, indem täglich mobile Anzeigen und Gutscheine von Google Offers mit relevanten Angeboten, die mit Ihrem Verhalten und Kontext in Verbindung stehen, bereitgestellt werden. Diese können mit einem

Klick verwendet werden. Die Verlinkung zu einem persönlichen Finanzverwaltungssystem bietet zusätzliche Bequemlichkeit, etwa weil man nachsehen kann, ob genügend Geld auf dem Konto ist, oder weil Einzelhändler darüber Finanzierungen anbieten können.

http://m.youtube.com/watch?gl=US&hl=en&client=mv-google&v=DsaJMhcLm_A

Viele dieser Initiativen befinden sich noch in der Testphase. Mit Sicherheit werden nicht alle überleben, und einige werden sich noch weiterentwickeln. Gewinnen werden diejenigen, die nicht nur die Regulierungs- und Sicherheitsanforderungen bewältigen, die mit der Einführung neuer Technologien meist einhergehen, sondern denen es auch gelingt, die Akzeptanz der Vermittler zu gewinnen, und die vor allem wirklich einen Mehrwert schaffen, indem sie gegenüber den vorhandenen Zahlungsmethoden das Leben der Verbraucher leichter und bequemer machen.

Transparenz und Einfachheit sind nichts als Mittel zum Zweck

Letztendlich will man keinen Bohrer, sondern ein Loch in der Wand haben, für einen Haken, an den man ein Bild hängen möchte. Transparenz und Einfachheit sind natürlich nicht mehr als der Bohrer. Verständnis, Vertrauen und Bequemlichkeit sind das Loch in der Wand, und eine lang andauernde, beidseitig gewinnbringende Beziehung ist das Gemälde.

Deswegen müssen Finanzdienstleister zunächst genau verstehen, was Transparenz und Einfachheit für die aktuellen und künftigen Kunden bedeuten und welche spezifischen Bedürfnisse sie haben, insbesondere in den entscheidenden Momenten. Die Definition von Transparenz und Einfachheit aus Kundensicht ist essenziell.

Einfachheit hat für die Verbraucher sechs Dimensionen

Recherchen von VODW und MarketResponse, die eine Reihe von Branchen, darunter die Versicherungsbranche, untersuchten, förderten sechs Dimensionen der Einfachheit zutage:

- Verständlichkeit: inwieweit die Informationen über das Produkt, die Dienstleistung oder die Verfahrensweise dem Publikum klar präsentiert werden. Zum Beispiel klare Handbücher oder Schadensanspruchserklärungen, Formulare und Briefe in verständlicher Sprache sowie die intelligente Verwendung erklärender Visualisierungen.

- Zugänglichkeit: inwieweit Informationen über das Unternehmen und seine Produkte, Dienste und Verfahrensweisen leicht und nach Ort und Zeit bequem für die Verbraucher gefunden werden können. Beispiele wären Öffnungszeiten rund um die Uhr an sieben Tagen, Anruf-Buttons auf Unternehmenswebsites oder Verkaufsstellen in jeder größeren Stadt.

- Übersichtlichkeit: inwieweit Informationen über Produkte, Dienstleistungen und Verfahrensweisen bequem angeordnet sind. Das Hauptaugenmerk liegt auf der Erleichterung des Entscheidungsfindungs- und Vergleichsprozesses, indem man die Informationen durchdacht arrangiert. Dazu würde etwa die Beratungsqualität erfahrener Mitarbeiter sowie ein übersichtliches Produktsortiment gehören.

- Zeit: inwieweit die Kundenprozesse optimiert sind, was zu kürzeren Durchlauf- und Wartezeiten und zeitsparenden Serviceleistungen führt. Beispielsweise gibt es die Möglichkeit, beim Kauf eines Autos gleich eine Versicherung abzuschließen, es gibt Geschäfte, in denen man alle seine Einkäufe erledigen kann, oder Versicherungen, bei denen die Schadensmeldung mit wenigen Schritten getan ist.

- Anstrengung: inwieweit das Unternehmen die Mühen und Aufgaben reduziert, die der Verbraucher auf sich nehmen muss. Dazu zählen Aufgaben, die Verbraucher früher selbst erledigen mussten und die nun beispielsweise von einem persönlichen Assistenten, Lieferservice oder automatischen Hilfsmittel übernommen werden. Dazu könnte Hilfe in schwierigen Situationen zählen, wenn etwa angeboten wird, Ihre Kinder von der Schule abzuholen, wenn Sie einen Autounfall hatten.

- Flexibilität: inwieweit das Produkt oder die Dienstleistung vor oder nach dem Kauf im Sinne der Bedürfnisse oder Wünsche des Kunden angepasst werden können. Hier wären optionale Ergänzungsversicherungen zu nennen, die Möglichkeit, die Selbstbeteiligung nachträglich zu ändern, eine Geldzurückgarantie oder eine Vertragskündigungsoption.

Die erwähnten Marktstudien von VODW und MarketResponse zeigen, dass die Assoziationen mit Einfachheit und die spezifischen Bedürfnisse sich je nach Produkt, Phase des Einkaufszyklus und Verbrauchersegment unterscheiden. Demzufolge ist für die Verbraucher aller Segmente »Verständlichkeit« bei Finanzdienstleistungen der wichtigste Faktor. Die Verbraucher suchen beim Kauf und der Verwendung von Finanzprodukten verständliche Arten, ihre Geschäfte zu machen. Versicherungen können sich für die Verbraucher positiv unterscheiden, indem sie sich neben der Verständlichkeit noch auf Ersparnisse an Zeit und Mühen konzentrieren. Zugänglichkeit ist eine Grundvoraussetzung in allen Phasen des Kaufs, sie stellt heute keinen Faktor mehr da, der die Kundenzufriedenheit erhöht.

Die praktischen Implikationen der Einfachheit können vom Online-Einkauf, verständlichen Gebrauchsanleitungen und einfacher Kündigung bis hin zu bequemer Zahlung, weniger Papierkram und schnellem Kundendienst reichen. Bei den Versicherungen wollen Verbraucher mit höherer Bildung Online-Selbsthilfe-Tools sowie Produktdetails. Verbraucher mit geringerer Bildung assoziieren Einfachheit eher mit einer einfachen Handhabung von Schadensansprüchen und klarer Kommunikation. Verständlichkeit, Zeit- und Aufwandsersparnis sind sowohl während der Orientierungsphase als auch in der Nutzung des Versicherungsprodukts wichtig. Mit den Kunden zu sprechen, ihnen zuzuhören und zu antworten, ist unerlässlich, um herauszufinden, welche der Dimensionen man betonen sollte, um das Leben Ihrer Kunden zu erleichtern.

Wenn aus »viel« »zu viel« wird

Mehr Optionen machen die Menschen nicht zwangsläufig glücklicher. Zu viele Optionen machen sie unentschlossen. Dies verunsichert die Verbraucher und verursacht Entscheidungsstress. An einem bestimmten Punkt lähmt die Auswahl den Verbraucher. Der amerikanische Psychologe Barry Schwartz unterscheidet in seinem Bestseller *Anleitung zur Unzufriedenheit: Warum weniger glücklicher macht* zwischen zwei Arten von Konsumenten: den »Maximierern« und den »Begnügern«. Die Maximierer akzeptieren laut Schwartz nur das Beste und »benötigen die Bestätigung, dass jeder Kauf und jede Entscheidung der oder die bestmögliche war«. Sie streben an, alle Alternativen zu prüfen. »Begnüger geben sich mit etwas Ordentlichem zufrieden, und die Möglichkeit, dass es etwas Besseres geben könnte, bereitet ihnen keine schlaflosen Nächte.«

Maximierung ist ein Geisteszustand, der je nach Produkt oder Entscheidung unterschiedlich aussehen kann. Insbesondere für Maximierer stellt eine übergroße Auswahl einen Albtraum dar, und insgesamt sind sie unzufriedener. Viele Möglichkeiten machen es wahrscheinlicher, dass sie die getroffene Entscheidung bereuen werden, schon bevor sie sie überhaupt getroffen haben. Schwartz argumentiert auch, dass die Ausweitung der Wahlmöglichkeiten die Menschen zu Maximierern macht. Wenn sich die Leute plötzlich neuer Optionen bewusst werden, könnten sie beginnen, sich für diese zu interessieren. In diesem Sinne sorgen zusätzliche Möglichkeiten für mehr unglückliche Menschen.

Wenn man Schwartz' Erkenntnisse in Schlussfolgerungen für die Finanzdienstleistungsbranche übersetzt, so ist klar, dass die Finanzfirmen vor allem die Leute unterstützen müssen, die sich wie Maximierer verhalten. Wenn man die Maximierer nicht entsprechend unterstützt, könnten diese ihre Kaufentscheidungen verschieben oder ganz abblasen, selbst wenn der Kauf notwendig ist. Gerade bei lebensbestimmenden Entscheidungen wie Hypotheken sorgen sich die Leute bei zu vielen Auswahlmöglichkeiten eher darum, dass sie nicht genügend über die Alternativen wissen und später ihre falsche Entscheidung bereuen könnten. Der Überfluss an Finanzprodukten, die in den letzten Jahren auf den Markt gekommen sind, könnte gut eine Quelle der Unzufriedenheit sein.

Finanzdienstleistungsunternehmen sollten eine Vorstellung davon haben, wie ihre Zielgruppe über Auswahlmöglichkeiten denkt und welche Zahl an Alternativen gerade ausreicht.

Zu viele Möglichkeiten verwirren

Studien zeigen, dass die optimale Zahl an Auswahlmöglichkeiten je nach Kultur und Person variieren kann. Unserer Erfahrung bei der Umsetzung von Einfachheit in diversen Branchen zufolge hat die Beschränkung der Wahlmöglichkeiten im Allgemeinen positive Effekte.

- Ein Kunde aus der Automobilbranche bot zu seinen Autos Hunderte von Extras an. Die Auswahl machte es schwer zu entscheiden, was man kaufen oder verkaufen sollte – manchmal wurde der Kaufprozess dadurch sogar beeinträchtigt. Gemeinsam bündelten wir die Ausstattungsoptionen in drei Pakete. Die Verkäufe an Extras stiegen innerhalb weniger Monate in allen Ländern um mehr als das Doppelte.
- Für eine britische Versicherung recherchierten wir die optimale Zahl an Fragen in einem Antrag. Wie erwartet, wurden weniger Fragen als einfacher und besser wahrgenommen. Aber Achtung: Im Falle wichtiger Entscheidungen wie Lebensversicherungen (ab einer gewissen Größe), werden nur drei Fragen als zu wenig empfunden und für unseriös gehalten.

Nicht nur leicht zu kaufen, sondern auch leicht zu verkaufen

Wenn wir Produkte und Dienstleistungen leichter verständlich machen, erleichtert dies den Verbrauchern den Kauf. Aber, und dies ist genauso wichtig, wir sollten auch den Verkauf erleichtern.

Kürzlich eröffnete einer von uns ein neues Sparkonto – immer eine gute Gelegenheit, die komplette Kundenerfahrung auszuprobieren. Er besuchte die Zweigstelle einer großen Bank, um Informationen über die verschiedenen Möglichkeiten einzuholen und dann das eigentliche Produkt zu erwerben. Die Dame, die ihm behilflich war, konnte ihm alles über all die verschiedenen Sparkonten erzählen, die die Bank im Angebot hatte. Für jedes Produkt hatte sie alle Einzelheiten parat – Zinsen, Laufzeiten, Strafklauseln und so weiter. Nach 15 Minuten fragte er, welches Produkt er kaufen solle. Leider konnte sie ihm keinen Rat geben. Es zeigte sich, dass sie nicht weniger als 100 verschiedene Produkte anbieten musste, vom Bankkonto bis hin zu Investments, von Autoversicherungen bis hin zu Hypotheken. Sie konnte die Produktinformationen aus den Broschüren perfekt herunterbeten, doch sie konnte diese Informationen nicht wirklich benutzen, um ihn zu beraten. Diese Erfahrung hat wahrscheinlich jeder schon mal gemacht. Im Allgemeinen haben Verkaufsmanager und Agenten zu viele Produkte im Angebot, von Kreditkarten und Versicherungen bis hin zu Hypotheken und Pensionsplänen.

Eine Sache, die wir aus unseren Gesprächen mit Vertriebsvorständen in den letzten 20 Jahren gelernt haben, ist, dass sie nur den Teil der Produkte verkaufen, den sie verstehen und ihren Kunden leicht erklären können. Für Vertriebler bedeutet Verkaufen immer eine Abwägung zwischen Aufwand und Belohnung.

Einer unserer Kunden, eine Bank, war zunächst sehr zögerlich, die Zahl der Hypothekenangebote zu reduzieren, bis sie bemerkten, dass dadurch die Zahl der Verkäufe signifikant anstieg. Es zeigte sich, dass die Vertriebsmitarbeiter sich nun auf den Verkauf einer begrenzten Zahl von Produkten konzentrieren und die Vor- und Nachteile vollständig durchschauen konnten. Einfachheit macht daher Ihr Vertriebspersonal effektiver, denn es hat dadurch mehr Zeit, die Bedürfnisse eines Kunden anzusprechen und einzuschätzen und so einen echten Mehrwert zu schaffen.

Unternehmen streben eine stetige Verbesserung ihrer Prozesse im Finanz- und Rechnungswesen an. Bei Rechnungen mit Bestellbezug sollen der elektronische Rechnungsaustausch oder das Gutschriftverfahren die Prozesskosten senken. Allerdings verursachen spontane Einkäufe von Mitarbeitern häufig hohe Kosten in den Backoffice-Systemen. So ist es nicht selten, dass Mitarbeiter mal ein Fahrrad (als Geschenk für einen Kunden) oder einen Ersatzakku für das Handy, eine Druckerpatrone sowie Blumen für eine spontane Besprechung über die Reisekostenabrechnung einreichen. Diese Ausgaben bei so genannten Einmallieferanten sind den Buchhaltungen ein Dorn im Auge. Die relativ niedrigen Beträge können nämlich einen Anteil von bis zu 80 Prozent der administrativen Kosten (sharedservicelink.com) im Rechnungswesen eines Unternehmens verursachen (z.B. durch mangelhafte Datenqualität oder besondere Freigabeprozesse bei den sogenannten »Non-PO-Aufträgen«). Neben den Kosten handelt es sich um nicht steuerbare Ausgaben, die zudem schwer zuzuordnen sind. American Express und Bonpago haben zur Entlastung der Buchhaltungen und zur Schaffung von Transparenz in den Finanzprozessen eine Lösung für Spontankäufe entwickelt: einen »Ausweis« von American Express und Bonpago, um eine bargeldlose Abrechnung und Zahlung zu ermöglichen. Mitarbeiter können so auch bei Einmallieferanten bargeldlos bezahlen und müssen keine Beträge mehr auslegen. Zudem wird der Aufwand bei der Bearbeitung von Einzelrechnungen minimiert, und Unternehmen erhalten eine monatliche steuerabzugsfähige Sammelrechnung. Auch für die Shop-Betreiber wird durch den Einsatz dieser Lösung, neben einem zusätzlichen Umsatz, der Prozess verbessert. und zudem werden Zahlungsausfälle reduziert.

Transparenz und Einfachheit regen das Wachstum an

Die Finanzdienstleister machen unserer Beobachtung nach bei der Umsetzung von Einfachheit Fortschritte. Früher übersetzten Finanzdienstleister Einfachheit mit Selbstbedienung: den Kunden zu helfen, sich selbst zu helfen. Der Grund hierfür war allerdings eher die Notwendigkeit, Kosten zu sparen, als der Wunsch, den Kunden zu dienen und deren Bedürfnisse zu antizipieren. In Zeiten der ökonomischen Unsicherheit tendieren gerade Finanzdienstleister dazu, Einfachheit mit Kostenreduktion gleichzusetzen. Außerdem versuchen sie, die einzelnen Produkte zu vereinfachen, da es in der Wahrnehmung der Verbraucher die Kompliziertheit der Produkte war, die die Probleme verursachte. Doch diese Sichtweise ist zu beschränkt. Unserer Erfahrung nach hat die Implementierung von Transparenz und Einfachheit zwei Vorteile. Dass sie Kosten spart, ist offensichtlich. Wenn man zum Beispiel die Zahl der Produkte sowie deren Komplexität reduziert, senkt das in erheblichem Maße die Betriebskosten und steigert die Effizienz des Unternehmens, von der Organisation über die IT bis hin zum Marketing. Neuer ist hingegen die Perspektive, dass so auch zusätzliche Umsätze generiert werden können.

Banken und Versicherungen würden auch in Einfachheit investieren müssen, wenn die Kreditkrise nicht stattgefunden hätte, denn dies führt unmittelbar zu einer strukturellen Steigerung des Brutto- und Nettoergebnisses. Nach unserer Erfahrung kann man jede Einfachheitsinitiative eines Finanzdienstleisters in konkrete Ziele und Geschäftsszenarien übersetzen, sei es nun Absatzsteigerung, größere Effizienz, Kundenzufriedenheit oder Kundenbindung.

Die Implementierung von Einfachheit führt zu strukturellem Brutto- und Nettowachstum
Hier einige Fakten und Ergebnisse unserer weltweiten Erfahrungen:

- Jeder fünfte Verbraucher wäre bereit, für größere Einfachheit mehr zu bezahlen.
- Je einfacher der Kaufprozess ist, desto größer ist die Konversionsrate.
- Mehr als ein Drittel der Kunden würde zu einem anderen Unternehmen wechseln, wenn dieses »einfacher« ist.
- Je einfacher das Produktangebot, desto weniger »Kaufstress«, was zu größeren Rückmeldungen und weniger nachträglicher Enttäuschung führt.
- Je einfacher ein Produkt zu erklären ist, desto lieber verkauft das Vertriebspersonal es und desto attraktiver wird es für die potenziellen Käufer.
- Die Vereinfachung und Umgestaltung der Kundenformulare und -informationen, etwa der Angebote, sowie eine Reduktion der Gesamtzahl der Formulare um 75 Prozent und der Zahl der zu beantwortenden Fragen um 50 Prozent führen zu einer höheren Absatzkonversion, einer größeren Kundenzufriedenheit und weniger teuren Fehlern.
- Einfachere, verständlichere Briefe, in denen den Kunden erklärt wurde, warum und wie sie ihre Investments umschichten sollten, führten zu einer Steigerung der Umschichtungsrate von 14 auf 38 Prozent.

- Je einfacher das Produkt, desto größer die Wertschätzung und Kundenzufriedenheit und desto mehr Weiterempfehlungen an Familie, Freunde, Bekannte und Kollegen.
- Die Vereinfachung der Produkte und Dienstleistungen führt zu einer Steigerung der Kundenbindung um 15 bis 40 Prozent. Einfachheit ist einer der wichtigsten Gründe für Loyalität.
- Je einfacher das Produkt, desto weniger Beschwerden und Rücksendungen, und desto geringer fallen die Servicekosten aus.
- Indem man die Zahl der Kontaktpunkte von 10 auf 1 reduziert, steigerte sich die Zahl der beim ersten Kontakt gelösten Probleme von 70 auf 85 Prozent.
- Je einfacher das Produkt, als desto innovativer gilt der Anbieter.

Die Einführung von Transparenz und Einfachheit setzt einen Rundumblick voraus

Unsere weltweite Erfahrung mit der Implementierung von Transparenz und Einfachheit in Organisationen ist, dass diese über die Produkte und Dienstleistungen hinausgeht und auch mit dem Marketing, der Preisgestaltung, den Marken und Labels, dem Vertrieb, den Kundenkontaktpunkten, dem Management, den Prozessen und Systemen zu tun hat.

Die Verbraucher wollen auch Transparenz bezüglich des Verhaltens und der Einstellung des Unternehmens. Sie wollen die Risiken eines Produkts kennen und sicher sein, dass Produkt und Unternehmen die Versprechen ihrer Produktangebote auch einhalten können. Die Verbraucher wollen den Weg ihres Geldes auch leicht nachvollziehen können – in was ihr Finanzdienstleister investiert, welche Vergütungspläne für das Management gelten, wie das Unternehmen organisiert ist und wen man in welcher Sache kontaktieren muss. Dasselbe gilt für die Wahrnehmung der sozialen Verantwortung sowie Investitionen in Marketing und Vertrieb. Man denke an Fragen wie das Vorhandensein von Vertriebspartnern, Vereinbarungen mit Agenturen oder Quersubventionierungen unter verschiedenen Produkten.

Transparenz und Einfachheit müssen im Alltag gelebt werden, was bedeutet, dass es den Verbrauchern möglich gemacht werden muss, die Dienstleistungen sehr einfach kaufen und nutzen zu können.

Ein Unternehmen muss Transparenz und Einfachheit bei allen Kontaktpunkten mit den Verbrauchern berücksichtigen, um die Kluft zu diesen wirklich zu überbrücken. Intern muss es die Kluft zwischen dem Versprechen und der Organisation, die dieses halten muss, überwinden.

Um Transparenz und Einfachheit zu implementieren, brauchen wir einen Rundumblick.

Simple Term Life: Einfachheit in allen Aspekten

Der in Seattle ansässigen Versicherung Farmers Life gelang es mit ihrer Lebensversicherung Simple Term Life, die Transaktionskosten zu minimieren. Farmers Life sparte Zeit und erhöhte die Bequemlichkeit sowohl für die Kunden als auch für seine über 17 000 Agenturen. Der Schlüssel hierzu war die Einführung von Einfachheit in allen Aspekten. Mike Keller, Vice President Marketing bei Farmers Life, erklärte uns: »Der Kauf einer Lebensversicherung muss nicht kompliziert und zeitaufwändig sein. Nachdem sie den Kauf sorgfältig erwogen haben, wollen die Verbraucher, dass die Abwicklung des Prozesses schnell, einfach und unkompliziert ist. Die überwältigende Mehrheit unserer Agenten findet, dass der Abschluss einer »Simple Term Life«-Police so leicht ist wie der Abschluss einer Auto- oder Hausversicherung. Das Produkt selbst ist einfach und in drei Vertragsdauern erhältlich und umfasst Garantieprämien. Darüber hinaus haben wir umfangreiche Formulare, medizinische Untersuchungen und Labortests abgeschafft, wodurch aus Wochen und Tagen Minuten und Sekunden wurden. Was bei anderen Unternehmen 20 Tage dauern würde, schafft Simple Term Life in sechs Minuten oder weniger. Der Schlüssel, um die Transaktion schnell und einfach zu gestalten, ist die elektronische Beantragung und Unterschrift sowie der elektronische Abschluss. Der Abschluss geht schnell, indem wir den Antrag mithilfe einer Reihe von Datenbanken prüfen, ähnlich wie dies beim Abschluss einer Autoversicherung geschieht. Das bedeutet mehr, als einfach nur die Formulare am Computer auszufüllen. Das intelligente System zeigt nur noch die Fragen an, die für eine konkrete Bewerbung beantwortet werden müssen, stellt jede Frage nur einmal und überträgt die Information auf elektronischem Wege an unser Abschlusssystem. Für unsere Kunden und Agenten ist dies ein viel schnellerer und freundlicherer Prozess. Wir nutzen den papierlosen Antrag jetzt für alle unsere Produkte, darunter unsere neue »Simple Whole Life«-Police, und der Erfolg wird auch in andere Teile des Konzerns exportiert.«

Für Finanzdienstleister hat der Transparenz- und Einfachheitstrend massive Konsequenzen. Wir haben elf Kernpunkte herausgearbeitet.

1. Geschäftsmodelle neu definieren

Transparenz, die Entzauberung von Produkten und Beratung sowie die Folgen für die Margen werden größere Anpassungen bei den Geschäftsmodellen erforderlich machen, insbesondere was die Umsatzgenerierung angeht.

Eine kontinuierliche Kosteneffizienz ist notwendig. Dies kann erreicht werden, indem man das Unternehmen verschlankt, wie es in Reaktion auf die Wirtschaftskrise überwiegend geschehen ist. Besser jedoch ist es, herauszufinden, wo etwas nicht rund läuft, insbesondere aus Kundenperspektive, so dass intelligentere Prozesse implementiert werden können. Die Implementierung von Einfachheit auf allen Ebenen des Unternehmens wird zweifellos die operativen Kosten senken.

Unabhängig davon macht der Druck auf die Margen es erforderlich, Skaleneffekte zu erzielen. Die Konsolidierung ist daher wichtiger denn je. Dies mag dem Glaubenssatz »Klein ist das neue Groß« zu widersprechen scheinen, doch eine Konsolidierung ist essenziell. Natürlich sind auch in speziellen Marktnischen Skaleneffekte erzielbar. Wir stellen uns vor, dass das komplette Geschäftsmodell transparenter und offener wird. Dies wird alle Aspekte des Geschäfts betreffen, von den Produkt-, Gewinn-, Preis- und Gebührenstrukturen bis hin zu Boni, Provisionen, Unternehmenspraktiken und Vertriebspartnerschaften. Dieser Prozess wird durch die Schwarmintelligenz beschleunigt werden, und das alte Sprichwort von der seligen Unwissenheit gilt nicht mehr.

Die Quirin Bank setzt auf Transparenz und nimmt Honorar statt Provisionen

Die Quirin Bank fordert die Finanzwelt heraus mit ihrem Geschäftsmodell der Honorarberatung. Statt für die Vermittlung von Geldanlageprodukten Provisionen zu kassieren, rechnet die Quirin Bank einen transparenten Preis ab. Die Bank gesteht ein, dass die Bankenkrise geholfen hat, das Konzept in Deutschland zu einem Erfolg zu machen. Kunden vertrauen konventionellen Banken nicht mehr und verlangen Transparenz. Die Quirin Bank nutzt dazu verschiedene Preismodelle: von einem Stundenhonorar oder einer monatlichen Grundvergütung plus Transaktionskosten bis hin zur Gewinnbeteiligung im Erfolgsfall. Alle versteckten Provisionen und Kick-Backs auf der Produktseite werden dem Kundenkonto gutgeschrieben. Karl Matthäus Schmidt, Vorstandschef der Quirin Bank »Leute, die diese Philosophie mögen, kommen mit der Bank gemeinsam zu einem passenden Preismodell.« Und dass es vielen Leuten gefällt, zeigen die Resultate: mittlerweile vertrauen mehr als 8000 Kunden der Bank, und deren verwaltete Gelder belaufen sich auf 2,2 Milliarden Euro.

In anderen Ländern ist diese Art des Bankgeschäfts bekannter; in den Vereinigten Staaten beträgt der Anteil bereits 15 Prozent. »Deutschland ist auf diesem Gebiet ein totales Entwicklungsland«, meint Schmidt. Aber die Zukunft sieht hoffnungsvoll aus, die Bundesregierung bereitet ein Gesetz zur Honorarberatung vor.

Alfonso Zapata, der CEO von ING Direct, Spanien, erzählte uns von deren auf Einfachheit beruhendem Modell: »Unser Geschäftsmodell beruht auf zwei Säulen: Handeln im Sinne der Kunden und niedrigen Kosten. Der Schlüssel hierzu ist Einfachheit. Alle anderen Banken richten sich an 100 Prozent des Marktes. Auch wir richten uns an den Massenmarkt, aber nur an 95 Prozent des Gesamtmarktes, und wir vernachlässigen die 5 Prozent, die eine Menge Mühe und Anpassung erfordern. Für die 95 Prozent stellen wir 100 Prozent ihrer Bankbedürfnisse bereit. Das bedeutet nicht unbedingt eine Menge Produkte. Nehmen Sie als Beispiel Investmentfonds: Wir haben nur vier, während unsere Konkurrenz Hunderte oder gar Tausende anbietet. Aber selbst diese vier sind schwer genug zu verstehen.«

Fotografie auf den vorangehenden Seiten mit freundlicher Genehmigung der Deutschen Bank.

2. Klarheit über die Vertriebspartner

Versicherungen müssen die genaue Beziehung zu ihren Vermittlern offenlegen und möglicherweise auch neu definieren. Gehören sie zu 100 Prozent dem Versicherungsunternehmen? Oder gibt es irgendwelche anderen Interessen? Bei Transparenz geht es nicht nur darum, ob ein Produkt leicht zu verstehen ist, sondern auch um alle Glieder der Kette.

Versicherungsagenturen werden vor der Wahlmöglichkeit stehen: Bin ich Vermittler oder Finanzberater?

Gegenwärtig werden beide Geschäftsmodelle vermischt. Einerseits behaupten die Agenturen, unabhängige und vertrauenswürdige Finanzberater zu sein. Andererseits bestehen ihre Einkommensströme hauptsächlich aus den Provisionen auf Policen, die sie als Vermittler verkaufen. Dieses Mischmodell hat keine Zukunft. Man kann einfach nicht »objektiv und vertrauenswürdig« sein, wenn man zugleich von den Produkten, zu denen man rät, profitiert. Entweder werden die Agenten zu wahrhaft objektiven Beratern, verzichten auf Provisionen und bauen ein gebührenfinanziertes Geschäftsmodell auf, oder sie positionieren sich eben als Vermittler, die ein Portfolio an Produkten eines oder mehrerer Versicherungsunternehmen anbieten. Und hören damit auf, sich fälschlicherweise als »objektiv« darzustellen. In diesem Fall würden sie im Prinzip eine ähnliche Funktion erfüllen wie die Einzelhändler, die kurzfristige oder langlebige Verbrauchsgüter anbieten.

3. Den Schwerpunkt aufs Unternehmen hinter der Marke legen

Die Verbraucher sehnen sich nach Transparenz. Sie wollen wissen, mit welchem Unternehmen sie es eigentlich zu tun haben, und sie werden ihre Entscheidung hauptsächlich auf Grundlage der Reputation des Unternehmens treffen. Herkunftsmarken sind daher effektiver als Markenportfolios. Und letztendlich stellen Unternehmensmarken die ultimative und reine Manifestation der eigentlichen Herkunft dar. Sie sind der wahre »Herstellerstempel«. Außerdem führen weniger Marken zu einer stärkeren Schwerpunktsetzung im Unternehmen, zu einer größeren Ausgabendisziplin und zu einer größeren Tiefe und Schlagkraft der ausgewählten Marke. Dies führt außerdem zu Skaleneffekten. Markenportfolios, die allerhand exzentrische Labels umfassen, werden reorganisiert werden müssen. Etablierte Marken, die infolge der Konsolidierung übernommen werden, sollten mit der Marke der Muttergesellschaft verbunden werden.

Einige Beispiele:
- Die britische Versicherung Norwich Union wird nun Aviva genannt, die französische AFG tritt nun unter der Marke Allianz auf.
- Santander als Bankenmarke überstand die Kreditkrise relativ unversehrt, also wurden die Tochtermarken Abbey National, Bradford & Bingley und Alliance & Leicester in Großbritannien sowie Banco Real in Brasilien unter dieser Marke zusammengefasst.

- Die deutschen Versicherungsmarken KarstadtQuelle, Victoria und Hamburg-Mannheimer laufen nun alle unter dem Namen ERGO, dem Namen der Muttergesellschaft. Dies ist allerdings noch immer eine etwas halbherzige Lösung, da die ERGO Versicherungsgruppe der Erstversicherungszweig von Munich Re ist.

Im Verlauf des letzten Jahres haben uns eine ganze Reihe an Unternehmen gefragt, ob es klug wäre, ihre Bank oder Versicherung unter einer neuen Marke laufen zu lassen, da die alte durch die Krise stark in Mitleidenschaft gezogen worden war. Wir stimmen in dieser Frage genau mit dem belgischen Werbeguru Guillaume Van der Stighelen überein: »Dies wäre, als wenn man eine Beziehungskrise zu Hause lösen wollte, indem man sagt: ›Schatz, mein Name war bislang Jack, aber ab heute heiße ich Adam, also ist alles wieder in Ordnung.‹ Dass dies nicht funktioniert, ist offensichtlich – und so nimmt man seine Frau nicht ernst. Man bleibt Jack, und wenn man will, dass die Beziehung funktioniert, dann sollte man lieber öfter pünktlich nach Hause kommen und seine Frau mit Dingen überraschen, die sie nicht von einem erwarten würde. Helfen Sie in der Küche und räumen Sie Ihre Socken weg.«

Wir sagen vorher, dass dies auch das Ende der Eigenmarken in der Finanzdienstleistungsbranche bedeutet. Dass sich Vermittler als Versicherer oder Banken darstellen, passt nicht zu all dem, was geschehen ist. Schließlich waren diese Eigenmarken nur aufgrund ihrer Verhandlungsmacht erlaubt, nicht weil sie dem Verbraucher irgendetwas bringen würden oder weil diese darum gebeten hätten.

Ziel: eine transparente und einfache und dennoch wettbewerbsfähige Markenarchitektur
Unsere Vision ist, dass eine Marke unmittelbar zum Geschäftserfolg beiträgt. Eine Marke ist ein Auswahlkriterium, nicht mehr und nicht weniger. Eine Marke sollte unserem potenziellen oder bestehenden Kunden die Entscheidung für unser Angebot erleichtern. Oder ihm helfen, mehr von unserem Angebot in Anspruch zu nehmen.

Dies bedeutet, dass eine Marke die Kaufkriterien des Verbrauchers an dem betreffenden Markt, Segment oder in der Produktkategorie besser erfüllen muss als alle Konkurrenten. Die Anzahl der Marken, die Sie als Unternehmen benötigen, hängt davon ab, in welchem Maß die Marken des Portfolios diese Funktion erfüllen können. Um zu entscheiden, wie viele Marken Sie brauchen, um in den verschiedenen Märkten, Segmenten und Kategorien erfolgreich zu sein, müssen wir die Kaufkriterien der Kunden für all diese Märkte, Segmente und Kategorien verstehen. Wir müssen verstehen, wie unsere eigenen Marken diesbezüglich abschneiden und wie die Konkurrenten jeweils dastehen.

Unserer Vorstellung nach muss eine Marke auf Kaufkriterien aufbauen. Diese stellen die richtigen Assoziationen dar. Auch wenn die Kaufkriterien je nach Kategorie variieren, können Sie herausfinden, welche drei oder fünf Kaufkriterien insgesamt die wichtigsten sind. Diese bilden den Kern der Gesamtmarke.

Wenn Sie eine Marke auf diese Weise entwickeln, werden Sie einen echten Kaufanreiz kreieren, eine Marke, die direkt zum geschäftlichen Erfolg beiträgt.

4. Das Produktportfolio muss logisch und bequem aufgebaut sein

Eine rigorose Überarbeitung des Produktsortiments ist essenziell. Eine drastische Reduktion der Produktzahl bei gleichzeitiger Bearbeitung des Produktportfolios schafft eine logische, übersichtliche Angebotsstruktur. Lassen Sie sich von schnelllebigen Verbrauchsgütern inspirieren. Wir ist dort ein Angebot aufgebaut? Unterschiedliche Bedürfnisse bilden die Grundlage für verschiedene Produkte. Labels werden benutzt, um zu zeigen, wie sich die verschiedenen Produkte zueinander verhalten und welche logische Organisation und Folgerichtigkeit dahintersteht. Vergleichen Sie dies mit der typischen Bandbreite an Sparplänen, die eine Bank anbietet. Beinahe jeder Parameter des Produkts wird ausdifferenziert: variable oder feste Einzahlungen und Zinsen, der Turnus der Einzahlung, die Größe der Anfangseinlage, die maximale Einlage, die Strafgebühr im Falle einer vorfälligen Abhebung, was auch immer. Doch kein einziger Schalter- oder Callcenter-Mitarbeiter kann Ihnen erklären, was Sie kaufen müssen und welches Produkt Ihren besonderen Bedürfnissen am besten entspricht.

Denken Sie an Lego, wenn Sie das Produktportfolio konzipieren!

Das Produktangebot einer multinationalen Bank bestand aus einer Vielzahl an Produkten aller Kategorien, multipliziert mit den unterschiedlichen Märkten, die sie bedienen musste. Beinahe täglich weitete sich das Produktportfolio um neu entwickelte Produkte aus, was zu all den Ineffizienzen führte, die wir in diesem Kapitel beschrieben haben. Kurz: Eine zunehmende Kompliziertheit der Informationstechnologie und der Geschäftsabläufe, des Produktmanagements, des Marketings und Vertriebs, mangelnde Übersichtlichkeit und zu große Komplexität für Kunden und Vertriebspartner führten zu einer zu geringen Effizienz im Verkauf. Um dieses Problem ein für allemal zu lösen, wurden insgesamt 25 Bausteine entworfen. Die Idee war, dass das Produktmanagement in die Lage versetzt werden sollte, alle Produkte der gesamten Bank aus diesen 25 Bausteinen, basierend auf Erkenntnissen über die Verbraucher, zusammenzusetzen. Die Bausteine entsprachen den Anforderungen aus dreierlei Perspektiven: Unternehmen, Kunde und Vertriebspartner. Jeder Baustein sowie jede einzelne Option ist genauso ein Kostenfaktor wie eine Gewinnquelle. Das Margenmanagement, die Cashflow-Profile und Rückzahlungsfristen müssen bei der Schaffung von Produkten einbezogen werden. Die Regeln und Freiheitsgrade für die zukünftige Angebotsentwicklung sind klar definiert. Dies reicht von der Entwicklung von Erkenntnissen über die Verbraucher und das Nutzenversprechen über die Verwendung der Bausteine und die Umsetzung in ein erfolgreiches Marketing. Die Vorteile des Lego-Prinzips sind klar: Die Skaleneffekte führen zu einer schnelleren Marktfähigkeit, zur Wiederverwendung von Produkten und einer verbesserten Produkt- und Preisentwicklung. Der Lego-Ansatz bietet genügend Raum für die Anpassung an lokale Markterfordernisse und lokale unternehmerische Eigeninitiative. Das Prinzip heißt: Alle Freiheit innerhalb der 25 Bausteine – von der Antizipation lokaler Verbrauchererkenntnisse bis hin zu einer lokalen Verpackung.
Die Kombination aus Skaleneffekten und einer Maximierung der lokalen Relevanz sichert in allen Ländern die Marktposition.

Ein einfaches Produktsortiment sollte:

- *kompakt* sein, um den Kunden Auswahl und Kauf zu erleichtern. Nehmen Sie zum Beispiel Apples iPod. Das Sortiment ist begrenzt. Auf der ganzen Welt können Sie dieselben iPods unter demselben Namen bestellen. Kaufhäuser haben oft die Regel, dass für jedes neue Produkt im Geschäft ein altes entfernt werden muss.
- *komplementär* sein, um es für die Kunden leichter zu machen, mehrere Produkte zugleich zu verwenden, ohne dass es eine Überlappung bei den Funktionen gibt. Dies wird erreicht, indem man die Produkteigenschaften abstimmt und gruppiert. Für eine Versicherung bedeutet dies beispielsweise sicherzustellen, dass die Kunden niemals doppelt versichert sind.
- *profiliert* sein, um sicherzustellen, dass die Verbraucher den Unterschied zwischen den einzelnen Produkten verstehen.

Diese Kriterien beziehen sich natürlich auf alle Aspekte des Angebots, auch auf die Preisgestaltung. Bei allen drei Kriterien können Banken und Versicherungen eine Menge verbessern. Insbesondere was die Profilierung angeht, werden Sie feststellen, dass die Ausweitung der Produktpalette zu Produktnamen geführt hat, die nichts miteinander zu tun haben. Was für die Kunden verwirrend erscheint.

In den kommenden Jahren wird innerhalb der Finanzbranche die Dienstleistung der entscheidende Schauplatz der Innovation sein. Die Dienstleistungsmarken werden auf dem Gebiet der Dienstleistung gemacht. Daher ist es wichtig, diejenigen Dienstleistungsinnovationen zu erkennen, die wirklich die Unternehmensmarke artikulieren, und diese Innovationen für die unter der Marke laufenden Dienstleistungen zu nutzen. Ein Beispiel dafür ist HelpPoint, das innovative Dienstleistungskonzept der Zurich Financial Services.

Das Dream Pack

Wenn sie den Verbrauchern das Leben erleichtern wollen, sollen die Finanzfirmen sich bewusst sein, warum die Leute ihre Produkte kaufen. Die Leute wollen nicht einen Sparplan, eine Hypothek, eine Hausversicherung kaufen, sondern sie wollen die Ausbildung ihrer Kinder ermöglichen oder umziehen. Die Standard Chartered First Bank aus Korea nutzte diese Erkenntnis, um ihre Produkte auf kundenorientiertere Weise anzubieten: Sie schuf das sogenannte »Dream Pack«, das aus sechs »Menüplänen« besteht, die die Entscheidungen der Kunden je nach Lebensphase unterstützen. Jedes dieser Pakete umfasst die am häufigsten genutzten Finanzprodukte, etwa Kreditkartendienste, Sparprodukte, Hypothekendarlehen und Privatkredite, die auf eine Weise gebündelt sind, dass sie am besten den typischen Bedürfnissen einer bestimmten Lebensphase entsprechen. Bequemlichkeit und ein angenehmes Einkaufserlebnis sind von äußerster Wichtigkeit.

Das »Dream Pack«-Konzept wird auf eine ähnliche Weise präsentiert, wie Fast-Food-Restaurants hinter den Tresen ihre festen Menüs präsentieren. Die Zweigstellen der Standard Chartered First Bank bieten zum Beispiel ein Hauskaufset, ein Vermögensverwaltungsset und ein Privatkreditset. Die Kunden können einen einfachen Test durchführen, um die Art ihrer Finanztransaktionen und Bedürfnisse herauszufinden. Wenn die Kunden die Ergebnisse ihres Tests am Tresen vorlegen, werden die Mitarbeiter ihnen das am besten geeignete Produktpaket und dessen Vorteile präsentieren.

5. Eine übertriebene Segmentierung lenkt ab und sollte vermieden werden

Die Konzentration auf eine begrenzte Zahl an Segmenten ist notwendig, um den organisatorischen Fokus auf Transparenz und Einfachheit aufrechtzuerhalten. Es ist schon schwierig genug, in einem einzigen Segment wirklich transparent und einfach zu werden, und umso mehr in einer Vielzahl an Untersegmenten. Die gute Nachricht ist, dass es für die meisten Finanzfirmen möglich ist, eine begrenzte Zahl von Segmenten – etwa drei bis fünf – auszumachen, deren Bearbeitung wirklich lohnt. Eine Binsenweisheit des Marketings ist, dass die Bearbeitung eines bestimmten Segments sich nur lohnt, wenn es andere Bedürfnisse hat, groß genug ist und separat erreicht werden kann – und dies ist für uns ein wichtiger Ansatzpunkt, der zuerst in den Blick genommen werden sollte. Zielgruppen, die diese Kriterien erfüllen könnten, sind Ältere, Junge, Vermögende und Selbstständige. Aber suchen Sie jenseits dieser Gruppen nicht viel weiter.

6. Überprüfte Verbrauchererkenntnisse über Transparenz und Einfachheit sind ein Schlüssel

Benennen Sie eine Person, deren einzige Verantwortung es ist, alles zu wissen, was es über Transparenz und Einfachheit zu wissen gibt – und zwar aus Verbraucherperspektive. Es ist essenziell, ausgehend von Ihren Kunden zu verstehen, wie Ihre Zielgruppe, Transparenz und Einfachheit wahrnimmt und bewertet. Welcher Aspekt ist ihr am wichtigsten? Geht es ihr beispielsweise um Zeitersparnis, um weniger Anstrengung oder bessere Verständlichkeit?

Nicht einmalige Ad-hoc-Umfragen, sondern strukturelle Recherchen sind nötig, um Transparenz und Einfachheit in den verschiedenen Segmenten und Kategorien voranzubringen. Dies bedeutet auch, Transparenz und Einfachheit zu einem integralen Bestandteil Ihrer Marktforschungen zu machen, etwa in Form von Erhebungen der Kundenzufriedenheit und -treue, in Form von Kunden-Panels, »Living Labs« und dergleichen.

7. Kunden brauchen Unterstützung während der gesamten Customer Journey

Nutzen Sie moderne Technologien, um einen zielgenauen Beratungsprozess zu entwickeln, egal ob es um persönliche Beratung oder andere Kanäle geht. Machen Sie relevante Angebote, die auf Erkenntnissen über die Person oder ihr Profil beruhen. Bieten Sie Informationen an, die für die spezielle Phase des Kaufs relevant sind, beugen Sie dadurch Irritationen über »Standardberatungen« vor und steigern Sie damit zugleich die Konversionsrate. Organisieren Sie die Informationen auf eine Art und Weise, dass den Verbrauchern Bequemlichkeit und zielgerichtete Angebote präsentiert werden können. Diverse Finanzdienstleister, zum Beispiel Barclays, haben begonnen, Profiling-Techniken zu verwenden, um den Entscheidungsprozess ihrer Kunden zu unterstützen. Wenn Kunden komplizierte und riskante Produkte durchstöbern, erinnert sie ein Berater an ihre wahren Bedürfnisse, die er von ihrem spezifischen Risikoprofil ableitet.

Bei Einfachheit und Transparenz geht es um reale Erfahrungen und konkrete Ergebnisse. Im Leben jedes Menschen gibt es meist bestimmte wichtige Ereignisse – die Hochzeit, die Geburt eines Kindes oder den Renteneintritt. Als Finanzdienstleister muss man im Umfeld dieser Ereignisse erreichbar sein und relevante und einfache Lösungen anbieten können.

Kluge Angebote

- Asahi Life, eine große japanische Versicherung, kategorisiert ihre Produkte nach logischen Dimensionen: Lebensereignisse, Lebensrisiko, Familienstruktur, Geschlecht und Alter. Anstatt nach einem bestimmten Produkt zu suchen, können die Kunden alle Produkte sehen, die sie auf Basis ihres Profils und bestimmter Lebensereignisse benötigen. Für Asahi Life ist dies eine Gelegenheit, anstelle einzelner Produkte eine breitere Produktpalette darzustellen und bequeme Paketlösungen anzubieten.

- In den USA unterstützt Farmers die Leute bei der Gestaltung ihrer finanziellen Zukunft auf Basis vorhandener Schemata. Mike Keller von Farmers erzählte uns: »Unser Financial Blueprint Programme umfasst acht Familienarten oder Lebensphasen, etwa verheiratete Mieter, wohlhabende Familien oder Paare, deren Kinder aus dem Haus sind. Diese Schemata bieten Ihnen finanzielle Vorschläge an, die darauf basieren, wie sich Leute wie Sie gewöhnlich entscheiden und was sie tun, und nicht darauf, was Sie maximal zu kaufen in der Lage sind. Agenten und Klienten brauchen nun für eine Analyse der Grundbedürfnisse nur noch wenige Minuten anstatt Stunden. Diese kann dann an die tatsächlichen Möglichkeiten des Kunden angepasst werden.«

8. Bieten Sie Hilfsmittel an, die die täglichen Finanzgeschäfte der Kunden erleichtern

Verbraucher suchen nach Marken, die in der Praxis beweisen, dass sie sie wirklich dabei unterstützen, ihr Alltagsleben zu erleichtern, zum Beispiel, indem sie ihnen Tools zum persönlichen Finanzmanagement zur Verfügung stellen, die ihnen bei ihren Budgetentscheidungen helfen. Tools, die die Kunden unterstützen, indem sie ihre Konten bei verschiedenen Finanzinstituten bündeln und nutzerfreundliche Visualisierungen bieten, um auf einen Blick das persönliche Ausgaben- und Sparverhalten erkennen zu können. Dies stärkt die Kundenbeziehung, insbesondere in wirtschaftlich schwierigen Zeiten.

Mehrere Anwendungen, die den Finanzalltag erleichtern, existieren bereits, und ihre Zahl steigt rapide – denken Sie an Quicken, Wesabe und Mint. Die meisten konzentrieren sich darauf, einen Überblick zu bieten und Zeit und Mühen zu sparen, womit sie auf die für die Verbraucher wichtigsten Dimensionen der Einfachheit eingehen.

Einige der Tools zum persönlichen Finanzmanagement analysieren direkt die Gebühren und Kosten, die für die Finanzprodukte gegenwärtig gezahlt werden, etwa für Bankkonten und Kreditkarten, und schlagen sparsamere Alternativen vor, die auf den Profilen ähnlicher Leute basieren. Wenn man dieses nachfrageseitige Tool – alle Finanzkonten und Angebote zusammenzustellen – mit der Angebotsseite zusammenbringt – einen zentralen Überblick über die Transaktionen mehrerer Finanzdienstleister zu bieten –, so ist dies ein starkes Hilfsmittel, von dem wir erwarten, dass es die gegenwärtigen Entscheidungswege beim Kauf tief greifend stören wird. Insbesondere weil diese Tools zugänglich und leicht zu benutzen sind, durch Hinzufügung von Alerts eine proaktive Funktion haben und für echte Kosteneinsparungen sorgen. Diverse Banken haben die Macht dieser Tools erkannt und begonnen, sie ihren Kunden anzubieten, was den Banken auch hilft, die Bedürfnisse ihrer Kunden zu verstehen und sich um sie zu kümmern, und so die Kundenbeziehung und -bindung stärkt.

Der Aufstieg der Tools zum persönlichen Finanzmanagement wird auch durch White-Label-Plattformen wie Springboard, Xero Personal und Strand, die den Banken zur Verfügung stehen, beschleunigt. Die Frage ist allerdings, ob diese bankenspezifischen Tools den Vorteil der Anbieterübersicht haben werden oder ob die Banken nur ihre eigenen Angebote einstellen werden. Verbraucher, die nach unabhängigen Vergleichsmöglichkeiten suchen, werden sicherlich die erste Möglichkeit bevorzugen.

Die Australia and New Zealand Banking Group (ANZ) bietet den MoneyManager an, der von 76 Prozent ihrer Kunden besucht wurde. Doug Brown, Channel Manager Online von ANZ, erzählte uns: »Die Zufriedenheit der Benutzer unseres MoneyManager ist sehr hoch – 81 Prozent bewerten ihn mindestens mit 7 von 10 Punkten und 31 Prozent sogar mindestens mit 9. Die Befürwortung ist ebenfalls sehr hoch – fast die Hälfte der Leute sagen, dass sie ihn Freunden und Familie weiterempfehlen werden. Der Grund liegt darin, dass eine riesige Mehrheit von 84 Prozent den MoneyManager als nützliches Hilfsmittel betrachten, das ihnen einen besseren Überblick verschafft, wofür sie ihr Geld verwenden, und 71 Prozent ist es sehr wichtig, ihr gesamtes Geld an einem Ort überwachen zu können. Unseren Kunden dieses leichte und bequeme Hilfsmittel anzubieten, ist auch für uns von Vorteil, da 13 Prozent der Nicht-ANZ-Kunden sagen, dass sie sehr wahrscheinlich in Zukunft zu ANZ als ihrer Hauptbank wechseln würden. Darüber hinaus gewinnen wir Einsichten, mit denen wir unser Marketing zielgenauer gestalten und mehr maßgeschneiderte Angebote offerieren können. Diese Einsichten zu nutzen, führt zu echter Kundenbindung und zu Rückflüssen über Cross-Selling.«

Siehe hierzu auch das erfolgreiche Beispiel »Tu Cuentas« von BBVA in Kapitel 3.

9. Kommunikation ohne Fachjargon

Verwenden Sie eine Sprache, die die Leute verstehen. Laut einer Umfrage unter amerikanischen Hausbesitzern und Anlegern, die von Siegel+Gale durchgeführt wurde, geben 84 Prozent der Befragten an, dass sie einem Unternehmen eher vertrauen würden, wenn es in seiner Kommunikation auf klare Sprache ohne Fachchinesisch setzt. Die Finanzfirmen tun sich noch immer schwer damit, den Fachjargon wirklich loszuwerden. Die Bank of America verwendet ein sogenanntes Clarity Commitment, »eine einfache, einseitige Kreditzusammenfassung in Alltagssprache, damit man versteht, was man bekommt«. Gemeinsam mit einer italienischen Versicherung brachten wir Transparenz in deren allgemeine Geschäftsbedingungen, indem wir die wichtigsten und relevantesten Punkte auf den ersten beiden Seiten in sehr einfacher Sprache zusammenfassten und die Details im folgenden »offiziellen Teil« abdruckten.

In Blogs werden Sie sehen, dass Verbraucher oftmals besser darin sind, einander Finanzprodukte zu erklären, als die Banken und Versicherungen, die diese Produkte anbieten. Dies liegt auch daran, dass sich die Verbraucher auf die Aspekte konzentrieren, die für sie relevant sind. Verbessern Sie also das Verständnis, indem Sie dem Fachchinesisch entgegenwirken und Geschichten aus Kontexten erzählen, die mit dem alltäglichen Leben und den Bedürfnissen der Verbraucher zu tun haben (einige Beispiele finden Sie in Kapitel 6).

Sollten Transparenz und Einfachheit in der Kommunikation explizit dargestellt werden?
In Zusammenarbeit mit der Universität Twente recherchierte VODW diese Frage für
die Finanzbranche. Im Rahmen der Studie wurden vier verschiedene Anzeigen erstellt,
die inhaltlich von einfach bis kompliziert reichten. Einige der Anzeigen erwähnten die
Einfachheit des Produkts explizit, andere nicht. Wir untersuchten den Einfluss dieser
Anzeigen auf das Vertrauen in den guten Willen, die Kompetenz und Integrität des
Anbieters.

Die wichtigste Schlussfolgerung war, dass sich ein einfacher Anzeigentext besser auf
die »guten Intentionen«, aber weniger gut auf die »Kompetenz« auswirkt. Einen Anzeigentext nur zu vereinfachen, reicht nicht: Vergessen Sie nicht, explizit darauf hinzuweisen, dass das Produkt einfacher ist.

Bei Pinnacle Life in Neuseeland werden die Antragsfragen in leicht verständlicher Alltagssprache gestellt. Dort sagt man: »Eine Lebensversicherung zu kaufen, sollte keine
komplizierte Angelegenheit sein.« Der Formularaufbau ist »idiotensicher« und visuell
klar gestaltet. Dies ermöglicht es unabhängigen Kunden, das Formular selbst auszufüllen und dies zu einer angenehmeren Erfahrung zu machen. Ein wichtiger Vorteil für
Pinnacle Life ist, dass weniger Kunden den Einstufungsprozess abbrechen. Die Einsparungen, die aus der einfacheren Gestaltung des Prozesses herrühren, werden den Kunden in Form von Kostenersparnissen zurückgegeben.

Mehrere japanische Finanzfirmen verwenden Visualisierungen, um ihre Botschaft so
einfach wie möglich zu kommunizieren. Der Versicherer Mitsui Sumitomo Kirameki
Life verwendet zum Beispiel sehr einfache Cartoons, um seine Produkte sowie die Notwendigkeit, sich zu versichern, darzustellen.

10. Die Kanäle müssen die Zugänglichkeit steigern, aber auch das Leben der Verbraucher vereinfachen

Die Verbraucher wollen bequeme Kanäle, aber nicht unbedingt viele Kanäle. Die
Hinzufügung von Online- und Mobilfunkkanälen steigert mit Sicherheit die Zugänglichkeit und vereinfacht das Leben. Der Mobilfunkkanal hebt derzeit ab, weil heute
Smartphones mit großen Displays und einfache, verbraucherfreundliche Schnitt-
stellen verfügbar sind. In einer Reihe von Ländern in Mittel- und Osteuropa, Lateinamerika und Teilen Asiens ist erkennbar, dass die Online-Durchdringung nur in
bestimmten Verbrauchersegmenten hoch ist. In Ländern wie Großbritannien,
Schweden, Dänemark und den Niederlanden wird das Internet schon beinahe als tra-
ditioneller Kanal betrachtet. An den Märkten, die hinterherhinken, gibt es einige traditionelle Vorstände, die sich hinter der »begrenzten Akzeptanz des Online-Banking«
verschanzen, während sie besser daran täten, es für die Verbraucher zu erleichtern

und lohnend zu machen, online Bank- und Versicherungsgeschäfte zu tätigen. Doch dies hat natürlich auch mit der Größe der notwendigen Investitionen zu tun und mit den Partikularinteressen in bestimmten Niederlassungen.

Einer von uns eröffnete kürzlich ein Online-Bankkonto bei einer der größten italienischen Banken. Erforderlich waren die Lektüre und das Ausfüllen von 46 Seiten an Fragen und Ausschlussklauseln, außerdem sechs Unterschriften. Dies fördert die Verbreitung des Online-Banking natürlich nicht.

Einfachheit ist der ultimative Test, mit dem man entscheiden kann, welche neuen Technologien und Anwendungen man sich zunutze macht. Berührungsfreie Bezahlsysteme werden sich beispielsweise nur durchsetzen, wenn sie die Einkaufserfahrung erleichtern. Größere Bequemlichkeit, Zugänglichkeit und andere Faktoren der Einfachheit, natürlich bei gleichem Mehrwert, sollten anderen Kriterien wie »Hightech« und »neuester Stand der Technik« übergeordnet sein.

11. In der Zukunft geht es um die Einfachheit von Erfahrungen

Wie gesagt: Bei einfacheren, standardisierteren Produkten haben die Ideen das Sagen. Mit einfacheren Kanälen und einer abnehmenden Notwendigkeit für Kanäle des direkten Kontakts gilt dies umso mehr.

Eine der wichtigsten Erkenntnisse des ersten Kapitels war, dass eine exzellente Kundenerfahrung enorm wichtig ist. An dieser Stelle sollte die Suche nach bedeutungsvoller Alleinstellung beginnen: eine Kundenerfahrung zu erreichen, die die Beziehung verbessert.

Stellen Sie sicher, dass alle Kanäle nicht nur Einfachheit verinnerlichen, sondern auch zur Kundenerfahrung beitragen. Die ING Direct Cafés sowie die italienischen Zweigstellen von CheBanca! sind perfekte Beispiele. Beide Bankenkonzepte leben die Einfachheit und sorgen in ihrer Offline-Präsenz doch für eine positive Erfahrung.

Die Umpqua Bank verwendet eine schicke, moderne Raumgestaltung, um die persönliche Beziehung wiederherzustellen. »Wenn Sie effektiv sein wollen, müssen Sie ein Wertversprechen aufbauen, durch das Sie im Wettbewerb mehr bieten können als einfach nur Zinssätze. In diesen Zeiten merken die Banken, dass sie, wenn sie nur mit Zinsen im Wettbewerb antreten können, tot sind«, so der CEO von Umpqua, Ray Davis.

Der Aufstieg des Online-Banking hat die Wechselkosten so sehr schrumpfen lassen, dass der Kundenservice heute zu einem primären kompetitiven Alleinstellungsmerkmal unter den Banken geworden ist – und die Strategie von Umpqua ist darauf ausgerichtet, daraus Kapital zu schlagen.

Jenseits von diesen Beispielen stellt jeder Kanal, auch der Online- und der Mobilfunkkanal, seine eigene Herausforderung dar, kann aber auch eine Rolle dabei spielen, die Kunden positiv zu überraschen und die Gesamt-Kundenerfahrung zu verbessern.

Bitte beachten Sie: Wir sind nicht dafür, die Zweigstellen in kleine Disney Worlds zu verwandeln. Die Filialen sollten störungsfrei sein und die Belastung, die man mit Geldangelegenheiten assoziiert, minimieren. Doch daneben sollte der Besuch einer Bankfiliale in dem Sinne ein Genuss sein, dass er die Finanzgeschäfte erleichtert.

Beispiele für einen kostengünstigen Einsatz für die Kunden

- Rufen Sie Ihre Kunden an und fragen Sie sie einfach, wie es ihnen geht. Wir haben die Erfahrung gemacht, dass derartige unerwartete Anrufe – ohne Verkaufsabsicht – sehr geschätzt werden und dass die Kunden, die solche Anrufe erhalten, künftig wahrscheinlich mehr Geschäfte mit Ihnen machen werden.
- Zahlen Sie Ansprüche loyaler Kunden sofort aus. Machen Sie damit keine Werbung, lassen Sie es einfach Ihre wertvollsten Kunden spüren. Es zeigt, dass Sie eine langfristige, auf Vertrauen basierende Beziehung wertschätzen.
- Schicken Sie neuen Autoversicherungskunden die internationale Autoversicherungskarte per E-Mail, damit sie sofort nachweisen können, dass sie versichert sind, anstatt auf die per Post verschickte Bestätigung warten zu müssen.

›One‹: Die Menschen erwarten etwas ganz Einfaches von ihrem Finanzdienstleister

Die ›One‹-Kampagne zeigt echte Kunden in aus dem Leben gegriffenen Geschichten und authentischen Situationen. Der zentrale Fokus der Kampagne liegt auf dem Austausch und appelliert an den aussagekräftigen Wissensschatz und die Erfahrung der Kunden.
Wir baten Christian Deuringer, Leiter Global Brand Management Allianz SE, uns von der Vision hinter der Kampagne zu erzählen.

Wir wissen, dass aus dem Leben gegriffene Geschichten besser im Gedächtnis bleiben. Außerdem kommt es auch dem Wunsch nach Authenitizität nach. Was sind die wichtigsten Kundenerkenntnisse, die hinter der Kampagne stehen? Was ist das Versprechen?
Die ›One‹-Kampagne geht auf die fundamental neu entdeckten wie ebenso elementaren Erkenntnisse zurück, die wir während der Finanzkrise im Rahmen einer weltweiten Kundenstudie gewinnen konnten. Die Menschen erwarten etwas ganz Einfaches von ihrem Finanzdienstleister: Sie suchen Unterstützung, um im Leben voranzukommen. Der Ansatz, Wissen und Erfahrung zu teilen, wurde gewählt, um die weitverbreitete »wall of cynism« zu überwinden, die den Widerstand vieler Menschen beschreibt, Botschaften von Finanzdienstleistungsunternehmen Glauben zu schenken.

Unserer Ansicht nach kommuniziert die Kampagne eher eine Einstellung sowohl von Kunden als auch von Finanzdienstleistern als eine Werbebotschaft. Können Sie dazu Stellung beziehen?
Die Allianz beansprucht die Rolle eines vertrauenswürdigen Partners, der die Menschen in jeder Phase ihres Lebens begleitet, ihnen hilft, Tiefs zu meistern, sie aber auch genauso unterstützt, voranzukommen und Ziele zu erreichen. Diese geschärfte Positionierung der Allianz bedeutet auch, dass wir uns nicht auf reine Produktkampagnen beschränken möchten. Es geht vielmehr darum, eine relevante Haltung glaubhaft zu demonstrieren, statt ausschließlich Produkte zu bewerben, die die Leute vielleicht nicht interessieren oder die sie nicht verstehen. Es ist jedoch wichtig, dass wir nicht bei beim Versprechen aufhören. Kommunikation sollte weitergehendes Bewusstsein und den Dialog mit bestehenden und potenziellen Kunden stimulieren, entweder online oder mit einem unserer zahlreichen Berater weltweit. Kunden lernen aus Erfahrungen, insbesondere in Krisenzeiten, ob die Marke hält, was sie verspricht. Daher ist unsere Rolle als vertrauenswürdiger Partner Kernbestandteil unserer Marke und ein Orientierungspunkt für unsere mehr als 142 000 Mitarbeiter und mehrere 100 000 Vertriebspartner, denn Marke beginnt von »Innen«.

Die Kunden in der Kampagne tauschen alle möglichen Tipps aus (uns hat wirklich gefallen, wie Sie das Formel-1-Sponsoring in die Kampagne eingebunden haben – mein ›One‹-Rat zu Sicherheitsgurt, Fitness). Wir meinen auch, dass die Kampagne perfekt die wachsende Bedeutung der Weisheit der Vielen vorwegnimmt: Verbraucher glauben eher anderen Verbrauchern als Anbietern von Gütern oder Dienstleistern.

Die Social Media in den Mix zu integrieren passt wunderbar zum Gesamtkonzept – über Dialog, Engagement und Teilnahme und durch Einbeziehung von nutzergenerierten Inhalten. Können Sie uns einige konkrete Ergebnisse, sowohl quantitative als auch qualitative, verraten – einige großartige, unverhoffte Ideen von Kunden, an die niemand je gedacht hätte?

Die Kampagne hat positiv und erheblich zur Verbesserung von Reputation und Weiterempfehlungsbereitschaft der Allianz-Marke beigetragen. Das bestätigt unsere Annahme und die Herangehensweise, dass breite Bekanntheit nicht ausreicht, um nachhaltig unsere Marke und anschließend unser Geschäft aufzubauen. Die Kommunikation von relevanten, nutzenstiftenden Botschaften und Informationen in authentisch-menschlichem Stil scheint der richtige Ansatz zu sein, welcher zusätzlich zu einem erhöhten Aktivierungsgrad beigetragen hat. Wir sind froh darüber, dass unsere frühen Anstrengungen, Kunden digital besser einzubinden, funktionieren. Das große Interesse an unserem Allianz WeatherSafe, einer Wetter-App, die nicht nur Wettervorhersagen liefert, sondern auch Unwetterwarnungen für zuvor definierte Orte liefert sowie Ratschläge und Informationen für den Umgang mit schwierigen Wetterbedingungen bietet, hat sich in einer Steigerung der Nutzerratings niedergeschlagen. Unsere ersten Erfahrungen ermutigen uns, den eingeschlagenen Weg der Digitalisierung konsequent weiterzugehen.

Das Geschäftsmodell der Allianz – das sich auch im Namen ausdrückt – gründet auf einen sozial- oder gemeinschaftsbasierten Ansatz. Wie wichtig waren diese Wurzeln bei der Kommunikationsstrategie und dieser Kampagne? Und wie spiegeln sie sich wider in anderen Bereichen des Wertversprechens, den Produkten, Dienstleistungen, der Customer Journey …

»Wir stützen unsere neue Kommunikationsstrategie auf solide Marktforschung, wie Kunden zu Finanzdienstleistungen stehen und welches Verständnis sie von ihnen haben. Wenig überraschend ist, dass Vertrauen das A und O in unserer Branche ist, teils weil die Menschen von unseren Dienstleistungen abhängig sind, um im Leben voranzukommen, und teils, weil in unserem Geschäft eine gewisse zeitliche Verzögerung zwischen dem Augenblick der Unterschrift und der Leistung eintritt – bei einer Lebens- oder Rentenversicherung kann die verstrichene Zeit über 30 Jahre betragen.

Ob man das Vertrauen der Kunden gewinnt, hängt von verschiedenen Faktoren ab. Unternehmensgröße und ein erfolgreiches Geschäftsmodell sind nützlich, da sie insbesondere in Krisenzeiten für Stabilität sorgen – das reicht aber nicht aus. Was wichtiger ist, ist unser Erfahrungsschatz, der bewirkt, dass unsere Lösungen solide und sorgsam auf die Kundensituation abgestimmt sind. Dank unserer mehr als 120-jährigen Erfahrung mit über 78 Millionen Kunden weltweit verfügt die Allianz über breites Wissen sowohl bei den Herausforderungen des Geschäfts als auch denen des Lebens.

Aber am wichtigsten von allem, ist die Qualität unserer Kundenbeziehungen. Die Allianz hat sich stets ihren Kunden verpflichtet gefühlt. Langfristige Beziehungen beruhen auf Offenheit und gegenseitigem Nutzen. Unsere Kommunikationsstrategie reflektiert das, indem sie den enormen Wissensschatz und die Expertise Mitarbeitern und Kunden gegenüber öffnet und sie auffordert, »das Wissen einer Gemeinschaft« zu teilen.

Natürlich erfordern langfristige und nachhaltige Beziehungen mehr als nur Kommunikation. Daher haben wir das Assistance-Geschäft näher an die Gruppe geführt, wo es unsere Kunden noch besser bei den tagtäglichen Erfahrungen unterstützen kann. Wir arbeiten auch intensiv daran, digitale Technologien stärker in unsere Prozesse und Dienstleistungen zu integrieren, um unsere Kunden, wann immer und wo immer sie uns brauchen, zu unterstützen.

Ebenfalls im Interview erwähnt – das allumfassende Ziel ist, »die stärkste Finanzgemeinschaft zu errichten«. Können Sie noch genauer darauf eingehen? Was beinhaltet diese Finanzgemeinschaft? Was wäre ihr Zweck?

Der Gemeinschaftsgedanke ist in unserem Geschäft ganz wichtig. Das ist auch mathematisch sinnvoll: Gemeinschaften können größere Risiken tragen und ihnen stehen mehr Möglichkeiten offen als einem Einzelnen. Aber da ist auch die moralische Dimension: Gemeinschaften kümmern sich um ihre Mitglieder und erwarten von ihnen, dass sie sorgfältig und verantwortungsvoll agieren. Das minimiert das subjektive Risiko (nämlich, dass die Leute mehr Risiken eingehen, weil sie versichert sind) und bietet somit der Preiseskalation Einhalt. Außerdem ermutigt es unsere Mitarbeiter zu einer erweiterten Sicht auf unsere Kunden über die Police hinaus.

Für uns handelt es sich dabei nicht bloß um die neueste Initiative aus dem Bereich Corporate Social Responsiblity – es gehört zu unseren Wurzeln, unserem Namen und unserer Kultur. Und deshalb entwickeln wir die Allianz zur stärksten Finanzgemeinschaft.

Wenngleich »One« eine weltweite Kampagne ist, so unterscheidet sich die Umsetzung in den verschiedenen Ländern. Das beweist, wie Größenvorteile durch Steigerung lokaler Bedeutung genutzt werden können. »Die Kampagne ist eine globale Idee, die lokal unter Einsatz lokaler Kompetenzen, der lokalen Bevölkerung und lokaler Sprache umgesetzt wird.« Können Sie konkrete Bespiele dieser lokalen Anpassung geben, die die kulturellen Unterschiede berücksichtigt, insbesondere auf Umsetzungsebene?

Unser Geschäftsmodell unterscheidet sich in den verschiedenen Ländern erheblich, anders als bei anderen Geschäftsmodellen wie z.B. der Kfz-Industrie oder Marken wie Coca-Cola. Die Umsetzung eines weltweit einheitlichen Kommunikations- und Markenansatzes kann daher eine echte Herausforderung sein. Mit »One« haben wir das Rezept für ein ausgewogenes Verhältnis zwischen globaler und lokaler Umsetzung gefunden. So kann insbesondere jedes Land oder jede Geschäftssparte das Konzept auf die jeweiligen Bedürfnisse, geschäftlichen Anforderungen oder kulturellen Gegebenheiten zuschneiden.

Aufgrund des »real people, real situation«-Ansatzes können die verschiedenen Allianz-Einheiten die richtigen Charaktere entsprechend der kulturellen Diversität einbeziehen – jedes Land wählt die Herangehensweise und Charaktere, die vor Ort am geeignetesten sind. Zum Beispiel stand die Allianz Suisse mit ihrer Kampagne, die im Mai 2011 zeitgleich mit drei neuen Produkten gestartet wurde, vor einem logistischen Problem. Wie sollte »One« auf die verschiedenen Schweizer Regionen angepasst werden? Am Ende wurden u.a. sieben TV-Spots auf Schweizerdeutsch und sieben auf Französisch mit entsprechenden Protagonisten produziert.

In Brasilien begann der Roll-out von »One« mit einem internen Film, der Mitarbeiter, Makler, Vertreter, Kunden und Leute auf der Straße in den Mittelpunkt stellt und die Kampagne erklären lässt. Dieses Video ist ein großartiges Beispiel für die Berücksichtigung der lokalen Gegebenheiten bei gleichzeitiger Beibehaltung und Umsetzung einer globalen Idee. Der Film bekam intern eine Menge Zuspruch. In einer zweiten Phase wurden die externen Social-Media-Plattformen miteinbezogen. Hier hat es uns im positivsten Sinne überrascht, welches Interesse glaubhafte und relevante Inhalte auch aus der Versicherungsbranche generieren können.

Wenn man sich die unterschiedlichen TV-Spots anschaut, erkennt man genau, wie die kulturellen Aspekte zum Leben erweckt wurden.

Zu guter Letzt – Wie reagieren Ihre Kunden auf die Kampagne?

Bisher war das Feedback sehr positiv, sowohl intern als auch extern. »One« funktioniert gut über alle Zielgruppen, Regionen und Geschäftssparten hinweg. Unsere Kunden sagen uns, dass sie die Kampagne mögen, weil sie sie hilfreich, wertvoll, authentisch und realistisch finden. Die Zielgruppe wird stark aktiviert und möchte mehr über die Allianz erfahren. Wie erwünscht zeigt »One«, wie die Allianz, als ein vertrauenswürdiger Partner, Menschen in verschiedenen Lebenssituationen geholfen hat.

Yes, you can

Hans-Peter Schwintowski, Professor für Bürgerliches Recht, Handels-, Wirtschafts- und Europarecht an der Humboldt-Universität zu Berlin.

Die Anbieter von Finanzdienstleistungen und Versicherungen sind – ebenso wie sämtliche Vermittler dieser Produkte – der Auffassung, dass diese Produkte **beratungsintensiv** sind. Eine der Standardformeln lautet: Versicherungs- und Bankprodukte werden nicht gekauft, sondern verkauft. Nach meiner festen Überzeugung stimmt dies nicht. Den Kunden wird allerdings eingeredet, dass sie unmündig und unfähig sind, dass ihnen das Wissen über Versicherungs- und Finanzprodukte fehlt, dass sie mit anderen Worten ohne Beratung und ohne Vermittlung der Produkte alles falsch machen. Die Folge dieses die Köpfe dominierenden Weltbildes ist, dass die Kunden vor Versicherungs- und Bankprodukten Angst haben, sie befinden sich in einem Dilemma. Auf der einen Seite vertrauen sie den Anbietern und Vermittlern von Finanz- und Versicherungsprodukten nicht – auf der anderen Seite wissen sie aber auch nicht, wie sie ohne diese Produkte, die Berater und Vermittler zurechtkommen. Das fehlende Vertrauen der Kunden in ihre eigenen Fähigkeiten und Kenntnisse führt zu permanenten Fehlentscheidungen und kostet viel Geld. Die Kunden glauben tatsächlich, sie würden von Versicherungs- und Finanzprodukten nichts verstehen, d.h. sie versuchen nicht einmal, die Produkte und ihre Wirkungen zu begreifen. Als Folge hiervon bleiben die Produkte komplex und intransparent. Die Vermittler verdienen in der Regel nur dann, wenn sie ein Produkt vermitteln, d.h. sie haben nicht immer Interesse daran, dem Kunden Selbstvertrauen zu geben und sich damit überflüssig zu machen. Folglich werden tagtäglich Tausende von Versicherungs- und Finanzprodukten vermittelt, die mit den Wünschen und Bedürfnissen des Kunden nicht (hinreichend) übereinstimmen. Die exorbitanten Stornoquoten etwa in der Lebensversicherung (ca. 50 Prozent aller Kunden stornieren ihre Verträge in den ersten fünf Jahren) belegen dies nachdrücklich. Allein im Bereich der Lebensversicherung werden – so Branchenschätzungen – Jahr für Jahr ca. 12 Mrd. Euro an Vermittlungskosten versenkt, weil die Verträge storniert werden.

Was ist zu tun?

Die Antwort ist simpel: Die Kunden müssen sich **selbst helfen** – jemand anderes wird es für sie nicht tun. Die Botschaft ist einfach. Sie lautet: »Yes, you can.«

Sie glauben das nicht? – Wieso eigentlich? Schauen Sie sich doch einmal das Verhalten der Kunden in der Kfz-Haftpflichtversicherung an. Zur Überraschung Vieler prüfen die Kunden Jahr für Jahr, ob es nicht günstiger ist, zu einem anderen Kfz-Haftpflichtversicherer zu wechseln. Die Kunden tun das, indem sie die Prämien der Versicherer im Internet vergleichen. Gegen Ende November eines jeden Jahres findet dann ein großes **Haftpflicht-Hopping** statt. Der Grund für dieses Hopping ist einfach: Die Kfz-Haftpflichtprodukte gleichen sich fast wie ein Ei dem anderen, sodass ein bloßer Preisvergleich ausreicht, um über den Wechsel zu entscheiden. Dieser Preisvergleich findet im Internet statt – ebenso wie der Wechsel von einem KH-Versicherer zum anderen. Wieso soll das, was in der KH-Versicherung funktioniert, bei anderen Versicherungen und Finanzdienstleistungen nicht funktionieren? Die Frage stellen, heißt sie auch schon zu beantworten: Es gibt keinen Grund, auch bei jedem anderen Versicherungs- und Finanzprodukt kann der Kunde allein entscheiden. Er muss es nur wollen. Es geht also darum, den Schalter im Kopf umzulegen. **Aus Nicht-Vertrauen muss Selbst-Vertrauen, aus Unwissenheit Entscheidungsfähigkeit werden.** Was kann man tun, um den Kunden bei diesem »Umschalten in seinem Kopf« zu unterstützen? Wir sollten drei Grundschritte diskutieren:

1. Ganz am Anfang steht: Ändere deinen Kopf – du bist kein Analphabet, aber der Markt wünscht, dass du es bist!: **Yes, you can**.

2. Die Produkte müssen einfach und völlig transparent sein, so dass man ihre Kosten über das Internet vergleichen kann. Produkte, die nicht einfach und nicht transparent sind, werden erst gar nicht in die engere Auswahl einbezogen, sondern mit einem roten Punkt versehen und deshalb abgelehnt. Erst dann, wenn Produkte simpel und völlig transparent sind (grüner Punkt) kommen sie in die engere Auswahl. Jetzt entscheidet der Preis darüber, welches Produkt sich durchsetzt.

3. Woher weiß der Kunde, was für ihn gut und wichtig ist? Woher nimmt er sein Selbstvertrauen? Auch hier ist die Antwort einfach: Der Kunde schaltet sein Handy ein und simuliert in einem Computerspiel, welche Folgen es für ihn hat, wenn er auf eine bestimmte Versicherung verzichtet oder sie nimmt, und welche Folgen es hat, wenn er in ein ganz bestimmtes Finanzprodukt investiert. Zuvor hat er in seinem Handy seine eigenen Grundda-

ten (Alter/Familienstand/Einkommen/Verbindlichkeiten) eingegeben. Nun fügt er das Produkt, das er noch nicht hatte, hinzu und erfährt, ob sich seine Risiko- und Finanzlage verschlechtert oder verbessert. Das Gleiche macht er mit Finanzprodukten. Es ist klar, dass es sich bei dem Computerspiel nicht um die Wirklichkeit, sondern um eine Simulation handelt. Aber: Die Simulation kommt der Wirklichkeit nahe und gibt dem Kunden die Sicherheit, eine stimmige, selbstbestimmte Entscheidung zu treffen. Bei bestimmten Entscheidungen wird es einen grünen Punkt geben, der signalisiert, dass die Entscheidung besonders gut ist. Bei anderen Überlegungen wird es einen roten Punkt geben, der signalisiert, dass man auf dem völlig falschen Wege ist. Schließlich wird es einen gelben Punkt geben, in den Fällen, in denen der Computer nicht ganz sicher ist. Für diesen Fall wird er dem Kunden einen Hinweis (Telefonnummer/E-Mailadresse) geben, wie er sich sinnvollerweise mehr Information verschaffen kann.

Es ist einfach, die Welt zu verändern, wenn man weiß, was man will: Yes, you can.

Die Vereinfachung des Geschäftsmodells der Banken

Die Triodos-Bank hat Zweigstellen in fünf europäischen Ländern und ist während der vergangenen 20 Jahre jedes Jahr – sogar während der Finanzkrise – um 25 Prozent gewachsen. Auf dem Höhepunkt der Finanzkrise konnte die Triodos-Bank die Einzahlungen ihrer Kunden in nur zwei Monaten um 15 Prozent steigern. Der Kern ihres Geschäftsmodells ist die Finanzierung nachhaltig wirtschaftender Unternehmen. 2009 gewann die Bank den renommierten, von der Financial Times ausgelobten Preis »Bank of the Year«. Peter Blom, CEO und Chairman des Executive Board der Triodos-Bank, sprach mit uns über seine Vision der Bankenlandschaft der Zukunft.

Verglichen mit anderen Banken hat Triodos relativ wenig von den negativen Konsequenzen der Kreditkrise gespürt – woran liegt das?
Eine der Ursachen für die Krise ist die Tatsache, dass der Bankensektor selbst nicht über nachhaltige Strukturen verfügt, weil es zu einer Verwischung bei den Funktionen der Banken gekommen ist. Geld wurde dazu verwendet, in alle möglichen Derivate zu investieren, wodurch sich eine virtuelle im Gegensatz zur realen Wirtschaft bildete. Die Banken wurden zu Unternehmen, deren Produkt das Geld war. Die Tatsache, dass wir relativ wenig unter der Krise gelitten haben, hat nichts mit Glück zu tun, sondern ist das Ergebnis einer bewusst gewählten Strategie. Die Triodos-Bank beschränkt sich auf die »ursprüngliche« gesellschaftliche Funktion einer Bank: Geld wird von Sparern eingesammelt und an Kreditnehmer weitergegeben, die es für nützliche und in unseren Augen auch sinnvolle Ziele einsetzen. Dieses unkomplizierte Geschäftsmodell beschert uns einen respektablen Gewinn, eine starke Kapitalbasis und eine stabile Refinanzierungsgrundlage. Deswegen sind wir eine gesunde Bank mit einer gesunden Jahresbilanz.

Diese Ausrichtung auf die Grundlagen des Bankgeschäfts ist ganz sicher ein wichtiger Erfolgsfaktor für Ihre Bank. Wie sieht Ihre Vision bezüglich der Funktion der Banken aus?
Die Funktionen anderer Banken sollten wieder klar unterscheidbar werden. Ich glaube, wir müssen uns den gesamten Bankensektor als in drei verschiedene Funktionen unterteilt vorstellen: Erstens gibt es die klassische Brückenfunktion zwischen gespartem Geld und Krediten, womit Unternehmen in der Realwirtschaft finanziert werden. Das ist, was wir tun, und wir erwarten, dass viele andere Banken sich ebenfalls in Zukunft darauf konzentrieren werden.

Zweitens, eine weitere grundlegende Funktion: Die Ermöglichung des Zahlungsverkehrs. Banken ermöglichen den Menschen, einander Geld zu schicken, und sie gewährleisten ihnen Zugang zu ihrem Geld, was der Bereitstellung öffentlicher Infrastruktur wie der Versorgung mit Wasser und Elektrizität gleichkommt. Diese Funktion sollte am besten den großen Banken überlassen werden, die staatlichen Schutz genießen.

Drittens muss das riskantere Investment-Banking vollständig von den grundlegenden Funktionen des Bankenwesens getrennt werden, um inakzeptable Risiken auszuschließen und die Summen für die Ausfallversicherungen erschwinglich zu halten. Das Investment-Banking hat seine Berechtigung für riskante Geschäfte und Transaktionen auf den Geld- und Finanzmärkten. Es wird dabei mit Geld neues Geld verdient. Es geht nicht um einen Mehrwert oder um einen Beitrag zur Realwirtschaft. Viele Banken haben genau an diesem Punkt versagt, indem sie in riskante und komplex aufgestellte Finanzprodukte investiert haben.

Wir glauben, dass Einfachheit einen der wichtigsten Verbrauchertrends darstellt. Wie können die Verbraucher von einer Vereinfachung der Geschäftsmodelle der Banken profitieren?

Die Konzentration auf das grundlegende Geschäft einer Bank und ein einfaches und klares Geschäftsmodell sind die Basis für nachhaltiges Wirtschaften. Die Konzentration auf das Kerngeschäft schafft Klarheit, und der Kunde weiß, mit wem er es zu tun hat. Dadurch lässt sich vermeiden, dass die Sparer zu Opfern einer Bank werden, die viel Geld mit riskanten Investitionen verloren hat. Natürlich wird der Bankberuf dadurch etwas weniger aufregend, aber damit lässt sich das Vertrauen der Menschen in die Finanzinstitutionen wiederherstellen, was allemal wichtiger ist. Geld ist ein guter Diener, aber ein schlechter Herr. Die Banker müssen wieder von den Wünschen ihrer Kunden und dem Wunsch nach dauerhaften Geschäftsbeziehungen geleitet werden, und nicht von ihren Boni.

Wir profitieren gemeinsam

InShared hat zum Januar 2009 seine Tätigkeit aufgenommen. Die Versicherungsgesellschaft ist die Internetinitiative von Achmea, einem großen niederländischen Finanzdienstleister. Die Geschwindigkeit, mit der InShared Marktanteile erobert hat, beweist, dass man einen neuralgischen Punkt bei den Kunden gefunden hat. Herbert Samsom und Felix Tenniglo, die beiden Gründer der Gesellschaft, sprechen über das Geheimnis ihres Erfolgs.

Was ist der Kerngedanke Ihres Konzepts?

Wir haben schon 2007 mit einem groß angelegten Programm zur Verbraucherforschung angefangen. Das Ergebnis lief daraus hinaus, dass es schon damals einen starken Vertrauensverlust gegenüber den Versicherungsgesellschaften gab. Aus Sicht der Verbraucher stifteten die Versicherungsgesellschaften mit ihren Produkten Verwirrung. Im Vergleich zum Beispiel mit dem Komfort des Online-Banking war der Abschluss einer Versicherung keineswegs komfortabel. Die Verbraucher waren der Meinung, dass alle Kommunikationsprozesse zwischen Kunden und Versicherer einen bürokratischen Charakter hätten, egal, ob es sich um den Abschluss, um die Änderung oder um die Beendigung einer Police handelte. Die Verbraucher möchten zum Beispiel ihre Versicherung jederzeit beenden, monatliche Beiträge im Lastschriftverfahren abwickeln, Policen über das Internet einsehen und den Kundendienst zu einem für sie passenden Zeitpunkt kontaktieren können. Stellen Sie sich vor, es gäbe eine internationale Kfz-Versicherung, die in Form einer E-Mail ausgegeben wird und bei der Sie sofort nach Abschluss Ihres Vertrags eine SMS mit Kontaktdaten für den Schadensfall erhalten.

Was ist der Kern Ihres Wertversprechens?

In allen Gesichtspunkten gehen wir zu den Wurzeln des Versicherungsgeschäfts zurück. Unser Slogan »Wir profitieren gemeinsam« sagt schon

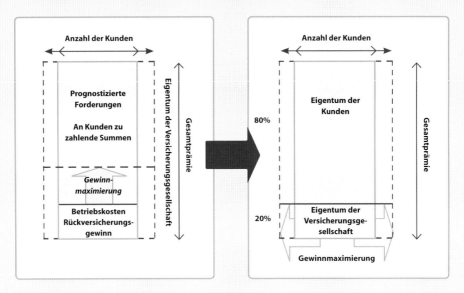

Geschäftsmodell InShared.

alles. InShared ist die erste Versicherungsgesellschaft, die dem Kunden einen Anteil am Unternehmensgewinn garantiert. Geld, das für Forderungen vorgesehen, aber nicht verwendet wurde, wird dem Kunden gutgeschrieben. Der Gewinn wird an diejenigen Kunden ausgezahlt, die keine Forderungen gestellt haben, weil deren Verhalten für uns alle zusammen von Vorteil ist.

Das erfordert aber ein hohes Maß an Transparenz ...

Stimmt genau. Auf unserer Website können Sie nachlesen, welche Versicherungssummen InShared erhalten hat und wie viel wir davon pro Quartal haben auszahlen müssen. 80 Prozent unseres Versicherungskapitals ist für Auszahlungen vorgesehen. Alles, was von diesen 80 Prozent nicht ausgezahlt wird, geht an Kunden, die keine Forderungen gestellt haben. Die restlichen 20 Prozent sind für Betriebsausgaben, als Absicherung gegen mögliche Verluste und für die Gewinnausschüttung an die Aktionäre vorgesehen.

Sie scheinen die Karten des Versicherungsgeschäfts neu mischen zu wollen ...

Man kann unter zwei Gesichtspunkten sagen, dass wir auf ein neues Geschäftsmodell bauen. Erstens haben wir festgestellt, dass im Allgemeinen die Interessen von Kunden nicht zur Gänze mit den Interessen einer Versicherungsgesellschaft zusammenfallen: Die Minimierung der Auszahlungen gegenüber den Beiträgen ist eine Gewinnquelle für die Versicherer. Wir haben ein Geschäftsmodell entwickelt, das beide Prinzipien in Harmonie vereinigt. InShared macht keinen zusätzlichen Gewinn, wenn geringere Forderungssummen ausgezahlt werden. Wenn weniger Forderungen ausgezahlt werden, dann profitiert davon einzig und allein der Kunde. Für uns als Unternehmen besteht der einzige Weg zur Erhöhung der Ausschüttung an die Aktionäre darin, die Zahl unserer Kunden zu erhöhen.

Zweitens streben wir danach, unseren Kunden die Kontrolle über sämtliche Kommunikationsprozesse zu geben. Alles, vom Front-, Mid- bis zum Backoffice, ist online verfügbar. Unsere Website ermöglicht Zugang zu den Policen des Kunden, dem Kundenkonto, den Formularen und so weiter. Wir lagern die meisten unserer operationellen Prozesse an spezialisierte Partner aus. Unsere Kunden sollen einen reibungslosen Service nach höchstem Standard erhalten, dessen Erbringung weitestgehend ohne unser Zutun vonstatten gehen soll. Perfekte Integration in die Organisation unseres Netzwerks ist daher von allerhöchster Wichtigkeit. Dadurch können wir natürlich besonders kosteneffizient arbeiten und attraktive Versicherungsprämien auszahlen, was wiederum unseren Kunden zugute kommt.

Das Konzept »Einfachheit« muss in Fleisch und Blut übergehen

Royal Philips Electronics gehört zu den Unternehmen, die sich von »Einfachheit« leiten lassen und gut damit fahren. Philips hat es sich zur Aufgabe gemacht, unser Leben durch die Verschmelzung von Technik und Design einfacher zu machen. Das Ergebnis sind Produkte, bei denen der Mensch im Mittelpunkt steht, die auf grundlegendem Wissen über Kundenwünsche basieren und die das Markenversprechen Einfachheit und Funktionalität erfüllen. Egbert van Acht, Chief Executive Officer bei Philips Health & Wellness, legt das Konzept der Einfachheit dar.

Wie stellen Sie sicher, dass jeder Mitarbeiter bei Philips das Konzept »Einfachheit« mit Leben erfüllt?

Schlichtheit ist der Kern der Strategie von Philips. Wir betrachten »Einfachheit und Funktionalität« als unsere wichtigste Markenpositionierung überhaupt. Wir wollen Einfachheit sowohl nach innen wie nach außen »besitzen«. Seit unserem Start vor fünf Jahren haben wir unaufhörlich Weiterbildungen durchgeführt, wir haben die Kernpunkte gepredigt und durchgedrückt. Es ist wichtig, die Rückendeckung des Verwaltungsrats zu haben, denn durch ihn werden die Prozesse aufgesetzt, die dann auf den richtigen Weg führen. Man kann von außen kommende Anerkennung dazu benutzen, intern die Mitarbeiter zu motivieren. Einfachheit und Funktionalität sind wichtige Punkte in den Leistungsbeurteilungen unserer Mitarbeiter wir messen beides weltweit als Leitsatz unserer Arbeit, und zwar sowohl quantitativ, indem wir Gewinn, Umsatz und Promotorenüberhang ins Verhältnis setzen, als auch qualitativ, indem wir unsere Mitarbeiter bitten, ihre Manager als Vorbilder von Einfachheit und Funktionalität zu bewerten. Ich vermute, dass es noch einmal fünf Jahre dauern wird, bis wir das perfekte Markenerlebnis von Einfachheit verwirklicht haben werden.

Das perfekte Markenerlebnis von Einfachheit?

Das Konzept von Einfachheit verlangt einen Rundumblick. Um unsere Marke einheitlich zu positionieren, mussten wir alles restrukturieren und repositionieren, von der Entwicklung neuer Produkte und unserer Arbeitsweise bis zu unserer Organisationsstruktur und den Beziehungen zu unseren Kunden. Anstelle von 500 unterschiedlichen Geschäftsfeldern hat Philips jetzt 70; aus 30 Sparten sind drei Sparten gemacht worden. Sogar bei unseren Besprechungen wenden wir das Prinzip der Einfachheit an: Niemand darf mehr als zehn Seiten in seiner Powerpoint-Präsentation verwenden.

Um unsere Prozesse zu vereinfachen, haben wir einen auf unserer eigenen Erfahrung beruhenden Einfachheitstest eingeführt. Wir fragen uns selbst ständig: »Wie passt dieses oder jenes zu unserem Markenversprechen von Einfachheit und Funktionalität?« So haben wir unsere internen Freitagsbesprechungen abgeschafft. Die dadurch frei werdende Zeit nutzen wir freitags, um unsere Kunden und Läden zu besuchen.

Es ist relativ leicht, die Führungsetage und die jungen Enthusiasten zu begeistern. Der schwerste Teil der Arbeit für einen internationalen Konzern ist es, gegen den Skeptizismus oder die Missverständnisse auf der mittleren Führungsebene anzukämpfen. Es ist sehr wichtig, dass die Markenpositionierung tatsächlich von der gesamten Belegschaft internalisiert und akzeptiert wird. Der schwierigste Teil ist dabei, die Herzen der Mitarbeiter zu gewinnen und aus ihnen begeisterte Botschafter von Einfachheit zu machen.

Was ist Ihrer Meinung nach der Schlüssel zu Veränderungen in der Finanzbranche?

Die Finanzbranche sollte ihre Kunden danach fragen, was sie als einfach beziehungsweise als kompliziert empfinden. Dann sollten die sechs oder sieben wichtigsten Elemente des Kundenerlebnisses identifiziert und es sollte mit ihrer Vereinfachung begonnen werden. Außerdem sollten die Finanzinstitute Systeme zur Messung des Promotorenüberhangs einführen, um feststellen zu können, ob die Neuerungen tatsächlich zu zusätzlichen Promotoren führen.

Was sind die Fallstricke des Konzepts der Einfachheit?

Wir bei Philips haben vier Fallstricke identifiziert:

1. Man darf nicht glauben, dass Einfachheit nur eine Herausforderung für die Marketing- und Kommunikationsabteilung ist. Einfachheit muss dem Unternehmen in Fleisch und Blut übergegangen sein, damit das Konzept funktioniert. Das schließt die Zulieferer, Agenturen und sämtliche Organisationsstufen in allen Ländern ein.

2. Man darf nicht erwarten, dass sich Einfachheit innerhalb eines Jahres verwirklichen lässt. Um Einfachheit vollständig zu implementieren, sollte mit 5 bis 10 Jahren gerechnet werden.

3. Nicht jeder Angestellte, der sich als engagierter Anhänger von Einfachheit bezeichnet, ist es auch wirklich. Dieses Engagement muss mehrmals, nicht nur einmalig gemessen werden, und es muss sich in Kennzahlen ausdrücken lassen.

4. Niemand soll glauben, interne Veränderungen würden genügen. Letztendlich geht es darum, die Wahrnehmung der Kunden durch die grundlegende Veränderung der eigenen Produkte und Dienstleistungen zu erreichen – und das erfordert eine umfassende Kehrtwende.

Der »iGeldautomat«: Innovation im Stil von Apple

Innovationen sind der Kern der Strategie der BBVA. Die Bank hat mittlerweile beinahe 50 Millionen Kunden in 32 Ländern, und Innovationen sind eine der Triebfedern für das anhaltende Wachstum. Wir diskutierten die Innovationsstrategie mit Beatriz Lara, Director of Innovation bei der BBVA.

Aus unserer Sicht beruhen Innovationen auf einem tiefgreifenden Verständnis für die Wünsche der Verbraucher. Welche Rolle spielen Innovationen bei der BBVA?

Wir stimmen Ihnen vollkommen zu. Werthaltige Innovationen sind eine wichtige Säule unseres Geschäfts, es geht uns darum, Lösungen zu finden, die den Bedürfnissen und Wünschen der Kunden entsprechen. Der Kunde ist der zentrale Punkt in unserer kundenzentrierten Strategie, denn genau an diesem Punkt wollen wir einen Mehrwert schaffen. Unser Innovationsteam arbeitet ständig an Konzepten, wie unsere Gesellschaft in 15 Jahren aussehen wird. In diesem interdisziplinären Team arbeiten Ingenieure, Wirtschaftswissenschaftler, Soziologen und Psychologen, die mit externen Forschungseinrichtungen wie dem MIT, dem Stanford Research Institute und dem Fraunhofer-Institut kooperieren. In unseren während der letzten Jahre entwickelten Konzepten nimmt die Technik als Hilfsmittel für die Vereinfachung des Lebens eine zentrale Stelle ein. Das liegt auf einer Linie mit dem Kundenversprechen der BBVA:»Wir arbeiten an einer besseren Zukunft für uns alle.«

Wie sieht das praktisch aus?

Wir haben einen Technologieradar entwickelt, mit dem wir über 230 neue Technologien im Blick haben, die wir auf ihr Potenzial hin untersuchen, den Bankensektor zu verändern. Wir unterscheiden drei Bereiche: In der »Observierungszone« befinden sich Technologien, die noch weit von der Marktreife entfernt sind, aber die auf lange Sicht interessant werden könnten. In der »Gruselzone« fassen wir Technologien zusammen, die mittelfristig einen Wettbewerbsvorteil darstellen könnten. Die »Entscheidungszone« besteht aus Technologien, bei denen möglichst schnell entschieden werden sollte, ob sie eingeführt werden sollen. Die Technologien, die wir auf diese Weise beobachten, sind zum Beispiel Neuromarketing, Biometrie, virtuelle Welten und erweiterte Realität.

Um zu einem echten Durchbruch und zu relevanten Innovationen zu gelangen, denken wir die neuen Technologien mit Verbrauchertrends und unserer Vision des zukünftigen Kunden zusammen. Die Ergebnisse ermöglichen es uns, einen Wettbewerbsvorteil zu erreichen.

Können Sie uns ein aktuelles Beispiel einer Initiative geben, die auf Ihren Ergebnissen beruht?

Unserer neuester Geldautomat beruht auf dem Prinzip der Einfachheit, und wir erwarten, dass er den Markt verändern wird. Normalerweise gehen Banken zu Technologieunternehmen und wählen ein Modell von der Stange aus. Wir sind den entgegengesetzten Weg gegangen: Wir arbeiteten mit Designern zusammen, und wir wussten, was wir wollten. Erst danach haben wir das Unternehmen gesucht, das das Produkt verwirklichen konnte. Am Anfang standen Verbraucherbefragungen in der ganzen Welt, in Europa, Amerika und Asien. Wir fokussierten uns besonders auf die beiden Endpunkte des Verbraucherspektrums und betrachteten vor allem an High-

Mit freundlicher Genehmigung von BBVA.

tech gewöhnte Kunden, die keinen Geldautomaten mehr benutzen wollen, und solche Kunden,
die noch nie einen Geldautomaten benutzt haben. Wir haben zum Beispiel eine Woche lang eine 75-jährige Dame im Süden Spaniens bei all
ihren Interaktionen mit Bankautomatentechnik
beobachtet. Es fiel uns unter anderem auf, dass
alle Geldtransaktionen mit Automaten nach
dem Muster von Aktion und Reaktion struktu-
riert waren. Stellen Sie sich vor, die Dame würde
in eine Apotheke gehen, um ihr Gewicht festzustellen, was mit dem Einwerfen einer Münze und

dem sofortigen Ablesen des Gewichts verbunden wäre. Die Dame möchte nicht zu viele Einga-
ben machen müssen, bevor sie ein Ergebnis erhält. Unser neuer Geldautomat hat daher einen
gesonderten Schlitz für alle Transaktionen, die
etwas mit Rechnungen, Quittungen und Kontoauszügen oder mit der Bankkarte selbst zu tun
haben – Bedienknöpfe gibt es allerdings nicht.
Es gibt nur einen großen intuitiven berührungs-
empfindlichen Bildschirm, auf dem wir realitäts-
nah Menschen darstellen, die mit dem Kunden
kommunizieren und durch die Menüs führen.

Wir haben außerdem festgestellt, dass Menschen, die selten einen Geldautomaten benutzen, nicht gerne Geld über den Automaten einzahlen, weil sie das Gefühl haben, der Automat könnte das Geld zwar schlucken, aber nicht tatsächlich auf das eigene Konto buchen. Deswegen haben wir diesen Prozess besonders visuell gestaltet. Der Einzahler sieht, wie die Banknoten auf sein Konto übertragen werden. Die wirkliche und die virtuelle Benutzererfahrung werden in einer angereicherten hybriden Struktur zusammengeführt, die sich für die Benutzer als befriedigender erwiesen hat.

Wie können Sie sicher sein, dass ein solch innovativer Automat unser Leben wirklich einfacher macht?

Ein wichtiger Faktor ist die Anbindung an unsere Kundendatenbank, die den Geldautomaten mit Kundenkonto und Online-Aktivitäten verbindet. Natürlich wollen wir niemanden mit unwichtigen Informationen ärgern, und deshalb passen wir unsere individuellen Angebote täglich an. Abgesehen davon sehen wir, dass 80 Prozent der Kunden feste Muster bei der Benutzung von Geldautomaten haben, zum Beispiel werden jeden Freitag 200 Euro für das Wochenende bei demselben Geldautomaten in der Nähe des Büros abgehoben, oder es soll eine monatlich wiederkehrende Überweisung für die Miete immer an einem bestimmten Tag ausgeführt werden. Auf der Grundlage solcher Verhaltensmuster bieten wir personalisierte Menüs, die vom Kunden angepasst werden können. Innovation bedeutet schließlich, unseren Kunden das Leben einfacher zu machen.

http://m.youtube.com/watch?gl=US&hl=en&client=mv-google&v=DMlaCJlpT8c

Kapitel 3

Die Verbraucher
werden immer eigenständiger

Was sind eigenständige Verbraucher?

Eigenständige Verbraucher können am besten als eine Gruppe mit ähnlicher Mentalität betrachtet werden. Ihre Bedürfnisse und ihr Verhalten sind Folge dieser Mentalität. Eigenständige Verbraucher schätzen meist ihre Unabhängigkeit. Sie interessieren sich sehr für ihre persönlichen Finanzen, mögen es, die Kontrolle zu haben und ihre eigenen Finanzentscheidungen zu treffen. Das bedeutet, sie sind bereit, die Zeit und die Mühe zu investieren, die nötig sind, um ihre Finanzen zu managen, und dabei Informationen aus vielen verschiedenen Quellen einzusammeln.

Außerdem verlässt sich diese Gruppe meist fest auf ihre eigene Einschätzung. Diese Verbraucher schätzen Expertenratschläge, jedoch muss dazu nicht ein persönlicher Kontakt gehören. Gewöhnlich greifen sie nur bei komplizierten Entscheidungen wie der für ein Altersvorsorgemodell oder im Zusammenhang mit der Planung der Steuern auf Finanzberater zurück. Sie schätzen zwar den persönlichen Kontakt, wenn dieser ihnen gelegen kommt, jedoch haben Recherchen ergeben, dass es für sie eigentlich keinen Unterschied macht, ob sie ihre Geschäfte physisch oder virtuell abschließen.

Die Angehörigen dieser Gruppe sind in der Regel gut ausgebildet, intelligent und kritisch. Sie verfügen oft über ein überdurchschnittliches Einkommen, sind ausgiebige Nutzer von Computer und Smartphone und verwenden Remote-Kanäle wie das Internet.

Gegenüber den Finanzinstituten haben sie eine kritische, aber faire Einstellung: Sie verstehen, dass eine Bank oder Versicherung ein Unternehmen ist, das Gewinne machen muss, solange dies nicht allzu sehr auf ihre Kosten geht.

Sie schätzen Marken und Produkte wie die von Apple oder Google: technologisch fortgeschritten, jedoch intuitiv und unkompliziert, leicht zu benutzen, aus Nutzerperspektive entwickelt, plug and play.

Die traditionellen Finanzdienstleister sind in ihren Augen große, unpersönliche und bürokratische Institutionen, die ihnen Unbehagen bereiten. Das traditionelle Finanz-

Fotografie auf den vorhergehenden Seiten: Filialen für die Eigenständigen. Mit freundlicher Genehmigung von Che Banca!

dienstleister gibt den Eigenständigen das Gefühl des Kontrollverlusts, der Ohnmacht und der Unterwerfung unter dessen Neigungen und Vorschriften. Das Misstrauen wurzelt tief, was den eigenständigen Verbraucher noch kritischer macht, als er ohnehin schon ist. Der Eigenständige wird bei der Suche nach einem Finanzdienstleister auf ein hohes Maß an Transparenz und Kompetenz achten. Er weiß natürlich, dass ein Finanzdienstleister Geld verdienen muss, er will jedoch wissen, wie dies geschieht. Er will mit seinem Finanzdienstleister auf Augenhöhe sprechen und muss das Gefühl haben, ernst genommen zu werden.

Eigenständige Verbraucher zeigen eine relativ geringe Markentreue. Sie glauben, dass sie durch Preisvergleiche bessere Angebote finden. Das Preis-Leistungs-Verhältnis, Geschwindigkeit und Bequemlichkeit sind ihre wichtigsten Auswahlkriterien. Wenn sie auf ein Problem stoßen, muss es sofort gelöst werden.

Es verwundert daher nicht, dass Internetbanken als transparenter und effizienter als ihre traditionellen Gegenstücke wahrgenommen werden. Dies liegt vor allem an der Kombination aus Einfachheit, Produkten mit gutem Preis-Leistungs-Verhältnis und dem Gefühl, seine Finanzen selbst steuern zu können.

Eigenständige Verbraucher diskutieren Geldfragen mehr als jede andere Verbrauchergruppe mit Freunden und Bekannten und tauschen sich darüber aus, was zu tun klug oder unklug ist.

Nach Aussage der Forscher Andreas Pohle und Hans-Jürgen Kräh, den deutschen Projektleitern der »TNS Global Affluent Investor Studie 2011«, gehört der Anteil autonomer, also selbst bestimmender Anleger in besserverdienenden Kreisen in Deutschland zu den weltweit höchsten. »Die Deutschen gehören hier durchaus zu den Trendsettern mit einer Quote von 46 Prozent unter besserverdienenden Anlegern, wie wir in unserer Studie gemessen haben. Norwegen und Großbritannien sind hier die Vorreiter mit Werten von 59 Prozent bzw. 54 Prozent. Dieser relativ hohe Grad an »Autonomie« der Deutschen wird natürlich auch durch die Möglichkeiten des Internets begünstigt: Immerhin 41 Prozent der wohlsituierten Deutschen nehmen online-Banking und nutzen dabei zum einen die dort vorhandenen Services wie Konto- bzw. Depoteröffnungen oder -wechsel, Wertpapierhandel und Geldtransaktionen aller Art in Anspruch. Zum anderen gehen Sie auch online auf die Suche nach Ratschlägen und Hilfen für ihre Anlageentscheidungen.«

Warum der Anteil eigenständiger Verbraucher unausweichlich wachsen wird
Dies ist eine Push-Pull-Frage.

Wenn wir das »Pull«, die Nachfrageseite, sprich: die Verbraucher, betrachten, so erkennen wir eine weiterhin zunehmende Durchdringung des Internets. Das Netz wird immer mehr zu einem unverzichtbaren Teil des täglichen Lebens. Das ist mit der gewöhnlichen Übernahmekurve einer neuen Technologie vergleichbar. Zunächst wird sie nur von einigen Innovatoren und Trendsettern übernommen, die Massen folgen in einem späteren Stadium. Im Falle des Internets sind in den westlichen Staaten mittlerweile auch die Nachzügler online.

Außerdem ändert sich die Zusammensetzung der Bevölkerung. Die heranreifende Generation der Millenials hat die Zahl der eigenständigen Verbraucher signifikant erhöht, was sich noch fortsetzen wird. Diese Gruppe wurde zwischen 1980 und 1995 geboren und bildet die neue Generation an Verbrauchern. Eine Generation, die, anders als alle ihre Vorgänger, mit einer Vielzahl digitaler Informationsquellen aufwuchs. Da diese Altersgruppe Prognosen zufolge die reichste aller Zeiten wird, sollten Sie unbedingt den folgenden Kasten lesen.

Die Millenials (Generation Y)

Die Millenials sind die Kinder der Babyboomer und die jüngeren Geschwister der Generation X. Sie bilden die größte Generation seit den Babyboomern. Sie laufen auch unter einer Reihe verschiedener Namen: Generation Y, Echo-Boomer oder Digital Natives.

Sie sind die zweite Generation, die in der Schule Computer benutzt hat, und die erste, die vom Kindergarten an damit aufgewachsen ist. Sie sind daran gewöhnt, mithilfe von Technologie immer erreichbar zu sein. Technologien, wie zum Beispiel die sozialen Medien sind ein Teil ihres Lebens. Internet und mobile Kommunikation sind voll in ihren Alltag integriert. In großem Tempo nehmen sie einen immer größeren Teil der Erwerbsbevölkerung und damit der Finanzkunden ein. Kurz gesagt ist die Generation der Millenials durch Technikaffinität, durch die Suche nach Erfahrungen sowie durch kritische, eigenständige Verbraucher geprägt. Sie achten auf Preis und Bequemlichkeit und sind weniger treue Kunden als vorherige Generationen.

Riesige Möglichkeiten

Aufgrund ihrer Anzahl bieten die Millenials Vermarktern riesige Möglichkeiten. Doch für eine Reihe etablierter Marken ist diese Generation schwer zu erreichen. Die Millenials haben die Fähigkeit, neue Marken zu aufsteigenden Stars zu machen oder Marken zu beschädigen, indem sie sie ignorieren. Sie reagieren anders auf Marketingkommunikation. Die Vermarkter, denen es gelingt, die Aufmerksamkeit der Millenials zu erreichen, schaffen dies, indem sie über soziale Netzwerke, Online-Plattformen oder Offline-Events mit ihnen interagieren. Erfolgreiche Kommunikation ist lustig oder entwaffnend direkt, aber niemals bevormundend oder manipulativ. Diese Generation kann selbst entscheiden, ob sie eine Marke mag oder nicht.

Die Einstellung gegenüber den Finanzen

So jung, wie sie sind, haben die Millenials doch Zugang zu mehr Finanzprodukten und -dienstleistungen als frühere Generationen. Sie suchen online nach Informationen, sind aber nicht bereit, tief in alle verfügbaren Informationen über Produkte und Dienstleistungen einzusteigen. Sie wollen klare, einfache Angaben, die sie schnell verarbeiten können.

Studien von Fidelity Investment in den USA und der LIMRA (Life Insurance Market Research Association) deuten darauf hin, dass die Millenials zwar eigenständig sind, aber auch lieber auf die Meinung von Freunden, Familie und Kollegen vertrauen als auf die Ratschläge der Finanzinstitute. Allerdings wählen sie meist dieselben Finanzinstitute wie ihre Eltern. Dies deutet darauf hin, dass der Markt für sie nicht transparent genug ist und dass Finanzprodukte zu kompliziert sind.

Horst Schmidt von der Bethmann Bank ergänzt noch einen weiteren Aspekt: »Der Generationswechsel bringt immer auch eine Verlagerung von Werten mit sich. Die Nachkriegsgeneration konzentrierte sich ganz auf das Sparen. Nun müssen wir den nächsten Generationen die Prinzipien des Vermögensmanagements beibringen. Daher haben wir gemeinsam mit den anderen Privatbanken im internationalen Verbund der ABN AMRO das ›Next-Generation‹-Programm gestartet. Bildung ist ein Teil dieses Programms, ein anderer ist es, Menschen mit ähnlichen Hintergründen und Herausforderungen zusammenzubringen.«

Ge- und Verbote, wenn man den Millenials gefallen will

- Eigenständig und bequemlichkeitsorientiert
  Eine riesige Chance für die Finanzinstitute besteht darin, die Produkte weniger kompliziert zu machen und die Vorteile online zu kommunizieren. Angesichts des Wunsches dieser Generation, Informationen schnell und einfach zu verarbeiten, sollten die Institute ein Format entwickeln, bei dem Informationen ebenso schnell und einfach gefunden werden können.
- Erfahrungsorientiert und technikaffin
  Die Kundenerfahrung sollte an der Diversität der Millenials ausgerichtet sein. Dies stellt eine schwierige Aufgabe dar, da die Angehörigen dieser Gruppe ethnisch divers sind und unterschiedliche berufliche Hintergründe haben. Die Finanzfirmen sollten dem Bedürfnis der Millenials nach Interaktion und Online-Erfahrung durch die Verwendung von Technologie entgegenkommen.
- Kritisch und preisorientiert
  Die Millenials sind eigenständig und kritisch. Sie schauen sich Kundenkritiken an und fordern Transparenz. Jedoch mangelt es ihnen an Sicherheit bei finanziellen Entscheidungen. Finanzprodukte sind zu kompliziert. Finanzdienstleister können Methoden entwickeln, um den Verbrauchern relevante und leicht verständliche Informationen zur Verfügung zu stellen. Sie müssen verstehen, warum bestimmte Produkte einen anderen Preis haben als andere. Die Finanzfirmen müssen eine neue Art und Weise entwickeln, wie sie mit ihren Kunden interagieren und sie beraten, oder, noch besser, ihnen helfen, einander zu beraten.

Wenn man die Push-Seite betrachtet, so ist der Anteil der eigenständigen Verbraucher gestiegen und wird weiter steigen, weil Technologie und Internet den Verbrauchern überhaupt erst die Mittel an die Hand gegeben haben, um eigenständig zu sein. Vor zehn Jahren waren Online-Communitys, in denen Tausende Menschen Finanzfragen diskutieren, noch eine Seltenheit. Dasselbe gilt für Websites, auf denen Hypotheken- und Sparangebote und Autoversicherungen hinsichtlich des Preises oder jeglichen anderen relevanten Produktmerkmals verglichen werden. Oder Online-Tools, die Verbraucher bei finanziellen Entscheidungen unterstützen. Das Angebot stimuliert die Nachfrage. Das Netz wird aufgrund seiner Bequemlichkeit und weil es den Zugang zu einer großen Bandbreite an unabhängigen Quellen ermöglicht, zum bevorzugten Kanal.

Vergleichsseiten sind Magnete

Vergleichsseiten spielen am britischen Versicherungsmarkt eine riesige Rolle. Die Admiral Group startete das erste Informationsportal in Großbritannien, confused. com. Louisa Scadden, Head of Communications der Admiral Group, verriet uns: »Das Internet entwickelt eine unwiderstehliche Kraft, und Admiral ist ein Vorreiter darin, sein gesamtes Potenzial zu nutzen. Die Verwendung von sozialen Medien und Informationsportalen ist unsere Zukunft. Wir haben erlebt, dass sich das Kaufverhalten der Kunden in den letzten 15 Jahren wesentlich verändert hat – von der telefonischen Preisauskunft über die Information auf unserer Internetseite hin zu Preisvergleichsseiten. 2007 wurden 24 Prozent der neuen Abschlüsse am britischen Autoversicherungsmarkt über Preisvergleichsseiten getätigt; 2008 stieg diese Zahl auf 38 und 2009 auf 45 Prozent. Informationsportale werden wahrscheinlich zum wichtigsten Distributionskanal für Autoversicherungen werden, wobei die Versicherer das Telefon als Chance nutzen werden, um mit Kundenservice zu punkten und zusätzliche Produkte anzubieten. In einer zeitarmen Gesellschaft ist die Verwendung eines Informationsportals, um sofort die Preise verschiedener Unternehmen zu erhalten, eine sehr attraktive Option. Wir nutzen die Erfahrung mit unserem Informationsportal in Großbritannien für unsere kürzlich gestarteten Preisvergleichsseiten in Spanien, Frankreich und Italien. Auch wenn dies alles große Märkte sind, entwickelt sich die Nutzung des Internets innerhalb des Autoversicherungsmarkts noch. Wir glauben, dass Leute, die mit dem Einkaufen über das Internet vertraut sind, natürlich auch ihre Autoversicherung über das Internet kaufen werden.«

Je mehr Finanzdienstleister Online-Instrumente zur Verfügung stellen und je mehr Komfort diese bieten, desto mehr Verbraucher werden sich damit beschäftigen und diese nutzen.

In diesem Zusammenhang darf man die große Verbreitung von Smartphones und Laptops nicht übersehen. Die Leute tragen das Internet und die Finanz-Tools immer mit sich herum.

Eine weltweite TNS-Studie von 2011 zeigt, dass es zu diesem Zeitpunkt bereits mehr Mobiltelefonverträge (5,3 Milliarden) als Bankkonten (1,6 Milliarden) und PCs (1,1 Milliarden) zusammen gab.

Laut Forrester wird es 2016 bereits eine Milliarde Smartphone-Kunden geben. Schätzungen über die Zahl der Nutzer mobiler Finanzdienstleistungen im Jahr 2015 schwanken zwischen 500 Millionen und einer Milliarde.

 Und all das vergrößert die Zahl eigenständiger Verbraucher.

Coole Tools zur Kostenüberwachung und zur Ruhestandsplanung

- Die Royal Bank of Scotland entwickelte eine Reihe einfacher Spar-Tools, die extrem interaktiv und kreativ sind und über eine außerordentlich starke visuelle Gestaltung verfügen. Das Spend-o-meter erlaubt es den Kontoinhabern zu erkennen, auf welche Summe sich alle ihre Käufe eines bestimmten Monats addieren. Der Emergency Fund Calculator rechnet aus, wie viel man für unerwartete Kosten oder schlechte Zeiten auf die Seite legen sollte.

- Die ING stellte »Tim« vor, einen digitalen Haushaltskostenrechner, der direkt an ein Girokonto gebunden ist. Ohne dass der Verbraucher irgendetwas tun muss, ordnet Tim alle Transaktionen klar definierten Kategorien wie »Lebensmittel«, »Einrichtung« und »Reisen« zu. Mithilfe dieser neuen Erkenntnisse können die Kunden bessere und klügere Finanzentscheidungen treffen. Sobald sich der Kunde einloggt, informiert ihn ein »Budget-Update« über finanzielle Spielräume, zum Beispiel für zusätzliche Freizeitaktivitäten, oder darüber, ob er genug für eine Hausrenovierung gespart hat. Tim rechnet automatisch mit. Wenn der Kunde es wünscht, versendet er E-Mail-Warnungen, sobald das Budget oder der Kontostand ein bestimmtes Niveau unterschreitet. Der Kunde kann sein Ausgabenmuster sogar mit dem anderer Kunden vergleichen, womit er endlich eine objektive Antwort auf die Frage erhält: »Gebe ich zu viel Geld fürs Einkaufen aus?«

Coole Bezahl-Apps

Zahllose Banken haben bemerkt, dass Smartphones das Versprechen der Mobilität der Bankgeschäfte einlösen können. Eine Untersuchung von NYU Stern aus dem Jahr 2011 unter 27 US-amerikanischen Handelsbanken und Kreditkartenfirmen zeigte, dass 82 Prozent eine Smartphone-App und 74 Prozent eine mobile Internetseite anbieten. Die Apps bieten den Kunden eine Anlaufstelle auf ihrem iPhone oder iPod Touch, um ihren Kontostand abzufragen, Rechnungen zu bezahlen, Überweisungen zu erledigen, den nächsten Geldautomaten oder die nächste Bankfiliale zu finden. Auch gibt es die ersten iPhone-Apps, die über die gewöhnliche Verwendung des Online-Banking hinausgehen und die Verbraucher wirklich zu finanziellen Entscheidungen befähigen.

- »Bill Pal« stellt sicher, dass Sie Ihre Rechnungen niemals zu spät bezahlen. Indem jede Rechnung mit individuellen Erinnerungsfristen versehen wird, behalten Sie die kommenden Zahlungspflichten immer im Blick. Bill Pal erinnert Sie, wenn Rechnungen bald fällig oder überfällig sind.
- »Mint« ermöglicht den sofortigen Zugang zu Ihren Budgets und vereinfacht die tägliche Kostenrechnung sowie die monatliche Budgetierung. Man kann genau sehen, wie viel man ausgeben darf, um trotzdem noch seine monatlichen finanziellen Ziele zu erreichen. Die App hilft den Kunden, Überziehungen, Kreditkartengebühren für verspätete Zahlungen und andere unerwünschte Kosten zu vermeiden.
- »Save Benjis« ist eine Preisvergleichs-App für das iPhone, die anhand von Modellnummern nach dem niedrigsten Produktpreis sucht.
- Die Benzinpreise ändern sich ständig und können innerhalb von ein paar Blocks um 20 Prozent differieren. »GasBuddy« hilft Ihnen, die Tankstelle mit dem niedrigsten Benzinpreis zu finden.
- Mit »E*TRADE Mobile Pro« können Sie Ihre Investments leicht über das iPad überwachen, das mit seinem großen Bildschirm das mobile Lesen weiter vereinfacht. Sie bekommen auch Echtzeitkurse, können unterwegs Ihr Geld verwalten und traden.

Wir gehen davon aus, dass das autonome Wachstum der Zahl der eigenständigen Verbraucher noch eine ganze Weile anhalten wird, insbesondere weil es noch viel Raum für echte Durchbrüche beim gegenwärtig im Internet verfügbaren Angebot gibt. Wenn diese stattfinden, wird die Nutzung von Finanzdienstleistungen im Internet sich noch weiter beschleunigen.

Allerdings bleiben die Finanzprodukte bisher dieselben, die über traditionelle Kanäle angeboten werden. Die über das Internet angebotenen Dienste folgen im Prinzip noch immer denselben Schritten wie in der »realen« Welt. Kurz gesagt zeigen die gegenwärtigen Finanzdienstleistungen nach den Worten des kanadischen Philosophen Marshall McLuhan das sogenannte »Pferdelose-Kutschen-Syndrom«: Das erste Auto sah aus wie eine Kutsche ohne Pferde. Die Datenautobahn ist bereits seit einiger Zeit gepflastert, aber wir entdecken erst jetzt so langsam ihr volles Potenzial. Peer-to-Peer-Netzwerke, Online-Communitys und Preisvergleichsseiten sind erst ein Vorgeschmack.

Communitys eigenständiger Anleger

Viele Anleger mögen Peer-to-Peer-Informationen, die über Blogs und Internetforen ausgetauscht werden.

Und weil ein Teil dieser Anleger das Kosten-Nutzen-Verhältnis ihrer Banken und Vermögensverwalter infrage stellt, haben sich Communitys und Internet-Investoren entwickelt, die ihre Finanzen selbst in die Hand nehmen wollen.

Neue Investment-Modelle wie Convestor, Marketocracy und Wealthfront ermöglichen es Anlegern zu sehen, was andere Amateur- und/oder Profi-Investoren unter den Mitgliedern tun oder raten, und zeigen in Echtzeit die Trades der Investoren an. Hunderttausende von Nutzern machen bereits von dieser Möglichkeit, sich an den Anlegern mit der besten Bilanz zu orientieren, Gebrauch.

Andere Seiten wie Wikinvest, Zecco und StockTwits bieten eigenständigen Anlegern ebenfalls Informationen und Hilfe, vorwiegend in Form von nutzergeneriertem Content. Die Frage ist, inwiefern diese Anleger-Communitys eine Bedrohung darstellen, weil sie die Nachfrage nach traditionellen externen Vermögensverwaltern mindern. Wir glauben, dass der Einfluss solcher Initiativen, was das Volumen angeht, begrenzt sein wird. Die eigentliche Auswirkung liegt mehr in den veränderten Erwartungen. Kleine, neue Marktteilnehmer werden Marktanteile hinzugewinnen, indem sie Schwächen des Marktes ausnutzen und signifikante Verbesserungen anbieten. Stellen Sie sich beispielsweise vor, Sie hätten direkten und kontinuierlichen Einblick in Ihr Portfolio und Ihr Vermögen. Dies setzt neue Standards und weckt Erwartungen. Der traditionelle Vermögensverwalter wird diese gestiegene Anforderung auf die eine oder andere Weise erfüllen müssen.

Warum hat dieser Trend sich bei den Finanzdienstleistungen beschleunigt?

Erstens war die Kreditkrise für die meisten Verbraucher ein wichtiger Weckruf. Die Verbraucher sind in riesigen Schritten gereift. Sie haben begriffen, dass sie unter dem Strich für sich selbst verantwortlich sind. Sie wussten dies schon immer, zogen es jedoch vor, diese Verantwortung an ihre Lebensversicherung, ihren Pensionsfonds, Versicherungsagenten, Broker oder Finanzberater auszulagern.

Sie haben jetzt verstanden, dass sie selbst handeln müssen, und glauben, sich nicht mehr nur darauf verlassen zu können, dass ihnen die Finanzdienstleister ihre Zukunft retten. Denken Sie daran, mit welcher Leichtigkeit die Verbraucher zum Höhepunkt der Krise Milliarden von Dollar an Ersparnissen von einer Bank auf die andere übertrugen. Sie haben ein für alle Mal gelernt, wie leicht sie das Heft des Handelns übernehmen können.

Suzanne Duncan von State Street sieht drei wesentliche Änderungen in der Verhaltensweise: »Die Verbraucher werden immer klüger, sie stellen mehr Ansprüche an ihren

Anbieter, und sie überdenken ihre Rendite- und Risikoziele. Als Ergebnis sehen wir einen besser aufgeklärten und aktiv beteiligten Verbraucher für die Zukunft.«

Zweitens sind die Verbraucher infolge der Krise sparsamer geworden. Wir können dies nicht nur in den Verbrauchersegmenten erkennen, die durch die Krise direkt in Schwierigkeiten geraten sind, etwa bei denen, die ihren Job verloren haben. Auch die Segmente, die noch immer genug zum Ausgeben haben, gehen bewusster mit Geld um: Sie verschieben Anschaffungen, erwerben günstigere Alternativen und nehmen sich mehr Zeit für eine ausgiebigere Marktsondierung.

Diese neue Gewohnheit des Sicheinschränkens wird nicht verschwinden, sobald sich die Wirtschaft erholt. Es handelt sich um einen neuen Lebensstil. Die Konsumenten haben zunehmend genug vom exzessiven Überkonsum. Sie sind der Meinung, dass es wichtiger ist, wer man ist, als was man hat. In den vergangenen Jahrzehnten haben die Anbieter aller Arten von Produkten und Dienstleistungen die Verbraucher erzogen. Diese verbinden heute Selbstbedienung mit einem niedrigeren Preis. Folglich lässt die Sparsamkeit die Verbraucher nach Selbstbedienungslösungen suchen. Drittens scheinen immer mehr Verbraucher einfache Produkte zu bevorzugen. Für nicht wenige eigenständige Verbraucher stellt die Komplexität vieler Finanzprodukte noch immer eine Hürde dar, die sie daran hindert, ihre Finanzangelegenheiten vollständig selbst zu regeln. Wenn die Finanzdienstleister der vorherrschenden Präferenz für einfache Produkte entsprechen, dann wird diese Hürde verschwinden.

Laut Recherchen von Barclays entwickeln Privatanleger gerade eine Vorliebe für die einfacheren Anlageklassen: Immobilien, Bargeld, Staatsanleihen und lokal gelistete Aktien. Je einfacher das Produkt, desto größer ist die Neigung zum »do it yourself«. Wir erwarten daher Auswirkungen auf den Anteil des per Vollmacht verwalteten Vermögens sowie eine Zunahme des eigenständigen Investierens und der Online-Vermögensverwaltung.

Die Bevorzugung einfacher Produkte wird auch in allen anderen Kategorien sichtbar. Dies wird dazu beitragen, dass die Verbraucher in einem früheren Stadium selbst nach Lösungen suchen.

Folglich wird der Anteil der eigenständigen Verbraucher in beschleunigtem Tempo wachsen – über Segmente, Kategorien, Stadien im Verkaufszyklus und Ländergrenzen hinweg. Und es geht bei Weitem nicht nur um Selbstbedienung.

Wie man Kundenbeziehungen durch ein Management des Kundenwerts pflegt
Finanzinstitute haben Schwierigkeiten, die richtige Balance zwischen Kundennutzen und Kundenwert zu finden. Dies gilt für die Servicestufen, die sie anbieten wollen, die Preisgestaltung, die angemessenen »Investitionen« in Neu- und Bestandskunden sowie die Balance zwischen kurz- und langfristigen Zielen. Das Management des Kundenwerts ist laut VODW-partner Marcel van Brenk eine perfekte Grundlage, um diese Balance zu finden. Allerdings hat das Management des Kundenwerts bei Finanzdienstleistungen spezielle Eigenschaften, die es einzubeziehen gilt:

1. Das Geschäftsmodell der Finanzinstitute

Die Gewinnspannen können sich über die Zeit und zwischen verschiedenen Kunden stark unterscheiden. Diese variable Marge sorgt dafür, dass es keine verwertbare Leistungskennzahl des Kundenwerts gibt. Doch dieselbe Marge auf verschiedene Produkte und/oder Kunden anzuwenden, schränkt die Steuerungsmöglichkeiten des Marketings ein.

2. Viele Umsatz- und Kostendimensionen

Die Umsatz- und Kostenstruktur von Finanzprodukten ist kompliziert. Auf der Kostenseite gibt es kundenspezifische Aspekte wie Risiko und Kapitalkosten, die in die Überlegungen einbezogen werden müssen. Auf der Umsatzseite muss man an die Provisionen, die eine Bank für den Verkauf von Produkten Dritter erhält, sowie an die erwarteten künftigen Umsätze denken. Letztere sind je nach Produkt unterschiedlich: Sparkonten ohne Restriktionen haben eine andere Fluktuation als festverzinsliche Hypotheken.

3. Kombinierte oder verwandte Produkte

Um den Kundenwert zu bestimmen, muss der Kapitalwert der erwarteten Umsätze sowie die Fluktuationsquote für jedes Produkt und jeden Kunden berechnet werden. Drei Aspekte verkomplizieren diesen Vorgang: erstens verwandte Produkte. Beispielsweise hängt die Fluktuationsquote bei Lebensversicherungen von der Fluktuationsquote der Hypotheken ab, mit denen sie verbunden sind. Zweitens kann Produktfluktuation entweder Produktwechsel bedeuten, also eine beabsichtigte Kannibalisierung, oder aber »echte« Fluktuation. Das bedeutet, dass die Umschichtung von Kapital von einem Sparkonto auf ein Einlagenzertifikat oder auf ein Depotkonto etwas anderes ist als der Mittelabfluss zu einem Konkurrenten. Um dies auszurechnen, müssen Kannibalisierung, Margenverluste, Kundenbindung und -zufriedenheit einberechnet werden.

4. Eine komplizierte Kundenbeziehung

Was ist ein Kunde? Ein Haushalt, der Hauptkontoinhaber oder alle einzelnen Klienten? Diese Definition ist wichtig für das Beziehungsmanagement sowie für Aspekte wie die Risikobewertung. Zweitens ist der potenzielle Kundenwert für Finanzdienstleister genauso wichtig wie der gegenwärtige Wert, da die Kombination aus beidem im Wesentlichen die Vorgehensweise bestimmt. Drittens müssen die Unternehmen sehr vorsichtig damit sein, Produkte zu »pushen«, da die Kundenbedürfnisse an erster Stelle stehen sollten und nicht das bevorzugte Produkt aus Sicht der Bank. Viertens kann eine Kundenbeziehung im Wortsinn lebenslänglich halten. Üblicherweise schwankt der Wert des Kunden im Verlauf dieser Beziehung. Wie sieht der richtige Umgang mit Kunden aus, wenn deren Wert abnimmt?

Der Ausgangspunkt für das Management des Kundenwerts ist dessen Berechnung. Sobald diese erfolgt ist, können die angemessenen Anpassungen zwischen Kundenwert und Kundennutzen vorgenommen werden.

Welcome to the world's local
HSBC Advance
Cash
24°N
Abu Dhabi UAE
HSBC PREMIER
Welcome
to the Dubai Mall
Electronic Banking Service Unit
أهلاً و سهلاً
بكم في وحدة الخدمة المصرفية الإلكترونية
دبي مول

Der Selbstbedienungsreflex der Finanzdienstleister ist nicht angebracht

Wir sehen, dass Finanzdienstleister den Trend zur Eigenständigkeit antizipieren, indem sie Hilfsmittel zur Selbstbedienung bereitstellen. Diese Hilfsmittel standen bereits zur Verfügung und waren oft durch den Wunsch zur Kostenreduzierung motiviert. Wegen der Krise und der Notwendigkeit zur Kostenreduktion gewinnt die Selbstbedienung unter den Branchenprofis weiter an Beliebtheit.

Wir glauben, dass dieser Reflex allzu »automatisiert« und nicht angebracht ist. Es wird zu wenig darüber nachgedacht. In Kapitel 1 dieses Buches schrieben wir, dass die tägliche Servicequalität für die Wiederherstellung des verlorenen Vertrauens entscheidend ist. Folglich ist es von großer Wichtigkeit zu wissen, wie sich die Selbstbedienung auf die Kundenerfahrung und das Kundenverhalten auswirkt, gerade zu diesem Zeitpunkt der Finanzgeschichte.

Selbstbedienung für Senioren

Die russische Sberbank initiierte ein Projekt namens »Third Age University«. Seit 2010 werden Gruppen älterer Kunden (die traditionell alle Transaktionen am Schalter erledigten) in der Benutzung der Selbstbedienungsterminals und der Geldautomaten ausgebildet, um sich ihre Renten auszahlen zu lassen, die Rechnungen von Versorgern sowie andere Rechnungen zu bezahlen. Die Ergebnisse dieser Initiative zeigen sich bereits darin, dass die Wartezeiten der Kunden an Spitzentagen zurückgegangen sind und die Zahl neu ausgestellter Maestro-Karten für Senioren gestiegen ist.

Erkenntnisse über die Verbraucher sollten bestimmen, wie wir von der Eigenständigkeit profitieren

Die Zahl eigenständiger Verbraucher wächst autonom, und die Finanzkrise beschleunigt diese Entwicklung noch. Über die, die ihre Finanzen selbst in die Hand nehmen, haben wir eine wichtige Erkenntnis erlangt: Die Essenz ist, dass Banken und Versicherungsunternehmen für die Verbraucher nicht mehr die natürliche und glaubwürdige Quelle der Finanzberatung sind, die sie früher waren. Für eine Reihe eigenständiger Verbraucher ist das Wort »Berater« befleckt. Diese Verbraucher wurden nicht eigenständig, weil sie gerade Lust dazu hatten, sondern weil sie das Gefühl hatten, keine andere Wahl zu haben.

Es ist eine Tatsache, dass die Verbraucher trotz der Krise oder vielleicht gerade wegen der Krise nach Hilfestellung suchen. Doch weil sie von ihren bisherigen Finanzberatern enttäuscht wurden, suchen sie nun anderswo nach Hilfe. Die Strategie, die Eigenständigkeit der Verbraucher ausnutzen zu wollen, indem man nur gewöhnliche Selbstbedienungshilfsmittel verwendet, ist zum Scheitern verurteilt.

Fotografie auf den vorangehenden Seiten von Reggy de Feniks: Das HSBC-Büro in der Dubai Mall, gleich neben dem Burj Khalifa, dem höchsten Gebäude der Welt.

Exzellente Tools und exzellenter Service zahlen sich aus

Indem man Selbstbedienung mit exzellentem Service verknüpft, kann man an vielen Märkten noch viel gewinnen. Als wir dies mit Professor Horst-Richard Jekel von der Frankfurt School of Finance and Management diskutierten, merkte er an: »Es ist in vielen Unternehmen weltweit bekannt, dass guter Kundendienst der beste und billigste Weg ist, um seine Kundenbasis auszuweiten. Es kostet nur ein Siebtel bis ein Zehntel so viel, alte Kunden zurückzugewinnen oder zu pflegen, als über Werbung und Marketing neue Kunden anzulocken. In Deutschland haben wir jedoch, was die Qualität des Kundenservice angeht, noch immer nicht mit anderen Märkten gleichgezogen. Dies liegt zum Teil daran, dass wir in Deutschland gewohnt sind, für Qualitätsprodukte zu zahlen, aber wir sind es noch nicht gewohnt, für Servicequalität zu bezahlen. In den USA haben beispielsweise die meisten Supermärkte Leute, die einem die Einkäufe einpacken – weil dies zum Service gehört. Die Deutschen würden es im Allgemeinen nicht akzeptieren, wenn dies jemand anderes für sie tut – sie möchten selbst die Kontrolle haben. Möglicherweise liegt dies an unserer Nachkriegsgeschichte und -erziehung, aufgrund der wir es als sehr unangenehm empfinden, wenn uns jemand dient, besonders in der Öffentlichkeit. Für uns ist daher Eigenständigkeit beim Service wichtig, doch zugleich suchen wir in Finanzfragen oft Rat.«

Verbraucher suchen sich anderswo Orientierung

Auch wenn dies widersprüchlich erscheint, ist Orientierung für eigenständige Verbraucher wichtig. Untersuchungen der Deutschen Bank haben ergeben, dass Online-Banking-Kunden sich sogar stärker persönlichen Rat wünschen als Offline-Bankkunden, insbesondere während der entscheidenden Phasen des Kundenprozesses bei komplizierteren Produkten wie Hypotheken, Lebensversicherungen und Ruhestandsplanung. Dies bedeutet jedoch nicht automatisch, dass die Hilfestellung von Angesicht zu Angesicht durch einen unabhängigen Berater, Agenten oder Bankmitarbeiter gegeben werden muss.

Soziale Medien verbessern die Kundenerfahrung bei der BBVA

»Tu Cuentas« (Du zählst), das persönliche Finanzmanagementtool der spanischen Bank BBVA, zog innerhalb eines Jahres 355 000 Teilnehmer an. Dies ist viel, wenn man bedenkt, dass die Bank insgesamt 600 000 aktive Online-Banking-Nutzer hat. Xavier Bernal, Corporate Director of Innovation für Spanien und Portugal, erklärt das Geheimnis dieses Erfolgs: »Der Schlüssel ist, dass unsere Kunden mit den Social-Media-Funktionen von Tu Cuentas hochzufrieden sind. Das System errechnet auf Basis eines Kundenprofils Szenarien und gibt Empfehlungen ab. Ein wichtiger Aspekt ist der Peer-Vergleich: Wie viel geben Leute mit einem ähnlichen Profil für Reisen aus, und wie viel sparen sie? Je mehr Nutzer es gibt, desto besser werden diese Informationen. Und es funktioniert definitiv besser, wenn ein Peer-basiertes System Produkte empfiehlt, als wenn ein Zweigstellenleiter versucht, diese zu verkaufen. Angesichts des Erfolgs von Tu Cuentas war der nächste Schritt, es auf Nichtkunden auszudehnen sowie volle Transaktionsmöglichkeiten einzubinden. Dies erleichtert es, die vorgeschlagenen Produkte direkt zu kaufen, ohne noch einen anderen Ort aufsuchen zu müssen. Auch für uns lohnt sich das eindeutig. Tu Cuentas war der Beschleuniger, der die sozialen Medien bei BBVA auf die nächste Stufe gehoben hat.«

Selbstbedienung in dem Sinne, dass vorhandene Prozesse automatisiert und vom Kunden selbst ausgeführt werden, ist nicht der Weg nach vorne. Seinen Namen und seine Adresse oder eine Versicherungssumme zu ändern, Geld von A nach B zu überweisen, eine Preisanfrage durchzuführen oder einen Schadensanspruch zu melden, eine Police abzuschließen oder ein Konto zu eröffnen – all diese Dinge müssen möglich sein und gut funktionieren. Selbstbedienung ist daher nichts, womit sich Finanzdienstleister von ihrer Konkurrenz absetzen können. Recherchen der Deutschen Bank bestätigen dies: Online-Banking wird als Low-Involvement-Aktivität betrachtet. Deren Einfluss auf die Kundentreue und den Marktanteil ist daher begrenzt.

Selbstbedienung ist eine Grundvoraussetzung, kein Alleinstellungsmerkmal. Wichtiger ist den Verbrauchern die Qualität des Kontakts. Der Kanal an sich ist unwichtig. Laut einer VODW-Untersuchung sind ein akzeptabler Service und eine akzeptable Kundenerfahrung entscheidend: Fühlte sich der Kontakt persönlich an? Hatte man das Gefühl, dass einem zugehört wurde? War der Service freundlich, zuvorkommend und empathisch?

Und jenseits davon: Wurden Ihre Fragen angemessen beantwortet, und wie vieler Mühe bedarf es, um die Dinge zu erledigen? Unter dem Strich sollte die Kundenerfahrung etwas wert gewesen sein.

Der zunehmende Einfluss von Kundenkontaktzentren

Verwaltungsratsmitglieder von Finanzdienstleistern lassen sich allmählich öfters in der Abteilung für Kundenkontakte blicken, und Marketingmitarbeiter beginnen sich mehr für das Management dieses vermeintlich hässlichen Entleins zu interessieren. Kein Wunder, da die Verbindung zum operativen Gesamtergebnis immer offensichtlicher wird und die Wichtigkeit und der Einfluss der Kundenkontaktzentren markant steigen. Laut Beate van Dongen Crombags, Partnerin von VODW und Expertin für Kundenkontakt und Vertriebskanäle, liegt der Grund dafür in fünf Entwicklungen:

1. Die Transformation von der Kostenstelle zur Wertschöpfungsstelle
   Durch die Rezession schenken die Finanzdienstleister ihren Kundenkontaktzentren mehr Aufmerksamkeit. Dies lenkt den Fokus mehr auf die Qualität des Verbraucherkontakts und stellt heraus, wie effizient dieser sein kann. Dies wiederum führt zu größerer Effektivität.

2. Der zunehmende Einfluss auf die Markenwahrnehmung von Finanzdienstleistern

   Kontaktzentren sind notwendig, um »die Marke zu leben« und das Vertrauen wiederherzustellen. Sie fördern den Dialog im Netz und beeinflussen diesen mithilfe ihrer Web-Teams. Gewöhnliche Eins-zu-eins-Kommunikation aus einem Kontaktzentrum kann leicht eine Eins-zu-vielen-Qualität erlangen. Denken Sie zum Beispiel an von Kunden aufgenommene und ins Netz gestellte Telefongespräche oder Mail-Korrespondenzen, die der Öffentlichkeit durch Blogs und soziale Netzwerke zur Verfügung gestellt werden.

3. Der Kundendialog verändert sich

   Heutzutage, wo der Weg des Kunden über alle Kanäle ins Unternehmen führt, können Internetseite und Kontaktzentrum in zunehmendem Maße integriert werden. In diesem neuen Kundendialog sind die richtigen Fähigkeiten, um den Kunden den Zugang zu Informationen sowie den Entscheidungsprozess sowohl unter technischem wie auch unter rechtlichem Gesichtspunkt zu erleichtern, entscheidend. Das Internet stellt zunehmend die grundlegenden Informationen bereit, die ein Kunde braucht, und drängt das Kontaktzentrum immer mehr in die zweite oder dritte Reihe. Dies macht hochqualifizierte Mitarbeiter erforderlich.

4. Die Unausweichlichkeit des Datensammelns

   Damit meinen wir die Vervollständigung und Aktualisierung des Kundenprofils sowie das Feedback auf Produkte und Dienstleistungen. Das Kontaktzentrum ist der natürliche Ort für den Kundendialog. Allerdings ist hier eine geschickte Feedback-Schleife mit anderen wichtigen Bereichen erforderlich, insbesondere mit der Produktentwicklung.

5. Die kommerzielle Ausnutzung eingehender Kontakte

   Service- und Willkommensanrufe werden immer beliebter, denn abgehende Anrufe – der traditionelle Kanal zur Neukundengewinnung – bringen immer weniger. Kontakte zwischen Kunde und Kontaktzentrum werden mehr denn je als die entscheidenden Momente angesehen. Ob Unternehmen von dieser Entwicklung profitieren können, hängt von der innerhalb des Kontaktzentrums verfügbaren Qualität ab und davon, wie diese kontrolliert wird.

Verbraucher sind Finanz-Analphabeten

Der Eigenständigkeitstrend, den wir gegenwärtig beobachten, hat eine Kehrseite: die Gefahr, dass Verbraucher ihr Verständnis für Finanzen überschätzen. Der Überfluss an Informationen, Tools und Meinungen im Internet bestärkt sie in der Überzeugung, es selbst zu können. Zugleich gibt es eine Fülle von Studien, die darauf hindeuten, dass die meisten Verbraucher in Wirklichkeit Finanz-Analphabeten sind (siehe Kasten auf der folgenden Seite mit einigen aussagekräftigen Statistiken).

Unter Verbrauchern ist ein großer Mangel an Finanzwissen zu erkennen. Und die immer größere Abhängigkeit von den Meinungen und Ratschlägen von Mitkonsumenten über das Internet bringt zwangsläufig die Gefahr mit sich, dass die Blinden andere Blinde führen.

Letzten Endes führt dies dazu, dass Verbraucher die falschen Finanzprodukte kaufen, die nicht genügend auf ihre persönliche Situation abgestimmt sind. Dies geschieht besonders leicht, wenn es um kompliziertere Produkte wie Lebensversicherungen, Investmentfonds, Hypotheken oder Pensionspläne geht.

- Recherchen eines der weltgrößten Pensionsfonds zufolge weiß über die Hälfte der Verbraucher unter 45 Jahren nicht, wie ihr Pensionsplan aufgebaut ist. Über diesem Alter liegt diese Zahl bei einem Drittel.
- Laut einem Bericht der britischen Aufsichtsbehörde für Finanzdienstleistungen war vor der Kreditkrise einem Viertel der Erwachsenen nicht bewusst, dass ihre Pensionsrücklagen in Aktien angelegt waren.
- Eine Umfrage von AXA Investment Managers zeigt, dass sieben von zehn Befragten ihr Wissen über Finanzfragen als »gut« bewerten, während dieselbe Umfrage belegt, dass nur drei von zehn zum Thema Investmentfonds einen guten bis sehr guten Wissensstand haben.
- Laut einer Umfrage von First Direct in Großbritannien wissen 43 Prozent der Hausbesitzer nicht, welchen Zinssatz sie gegenwärtig auf ihre Hypothek bezahlen, und über die Hälfte (54 Prozent) geben an, sie hätten absolut keine Vorstellung, wie viel sie im Verlauf ihres Lebens auf ihre Hypothek werden zahlen müssen. Das Bewusstsein ist nach Männern und Frauen verschieden: Von den Frauen kennen 60 Prozent ihren Zinssatz nicht, während es bei den Männern 47 Prozent sind.
- Einer Studie von Centiq (einer Initiative des niederländischen Finanzministeriums, um das Finanzwissen zu verbessern) zufolge wissen nur rund 37 Prozent der Verbraucher ungefähr, wie viel Geld sie auf dem Konto haben. Doch 80 Prozent waren der Meinung, dass sie ihre Finanzen überblickten und diese im Griff hätten. Außerdem waren den Befragten ihre Überziehungszinsen nicht bewusst. Die Befragten, die ihr Konto gelegentlich überzogen, glaubten, dass die Zinsen dafür etwa bei 9 Prozent lägen. In Wirklichkeit lagen die Überziehungszinsen zur Zeit der Studie bei 15 Prozent.
- Zwölftklässler in den USA, die zunehmend Kreditkarten benutzen, zeigten ähnliche Kenntnisstände. Laut einer Umfrage über persönliches Finanzwissen wusste über die Hälfte nicht, dass eine verspätete Zahlung zu höheren Gebühren führt.
- Der Mangel an Finanzwissen ist länderübergreifend und Herausforderung und Chance zugleich.

Verbraucher kennen ihre Risiken nicht

Unter Verbrauchern mangelt es massiv an der Kompetenz, die Risiken, die entstehen könnten, korrekt einzuschätzen. Studien von TNS, Harvard und Dartmouth in 13 Ländern belegen eindeutig, dass die Kenntnisse der Verbraucher über die Risiken, denen sie sich aussetzen, dramatisch gering sind. Allzu viele Leute versäumen es, für die unausweichlichen schlechten Zeiten ein Polster aufzubauen.

Laut der Umfrage »TNS Personal Risk Assessment und Risk Literacy Survey« gab rund die Hälfte der amerikanischen, britischen und deutschen Teilnehmer an, dass sie im Falle einer unerwarteten finanziellen Belastung wie unvorhergesehenen Auto- oder Hausreparaturen oder Gesundheitskosten nicht in der Lage wären, innerhalb von 30 Tagen 2000 US-Dollar aus Ersparnissen aufzubringen oder von Freunden, der Familie oder anderweitig zu leihen. Die luxemburgischen Verbraucher dagegen waren sehr zuversichtlich, einen kurzfristigen finanziellen Notfall zu überstehen – neun von zehn Befragten gaben an, das Geld aufbringen zu können. In Italien, den Niederlanden und Kanada waren sich rund sieben von zehn Befragten dessen sicher. Es überrascht nicht, dass unter allen Ländern der Erhebung Luxemburg, die Niederlande und Kanada auch diejenigen waren, wo es die meisten Sparkonten gab.

Die Verbraucher haben einen erheblichen Lernbedarf – aber wie?
Trish Dorsey, Senior Vice President, Financial Services bei TNS, sieht eine Chance – und eine echte Herausforderung – für die Finanzszene darin, sich um die Bildung der Verbraucher zu bemühen. »Unserer Ansicht nach haben unsere Recherchen einen echten Bedarf dafür offenbart, dass die Finanzdienstleister Produkte und Dienstleistungen entwickeln, die mit großer Klarheit und Empathie kommuniziert werden. Viele unserer Finanzklienten entwickeln bereits Schulungsmaterialien, die ihren Kunden dabei helfen sollen, informiertere Entscheidungen zum Thema Risikomanagement zu treffen. Wir glauben darüber hinaus, aus unseren Daten ablesen zu können, dass sich Finanzdienstleister eher als Wissenslieferanten für ihre Kunden verstehen – und diese vielleicht sogar schulen sollten. Es ist durchaus möglich, dass sogar die am besten ausgebildeten Verbraucher, insbesondere Frauen, sich zurückziehen, weil sie zu große Angst haben, in Produkte zu investieren, die sie nicht verstehen.«

Mehrere Finanzdienstleister haben dies erkannt und versuchen, davon zu profitieren. Greg Davies, Head of Behavioural Finance bei Barclays Wealth, sagt: »Wir führen fortlaufend Umfragen durch, die die Veränderung der Risikoeinstellungen und -wahrnehmungen im Laufe der Zeit messen. Dies ist für eigenständige Anleger besonders wichtig; es ist unerlässlich, dass diese eine Vorstellung davon haben, wo sie in Bezug auf die verschiedenen Aspekte der Risikoeinstellungen stehen und warum.«

Finanzwissen ist eine lebensnotwendige Kompetenz

Sein Geld verwalten zu können, ist zu einer lebensnotwendigen Fähigkeit geworden. Die Verbraucher erkennen, dass ihre Altersvorsorge nicht, wie sie immer glaubten, selbstverständlich ist; sie müssen mehr Verantwortung dafür übernehmen. Die Kreditkrise hat den Verbrauchern die Notwendigkeit ins Bewusstsein gerückt, zu wissen, welche Finanzprodukte sie brauchen und welche nicht, was diese bedeuten und wie sie funktionieren.

Einige Finanzdienstleister reagieren auf diese Entwicklung, mit unterschiedlichem Erfolg. Fast jede Bank, die ihren erwachsenen Kunden jemals Investment-Trainings angeboten hat, wurde durch die Beteiligung enttäuscht. Dies gilt für Schulungen in anderen Produktbereichen ebenfalls.

Laut Henriëtte Prast, Professorin für persönliche Finanzplanung an der Universität Tilburg, sind Schulungsangebote dieser Art vergebliche Liebesmüh, genauso wie die Versorgung der Verbraucher mit immer mehr Informationen und die Aufstellung von Risikoprofilen. Initiativen dieser Art beruhen auf den falschen Prämissen: nämlich dass die Komplexität dieser Art von Produkten das Problem sei und dass dieses durch Information und Erklärung gelöst werden könne. Laut Prast besteht das eigentliche Manko darin, dass die Verbraucher irrational und faul sind.

In diesem Fall nützt es nichts, weitere Informationen bereitzustellen, höchstens stellt dies eine Möglichkeit für die Finanzdienstleister dar, sich vor potenziellen künftigen Ansprüchen abzusichern.

Wenn es also Ihre Absicht ist, Erwachsenen Finanzwissen beizubringen, so kommen Sie zu spät. Wir müssen feststellen, dass jegliche Unterhaltung über Finanzwissen stattfindet, wenn nichts mehr zu retten ist. Eltern reden nicht am Küchentisch darüber, und in den Schulen wird nichts darüber gelehrt.

- Eine Studie der Deutschen Bank zeigt, dass Verbraucher, die zugeben, sich in Finanzfragen nicht gut auszukennen, auch diejenigen sind, die das geringste Interesse an zusätzlichen Informationen zeigen.
- Eine Studie der Prudential Group und des Cambridge-Professors Burchall von 2004 führte ein neues Verbrauchersegment ein: das der Finanzphobiker. Zu dieser Gruppe gehörten annähernd 9 Millionen Briten, die sich vor allem drücken, was mit Finanzinformationen zu tun hat – von Kontoauszügen über Sparkonten bis hin zu Lebensversicherungen.
- Ein solider Bildungshintergrund führt nicht zwangsläufig zu finanzieller Bildung. Privat oder beruflich zu viel zu tun zu haben, hält oft davon ab, über Finanzfragen nachzudenken. Darüber hinaus ist laut Untersuchungen der Deutschen Bank den meisten nicht klar, welche Vorteile Informiertheit hat.

Die Zukunft des Vertriebs

Digitale Vertriebskanäle werden in Zukunft noch wichtiger werden

Während der vergangenen Jahre haben die digitale Revolution und das Verschwinden von ökonomischen Grenzen die Geschäftswelt gründlich verändert. Wenn die Zahl der Marktteilnehmer steigt und die Margen kleiner werden, dann werden Barrieren für den Zugang zu Märkten eine größere Rolle spielen. Segmente mit hohen Einstiegsbarrieren werden weiterhin hohe Margen abwerfen, während dort, wo diese Barrieren durch veränderte Regulierung und die fortschreitende Globalisierung verschwunden sind, neue Möglichkeiten entstehen.

Niemand sollte sich aber etwas vormachen. Nicht alle Produkte lassen sich über das Internet verkaufen. Es gibt allerdings bestimmte Segmente wie zum Beispiel Finanzdienstleistungen, für die das Internet immer wichtiger werden wird.

Der Vertriebskanal ist für den Verbraucher die wichtigste Komponente bei der Markenerfahrung und für das Unternehmen oftmals der erste Kontakt mit dem Verbraucher. Der Vertriebskanal wird allerdings viel stärker von der digitalen Revolution beeinflusst, als den meisten Unternehmen bewusst ist. Deswegen müssen die Veränderungen in den Vertriebssystemen gleichzeitig Vertrauen schaffen und technologische Innovationen voranbringen.

Der Grad der Informiertheit und die Ansprüche der Kunden werden weiter steigen

Es ist richtig, dass Kunden im digitalen Zeitalter anspruchsvoller werden. Es stimmt aber auch, dass sich nicht nur eine Sensibilität für niedrige Preise entwickelt hat, sondern auch eine Sensibilität für guten Service, der die Waagschale wieder ins Gleichgewicht bringt. Der Kundendienst hat in der Vergangenheit bereits in jedem Vertriebsnetzwerk eine große Rolle gespielt, seine Wichtigkeit wird jedoch noch zunehmen. Aus Sicht der Unternehmen kommt es darauf an, von einem »reaktiven« zu einem »proaktiven« Kundendienstkonzept zu gelangen.

Ich würde sogar noch weiter gehen: In einer Welt, in der jedes Produkt gleichzeitig verfügbar und doch weit weg ist, suchen Kunden nicht nur nach einem Produkt, sondern nach einer Beziehung zu der Marke, die sie kaufen. Sie möchten Teil einer unsichtbaren Gemeinschaft von Kunden sein, ein Wunsch, der nur von wenigen Unternehmen erfüllt wird. Der Trend: Neukunden wollen sich mit der Marke, die sie kaufen, identifizieren können. Und der Vertrieb ist das wichtigste Instrument, um diese Identikation zu ermöglichen und auszubauen.

Käufer werden selbstbestimmter im Hinblick auf das Wie und Wann der Kommunikation mit einem Unternehmen

Der Vertrieb wird sich schnell auf diese neuen Kommunikationswege einstellen müssen. Viel zu lange hat die Kommunikation zwischen Unternehmen und Kunden nur als Einbahnstraße funktioniert. Unternehmen, denen der Aufbau einer starken interaktiven Beziehung zu ihren Kunden gelingt, können kostenlos von der Kreativität und dem Wissen vieler Menschen profitieren. Kunden können sogar zu Verkäufern werden – durch Empfehlungen oder Partnerprogramme. So oder so: Bessere Interaktion mit dem Kunden führt zu einem dringend notwendigen, modernen Wettbewerbsvorsprung.

Finanzdienstleister, die das gesamte Spektrum der Vertriebskanäle meistern, werden gute Geschäfte machen

Aus einer strukturellen Perspektive wird die Optimierung von Vertriebsnetzwerken in der nahen Zukunft eine notwendige Entwicklung darstellen. Außerdem erwartet der Kunde einen möglichst einfachen und leicht verständlichen Vertriebsweg. Transparenz und ein wirklicher Dialog mit dem Kunden sind von größter Wichtigkeit, wenn es darum geht, verloren gegangenes Vertrauen auf der gesamten Linie der Kundenerfahrung wiederherzustellen.

Die »Entbündelung« wird ein Trend wie auch eine Notwendigkeit werden: Jeder Vertriebskanal wird in Zukunft in sich profitabel sein müssen. Gleichzeitig wird es aufgrund verstärkter Einschränkungen und Regulierungen weniger, aber qualifiziertere Berater geben. In einem solchen Markt werden Kooperationen über längere Zeiträume und vertikale Kundenakquise zur Sicherung von Marktanteilen und zur Vermeidung der Konzentration von zu viel Macht in den Händen des Beraters notwendig sein. Partnerschaften und Joint-Ventures werden sowohl vertikal als auch horizontal an Wichtigkeit gewinnen. Um diese Entwicklungen in die richtige Richtung zu leiten, werden die Unternehmen die Ziele ihrer Vertriebspartner mit ihren eigenen Zielen abgleichen müssen.

Die wachsende Kluft zwischen Unternehmen und Marke muss durch den Aufbau von Beziehungen und durch Kundennähe überbrückt werden

Wird das Internet andere Vertriebskanäle ersetzen? Das ist unwahrscheinlich. Ein echtes Produktmuster wird immer einen tieferen Eindruck hinterlassen als eine E-Mail, und das persönliche Kundengespräch lässt sich nicht durch eine interaktive Website ersetzen.

Das Mantra »Denke global, handle lokal« wird in Zukunft noch wichtiger werden. Obwohl das Internet neue Vertriebschancen in neuen geografischen Märkten eröffnet hat, werden Kunden nach wie vor eine physische Repräsentanz eines Unternehmens erwarten. Persönliche Beziehungen lassen sich nicht ersetzen. Kunden wollen das Gefühl haben, dass das Unternehmen präsent und zugänglich für sie ist. Das Unternehmen der Zukunft ist daher »glokal«. Es ist wichtig, sich daran zu erinnern: Was Kunden online und offline kaufen, ist und wird niemals ein Nullsummenspiel sein. Der elektronische Vertriebsweg und andere Kanäle verstärken sich gegenseitig. Ein dienstleistungsbewusstes Unternehmen gibt seinem Kunden die Möglichkeit, selbst zu entscheiden, wie er auf das Unternehmen zugehen und mit ihm kommunizieren will.

Die oben genannten Verbrauchertrends werden jedoch die Suche nach der richtigen Strategie komplexer machen. In Zukunft wird es wichtiger werden, voraussagen und sich darauf einstellen zu können, auf welche Weise Kunden ihr Produkt kaufen möchten. Neben anderen Dingen muss darauf geachtet werden, wie viel individuelle Beratung der jeweilige Kunde braucht.

Strategische Entscheidungen über Vertriebskanäle, Partner und Strukturen werden über das Aussehen eines Unternehmens entscheiden. Es handelt sich um Schlüsselentscheidungen, die sorgfältige Abwägung erfordern.

Die Konsequenzen des Eigenständigkeitstrends für die Strategie und das Marketing sind riesig. Wir erwarten riesige Herausforderungen bezüglich der Geschäftsmodelle, insbesondere bei denen, die auf die Reichen und Vermögenden abzielen. Wir erkennen riesige Chancen für Produkt- und Dienstleistungsinnovationen sowie die Notwendigkeit, neue Verantwortlichkeiten zu übernehmen, um eine Kundenbeziehung auf Augenhöhe zu etablieren.

1. Revidieren Sie das Paradigma der Kundenpyramide

Wie wir sehen, nimmt der Anteil der eigenständigen Verbraucher in so gut wie allen Segmenten zu.

Darüber hinaus ist zu erkennen, dass diese in den vermögenderen Segmenten überrepräsentiert sind. Folglich wird die herkömmliche Betrachtungsweise der Kundenpyramide – des Modells, nach dem Strategie und Marketing an den jeweiligen Segmenten ausgerichtet werden – obsolet.

Das traditionelle Paradigma lautet: Je höher man auf der Wohlstandsleiter steigt, auf desto mehr persönliche Beratung von Angesicht zu Angesicht hat man Anspruch. Persönliche Beratung wird als Privileg angesehen, über das der Kunde den größten Zusatznutzen gewinnt. In den letzten Jahren schätzten Banken und Versicherungen das Internet hauptsächlich wegen der Kostenreduzierungen, die durch dieses Medium erzielt wurden. Das Internet wurde zu einem exzellenten Kanal für die Massen, die Basis der Pyramide, mit denen schwierig Geld zu verdienen war. Dank der großen Verbreitung des Internets kann dieses Segment nun auf profitablere Weise bedient werden.

Die Kunden haben eine ganz andere Perspektive. Eine Studie der American Bankers Association von 2010 zeigte, dass 44 Prozent der US-Verbraucher zwischen 18 und 54 Jahren bereits Online-Banking als ihren bevorzugten Kanal angaben. Eine Zahl, die noch immer steigt – daher sollten Sie davon ausgehen, dass künftig noch mehr Verbraucher einen Bogen um die Filialen machen und, wenn es nach ihnen geht, persönliche Kontakte noch häufiger meiden werden und effizienter gestalten wollen.

Diverse Finanzfirmen antizipieren dies bereits, zum Beispiel die Bank of America, die 2011 verkündete, ihr Filialnetz wegen der Verlagerung des Geschäfts auf die Kanäle Internet und Mobil um 10 Prozent zu verkleinern.

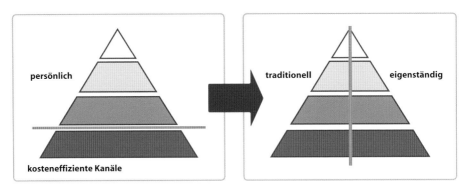

Abbildung: Eine neue Perspektive auf die Kundenpyramide.

VODW-Recherchen zeigen, dass gerade die vermögenderen Segmente zunehmend den Zusatznutzen der Internetdienstleistungen verlangen. Die Überrepräsentierung der Eigenständigen in den vermögenderen Segmenten trägt ebenfalls zu diesem Effekt bei. Eine Studie von Pew Research aus dem Jahr 2010 schätzt, dass 71 Prozent der US-Haushalte mit einem Einkommen über 75 000 US-Dollar Online-Banking als ihren bevorzugten Kanal betrachten. Dies stellt solche Finanzdienstleister, die sich insbesondere an die Wohlhabenden richten, vor eine große Herausforderung. Privatbanken zum Beispiel haben ihr gesamtes Geschäftsmodell und -system um den persönlichen Kundenkontakt herum aufgebaut, wobei der Beziehungsmanager eine zentrale Rolle für beinahe alle Kundenkontakte spielt. Dies hat seine Vorteile. Privatbanken sind meist gut im Aufbau der persönlichen Kundenbeziehung, schließlich stellt dies ihre Kernkompetenz dar.

Die Kehrseite dieses Modells ist, dass andere Kontaktpunkte wie das Internet weniger Aufmerksamkeit erhalten. Solche Banken haben weniger Affinität zu den Remote-Kanälen, da sie diese als minderwertige Kanäle für die Bereitstellung des persönlichen Kontakts betrachten. Folglich sind deren Online-Dienste bestenfalls genauso gut wie das, was gewöhnliche Geschäftsbanken auf diesem Feld anbieten. Daher kann man sagen, dass Privatbanken im Allgemeinen den Geschäftsbanken im Kundenkontakt über Romote-Kanäle unterlegen sind.

Gerade weil die Privatbankkunden an exzellenten persönlichen Service gewöhnt sind, erwarten sie einen entsprechend exzellenten Service über die Online-Kanäle. Angebote für Vermögende sollten Erfahrungen über mehrere Kanäle anbieten. Privatbanken sollten daher auf diesem Gebiet nicht nur genauso gut sein wie der Durchschnitt des Marktes, sondern besser – sie sollten die Erwartungen übertreffen und ihre Kunden überraschen. Das wachsende Potenzial an eigenständigen vermögenden Kunden zu nutzen, ist eine Herausforderung, insbesondere angesichts der beschränkten Größe und Anzahl der Privatbanken und der entsprechenden Investitionen, die dies erfordert. Und weil es der Branchenkonvention der Privatbanken so sehr zuwiderläuft. In einem Modell für die eigenständigen vermögenderen Segmente ist der allgemeine Account-Manager überflüssig – Produktspezialisten spielen die entscheidende Rolle im persönlichen Kundenkontakt, und zwar sowohl bei Begegnungen von Angesicht zu Angesicht als auch über Remote-Kanäle.

Privatbanken, die den wachsenden Anteil der Eigenständigen bedienen wollen, müssen über Konsolidierung oder Partnerschaften, in denen beispielsweise die Verwaltung geteilt wird, zu Skaleneffekten kommen. Wir erwarten, dass ein paar Privatbanken beim bisherigen persönlichen Modell als dominantem Kanal bleiben werden. Abgesehen davon erwarten wir, dass die Landschaft der Privatbanken sich innerhalb etwa der nächsten fünf Jahre komplett verändern wird.

Crowdfunding = Crowdsourcing + Banking

Die Kombination von Crowdsourcing und Bankdiensten hat zu einem interessanten Paradigmenwechsel geführt. Die Menge auf der einen Seite ist unorganisiert und intuitiv; die Bank ist institutionalisiert und regelorientiert. Dialogues Incubator von ABN AMRO, eine offene Innovationsgruppe, hat die Herausforderung angenommen, diese Entwicklung, die sie Crowdfunding nennt, zu fördern.

Crowdfunding ist die Finanznische des Crowdsourcings. Anstatt Wissen und Ideen zu mobilisieren (Crowdsourcing), wird online Geld mobilisiert und gebündelt. Dabei handelt es sich um eine neue Art und Weise, den Markt für Geld und Ideen zu organisieren, der sich an Investoren und Entrepreneure richtet, die auf transparente und autonome Weise investieren wollen. Projekte werden von Investorengruppen finanziert, die alle einen kleinen Betrag anlegen, um zusammen ein gemeinsames Ziel zu erreichen. Verbesserte Navigationstools für das Internet ermöglichen es großen Gruppen von Leuten, sich über das Netz zusammenzutun und ihr Geld bei geringen Transaktionskosten zu mobilisieren. Die Finanzierung kann in Form einer Spende geschehen, als Finanzinvestition, die zurückerstattet wird (zinsfreies Darlehen) oder als Investition mit Kapitalrendite (einer Verzinsung oder einem Gewinnanteil, also Eigen- oder Fremdkapital). Crowdfunding macht die Hierarchien flacher und verringert die Zahl der Entscheidungsebenen, indem es die Leute, die investieren wollen, direkt mit denen zusammenbringt, die nach Investitionsmöglichkeiten suchen. Die Entscheidung darüber, was finanziert wird, verlagert sich von einer Institution, etwa einer Plattenfirma oder einer Bank, hin zum Endverbraucher oder zum einzelnen Investor.

2. Schaffen Sie Produkte und Dienstleistungen für die Eigenständigen

Eigenständige Verbraucher sind die Vorreiter, und direkten Kanälen gehört zweifellos die Zukunft. Es ist erkennbar, dass dieses Segment sowie die direkten Kanäle in allen Kategorien, allen Phasen des Kaufzyklus und allen Ländern auf dem Vormarsch sind. Und das, obwohl die Produkte, die über diese Kanäle verkauft werden, dieselben sind wie die, die über traditionelle physische Kanäle angeboten werden. Die Autobahn ist bereits gebaut, doch noch wird sie allein von Pferden und Kutschen genutzt. Wenn die Finanzdienstleister anfangen, Produkte anzubieten, die für das Kundensegment sowie den Vertriebskanal maßgeschneidert sind, wird das Wachstum Gestalt annehmen.

Und dies wird höchstwahrscheinlich zu unerwarteten Vorteilen führen. Unsere Erfahrung mit sich schnell verändernden Verbrauchsgütern lehrt: Wenn Verbraucher ihr eigenes Produkt zusammensetzen können, hat dies positive Auswirkungen auf deren Bindung an und Wertschätzung für das Produkt.

Ein türkisches Bankenvergnügen

Die türkische Garanti Bank erlaubt ihren Kunden, ihr eigenes persönliches Bankprodukt zu entwickeln.

Die sogenannten »Flexi Cards« der Bank sind Visakarten, die es dem Karteninhaber erlauben, ein paar grundlegende Entscheidungen selbst zu treffen und über zehn Parameter nach Wunsch einzustellen. Wenn man eine Karte beantragt, kann man Variablen wie Bonussysteme, Zinssätze und Kartengebühren selbst einstellen. Insbesondere das Bonussystem ist sehr flexibel – die Kunden können nicht nur entscheiden, welche Bonusquote und -art (Bargeld oder Punkte) sie erhalten wollen, sondern auch auswählen, bei welchen Zahlungen sie zusätzliche Belohnungen erhalten wollen, etwa ob es breite Kategorien wie Restaurants sein sollen oder bestimmte Geschäfte wie Zara.

Zinssatz, Bonusquote und Kartengebühren werden über Schieberegler bestimmt, die verschiedenste Kombinationen aus Zinssätzen oder Gebühren zulassen. Zum Beispiel kann man die Kartengebühren auf null zurücksetzen, indem man sich zu einer monatlichen Mindestausgabe verpflichtet. Ein niedrigerer Zinssatz führt zu einem geringeren Bonus und so weiter. Darüber hinaus können die Kunden, nachdem sie die ernsthaften Finanzentscheidungen getroffen haben, ihre eigene Karte entwerfen, aus verschiedenen Farben und einer ganzen Bildergalerie auswählen oder ihr eigenes Bild hochladen.

Das Konzept ist sowohl für den eigenständigen Kunden als auch für die Bank ein Gewinn. Die Verbraucher schätzen es, die Kontrolle zu besitzen und ihre eigene, maßgeschneiderte Karte zu kreieren, innen wie außen. Dieses Maß an Personalisierung schafft auch eine verbraucherbestimmte Segmentierung, was es der Garanti Bank ermöglicht, verschiedene Angebote zu testen. Die Bank gewinnt so wertvolle Erkenntnisse darüber, welches Kundensegment welche Optionen wählt.

Die drei Stadien erfolgreicher Innovation

Um aus einer Idee eine Geldquelle zu machen, müsse ein langer Weg zurückgelegt werden, sagt Maton Sonnemans, Partner von VODW und Innovationsexperte. »Wir definieren beim Innovationsprozess in der Regel drei notwendige Stadien: erstens das Ideenstadium, zweitens das Innovationsstadium und drittens das Einführungsstadium.

Erstens: Jede Innovation beginnt normalerweise mit einem Geistesblitz. Dabei handelt es sich meist um die grobe Idee eines einzelnen ›Besitzers‹. Bei Finanzdienstleistungen entspringen traditionell die meisten Ideen dem jeweils technisch Möglichen. Unserer Erfahrung nach steigen die Erfolgschancen dramatisch, wenn die Idee auf tieferen Einsichten über die Verbraucher beruht. Eine solche Verbrauchererkenntnis ist wie eine echte Entdeckung im Hinblick auf die Konsumenten, die es uns ermöglicht, mit deren Leben wirklich in Verbindung zu treten. Wir nennen dies eine beabsichtigte Entdeckung, denn das Auffinden einer solchen Erkenntnis erfordert weit mehr als die gewöhnliche Marktforschung. Es geht dabei darum, Verbrauchertrends zu interpretieren, neue Entwicklungen aus anderen Branchen zu übernehmen und solche Konsumenten einzubeziehen, die an der Spitze der Entwicklung liegen. Am Ende wollen wir eine beinahe emotionale Reaktion hervorrufen: ›Sie verstehen mich wirklich – und ich freue mich, zu Ihnen zu wechseln!‹

In den meisten Unternehmen besteht kein Mangel an Ideen, aber solide Initiativen sind rar, und noch schwieriger ist es, einen klaren Standpunkt dazu einzunehmen, welche Initiativen weiterverfolgt und welche gestoppt werden sollen. Innovation setzt von Beginn an klare Entscheidungen voraus, die auf der Qualität der den Ideen zugrunde liegenden Verbrauchererkenntnisse beruhen.

Zweitens: Sobald eine Idee das erste Stadium überlebt hat, beginnt der Ausarbeitungsprozess des Konzepts. In diesem Stadium wird die genaue Essenz des neuen Mehrwerts entwickelt: die Nutzendarstellung, das Versprechen und das konkrete Angebot an den Kunden, die rationale und emotionale Untermauerung und natürlich die Konsequenzen für Marketing und Distribution. Dabei können Sie an die Bestimmung der Zielgruppe, das Branding, die Preisgestaltung, Distribution und Kommunikation, aber auch rechtliche Aspekte, Investment-Angelegenheiten sowie den Einfluss auf die Abteilungen Verkauf und Service denken. Untersuchungen von VODW zeigen, dass dies gewöhnlich das Stadium ist, in dem den Unternehmen meist die Disziplin fehlt, das Konzept in dem nötigen Maß ausführlich auszuarbeiten. Der Erfolg eines Angebots hängt davon ab, inwieweit die verschiedenen Elemente des Konzepts nahtlos ineinandergreifen und einander bis ins letzte Detail unterstützen. Zahlreiche vielversprechende Innovationen scheitern, weil die Ausführungsdetails nicht richtig gemeistert wurden.

Drittens: Sobald das Konzept zur ›Produktion‹ bereit ist, tritt es ins letzte, entscheidende Stadium ein: die Einführung. Von Apple und dergleichen können wir lernen, dass selbst das innovativste Produkt eine kreative und durchdachte Produkteinführung haben muss. Besonders bei Finanzdienstleistungen wird dieses Stadium allzu oft vergessen. Offensichtlich muss das Küken, wenn es erst einmal geschlüpft ist, von selbst fliegen lernen. Immer wieder wird von ihm erwartet, innerhalb von drei Monaten abzuheben. Wenn es dies nicht schafft, wird die Innovation beschuldigt. Manchmal wird sogar der Kunde verantwortlich gemacht ...«

3. Befähigen Sie die Verbraucher

Verbraucher wollen nicht Selbstbedienung an sich. Sie wollen befähigt werden. Es geht darum, diesen Wunsch und die Notwendigkeit der Hilfestellung zu nutzen.

Im ersten Kapitel dieses Buches erwähnten wir, dass viele Verbraucher und Unternehmen in Phasen ökonomischer Unsicherheit Momente der Wahrheit erleben. Diese Erkenntnis bietet uns die richtige Perspektive, um echte Befähigung zu erreichen und den Kundenservice auf ein neues Niveau zu heben: Anleitung mit Unterstützung von Tools anzubieten, um den Kunden bei der Bewältigung ihrer finanziellen Situation zu helfen, egal, ob es um langfristige Aspekte wie die Ruhestandsrücklagen oder um Kurzfristiges wie die tagtäglichen Haushaltsbudget- und Ausgabenentscheidungen geht.

Denken Sie an die Tools, die das Liquiditätsmanagement kleiner und mittlerer Unternehmen unterstützen, oder an Instrumente zur Überwachung der Geldanlagen für die Kunden von Privatbanken. Solche Befähigungs-Tools werden zu einem Kernstück der Serviceidentität eines Unternehmens und somit zu wichtigen Kernmerkmalen der Marke.

Coole Tools zur Befähigung

- MasterCard stellte eine Reihe innovativer Produkte vor: MoneySend, eine Bezahlplattform von Person zu Person, die es den Verbrauchern erlaubt, einander per Mobiltelefon Geld zu schicken; mobile Bezahlplattformen wie den Blaze Mobile MasterCard PayPass-Aufkleber und inControl, das es Kartennutzern ermöglicht, für ihre Ausgaben Parameter festzulegen. All dies sind Innovationen, die eine Einbindung der Konsumenten in Teile des Bezahlvorgangs voraussetzen, die traditionell den Banken vorbehalten waren. Alle diese Bezahlprodukte haben gemeinsam, dass sie den Verbrauchern eine größere Verantwortung für das Management ihrer Finanzen und Überweisungen geben und zu diesem Zweck interaktive Tools anbieten – ein Schritt, der gut zu einem Marktumfeld passt, das wegen überhöhter Schulden nervös ist. Unterdessen profitiert auch MasterCard, da diese Produkte die Zahlungsausfälle reduzieren.

- »ING Compare Me« ermöglicht es Verbrauchern, ihre Ersparnisse und Schulden mit denen anderer Verbraucher zu vergleichen. Man durchläuft eine Reihe Fragen über Ausgaben, Geldanlagen, Schulden und Planungen. Der Verbraucher muss einige Profilinformationen eingeben, so dass das Tool einen Peer-Vergleich durchführen kann: Alter, Geschlecht, Haushaltseinkommen und Familienstand. Ergebnis des Tests ist ein Bericht, der die Antworten zusammenfasst, den Kunden in Relation zu seinen Peers verortet und Empfehlungen für zu ergreifende Maßnahmen ausspricht. Der Bericht kann als Ausgangspunkt für einen persönlichen Finanzplan verwendet oder zu einem professionellen persönlichen Finanzberater mitgenommen werden.
- ABN AMRO Dialogues Incubator und Philips haben ein nachdenklich machendes Konzept erfunden: den Rationalizer. Der Rationalizer ist ein Armband, das auf Emotionen reagiert und für den ernsthaften Privatanleger gedacht ist. Die Idee dahinter ist, dass die besten Ergebnisse erzielt werden, wenn Anlageentscheidungen mit einem kühlen, rationalen Kopf getroffen werden. Untersuchungen zeigen, dass eigenständige Privatanleger nicht rein rational handeln: Ihr Verhalten wird durch ihre Emotionen beeinflusst, insbesondere durch Furcht und Gier, was ihre Fähigkeit, eine objektive, faktenorientierte Haltung einzunehmen, beeinträchtigt. Das Armband misst den Hautwiderstand, der sich ändert, wenn der Träger emotional wird – ein sinnvolles Maß für den emotionalen Zustand. Das Armband erkennt nicht die Art der Emotion, die jemand empfindet, nur deren Intensität. Die farbige Anzeige warnt den Privatanleger, wenn er möglicherweise nicht in der rationalen Verfassung ist, um eine ausgewogene Finanzentscheidung zu treffen. Das Rationalizer-Armband zeigt mit farbigen LED-Lämpchen den Grad an Spannung und Emotionalität an, der erlebt wird. Die Skala springt von Gelb auf Rot, wenn der Träger angespannter und emotionaler wird. Die Blinkgeschwindigkeit der Lämpchen nimmt ebenfalls zu. Auf diese Weise werden Online-Trader gewarnt, wenn es klug sein könnte, eine Auszeit zu nehmen, sich zu beruhigen und die eigenen Handlungen erneut zu durchdenken. Untersuchungen der Freien Universität Amsterdam mit einem funktionierenden Prototypen zeigten, dass Privatanleger sich beim Traden lockerer und ruhiger fühlten, wenn sie dank des Geräts ihren geistigen und emotionalen Zustand kannten.
- Die Eigenständigkeit im Bankgeschäft sowie im Umgang mit den privaten Finanzen wird für Konsumenten immer wichtiger, so Donovan Pfaff, Geschäftsführer von Bonpago. Dadurch gewinnen lange vernachlässigte Technologien wie z. B. der elektronische Rechnungsaustausch immer mehr an Bedeutung. Spielten dabei in den vergangenen Jahren hauptsächlich Kosteneinsparungspotenziale eine wichtige Rolle, geht es für die Generation Y um die Unabhängigkeit und den Nutzen dieser Dienste. Um somit die elektronische Rechnung als vorherrschende Methode im Zahlungsverkehr – so will es die Europäische Union – zu platzieren, müssen, analog zu

den uns bekannten App-Stores, Zusatzdienstleistungen für Kunden um den elektronischen Rechnungsaustausch herum geschaffen werden. Aktuell ist der Anteil mit rund 8 Prozent in Deutschland noch sehr gering. Zusatzdienste können beispielsweise Angebote zur vollständigen Transparenz aller Rechnungen für Reisekosten, Steuererklärungen oder die private Krankenkasse, aber auch Dienstleistungen zur Optimierung der Tarifauswahl sein. Stellen Sie sich vor, Sie erhalten die Rechnung der Deutschen Telekom, und auf Basis Ihres Nutzungsverhaltens bekommen Sie gleich eine Empfehlung für eine Tarifänderung, die Ihre Kosten reduziert. Auch für Shop-Betreiber ergeben sich, neben den Einsparungen bei Porto und Papier, in einem digitalen Rechnungsaustausch ganz neue Potenziale. So kann der Versand von elektronischen Rechnungen mit individuellen Angeboten versehen werden. Durch den Einbau von Social Web in der Geschäftsbeziehung kann zudem eine bessere Transparenz aller Beteiligten zu einer Steigerung des Vertrauens und damit des Kundenwertes führen. Auch für Finanzdienstleister bietet die elektronische Rechnung einige bisher vernachlässigte Potenziale. Gerade im Zeitalter von SEPA sollten Banken Zusatzdienste im Umfeld des Zahlungsverkehrs entwickeln. Dies können Zwischenfinanzierungen zur Verlängerung von Zahlungszielen, aber auch einfache Archivlösungen mit einer Verbindung von Kontoauszug und der entsprechenden Rechnung sein. So können zukünftige Generationen langfristig an ihre Finanzinstitute gebunden werden.

4. Initiativen für mehr Finanzwissen sind der Beginn des Primärprozesses

Das Finanzwissen zu verbessern, wird in der Gesellschaft in den kommenden Jahren zunehmend ein wichtiges Thema sein. Bei dieser Entwicklung werden Regierungen natürlich eine wichtige Rolle spielen. An genau dieser Stelle können Finanzdienstleister etwas bewirken. Es hat mit ihrem Kerngeschäft zu tun. Durch die Verbesserung des Finanzwissens können sie zeigen, dass sie die Auswirkungen der Krise auf die Konsumenten verstanden haben und dass sie ihre soziale Rolle und Verantwortung auf sehr konkrete und relevante Weise annehmen. Vorsicht sollte man bei der Kommunikation solcher Finanzbildungsinitiativen walten lassen. Viele Verbraucher finden, dass die Finanzdienstleister erst einmal ihr eigenes Geschäft besser führen sollten, bevor sie den Verbrauchern erzählen, wie diese ihr Leben zu organisieren haben, oder sonstige unverlangte Ratschläge erteilen.

Die Branche sollte sich auf die Kinder konzentrieren – für die meisten Erwachsenen ist es zu spät – und damit so früh wie möglich beginnen. Vor langer Zeit, als wir in die Grundschule gingen, lernten wir Schreiben, Lesen und Rechnen. Doch wir lernten auch die Hauptstädte von Madagaskar und Laos auswendig – Wissen, das wir seither nie benutzt haben.

Man sollte bereits in der Schule lernen, wie man mit Geld umgeht – ein neues Fach neben Schreiben, Lesen und Rechnen. Was ist Geld? Wozu kann man es benutzen? Was bedeutet Sparen, Leihen und Verleihen, und wie bringt man die Ausgaben in Einklang mit den Einnahmen? Welche Risiken gehen wir ein, und wie können wir diese begrenzen? Welche Rendite oder Verzinsung können wir realistischerweise erwarten? Wir müssen den Verbrauchern beibringen, dass die Bäume niemals in den Himmel wachsen und immer auf solidem Grund stehen müssen.

Neben einem beachtlichen Reputationsgewinn hat die Branche daran noch ein weitaus direkteres Interesse: Gut informierte Verbraucher erkennen mit weit größerer Wahrscheinlichkeit die Notwendigkeit, Geld zu sparen und vernünftig zu investieren. Schließlich muss die Branche dafür sorgen, dass die Verbraucher eine informierte Wahl treffen, um ihre finanzielle Lage zu verbessern. Finanzwissen sollte daher am Beginn des Primärprozesses jedes Finanzinstituts stehen.

Die ING-DiBa profitiert davon, wenn Verbraucher in der Lage sind, ihre finanziellen Entscheidungen selbst zu treffen. Denn nur dann sind sie ein potenzieller Kunde für die Direktbank. Die Bank hat deshalb im Jahr 2010 ihr Internet-Verbraucherportal finanzversteher.de gestartet. Dessen Ziel ist es, enger mit den Nutzern kommunizieren zu können, langfristig eine Finanzversteher-Community aufzubauen, die aus der Sicht der Kunden über wichtige Themen aus dem Bereich der privaten Finanzen diskutiert, und Verbrauchern das nötige Handwerkszeug für eigene Entscheidungen an die Hand zu geben. Nutzer finden dort Informationen, Checklisten und Tools, vor allem rund um die Themen Geldanlage und Altersvorsorge. Der Kunde soll auf der Grundlage objektiver, verständlicher und transparenter Informationen seine finanziellen Entscheidungen selbst treffen. Die Bank ist davon überzeugt: Kunden können das viel öfter, als die meisten selbst glauben. Denn um zum Beispiel 10 000 Euro für zwei Jahre sicher anzulegen, muss niemand ein Finanzexperte sein. Kompliziert werden solche Entscheidungen meist nur durch undurchsichtige Angebote, die dem Kunden auf den Tisch gelegt werden. Bei finanzversteher.de geht es vor allem um die »Basics« der Bankgeschäfte – zum Beispiel um sinnvolles Sparen für größere Anschaffungen und die finanzielle Vorsorge für Kinder. Das Portal orientiert sich bei seinen Inhalten an konkreten Lebenssituationen und stellt die finanziellen Fragen, die sich auch Verbraucher stellen sollten. Auch Verbraucher, die nicht ganz auf eine Beratung durch eine Bank oder einen Finanzberater verzichten wollen, erhalten konkrete Hilfestellung. Für eine optimale Vorbereitung auf das Beratungsgespräch bietet finanzversteher.de zum Beispiel praxisnahe Checklisten. Damit können Kunden ihren Beratern auf Augenhöhe begegnen und deren Beratung kritisch prüfen.

Banamex, die zweitgrößte Bank Mexikos, die zur Citigroup gehört, entwickelte »Saber Cuenta«, das erste Programm zur Finanzbildung Mexikos. Andrés Albo Márquez, Director of Social Commitment bei Banamex, erzählte uns: »Das Programm möchte die Finanzkultur entwickeln und verbessern und letztendlich zur wirtschaftlichen Entwicklung der Menschen, Familien, Unternehmen und Institutionen beitragen. ›Saber Cuenta‹ richtet sich an die allgemeine Öffentlichkeit und ist nicht auf unsere Kunden begrenzt. Das Programm geht auf die sozialen und ökonomischen Realitäten der verschiedenen Regionen unseres Landes ein und bietet Bildungstools, die die Fähigkeiten und Einstellungen für den Entscheidungsprozess in Finanzfragen entwickeln.

Wir etablierten eine innovative Strategie, indem wir Wohnwagen in entlegene Gebiete schickten. Der hintere Teil des Wagens wird zu einem Kino, in dem für das Publikum ein Film gezeigt wird. Bei dem Film handelt es sich um eine Geschichte mit erzieherischer Absicht. Die Leute reagieren begeistert auf die Geschichte und lernen etwas über Finanzfragen. In Stadtvierteln von Mexiko Stadt mit niedrigem Einkommen wurde dieselbe Geschichte als Theaterstück aufgeführt, mit Schauspielern, die mit dem Publikum interagieren, um die Botschaft zu übermitteln.

Unsere Bildungsprojekte haben nichts mit irgendwelchen unserer Produkte oder Dienstleistungen zu tun. Wir erreichen entlegene Gebiete, die keine Beziehung zu Finanzdienstleistungen haben, so dass die Leute, die diese Workshops besuchen, vielleicht ein finanzielles Bewusstsein entwickeln und indirekt möglicherweise über die Vorteile einer Bank als Vermittler nachzudenken beginnen; vielleicht gewinnen wir so neue Kunden, aber das Programm ist nur an dem sozialen Gewinn interessiert, den es anbietet.«

Finanzbildungsinitiativen von Banken und Versicherungen

- Die Home Credit Bank hat im Rahmen ihrer groß angelegten Finanzbildungskampagne in Russland diverse Programme vorgestellt. Zu den Aktivitäten der Kampagne gehören: die Organisation von Workshops in Einkaufszentren, bei denen ein Bankvertreter den Kunden die Grundlagen für eine Kreditaufnahme erklärt. Eine »Akademie der persönlichen Finanzen«, die Bankprodukte in einfachen Worten verständlich macht.
- Im September 2010 starteten die Sberbank und Mail.ru, eines der beliebtesten Internetportale in russischer Sprache, gemeinsam »The Circle of Trust«. Das Hauptziel dieses speziellen Projekts ist, das Finanzwissen in Russland zu fördern. Im Rahmen des Projekts arbeiten Journalisten von Mail.ru mit Spezialisten der Sberbank zusammen, um den Kunden in klarer und einfacher Sprache Bankprodukte und -dienstleistungen zu erklären.

- Die Investmentfirma T. Rowe Price tat sich mit Walt Disney Parks zusammen, um in Disneys Epcot-Vergnügungspark »The Great Piggy Bank Adventure« zu kreieren. Die Idee ist, Kindern im Alter von 8 bis 14 Jahren wichtige Finanzkonzepte zu erklären. Mit dem erworbenen Wissen können die Kinder ein Spiel gewinnen und ihre Traumziele erreichen.
- Die Public Bank of Hong Kong rief das Wealthy Kid Savings Account ins Leben, um Eltern und Kinder zu ermutigen, gemeinsam zu sparen und zu planen. Zu dem Sparkonto gehören Vergünstigungen wie Willkommensprämien zum chinesischen Neujahr, um die Spargewohnheit der Kinder zu kultivieren. Los geht's mit dem sogenannten »Hóng Bāo«, dem roten Umschlag – Geld, das die Kinder zum chinesischen Neujahr traditionell von ihren Verwandten geschenkt bekommen. Der rote Umschlag symbolisiert Glück und soll böse Geister vertreiben.
- Die Charles Schwab Foundation führte 2004 das Programm »Money Matters. Make it count« ein. Es ist über alle Boys and Girls Clubs of America verfügbar. Deren Mitglieder zwischen 13 und 18 Jahren erwerben grundlegende Fähigkeiten des Vermögensmanagements und lernen praktische Möglichkeiten kennen, ihr Geld zu budgetieren, zu sparen, auszugeben, zu investieren und Schulden zu managen. Seit dem Programmstart haben es fast 200 000 Teenager absolviert.

Finanzbildungsinitiativen außerhalb der Branche
- Junior Achievement, eine nicht kommerzielle Bildungsorganisation in den USA, schickt jedes Jahr Tausende von Freiwilligen in die Schulen, um persönliches Finanzmanagement zu unterrichten.
- Der Hip-Hop-Impresario Russel Simmons organisiert jährlich die »Get Your Money Right«-Tour, bei der ausgerechnet Rap-Stars Kindern beibringen, ihre Kosten zu planen, schuldenfrei zu bleiben und nicht einen Wochenlohn für eine neue Designersonnenbrille zu verschwenden.
- EverFi bietet eine fünfstündige Reihe von Web-Tutorials an, in denen die Schüler Schauplätze der realen Welt erleben können, vom Handelsparkett der New Yorker Börse bis zu den Geschäftsräumen eines Gebrauchtwagenhändlers, während sie zugleich Lektionen über das Sparen, über Verzinsung und Schuldenmanagement lernen. Während die Schüler neue Fähigkeiten erwerben, werden sie von der Software ermutigt, ein SimCity-artiges Spiel zu spielen, in dem sie die Ausgabengewohnheiten der Charaktere kontrollieren, Belohnungen für gute Entscheidungen erhalten und die Konsequenzen schlechter erleiden.

»ePrivate Banking« bei der ältesten Schweizer Bank

Mit einem Gründungsdatum von 1741 gilt Wegelin & Co. als älteste Privatbank der Schweiz. Im April 2010 lancierte das Institut einen neuen, innovativen Online-Vermögensverwalter: die Netto-bank. Was hat Wegelin & Co. dazu bewogen, eines der derzeit innovativsten Konzepte im Private Banking zu realisieren, und welche Faktoren sehen die Schweizer, um damit erfolgreich zu sein? Wir befragten Dr. Marcel Beutler, Mitglied der Geschäftsleitung der Nettobank, zu den Visionen im »ePrivate Banking«.

Bankkunden, die selbstständig und ohne Berater agieren, bilden gerade bei den kleineren und mittleren Vermögen seit einiger Zeit ein Schwergewicht. Die Privatbanken scheinen diese Tatsache allerdings zu ignorieren. Wegelin & Co. gehört zu den wenigen Ausnahmen in der Schweiz. Was hat das Institut dazu bewogen, eine elektronische Privatbank zu lancieren?

Bereits von einigen Jahren ist Wegelin & Co. Privatbankiers zur Überzeugung gelangt, dass Raum für eine neue Form der Vermögensverwaltung besteht. Wir erwarten einerseits einen rasanten Kostenanstieg im klassischen Private Banking, ausgelöst auch und vor allem durch einen zunehmenden Regulationsdruck, andererseits gehen wir davon aus, dass sich der Preiskampf in der Branche weiter verschärfen wird. Studien über das Verhalten von Privatkunden zeigen auf, dass nicht weniger als ein Drittel der Befragten bereit wäre, entsprechende Dienstleistungen über das Internet zu beziehen. Auch wenn dies für die Gründung einer Online-Privatbank spricht, so war die Geschichte der Internetbanken in der Schweiz bis heute wenig erfolgreich. Sie wurde geprägt von einer Reihe teilweise spektakulärer Fehlversuche, zu denen Beispiele wie die y-o-u Bank (Vontobel), Redsafe (Swiss Life) oder AXA Bank (AXA Gruppe) gehören. Als Folge dieser Misserfolge scheinen die Banken in der Schweiz nicht gewillt, sich auf weitere Abenteuer einzulassen.

Die Schuldenkrise in Europa hat die Unzufriedenheit zahlreicher vermögender Kunden und ihre Skepsis gegenüber Banken in Bezug auf den Mehrwert und die Kosten weiter erhöht. Entwicklungen bei den Konsumenten beispielsweise in Richtung Transparenz oder Einfachheit haben an Bedeutung gewonnen. Welche Einsichten über die Bedürfnisse oder das Verhalten der Konsumenten liegen dem Geschäftskonzept der Nettobank zugrunde?

Im Gegensatz zu Deutschland ist der Bankkunde in der Schweiz traditionell wenig preissensitiv. Das heißt, die Qualität einer Dienstleistung und das Vertrauen in eine Marke stehen für ihn nach wie vor im Vordergrund, auch und gerade wenn es um das eigene Geld geht. Diese grundsätzliche Haltung beginnt sich bei einem Teil der Bankkunden langsam, aber stetig zu verändern. Sie beginnen Dienstleistungen und Preise zu vergleichen und sind nicht mehr ohne Weiteres bereit, für Dinge zu bezahlen, die sie nicht explizit benötigen. Das ist ein zentraler Trend, von dem wir glauben, dass er weiter an Momentum gewinnen wird.

Der zweite Trend betrifft die technische Entwicklung, die wir gegenwärtig vor allem auf dem Smartphone erleben. Angesichts der Möglichkeit, alles auf einem Gerät von zu Hause aus oder unterwegs erledigen zu können, stellt sich die Frage, warum ein Bankkunde überhaupt noch eine Filiale physisch aufsuchen sollte. Dies gerade in Anbetracht der meist sehr beschränkten Bank-öffnungszeiten.

Drittens wird für den Kunden die (Kosten-)Transparenz einer Anlagelösung (wie viel bezahle ich dafür, und wer erhält wie viel Geld?) zunehmend wichtiger.

Diesen drei Bedürfnissen kommt die Nettobank explizit entgegen: Wir bieten eine kostengünstige Anlagelösung ohne physische Beratung vor Ort an. Der gesamte Kontakt des Kunden mit der Nettobank kann einfach und zeitschonend online oder per Telefon erfolgen. Diese Kosteneffizienz spiegelt sich in der Anlagelösung des Kunden wider. Neben einem tiefen Gebührensatz für die Vermögensverwaltung (ab 100 000 CHF Anlagevolumen hat der Anleger die Wahl zwischen zwei Gebührenmodellen) bewegen sich auch die Kosten der eingesetzten Instrumente in einem äußerst attraktiven Bereich (gegenwärtig rund 0.3 Prozent Total Expense Ratio).

Ein wichtiger Schritt des Kunden bei der Bestimmung seiner optimalen Anlagelösung bildet sein persönliches Risikoprofil. Wie funktioniert dieser Schritt bei der Nettobank?

Die Bestimmung des persönlichen Risikoprofils erfolgt bei der Nettobank rein online mittels eines Fragenkatalogs. Anhand von zwölf Fragen sind wir in der Lage, eine systematische Bestimmung der Risikofähigkeit und Risikobereitschaft eines potenziellen Anlegers vorzunehmen. Gegenüber der Bestimmung des Risikoprofils im persönlichen Gespräch hat unser Ansatz den Vorteil, dass er objektiv ist und auf sämtliche Kunden einheitlich angewendet wird. Basierend auf dem ermittelten Risikoprofil schlägt die Nettobank eine Vermögensaufteilung sowie ein passendes Portfolio vor. Dieses besteht ausschließlich aus indexierten Anlagen, vorwiegend Exchange Traded Funds (ETFs) und Indexfonds.

Es kommen keine Einzeltitel zum Einsatz. Diese Anlagen sowie der passive Anlagestil entsprechen dem Primat der Transparenz, das wir unseren Kunden bieten wollen. Die einzelnen Fonds werden unabhängig evaluiert und nach einer Reihe vorgegebener Kriterien ausgewählt. Die Kosten spielen dabei eine zentrale Rolle.

Ab einem Anlagevolumen von 100 000 CHF bieten wir den Anlegern die Wahl zwischen einer Pauschalgebühr und einer performanceabhängigen Gebühr. Wählt er die zweite Option, erhebt die Nettobank so lange keine Gebühren, bis für den Anleger innerhalb eines Kalenderjahres ein finanzieller Mehrwert entsteht.

Mit der Entscheidung des Anlegers für eine bestimmte Anlagelösung erfolgt die Delegation sämtlicher Anlageentscheidungen an die Nettobank. Diese Form eines Vermögensverwaltungsmandats bildet den eigentlichen Kern unserer Dienstleistung: Wir verwalten Portfolios für unsere Kunden, ohne dass sie sich darum zu kümmern brauchen.

Das Konzept der Nettobank bricht mit zahlreichen Konventionen des Private Bankings. Normalerweise fällt es Privatbanken schwer, einen so andersartigen Weg zu gehen. Weshalb ist es gerade Wegelin & Co. gelungen, dieses Konzept zu realisieren?

Man darf ohne Übertreibung behaupten, dass Wegelin & Co. stets eine große Offenheit gegenüber Neuem hatte, auch und gerade wenn es sich um unkonventionelle Lösungen handelt. Die Eigentumsstruktur der Bank sowie die kurzen Entscheidungswege kommen Innovationen entgegen. Beispielsweise entschied sich die Bank unmittelbar nach dem Platzen der Internetblase dafür, ihr Online-Banking zu erweitern, während sich andere Institute deutlich zurückhielten.

Als sich Wegelin & Co. für die Gründung der Nettobank entschied, stand die Schaffung einer radikal neuen, möglichst originären Einheit im Vordergrund. Man wollte verhindern, im Kleinen eine Kopie der bestehenden Bank zu erschaffen. Dies hatte Auswirkungen auf verschiedenste Bereiche des Geschäftsmodells. So wurden beispielsweise die Online-Ermittlung des Anlegerprofils, der Anlagevorschlag sowie der Investitionsansatz, der dahinter steht, von Grund auf neu entwickelt. Das gesamte Geschäftsmodell musste auf Kosteneffizienz und Skalierbarkeit ausgerichtet werden. Dass dabei die Erfahrung, die Werte und die Kultur des Mutterhauses eingeflossen sind, versteht sich von selbst. Trotzdem könnten die Unterschiede nicht größer sein. Während beispielsweise im traditionellen Private Banking physische Präsenz in den besten Lagen erwartet wird, hat sich die Nettobank in einem peripheren Industriegebiet nahe Gossau SG angesiedelt.

Man würde erwarten, dass die jüngeren Vermögensverwaltungskunden mit kleineren und mittleren Vermögen eher von einem Konzept wie dem der Nettobank als von einer traditionellen Privatbank angezogen werden. Wie sieht das Alter der Nettobank-Kunden im Vergleich zum klassischen Private Banking aus?

Im traditionellen Private Banking liegt das Durchschnittsalter nicht selten über 60 Jahre. Wer erwarten würde, dass die Nettobank im Durchschnitt eine wesentlich jüngere Kundschaft bedient, liegt jedoch falsch. Der Durchschnitt unserer Anleger liegt momentan zwischen 50 und 60 Jahren. Auch wir selbst waren anfänglich davon überrascht. Betrachtet man jedoch den typischen Lebenszyklus eines Bankkunden sowie auch die Zuwachsraten bei den sogenannten

»Silver Surfern«, jenen Personen über 50 Jahre, die das Internet für sich entdecken, ist das Ergebnis plausibel.

Eher erstaunt waren wir zu Beginn von der Geschlechterverteilung bei unseren Kunden. Wir sind davon überzeugt, dass unser Angebot gerade auch für die moderne, selbstständige Frau optimal ist. Trotzdem ist die überwiegende Zahl unserer Kunden männlich. Weibliche Anleger kommen vor allem als Zweitinhaberin eines Kontos/Depots vor, selten jedoch alleine. Hier gilt es, unser Angebot noch besser auf diese Anlegergruppe auszurichten.

Die Nettobank ist nunmehr rund zwei Jahre operativ tätig. Bei derart neuartigen Konzepten scheint es auf der Hand zu liegen, dass ein laufendes Finetuning erforderlich ist. Welches sind die wichtigsten Einsichten seit dem Start, und in welche Richtung wird sich die Bank weiterentwickeln?

In der Schweiz fehlt schlichtweg die Erfahrung im Direktbankengeschäft. Die wenigen bekannten Exponenten sind vorwiegend als Trading-Plattformen ausgestaltet. Die bislang einzige Direktbank im engeren Sinne, die AXA Bank, hat Ende 2011 ihren Betrieb eingestellt. Im Online-Vermögensverwaltungsgeschäft nimmt die Nettobank sowohl in der Schweiz als auch international eine Pionierrolle ein. Wir haben die Erfahrung gemacht, dass es für eine traditionelle Bank schwierig ist, sich den Regeln und Gepflogenheiten des Internets und insbesondere des Web 2.0 vollständig anzupassen. Aufgrund unserer Herkunft sind wir in erster Linie eine Bank und erst in zweiter Linie ein Internetunternehmen. Die große Herausforderung liegt darin, beides zu kombinieren. Wir sind sehr lernfähig und bereit, gewisse Experimente im Online-Verkauf in der Kommunikation einzugehen. Dazu gehört die Optimierung der Website für die Gewinnung von Neukunden genauso wie der Einsatz von Social Media oder der Aufbau einer Community. Gerade im Umgang mit sozialen Netzwerken existiert bei den Banken in der Schweiz noch keine »Best Practice«. Daraus folgt, dass auch für uns zunächst viele Fragestellungen offen bleiben und wir die Antworten selbst finden müssen.

Auch wenn unser Auftritt in vielen Bereichen offen und wandlungsfähig ist, so halten wir strikt an unserem Geschäftsmodell fest. Die hohe Skalierbarkeit wird nicht aufgeweicht. Daraus folgt etwa, dass wir auch in Zukunft keine Ein-zu-eins-Beratung vor Ort anbieten werden. Wir könnten damit vielleicht zusätzliche Kunden gewinnen, aber wir müssten auch mehr Personal dafür beschäftigen. Die schlanken, kosteneffizienten Prozesse sollen zum Vorteil des Kunden im Zentrum bleiben.

Dass wir uns aufgrund der neuartigen Dienstleistung nach wie vor in einer Lernphase befinden, gilt nicht nur für uns sondern auch für unsere Kunden. Um ihnen den Einstieg zu erleichtern, ist für 2012 eine neue Website geplant, die das Konzept des elektronischen Beraters auf die nächste Ebene bringen soll und den potenziellen Kunden durch den Eröffnungsprozess hindurch führen wird.

Unsere Wachstumsziele für die Nettobank sind weiterhin ambitioniert. Trotz der Euro-Schuldenkrise und eines schwierigen Marktumfelds 2010 und 2011 sind wir auf gutem Weg. Wir sind uns allerdings bewusst, dass das Wachstum bis zum Break-Even nicht linear erfolgen kann. Erste Erfolge mit Kooperationspartnern, die eine White-Labelling-Version unserer Seite verwenden und auf diese Weise zusätzliche Kunden bringen werden, stimmen uns zuversichtlich. Wir bleiben optimistisch.

Nettobank war bis Januar 2012 operativ tätig und wurde im Zuge der steuerlichen Auseinandersetzungen zwischen der Schweiz und den USA in die Notenstein Privatbank AG integriert.

Anlageberatung online – Realisierbare Vision oder Illusion?

Otto Lucius – Geschäftsführer der Österreichischen Bankwissenschaftlichen Gesellschaft und Professor am Institut für Banken und Finanzierung der Karl-Franzens-Universität Graz.

Die – noch immer andauernde oder schon wieder ausgebrochene (?) – Finanzkrise hat tiefe Spuren hinterlassen. Nicht nur in den Budgets der Staaten bzw. der Banken, sondern auch im Vertrauen der Kunden. Aktuelle Umfragen zeigen, dass 92 Prozent der Kunden den Banken nicht mehr vertrauen, anders gesehen nur mehr 8 Prozent den Banken vertrauen (Karmasin Motivforschung, Eigenstudie August 2011). Ein schwacher Trost ist, dass der Vertrauenswert für Finanzdienstleister nur bei 4 Prozent liegt. Dies sieht auf der Ebene der sogenannten Hausbank zwar anders aus – hier vertrauen 38 Prozent der Kunden ihrem persönlichen Berater –, doch ändert das wenig am Verlust an Glaubwürdigkeit für die Finanzbranche allgemein. Sieht man sich nämlich an, in welche Institutionen im letzten Jahr sich das Vertrauen verringert hat, so folgen nach Bundesregierung mit 59 Prozent und EU mit 58 Prozent bereits an dritter Stelle die Banken im Allgemeinen mit 51 Prozent. Die Hausbank hingegen ist mit 15 Prozent noch recht gut weggekommen. Wir wollen im Folgenden einen Blick auf das Direktbankgeschäft in Österreich werfen, die Auswirkungen aufzeigen und dann der Frage nachgehen, ob und, wenn ja, wie eine Online-Anlageberatung möglich ist.

Laut Statistik der Österreichischen Nationalbank operieren in Österreich derzeit zehn Direktbanken bzw. Direct Broker (reine Internetauftritte sind statistisch nicht erfassbar, weil es keine Meldepflicht gibt). Diese Direktbanken kommen in der Bilanzsumme mit 13,46 Mrd. EUR auf einen Marktanteil zum 2. Quartal 2011 von 1,36 Prozent (Quelle für diese und die folgenden statistischen Zahlen OeNB, Monatsausweise Teil A1a bzw. VERA A1a). Dies ist nicht sehr viel, jedoch eine bemerkenswerte Steigerung nach 10,35 Mrd. EUR = 0,94 Prozent Marktanteil zum Vergleichsquartal 2009 und 13,04 Mrd. EUR = 1,26 Prozent Marktanteil für 2010. Dazu kommt allerdings, dass die Gesamtbankbilanzsumme der »klassischen« Banken im selben Zeitraum um rund 6 Prozent zurückgegangen ist. Betrachtet man hingegen das Einlagengeschäft mit Nichtbanken insgesamt, so kommen Direktbanken auf einen Marktanteil von 3,88 Prozent inklusive Fremdwährungseinlagen (bei ebenfalls steigenden Volumina der klassischen Banken). Bei den Sichteinlagen von Nichtbanken hingegen erzielen die Direktbanken bereits einen Marktanteil im Geschäft mit Nichtbanken von beachtlichen 10,07 Prozent zum 2. Quartal 2011. Anders sieht es im Kreditgeschäft aus: Bezogen auf (Konsumenten-) Kredite in EUR und Fremdwährung können wir einen Marktanteil von lediglich 0,42 Prozent feststellen, nach 0,32 Prozent in den Vergleichsquartalen von 2009 und 2010.

Wir sehen also, dass in Österreich Direktbanken zwar im Einlagengeschäft eine gute Perfor-

mance aufweisen, aber bis dato nicht jene Bedeutung erlangt haben, die ihnen vor etwa zehn Jahren prophezeit worden ist. Dies mag sich in Zukunft ändern, ist aber unter den Vorzeichen einer Niedrigzinsperiode, wie wir sie jetzt durchleben, eher unwahrscheinlich. Allerdings ist unter den derzeitigen Bedingungen der Liquiditätsknappheit denkbar, dass das Direktbankgeschäft auch für herkömmliche Banken als Kanal der Mittelaufbringung an Bedeutung gewinnen könnte. Wo Direktbanken ebenso wie Online-Broker punkten können, ist das Geschäft der Anlagevermittlung. Das Argument der jederzeitigen Verfügbarkeit, losgelöst von allen Banköffnungszeiten, ist nicht zu unterschätzen. Und mit der Zahl und zunehmenden Reife der Smartphone-Applikationen wird dieser Trend zunehmen. Dazu kommt, dass nach der erwähnten Karmasin-Studie 10 Prozent der Kunden dem Internet vertrauen – mehr also als den Banken. Ist unsere Online-Welt also heil, die Konsumenten zufrieden?

Wohl eher nicht. Denn bei reiner Anlagevermittlung bleibt der Kunde bei der Entscheidung auf sich gestellt. Veranlagungen an den Kapital- und Rohstoffmärkten setzen immer ein bestimmtes Fachwissen voraus. Wir wissen aber, dass es mit der Financial Literacy zumindest in Europa nicht sehr weit her ist. Dieses Problem ist wahrlich nicht neu, es lässt sich aber auch nicht schnell lösen. Finanzielle Bildung ist ein langwieriger Prozess, der von der Aufnahme in die Lehrpläne des Regelschulwesens bis zum Wirksamwerden, also einer Mindestbildung aller in Wirtschafts- und Finanzfragen, noch viele Jahre in Anspruch nehmen wird.

Finanzprodukte sind trotz Krise und gegenteiliger Beteuerungen nicht wirklich einfacher geworden. Zwar besteht ein Wunsch der Kunden nach einfachen und überschaubaren Produkten, doch soll gleichzeitig der Ertrag möglichst hoch sein. Die ewige Grundwahrheit, dass hoher Ertrag nur mit hohem Risiko erkauft werden kann, wird angesichts des Verhaltens der Kunden beiseite gedrängt und nicht wahrgenommen. Hier kommen wir in das weite Feld der Behavioural Economics bzw. Behavioural Finance. Befriedigende Antworten ist uns die Wissenschaft bislang noch schuldig geblieben, aber es gibt erste wichtige Ansätze zur Umsetzung in der Beratung.

Dazu kommt, dass für eine nachhaltig erfolgreiche Veranlagung viele subjektive Faktoren wie persönliches Umfeld, Veranlagungsmotive und -horizont sowie Risikobereitschaft eine wichtige Rolle spielen. Diese »weichen« Faktoren herauszufinden, ist Aufgabe eines sehr gut geschulten Anlageberaters. Dass dabei das »Client First«-Prinzip zu gelten hat, versteht sich von selbst.

Was ist das Fazit daraus? Kunden benötigen Beratung. Bislang war dies immer der persönliche Berater, also eine physische Person, die mit dem Kunden diskutiert und ihn letztlich beraten hat. Betrachtet man Menschen und ihre Verhaltensweisen, so ist intuitiv erkennbar, dass persönliche Beratung immer eine Gefahr der Verzerrung in sich birgt. Ist die Beratung wirklich produkt- und anbieterneutral? Können wirklich alle Interessenkonflikte ausgeschaltet werden? Der Gesetzgeber hat mit der MiFID und ihrer Umsetzung in das deutsche Wertpapierhandelsgesetz sowie das österreichische Wertpapieraufsichtsgesetz viel Mühe darauf verwendet, objektive Beratung, frei von Interessenkonflikten und vor allem im besten Kundeninteresse sicherzustellen. Zahlreiche Schadensersatzprozesse von Anlegern gegen Finanzdienstleister sprechen eine andere Sprache.

Die Frage muss auch anders lauten: Kann eine Online-Beratung hier Abhilfe schaffen? Die Antwort kann nur ein klares Nein sein! Denn hinter jeder Online-Anwendung stecken wieder Institutionen – und damit letztlich Menschen – mit bestimmten Interessen. Diese müssen – wie in der persönlichen Beratung – aber nicht unbedingt im Gleichklang mit den Kundeninteressen stehen.

Dazu kommt, dass Anlageberatung eine gute Kenntnis der Wünsche und Bedürfnisse des Kunden voraussetzt. Ein persönlicher Berater mag sich diese Kenntnisse über die Zeit der Kundenverbindung aneignen. Starke Zweifel sind angebracht, ob ein Online-Tool dies auch vermag. Wahrscheinlich bedürfte es umfangreicher psychologischer Tests, um die notwendigen Beratungsgrundlagen zu schaffen. Es muss bezweifelt werden, dass Online-User, die ja schnelle und unkomplizierte Vorgangsweisen und Prozesse schätzen, sich hier auf zeitaufwändige Tests einlassen wollen.

Der Kosten- und Ertragsdruck der Finanzinstitute mag dazu führen, dass vermehrt auf Online-Aktivitäten zurückgegriffen wird. Ein anderer Punkt ist es, ob dies auch im besten Kundeninteresse liegt. Trotz aller Schwächen der persönlichen Beratung birgt der unmittelbare Kontakt mit dem Kunden doch den Vorteil, differenziert beurteilen zu können, weil man »Zwischentöne« hören oder unterschwellige Abneigungen/Vorlieben erkennen kann. Nur wenn man es schafft, mehr als bisher einfache, aber valide psychologische Tests einzusetzen, wird man – persönlich oder online – imstande sein, Kunden wirklich objektiv und in ihrem besten Interesse zu beraten. Doch selbst dann ist der persönlichen Beratung der Vorzug zu geben, auch unter dem Aspekt der Vertrauensbildung bzw. -wiederherstellung.

Durch Verhaltensökonomik verstehen, was Kunden wollen

Seit nunmehr drei Jahren hat Barclays Wealth neue Methoden entwickelt und getestet, die zum Besten gehören, was die Verhaltensökonomik als ein immer wichtigerer Wissenszweig in der Finanzwelt zu bieten hat. Greg B. Davies, Head of Behavioural Finance bei Barclays Wealth, sprach mit uns über seine Zukunftsvision.

Was ist Verhaltensökonomik?

Die traditionellen Finanztheorien gehen davon aus, dass Menschen immer rational handeln, während wir alle dagegen ziemlich häufig irrationale Entscheidungen treffen. Die Verhaltensökonomik erkennt das an und versucht zu verstehen, wie finanzielle Enscheidungen getroffen werden und welche Auswirkungen zu erwarten sind, anstatt sich auf möglicherweise falsche Grundannahmen zu verlassen. Mithilfe dieses Wissens können wir dann damit beginnen, Produkte und Portfoliostrukturen zu entwickeln, die Investoren vor ihren eigenen potenziellen Reflexen und irrationalen Investitionsentscheidungen schützen.

Im Juni 2009 haben wir zusammen mit der Informationsabteilung des *Economist* eine Studie durchgeführt, die Licht in das Investitionsverhalten während des Konjunkturabschwungs gebracht hat. Obwohl fast 90 Prozent der Investoren sehr gute Investitionschancen sahen, wurden sie von 68 Prozent der Investoren ignoriert, weil das Risiko von weiteren Kursstürzen noch zu groß erschien. Die Investoren waren praktisch wie gelähmt.

Die Verhaltensökonomik macht es möglich, das Verhalten unserer Kunden und die Ursachen dafür zu verstehen. Nehmen wir zum Beispiel die Verlustangst. Dahinter steht, dass Verluste gegenüber Gewinnen einen viel größeren emotionalen Einfluss ausüben. Die meisten Menschen schmerzt der Verlust von 100 Euro mehr als doppelt so stark, wie ein Gewinn derselben Summe Genuss verschafft. Diese Angst vor Verlusten kann zu dem oben beschriebenen Stillstand führen, wenn Investoren sich von ihren langfristigen Zielen abwenden und sich zu stark auf kurze Zeiträume konzentrieren. Auf lange Sicht ist es sehr viel unwahrscheinlicher, dass eine breit gefächerte Investition scheitert, während das Risiko auf kurze Sicht stark ansteigt. Nach Krisenmomenten, wie wir sie 2008 erlebt haben, machen wir uns im Allgemeinen mehr Sorgen über die sofortigen Auswirkungen unserer Entscheidungen. Daraus erklärt sich, warum es möglich ist, eine gute Investitionsmöglichkeit zwar zu sehen, aber dann nicht zu handeln. Die Ursache liegt in der emotionalen Verkleinerung unseres Zeithorizonts in Kombination mit Angst vor Verlusten.

Die traditionelle Art der Banken, die Risikobereitschaft ihrer Kunden mit der Frage festzustellen: »Wie viel Risiko möchten Sie eingehen?« ist ein weiteres Problem. Es fällt jedem von uns schwer, die eigene Risikobereitschaft einzuschätzen. Wir sind an der grundlegenden psychologischen Fähigkeit eines Menschen interessiert, ein Risiko über einen langen Zeitraum zu tragen, wobei die unmittelbaren Antworten auf solche Fragen stark vom individuellen Kontext und der zu diesem Zeitpunkt herrschenden Situation am Markt abhängig sind. Diese Antworten sind jedoch beinahe nutzlos, wenn es darum geht, wie ein Kunde sein Risiko in der Zukunft einschätzen wird. Deswegen benutzen wir gründliche und bewährte psychometrische Verfahren zur Feststellung der Risikobereitschaft und zur Zusammenstellung des Portfolios unserer Kunden.

Wenn man nur eine einzige Methode hat, um die Risikobereitschaft eines Kunden festzustellen, dann kann es passieren, dass Sie zwei Kunden vor sich haben, die über einen langen Zeitraum genau dieselbe Risikobereitschaft zeigen, aber ansonsten völlig unterschiedliche finanzielle Persönlichkeiten haben und deshalb ein anderes Produkt brauchen. Es gibt Menschen, die sich keine Sorgen machen und ihr Portfolio nur ab und zu beobachten. Und es gibt Menschen, die viel Emotionen mit den monatlichen Erträgen verbinden und ihr Portfolio ständig beobachten. Dem letzteren Investor sollte man eher kein zyklisches Portfolio mit scharfen Auf- und Abschwüngen anbieten, sondern eher ein flacheres, das die Nerven schont.

Was sind die Vorteile der Verhaltensökonomik für Barclays?

Der Kern unserer Investitionsphilosophie ist das Verständnis für den individuellen Kunden auf der Basis seiner Persönlichkeit, seiner finanziellen Ziele und seiner finanziellen Situation. Wir setzen gründliche psychometrische Methoden ein, um die Persönlichkeit unserer Kunden nach sechs unterschiedlichen Persönlichkeitsmerkmalen zu ordnen, und jedes einzelne dieser Merkmale benutzen wir, um Portfolio und Produkt auf jeden einzelnen unserer Kunden exakt zuschneiden zu können.

Somit können wir nicht nur die Risikobereitschaft eines Kunden feststellen, sondern auch das Potenzial für kurzfristig auftretende emotionale Reaktionen auf große Gewinne oder Verluste, zusammen mit vielen anderen Aspekten im Investitionsverhalten. Wir haben diese Methode während der letzten drei Jahre erfolg-

reich im Vereinigten Königreich, in Monaco und in der Schweiz eingesetzt und wenden sie seit letztem Jahr in Spanien, den USA, Dubai und Asien an.

Worin liegen die Vorteile für den Kunden?

Die psychometrischen Tests erlauben es uns, detaillierte Daten zur Verfügung zu stellen, mit deren Hilfe unsere Kunden die eigene finanzielle Persönlichkeit und ihren Einfluss auf ihr Investitionsverhalten besser verstehen können. Das ist allerdings nur ein erster Schritt. Wenn wir diese Informationen nicht zum Aufbau eines geeigneten Portfolios benutzen würden, dann wäre noch nichts gewonnen. Daher nutzen wir dieses detaillierte Bild unserer Kunden, um ein Portfolio zu entwerfen, das den individuellen Bedürfnissen entspricht, um unsere Kunden bei ihren Investitionen emotional zu begleiten und um ihnen dabei zu helfen, ihre potenziellen psychologischen und kognitiven Voreingenommenheiten zu überwinden, wenn es zu euphorischen Reaktionen oder zu Panik kommt.

Selbstständige Kundinnen und Kunden bei PostFinance

PostFinance positioniert sich seit Jahren als Finanzinstitut für Kundinnen und Kunden, die ihre Finanzen selbstständig verwalten. Das Bekenntnis zum selbstständigen Kunden heißt, in bestimmte strategische Erfolgsfaktoren zu investieren. Die kontinuierliche Investition in die elektronischen Dienstleistungen, der Mut, als Innovatorin im Markt zu agieren, und die konsequente Ausrichtung des Multidistributionssystems am selbstständigen Kunden sind die wichtige Grundpfeiler unseres Erfolgs, sagt Amir Tabakovic, Leiter Marktentwicklung Geschäftskunden bei PostFinance.

Wie schafft es PostFinance, sich im schweizerischen Markt als Innovatorin zu positionieren?

Unsere Organisation befindet sich im stetigen Lernprozess. Fragen, die uns täglich antreiben, lauten etwa: »Wie können wir unsere Produkte und Dienstleistungen vereinfachen? Wo versteckt sich ein latentes Kundenbedürfnis? Welche Werkzeuge können wir unseren Kundinnen und Kunden zur Verfügung stellen, um sie in der Erreichung ihrer finanziellen Ziele zu unterstützen?« Dabei versuchen wir die Risiken des »First movers« zu begrenzen, indem wir zum Beispiel einen langjährigen Erfahrungsaustausch mit in- und ausländischen Fachkollegen betreiben. Oder erfolgreiche Innovationen auf die Begebenheiten des schweizerischen Markts und unsere eigenen Qualitäten adaptieren. PostFinance hat den Anspruch, international »Fast follower« und gleichzeitig im eigenen Markt »First mover« zu sein.

Was war die letzte spannende Innovation, die Sie eingeführt haben?

Im Februar 2012 hat PostFinance als erster Finanzdienstleister in der Schweiz das persönliche Finanztool »E-Cockpit« eingeführt. Damit konnten wir den Funktionsumfang unseres Online-Bankings um die analytische Dimension stark erweitern und unseren Kunden helfen, ein besseres Verständnis für ihr Ausgabeverhalten zu entwickeln.

Im Umgang mit sozialen Medien war es für uns von Anfang an wichtig, die neue Kommunikationsmöglichkeit unverkrampft und spielerisch kennenzulernen. Dies aber ohne die eigene Marke unnötig mit krampfhaft originellen und anbiedernden Verkaufsversuchen zu exponieren. Schon 2009 haben wir mit Partnern ein User-generated-Radio für Schweizer Nachwuchsbands ins Leben gerufen: www.backstageradio.ch. Wir erhielten viele positive Reaktionen von den Jugendlichen und in den Medien. Zugleich war es uns eine gute Lektion im »Kontrolle an die Nutzerinnen und Nutzer abgeben«. 2010 lancierten wir für Schülerinnen und Studenten zusätzlich die Lernkartenplattform www.card2brain.ch. Vor allem zu den gängigen sozialen Medien wie Facebook, Xing, Twitter und YouTube machten wir uns früh strategische Gedanken und waren entsprechend schnell mit einer Präsenz vertreten. Umgehend traten wir damit auch in den Dialog mit unseren Nutzerinnen und Nutzern. Auch hier gingen wir neue Wege: zum Beispiel mit einer ersten reinen Facebook-Kampagne, in der wir unsere mobilen Applikationen beworben haben. Die breite Präsenz in sozialen Medien wirkt sich positiv auf unser Image bei den technologie- und onlineaffinen Kunden aus. Heute hat sich der Umgang mit sozialen Medien bei PostFinance etabliert.

In Zukunft werden die selbstständigen Kundinnen und Kunden mobile Angebote stärker nutzen. Deshalb ist es logisch, dass PostFinance als Nummer eins im Schweizer Zahlungsverkehr vorne dabei sein will. Seit 2007 bieten wir unseren Kunden die Möglichkeit, per SMS einzukaufen, und haben dieses Angebot seither mit weiteren mobilen Dienstleistungen kontinuierlich erweitert. Aktuell stehen unseren Kunden neben SMS-basierten Dienstleistungen auch solche mit vereinfachten Logins sowie ein einfach bedienbares Online-Banking mit vollständigem Login für Android und iPhone zur Verfügung. Vor allem die Funktion Scan+Pay, bei der unsere eingeloggten Kunden ihre Rechnungen innerhalb von Sekunden scannen und zahlen, ist sehr beliebt und wird rege genutzt.

Zahlt sich der eingeschlagene Weg für PostFinance aus?

Unsere Positionierung wird bestätigt, unter anderem auch durch die Entwicklungen der letzten Jahre, die man auch als »digitale Revolution« bezeichnen kann. Die Kräfteverhältnisse zwischen den Kundinnen und Kunden wie auch den Unternehmen haben sich dauerhaft verändert. Die Erwartungen an Produkte und Dienstleistungen, an die Beziehung zum Unternehmen haben sich seitens der Verbraucherinnen und Verbraucher erhöht. Die Transparenz der Angebote und die Vielfalt der Möglichkeiten, bestimmte Bedürfnisse zu befriedigen, hat sich vergrößert. Vor allem junge Kundinnen und Kunden, die mit Internet und mobilen Telefonen aufgewachsen sind, schätzen die Möglichkeit, auf einfache Weise mit uns Geschäfte zu machen. Diese neue Generation stellt neue Erwartungen an ihre Finanzdienstleister. Diese wollen wir weiterhin erfüllen und übertreffen.

Wie haben sich dieses veränderte Kundenverhalten und der Einfluss neuer Technologien auf den Erfolg von PostFinance ausgewirkt?

Der Anteil der selbstständigen Kundinnen und Kunden im Markt ist stetig gewachsen, und dieser Trend hat sich positiv auf die Anzahl an Neukunden ausgewirkt. Gleichzeitig ist die Qualität unserer bisherigen Kundenbeziehung gestiegen. Dies hat sich positiv auf unseren Geschäftserfolg ausgewirkt. Wir konnten in den letzten Jahren das Volumen der Kundengelder verdoppeln und den Anteil an Hauptbankkunden steigern. Unsere Strategie zahlt sich aus.

Wie sieht es mit damit verbundenen Gefahren aus?

PostFinance sieht die digitale Revolution als Chance und beweist, dass sie keine Berührungsängste mit Themen hat, die gemäß der letztjährigen CMO-Studie von IBM die Unternehmen weltweit vor die größten Herausforderungen stellen: die digitale Datenflut, soziale Medien und die wachsende Zahl an Kommunikationskanälen und Geräten. Sicherheit und Gesetzeskonformität bleiben dabei Basismerkmale, die es bei allen Innovationen zu erfüllen gilt. Dort geht PostFinance keine Kompromisse ein. Wir genießen großes Vertrauen bei unseren Kundinnen und Kunden. Dieses Vertrauen setzen wir weder für die Erschließung zusätzlicher Ertragspotenziale noch für die Verkürzung von Time-to-Market aufs Spiel.

Die »Bank der Zukunft« beginnt mit der Bank für die Jugend

La Caixa hat erfolgreich das LKXA-Programm eingeführt, das für 14- bis 25-Jährige entwickelt wurde. Wir diskutierten das Konzept mit seinem Schöpfer, dem Marketing Director von La Caixa, Carlos Casanovas Dosrius.

Welche Vision steht hinter LKXA?

Unsere Vision ist es, eine Familienbank zu sein. Wir wollen für die ganze Familie da sein, über alle Lebensalter hinweg. Mit LKXA wollen wir dieses Marktsegment ansprechen und mittel- bis langfristig eine loyale und profitable Kundengruppe aufbauen.

Darüber hinaus sehen wir, dass Kinder und junge Erwachsene, sogar im Bereich von Finanzdienstleistungen, immer mehr Einfluss bekommen, denn viele Eltern hören in dieser sich schnell ändernden Welt auf den Rat ihrer Kinder.

Wie stellen Sie sich auf diese spezifische Zielgruppe ein?

Erstens durch unsere Marke. In der Vergangenheit hatten wir das Caixa-Joven-Konzept, das sich vor allem auf die traditionellen Vertriebskanäle und auf Werbung stützte, zum Beispiel bekam man bei der Eröffnung eines Kontos eine Gratis-CD. Vor fünf Jahren änderten wir den Namen dieses Programms in die Abkürzung LKXA, die sich daran anlehnt, wie junge Leute per SMS kommunizieren.

Zweitens, indem wir die für diese Zielgruppe relevanten elektronischen Kanäle benutzen, also das Internet, das Mobiltelefon und den Geldautomaten. Kunden, die LKXA nutzen, brauchen eine E-Mail-Adresse oder eine Handynummer. Jugendliche gehen nicht gern in die Zweigstelle. Sie können gut mit den neuen Technologien umgehen und suchen eine Filiale nur auf, wenn es ein komplexeres Produkt wie einen Kredit zu besprechen gibt. Sie informieren sich vorher im Internet, und wenn sie in die Zweigstelle kommen, dann verfügen sie bereits über eine ganze Menge Informationen.

Wie stellen Sie sicher, dass Ihr Angebot bei den Jugendlichen immer den richtigen Ton trifft?

Unsere Finanzprodukte sind der Kern unseres Angebots. Wir bieten kostenlose Konten und Karten sowie gebührenfreie Kontoführung an – das sind Leistungen, die von dieser Zielgruppe sehr geschätzt werden. Regelmäßige Geschäftsaktivitäten und Kontakte sind für junge Leute weniger interessant.

Unsere wahrscheinlich wichtigste strategische Säule stellt unsere Mischung aus finanziellen und nichtfinanziellen Angeboten und Vorteilen dar. Diese Vorteile bleiben immer bestehen, lassen sich aber anpassen und sorgen für die emotionale Verbindung mit unserer Marke.

Wir haben vier Kategorien erkannt, die von großem Gewicht für unseren Kundenstamm sind: Sport, neue Technologien, Musik sowie Reisen und Freizeit. Unsere jungen Kunden können im Rahmen von LKXA zum Beispiel Kitesurfen lernen, verbilligte Flugtickets oder Kinokarten für exklusive Vorpremieren bekommen.

Solche Leistungen gehören natürlich nicht zu Ihrem Kerngeschäft, und wir vermuten, dass Partnerschaften von größter Wichtigkeit sind, damit LKXA funktioniert, richtig?

Stimmt genau. Wir haben Partnerschaften mit dem populären Radiosender 40 Principales, mit

Repsol für Tankgutscheine, mit NH Hoteles und Spanair für den Reisebereich.

Ohne Zweifel macht die Zusammenführung von LKXA mit jungen Modemarken wie Mango unsere Marke attraktiver. Außerdem besuchen viele Menschen unsere Website und unsere Geldautomaten, um Tickets für größere Popkonzerte zu kaufen. 2009 haben wir auf diese Weise über 100 000 Tickets für die Tour von El Canto del Loco verkauft, und das hat spürbar zu Kontakten mit neuen Kunden geführt.

Wie erfolgreich ist LKXA?

LKXA ist sehr erfolgreich, und das Programm ist ein wichtiges Element in unserer Wachstumsstrategie. Unser Marktanteil in unserer Zielgruppe liegt bei 27 Prozent, was mehr als doppelt so viel ist wie bei der Nummer zwei im spanischen Bankenmarkt. Und unser Marktanteil wächst weiter – letztes Jahr um weitere 2,7 Prozent. Für La Caixa ist es gut, in diesem Segment stark zu sein, denn im Alter von 17 Jahren haben nur 12 Prozent der Jugendlichen ein Bankkonto, während es mit 26 Jahren 71 Prozent sind. Das bedeutet, dass jedes Jahr 140 000 Jugendliche in diesem Alterssegment in unsere Zweigstellen strömen. Darüber hinaus kennen uns 86 Prozent unserer Zielgruppe, Tendenz steigend. Wir haben ausgerechnet, dass die Werbung mit LKXA die Abwanderung von Kunden um 15 Prozent verringert. Als weiterer Nebeneffekt werden wir in die Lage versetzt, von und mit unseren Kunden zu lernen. Indem wir verschiedene Instrumente, Partnerschaften, neue Technologien und Vertriebskanäle ausprobieren, stärken wir die Beziehung zu unseren Kunden und entwickeln die Bank der Zukunft gemeinsam mit ihnen.

Finanzielle Beschlagenheit fängt mit Moneyville an

Die Danske Bank Group ist eines der größten Finanzdienstleister in Skandinavien. 2008 startete die Bank das Financial Literacy and Education Investment Programme, das bei einem guten finanziellen Start ins Erwachsenenleben helfen soll. Das Programm besteht aus einer Reihe von neuartigen Beratungsdienstleistungen, Lernmaterialien, Finanzprodukten, Veranstaltungen und Hinweisen auf staatliche Unterstützungen, die Fertigkeiten und Wissen im Bereich Finanzen vermitteln, und wird ständig durch Umfragen und Analysen ergänzt, die zu einem besseren Verständnis der Herausforderungen und Chancen von Finanzwissen beitragen.
Mads Helleberg Dorff Christiansen, Senior Manager Corporate Affairs, erzählte uns mehr über das Programm.

Wie kamen Sie auf den Gedanken, dieses Programm ins Leben zu rufen?

2008 haben wir eine Studie unter 1600 jungen Erwachsenen (im Alter von 18 bis 19 Jahren) auf unseren wichtigsten geografischen Märkten – Dänemark, Finnland, Schweden, Norwegen, Nordirland und in der Republik Irland – durchgeführt. Ungefähr 50 Prozent der Befragten wussten nicht, was Zinsen sind, und 30 Prozent wussten nicht, dass Kredite nach dem Interest-only-Prinzip nicht kostenlos sind. Wir fanden diesen Grad von Finanzanalphabetismus besorgniserregend. Als Finanzdienstleister waren wir natürlich der Meinung, dass wir dazu beitragen sollten, diese Wissenslücken – möglichst schon frühzeitig – zu schließen, und wir haben uns entschieden, unser Programm an die nächste Generation unserer Kunden, an kleine Kinder zu richten. Wir haben also eine Umfrage unter 2000 Eltern von Kindern im Alter von fünf bis sieben Jahren in unseren sechs wichtigsten Regionen durchgeführt, und wir haben herausgefunden, dass 93 Prozent der Kinder Fragen über Geld stellen, bevor sie sechs Jahre alt sind.

Was ist Moneyville?

Moneyville ist eine lustige pädagogische Website für Kinder von fünf bis sieben Jahren, die erklärt, woher Geld kommt, was es wert ist und wie man Ausgaben priorisiert oder spart. Durch ver-

schiedene Aufgaben wie das Sortieren von Paketen nach ihrem Geldwert und das Einkaufen in einem Laden können Kinder etwas über das Geldverdienen lernen und werden sie mit der Entscheidung konfrontiert, Geld auszugeben oder zu sparen.

Wir haben Moneyville unter dem Namen »Das Familienspiel« darüber hinaus für Kinder von acht bis neun Jahren weiterentwickelt. In dieser Version hilft das Kind einer Familie, ihr Einkommen und ihre Ausgaben miteinander in Einklang zu bringen – und zum Beispiel Geld für unerwartete Ausgaben zurückzulegen. Kinder können Moneyville alleine spielen, wir empfehlen den Eltern aber, die zugrunde liegenden Prinzipien mit ihren Kindern zu diskutieren, wobei viele Eltern sowieso der Meinung sind, dass sie die Verantwortung für die Erziehung ihrer Kinder im Um-

Mit freundlicher Genehmigung der Danske Bank Group.

gang mit Geld haben. Um die Eltern bei ihrer Aufgabe zu unterstützen, haben wir spezielle Materialien entwickelt, die sie bei den Gesprächen über Geld mit ihren Kindern verwenden können.

Wie haben Sie Moneyville entwickelt?

Um Moneyville entwickeln zu können, haben wir uns auf das Wissen von Experten aus unseren wichtigsten geografischen Märkten in den Bereichen Medien, Kinderpsychologie und Pädagogik gestützt. Unser Augenmerk lag darauf, Moneyville kindgerecht, relevant und aufregend zu gestalten und dafür zu sorgen, dass es auch in Schulen eingesetzt werden kann. Die Experten haben hierbei eine wichtige Rolle gespielt – sowohl bei der Anpassung der Website an die Bedürfnisse des Schulunterrichts wie auch bei der Entwicklung von Übungen für die Schüler.

Wir sehen kein Logo auf dieser Grafik – warum nicht?

Weil Moneyville für Kinder gemacht ist, wollen wir keinerlei Materialien, Marketingbotschaften, Logos oder Farbschemata zum Einsatz bringen, die mit unserer Bank in Verbindung gebracht werden können. Nur in den für Eltern und Lehrer bestimmten Bereichen lässt sich nachlesen, dass wir die Website entwickelt haben.

Ist Moneyville ein Erfolg?

Ja, wir waren alle überrascht vom Erfolg. Im ersten Jahr hatte Moneyville über 800 000 Teilnehmer, womit unsere Erwartungen um ein Vielfaches übertroffen wurden. Bewertungen von Eltern und Lehrern, die das Programm verwendet haben, sind sehr positiv ausgefallen.

Gibt es Pläne, das Programm weiterzuführen?

Ja, Moneyville war nur ein erster Schritt. Anfang 2010 haben wir »Control your Money« herausgebracht, das sich an Kinder zwischen 10 und 15 Jahren richtet. Um Lehrer zu inspirieren und zu motivieren, Finanzwissen zu vermitteln, haben wir zusätzlich eine Online-Initiative »Teaching Financial Literacy« zusammen mit einer weiteren Initiative mit dem Titel »Mind your money« für 18- bis 27-Jährige gestartet, die Jugendlichen bei einem guten finanziellen Start in ihr unabhängiges Erwachsenenleben helfen soll. 2010 werden wir weiter daran arbeiten, unsere Programme zu entwickeln und auf unsere wichtigsten Märkte zu bringen.

Warum tun Sie all das? Was ist der Nutzen für Ihr Geschäft?

Wir glauben, dass ein höherer Grad von Beschlagenheit in Finanzfragen nicht nur das Leben jedes Einzelnen schöner macht, sondern auch zu einem gesunden ökonomischen Wachstum in der Gesellschaft führt. Als Bank glauben wir, dass wir einen Teil der Verantwortung dafür haben, dass die nächste Generation unserer Kunden gut informiert ist. Wir glauben auch, dass unser Unternehmen besser und profitabler sein wird, wenn unsere Kunden kritisch sind und gut Bescheid wissen. Sie werden uns dazu herausfordern, bessere und effizientere Produkte und Lösungen zu finden.

Kapitel 4

Die Verbraucher verlassen sich auf die Schwarmintelligenz

Obwohl er von hinten fotografiert wurde, nehmen wir an, dass die meisten den Mann im dunklen Anzug erkennen werden: Barack Obama. Wir druckten dieses Bild nicht seinetwegen ab, sondern wegen der vielen Kameras, die auf dem Bild zu sehen sind. In der Mitte hält sogar jemand seinen Laptop hoch, wahrscheinlich ebenfalls, weil sich darin eine Kamera befindet. Was diese Kameras aufzeichnen, ist fast sofort im Internet verfügbar und wird über Online-Communitys wie MySpace oder Facebook mit Freunden und Familie geteilt.

Es wurde schon viel darüber gesagt, dass das Internet bei der Wahl von Barack Obama eine entscheidende Rolle spielte, wie beispielsweise die 2 Millionen Nutzerprofile der Online-Community »MyBarackObama« und die über 5 Millionen Unterstützer bei anderen sozialen Medien sowie Seiten, auf denen man Medieninhalte einstellen kann, illustrieren.

Unserer Meinung nach liegt Obamas Erfolg darin begründet, dass er sich eine tiefere Erkenntnis über die Verbraucher zunutze machte. Diese Erkenntnis hinter seiner Strategie bestand darin, dass die Leute die unverfälschten Meinungen ihrer Mitbürger und Mitkonsumenten gegenüber den wunderschön verpackten Botschaften der Politiker und Unternehmen bevorzugen.

Die Essenz dessen, was Obamas Team tat, bestand darin, die Schwarmintelligenz zu nutzen, die Wähler bei der Planung und Durchführung der Wahlkampagne einzubinden, anstatt diese selbst kontrollieren zu wollen. Das Team befähigte die Leute aktiv, indem es den Fans die richtigen Hilfsmittel zur Verfügung stellte und so treue Fürsprecher gewann.

Was meinen wir mit Schwarmintelligenz?

Die Bedeutung von »Schwarmintelligenz« ist, dass die von Gruppen zusammengetragenen Informationen besser sind als die Informationen, über die ein zufälliges Mitglied der Gruppe allein verfügt. Diese Theorie wird durch eine wachsende Anzahl an Verbrauchern regelmäßig untermauert. »Mundpropaganda« an sich ist nichts Neues.

Fotografie auf den vorhergehenden Seiten: Barack Obama in Berlin 2008. © Associated Press.

Die Leute haben immer auf den Rat und die Empfehlungen von Freunden, der Familie, Geschäftspartnern und anderen Menschen gehört, meist über persönlichen Kontakt. Früher tauschte man seine Gedanken und Erfahrungen über den Gartenzaun mit den Nachbarn aus. Heute tauschen die Menschen Gedanken und Erfahrungen über einen virtuellen Zaun aus. In den letzten Jahren hat sich dieser Trend stark verbreitet, unterstützt durch Online-Medien wie E-Mail, Blogs, Chats, Communitys und dergleichen. Der neueste Sprung nach vorne war die Welle, die die aktuellste Generation von Mobiltelefonen verursacht hat. Die Möglichkeiten, mit so ziemlich jedem auf der Welt in Verbindung zu treten, sind nun beinahe grenzenlos dank dem Aufstieg der sogenannten sozialen Medien und Web-2.0-Tools, die es den Nutzern ermöglichen, zu interagieren und selbst Inhalte zu kreieren. Über soziale Medien kann man Fotos teilen, Freunde bezüglich des eigenen Aufenthaltsorts auf dem neuesten Stand halten, mit Leuten in Kontakt bleiben, die man nicht täglich sieht, lang aus den Augen verlorene Freunde wiederfinden, Produkterfahrungen austauschen und so weiter.

Ein besonders faszinierender Aspekt des Aufstiegs der sozialen Medien ist, dass die Leute anderen Leuten vertrauen, die sie kaum oder überhaupt nicht kennen. Man hört immer mehr auf diese teilweise sogar anonymen Meinungen und lässt diese das eigene Verhalten beeinflussen. Somit kann theoretisch jeder übers Internet Autorität ausüben und dadurch große Gruppen von Mitverbrauchern beeinflussen.

Soziale Medien im Kontext

Einigen Medien wird mehr, anderen weniger vertraut. Der Vertrauensfaktor hängt vom Beteiligungsniveau der Verbraucher ab.

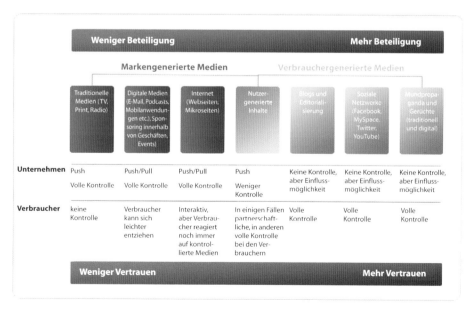

Abbildung: Soziale Medien im Kontext. Quelle: TNS-Präsentation 2009, modifiziert von Peverelli und De Feniks.

Die Verbraucher sind zunehmend vernetzt

Die Welt wird immer virtueller. Laut internetworldstats.com sind im Juni 2011 über 2,1 Milliarden Menschen auf der Welt online. Diese Zahl wird Prognosen zufolge weiterhin rasch wachsen. Eine Cisco-Studie von 2011 sagt 15 Milliarden Geräte mit Internetanschluss für das Jahr 2015 voraus – doppelt so viele, wie Menschen auf der Welt leben – sowie eine Vervierfachung des weltweiten Internet-Traffics von 2010 bis 2015. Das größte Wachstum wird in den Schwellen- und Entwicklungsländern Afrikas, Lateinamerikas und des Nahen Ostens stattfinden.

Dieses Wachstum wird durch sich beschleunigende technologische Entwicklungen wie die Steigerung der internationalen Internet-Bandbreite und die Verwendung des mobilen Internets unterstützt. Laut einer Studie von eMarketer gehen nun 30 Prozent der amerikanischen Bevölkerung unterwegs ins Internet, und diese Zahl wird Prognosen zufolge exponentiell zunehmen. Morgan Stanley erwartet, dass Mobiltelefone den PC als bevorzugtes Zugangsmedium zum Internet etwa 2015 ablösen. Eine Cisco-Studie von 2011 schätzt, dass der mobile Datenverkehr in den fünf Jahren von 2010 bis 2015 auf das 26-Fache zunehmen wird, insbesondere durch die mobile Videonutzung und die Smartphones wie das iPhone.

Der schiere Umfang der Social-Media-Entwicklungen macht diese eher zu einer Revolution in der Kommunikationsweise der Menschen als zu einer Evolution. Die Schwarmintelligenz und die sozialen Medien werden sicher nicht wieder verschwinden – einfach weil sie einige der größten Bedürfnisse der Menschen erfüllen: mit anderen Leuten zu kommunizieren, sich mit ihnen auszutauschen und mit ihnen zusammenzuarbeiten.

Bislang war unsere Identität oftmals durch die Produkte, die wir verwendeten, und die Marken, die wir kauften, bestimmt. Diese Rolle verlagert sich nun auf die Communitys und Netzwerke, denen wir angehören. In Korea ist es unter jungen Leuten zum Beispiel üblich, Cyworld-Adressen anstelle der Telefonnummern auszutauschen.

Die Verwendung der sozialen Medien breitet sich schnell aus

- Im Januar 2012 gab es über 850 Millionen Facebook-Nutzer, die durchschnittlich 130 Freunde hatten. Wäre Facebook ein Land, dann wäre es das drittgrößte der Erde.
- Im März 2010 wurde Facebook erstmals von mehr US-Internetnutzern besucht als google.com. Die Facebook-Nutzung übertrifft die von Google umso mehr, da die US-Nutzer fast sechseinhalb Stunden monatlich bei Facebook und weniger als zweieinhalb bei Google verbringen.
- Ein Drittel der jungen Frauen loggen sich laut einer Umfrage von Oxygen Media unter 1600 Social-Media-Nutzerinnen in Amerika morgens bei Facebook ein, bevor sie sich die Zähne putzen oder zur Toilette gehen. Die Studie macht deutlich, dass Frauen zwischen 18 und 34 Jahren zunehmend süchtig nach sozialen Netzwerken und abhängig von ihnen sind. Jede fünfte gab sogar an, mitten in der Nacht aufzu-

- wachen, um auf Pinnwand-Posts, Tweets und Texte zu antworten, und 37 Prozent sind schon einmal mit ihrem Telefon in der Hand eingeschlafen.
- Im Dezember 2011 hatte das soziale Netzwerk Orkut weltweit über 130 Millionen Nutzer, von denen die Hälfte in Brasilien und rund 20 Prozent in Indien lebten. Das südkoreanische soziale Netzwerk Cyworld hat 35 Millionen Mitglieder, darunter 90 Prozent der jungen Erwachsenen zwischen 20 und 29 Jahren in Südkorea. Qzone in China hat 530 Millionen aktive Benutzerkonten.
- Twitter hat Mitte 2011 über 200 Millionen Nutzer, und jeden Tag werden über 100 Millionen Tweets versendet.
- VKontakte, das größte soziale Netzwerk Russlands, verfügt über 100 Millionen registrierte Nutzer. Über 25 Millionen nutzen es täglich, 70 Prozent leben in Russland, 60 Prozent sind über 25 Jahre alt (Quelle: TNS Gallup).
- Odnoklassniki, das zweitgrößte soziale Netzwerk Russlands, hat über 70 Millionen Mitglieder, von denen sich 20 Millionen täglich einloggen (zu den Nutzern gehören auch solche aus anderen Ländern wie Ukraine, Kasachstan und Weißrussland).
- LinkedIn hat über 120 Millionen Mitglieder in über 200 Ländern. Ende Juni 2011 melden pro Sekunde durchschnittlich mehr als zwei neue Mitglieder ein Berufsprofil an. 2010 wurden annähernd 2 Milliarden Personensuchen über LinkedIn ausgeführt.
- Bei Flickr sind derzeit über 5 Milliarden Bilder eingestellt.
- Google+ wurde im Juli 2011 auf Einladungsbasis gestartet und gewann bei seinem Versuch, Facebook herauszufordern, bis Januar 2012 bereits 90 Millionen Mitglieder.
- Bei YouTube werden täglich über 3 Milliarden Videos angesehen. Laut YouTube gibt es pro Minute über 400 Tweets, die einen YouTube-Link enthalten. Auf Facebook werden unterdessen jeden Tag YouTube-Videos mit einer Gesamtlänge von über 150 Jahren angesehen.
- Wikipedia zieht laut ComScore monatlich 400 Millionen Unique Visitors an (Stand März 2011). Es gibt über 82 000 aktive Autoren, die an den über 19 Millionen Artikeln in über 270 Sprachen arbeiten.

Die Verbraucher suchen nach Informationen, denen sie trauen können

Recherchen ergeben, dass die Online-Kanäle und insbesondere die sozialen Medien in großem Umfang zum Meinungsaustausch über Produkte, Dienstleistungen und Marken genutzt werden. In den USA zeigte eine Umfrage unter Nutzern von sozialen Netzwerken von ROI Research aus dem Jahr 2010, dass 53 Prozent per Twitter Unternehmen und/oder Produkte empfehlen, und laut einer Lab42-Studie von 2011 sind 90 Prozent der US-Twitter-Nutzer Follower mindestens einer Marke.

Die Beliebtheit der Schwarmintelligenz ist vor allem dem Vertrauen der Verbraucher in diese Meinungen und Rezensionen geschuldet. Laut einer Studie von Universal

McCann vertrauen wir den Online-Empfehlungen von Fremden fast genauso sehr wie persönlichen Empfehlungen. Auch vertrauen wir Fremden mehr als jeder bezahlten Kommunikation oder Werbung. Zahlreiche weitere Studien zeigen ähnliche Ergebnisse. Die Leute glauben immer weniger an Informationen aus einer einzelnen Quelle.

Laut Nielsen-Recherchen in 50 Ländern vertrauen 90 Prozent der Internetnutzer Empfehlungen von Leuten, die sie kennen, und 70 Prozent vertrauen online geposteten Verbrauchermeinungen. Nur 41 Prozent vertrauen den Anzeigen neben den Suchergebnissen von Suchmaschinen und lediglich 33 Prozent Banneranzeigen. Traditionellen Medien wie TV-Spots, Zeitungs- oder Zeitschriftenanzeigen oder Radiowerbung wird weitaus geringeres Vertrauen entgegengebracht als den Meinungen anderer Verbraucher.

Die Unternehmen folgen den Verbrauchern in die sozialen Medien

Die sozialen Medien sind der neue Ort, um Kunden zu treffen und die Schwarmintelligenz zu nutzen. Zahlreiche Unternehmen wie Google, Dell, Procter & Gamble und Ford haben begonnen, die sozialen Medien zu nutzen, um die Kundenbeziehungen zu verbessern und umfassender zu gestalten. Selbst der Vatikan, eine der ältesten Institutionen der Welt, hat einen Markenkanal bei YouTube. Das Geschäftsmodell in zahlreichen Branchen hat sich bereits für immer geändert. In der Musikbranche werden Leute beinahe über Nacht durch YouTube zu weltbekannten Popstars.

Tip Jar nutzt die Schwarmintelligenz
Ein zentraler Glaubenssatz von Google ist, dass »Demokratie im Internet funktioniert«. »Das Konzept von Google funktioniert, da es auf Millionen von einzelnen Nutzern basiert, die auf ihren Websites Links setzen und so bestimmen, welche anderen Websites wertvolle Inhalte bieten.« Mats Carduner, ein Mitglied des Google-Verwaltungsrats, erzählte uns von einer Initiative des Unternehmens: »Bei Google setzen wir sehr stark auf die Schwarmintelligenz. Während wir alle durch die stürmische wirtschaftliche See von heute navigieren, möchten wir dies in die Tat umsetzen. Deswegen erfanden wir Tip Jar. Im gesamten Netz verstreut gibt es massenweise Geldspartipps, doch selbst wenn man sie finden würde, wäre es schwierig zu erkennen, welche einen Versuch wert sind. Tip Jar versammelt die Tipps an einem Ort und lädt die Leute ein, diese nach Nützlichkeit zu bewerten sowie eigene Tipps hinzuzufügen. Mit der Zeit werden die besten und nützlichsten Tipps an der Spitze stehen. Interessanterweise haben viele Tipps damit zu tun, wie man bei seinen Bankgeschäften Geld sparen kann.«

Eine von McKinsey durchgeführte Befragung von 1700 Vorständen rund um die Welt ergab, dass 69 Prozent der Unternehmen durch Web-2.0-Technologien messbare geschäftliche Vorteile erzielt hatten, darunter innovative Produkte und Dienstleistungen, effektiveres Marketing, besserer Wissenszugang, niedrigere laufende Geschäftskosten und höhere Umsätze. Seit einigen Jahren sind soziale Netzwerke und Anwendungen für Marketingleute branchenübergreifend eine wichtige Priorität. Die Folge ist, dass die Marketing-Budgets sich weltweit in Richtung soziale Medien verlagern. Laut einem Bericht von Aite Group und EFMA erwarten 90 Prozent der Finanzinstitute in Europa und den USA, im Jahr 2012 ein eigenes Budget für soziale Medien zu haben.

Pepsi gewinnt scharenweise Fans in den sozialen Medien
Der Superbowl ist das größte TV-Werbe-Event im US-Kalender, aber 2010 schaltete PepsiCo zum ersten Mal seit 23 Jahren keine Werbung. Stattdessen starteten sie eine Soziale-Netzwerke-Kampagne namens »Pepsi Refresh«. Schon dieser kühne Schritt allein hat genügend Aufmerksamkeit auf sich gezogen, um die Kampagne zu einem Erfolg zu machen. Auf der Seite refresheverything.com kann man Ideen einreichen und bewerten, die positive Auswirkungen für die Gemeinden haben. Die Gewinner-Ideen erhalten Förderungen, und die Teilnehmer werden ermuntert, ihre Idee über soziale Medien zu bewerben. Innerhalb weniger Wochen gewann Pepsi über 300 000 Facebook-Fans.

Warum hat sich dieser Trend bei den Finanzdienstleistungen noch verstärkt?

Anfangs waren es nur Branchen wie Unterhaltung und Reisen, die durch verbrauchergenerierte Online-Inhalte beeinflusst wurden. Doch auf dem Gebiet der Finanzdienstleistungen explodierte der Trend zur Schwarmintelligenz förmlich. Dies war zwei Aspekten geschuldet, die von den Finanzdienstleistern selbst verursacht wurden.

Erstens erfuhren die Menschen während der Kreditkrise, dass der Wert der Informationen, die sie direkt von den Finanzfirmen erhielten, begrenzt war und dass diese Informationen nicht objektiv waren. Der Bedarf an transparenten und objektiven Informationen hat die sozialen Medien in die Finanzbranche katapultiert. Zahlreiche Untersuchungen zeigen, dass die Verbraucher im Finanzbereich wie in anderen Branchen auch Kundenmeinungen eher vertrauen als sogenannten Expertenmeinungen. Die sozialen Medien geben den Konsumenten die Transparenz, nach der sie suchen, insbesondere wenn die Finanzdienstleister weiterhin Fernsehspots mit positiven Botschaften ausstrahlen, während die Abendnachrichten ein so viel weniger attraktives Bild von derselben Finanzfirma zeichnen. Denken Sie an die Fortis-

Gruppe mit ihrem berüchtigten Slogan: »Here today. Where tomorrow?« (»Heute hier. Morgen wo?«), mit dem sie die Öffentlichkeit sogar noch während ihres Absturzes bombardierte.

Der zweite Grund betrifft das eigentliche Geschäftsgebaren der Finanzfirmen und die Unzufriedenheit der Verbraucher. Über die meisten Finanzdienstleister wird heute in den sozialen Medien breit diskutiert. Die kundenunfreundlichen Geschäftspraktiken könnten jahrelang weitergehen, aber mithilfe von neuen Social-Media-Tools können die Kunden einander heute mit beispielloser Geschwindigkeit von ihren schlechten Erfahrungen berichten. Dank neuer Technologien wie Online-Banking können die Verbraucher leichter und schneller denn je Geld abheben. Die jüngste Geschichte hat gezeigt, dass soziale Medien zu dem Ort werden, wo Reputationen gemacht oder zerstört werden können.

Was geschah während der Kreditklemme und der Wirtschaftskrise in den sozialen Medien? TNS Cymfony hat die wichtigsten Finanzdienstleister aus den Bereichen Handelsbanken, Versicherungen und Geldanlage seit Beginn der Finanzkrise in den sozialen Medien beobachtet und verbrauchergenerierten Content über Angst und Vertrauen gegenüber einzelnen Finanzdienstleistern und dem Sektor insgesamt gesammelt. Hier einige Ergebnisse:

- Der Umfang der Social-Media-Unterhaltungen spiegelt die Marktbewegungen wider: Es gab große Aktivitätsspitzen, wenn der Dow-Jones-Index fiel.
- Das Niveau von Vertrauen und Angst korreliert ebenfalls mit den Marktbewegungen.

Die sozialen Medien spiegeln tatsächlich die »Stimmung des Volkes« gegenüber den Finanzdienstleistern und der Finanzbranche wider. Dies ist besonders interessant, weil es sich durchgehend um unaufgeforderte und ungefilterte Kommentare handelt, die vollständig spontan geäußert werden. Dies macht sie zu einem wichtigen Gradmesser, den man in Kombination mit traditonelleren Maßzahlen verwenden kann.

Ein perfektes Timing für die Verbraucher, ein weniger gutes für die Finanzfirmen

Aus Sicht der Finanzdienstleister laufen die Entwicklungen bei den sozialen Medien beinahe diametral den traditionellen Strukturen und Kulturen ihrer Branche entgegen. Die Mehrzahl der Finanzfirmen ist nicht an die Kundeneinbindung und -mitarbeit sowie die Transparenz gewöhnt, die durch die sozialen Medien Einzug halten. Die neue Realität der Finanzfirmen ist, dass sie lernen müssen, mit der Schwarmintelligenz und den sozialen Medien umzugehen und ihnen zu entsprechen, beispielsweise, was die Geschwindigkeit und die Sichtbarkeit von Diskussionen in diesen Medien angeht.

- Ann Minch, eine Verbraucherin, lud ein Video über die Bank of America mit dem Titel »Debtor's Revolt« (»Die Revolte der Schuldner«) auf YouTube hoch. Es ging um einen allmählichen Anstieg ihrer Kreditkartenzinsen von 13 auf 30 Prozent. Sie hatte genug und weigerte sich, diesen Zinssatz zu zahlen. Diese Einzelaktion verbreitete sich viral, was zu über einer halben Million Views innerhalb von drei Monaten und Tausenden von Kommentaren führte; schließlich griffen auch die traditionellen Medien wie Fernsehsendungen die Geschichte auf. Die Bank of America reagierte und löste den Konflikt mit Frau Minch, aber erst als die ganze Welt davon gehört und sich über negative Bankerfahrungen und -praktiken wie Zinssteigerungen ausgetauscht hatte.

- Ende 2009 geriet die SNS-Bank ins Visier, nachdem irgendjemand einen gefälschten Tweet verschickt hatte, in dem es hieß, SNS stecke in Schwierigkeiten. Dies geschah in einer turbulenten Zeit, als eine andere niederländische Bank in Probleme geraten war und innerhalb weniger Wochen den Betrieb einstellte. Jan Willem Dreteler, Marketing- und Strategievorstand von SNS, erzählte uns, wie die Bank damit umging: »Am Morgen des 13. Oktober kam ich ins Büro und wurde mit dieser Hoax-Nachricht konfrontiert. Diese ließ sofort alle Alarmglocken klingeln, denn wir hatten gerade erst erlebt, wie ein kleiner Funke einen ganzen Wald in Brand setzen kann. Und dies geschah beinahe auch. Wir verfolgten die Diskussionen und erlebten, wie sich diese innerhalb von zwei Stunden in die traditionellen Medien verlagerten, unter Beteiligung von Leuten aus der Finanzbranche. Das war der Moment, um an die Öffentlichkeit zu gehen und zu verhindern, dass die Verbraucherstimmung außer Kontrolle geriet. Glücklicherweise hatten wir bereits ein paar Dinge gelernt, weil wir bereits in Blogs aktiv waren. Wir entwarfen schnell einen Twitter-Text und schickten ihn hinaus: ›Hoax über SNS-Bank stoppen – kompletter Unsinn. SNS-Bank gesund, sehen Sie sich die Zahlen an.‹ Außerdem baten wir alle unsere SNS-Kollegen, sich an der Twitter-Diskussion zu beteiligen und ihre Meinung mitzuteilen. Viele von ihnen suchten zuerst die Kommunikationsabteilung auf, denn sie hatten vor, ehrliche und authentische Botschaften zu verbreiten. Dies führte zu einer Zunahme der offenen Diskussionen, auch mit den ursprünglichen Twitterern. Die schnelle Reaktion löschte das Feuer innerhalb eines Tages und wendete potenziellen Schaden ab. Interessanterweise erhielten wir viele Entschuldigungen von Leuten, die gemerkt hatten, dass sie kommuniziert oder reagiert hatten, ohne Informationen zu verifizieren und ohne den potenziellen Schaden zu bedenken. Wir nutzten die Erfahrung zu unserem Vorteil. Wir lernten die starken Social-Media-Nutzer unseres Unternehmens kennen, und es zeigte sich, dass die sozialen Netzwerke unserer Mitarbeiter ein starkes Instrument sind. Insgesamt beschleunigte die Erfahrung die Weiterentwicklung unserer Vision und Strategie. Wir werden die sozialen Medien von nun an sicherlich proaktiver nutzen.«

Die sozialen Medien sind zunehmend der Ort, wo die Reputation von Unternehmen gemacht oder zerstört wird. Wenn wir mit Finanzdienstleister sprechen, treffen wir jedoch oftmals auf die folgenden sechs Gründe, warum sie noch zögern.

1. »Es ist gefährlich, sich an den ›unkontrollierbaren‹ sozialen Medien zu beteiligen«

Ja, sie sind schlechter zu kontrollieren. Und ja, dies ist beängstigend. Sie haben keine direkte Kontrolle, aber Sie können überwachen und reagieren. Finanzdienstleister sind traditionell risikoscheu und konservativ bei der Übernahme neuer Entwicklungen. Doch die Augen zu schließen und nicht mitzumachen, wird die Leute nicht daran hindern, online ihre Meinung zu äußern. Unternehmen sollten es lieber wissen, wenn die Leute ihre Produkte oder Dienstleistungen nicht mögen, damit sie Gegenmaßnahmen ergreifen können.

2. »In den sozialen Medien steht die Privatsphäre auf dem Spiel«

Angesichts so vieler Profilinformationen, Gewohnheiten und Aufenthaltsorte, die die Leute ins Netz stellen, ist Privatsphäre tatsächlich ein Thema. Unternehmen müssen sich in dieser Frage positionieren; aber dies ist eine Gegebenheit, mit der man umgehen muss, nicht ein Grund, um sich aus den sozialen Medien herauszuhalten. Einige drücken ihre Sorge aus, dass private Informationen für alle sichtbar sein würden. In der Praxis ist es möglich, solche Datenschutzfragen in den Griff zu bekommen. Wenn man während der Kommunikation über soziale Medien wie Twitter mit sensiblen Informationen umgeht, kann die Diskussion umgeleitet und in sicherere Kanäle verlagert werden, genau wie man es bei jeder privaten Unterhaltung über jegliches Medium tun würde. Finanzdienstleister können diese Probleme auch minimieren, indem sie ihre Kunden wie Wells Fargo immer wieder daran erinnern, in Tweets keine privaten Informationen mitzuteilen.

3. »Compliance- und Rechtsabteilung sind mit sozialen Medien nicht einverstanden«

Compliance-, Risikomanagement- und Rechtsabteilung müssen unbedingt von Beginn an in die Aktivitäten in sozialen Medien eingebunden werden. Sie müssen über aktuelle Entwicklungen wie die Entscheidung der Federal Trade Commission der USA, Blogger zur Offenlegung von Honoraren oder geldwerten Leistungen zu verpflichten, auf dem Laufenden sein. Diese Abteilungen sollten auch Richtlinien für den Umgang mit Geschäftsgeheimnissen, Urheberrechten und anderen relevanten Fragen entwickeln.

Es sollte jedoch klar sein, dass die Nutzung der Schwarmintelligenz deswegen zu den zentralen Unternehmensaktivitäten gehören sollte, weil sie großen geschäftlichen Wert besitzt: Sie birgt die Fähigkeit, effektiv mit Kunden zu kommunizieren und sich mit ihnen auseinanderzusetzen. Als Unternehmen kann man das Internet oder die Unterhaltungen darin nicht »besitzen«. Bis vor Kurzem konnte man es sich noch leisten, langsam zu sein, weil nur einzelne Kunden davon erfuhren. Heute erfährt es die ganze Welt. Es ist daher lebenswichtig, die Compliance- und rechtlichen Entscheidungsprozesse so zu organisieren, dass sie dem Tempo der sozialen Medien entsprechen.

4. »Soziale Medien sind nur ein Hype«

Wir hören Vorstände argumentieren: »Wer hat bei dem ständigen geschäftlichen Druck schon die Zeit, ständig auf Facebook und Twitter zu sein? Wir nicht.« Außerdem hören wir Kritiker, die skeptisch bezüglich Vorständen sind, die offensichtlich ohne klares Ziel herumtwittern.

In der Tat interessiert es uns als Kunden nicht, was die Vorstände im Urlaub unternahmen, wir wollen wissen, wie sie uns helfen können, unsere Probleme zu lösen und Bedürfnisse zu erfüllen. Durch diese Argumente sollten wir uns jedoch nicht davon abbringen lassen. Soziale Medien sind nicht etwas Nebensächliches oder eine vorübergehende Mode. Soziale Medien sind der logische nächste Schritt im Kommunikationsprozess des Verbrauchers im 21. Jahrhundert. Es geht ums Kerngeschäft: dort zu sein, wo der Kunde ist. Als die meisten Ihrer Kunden fernsahen, war es sinnvoll, Werbespots zu senden. Als die meisten noch überwiegend persönliche Begegnungen bevorzugten, musste man ihnen Filialen für alle Kontakte anbieten. Es wird je nach Zielgruppe unterschiedlich sein, wo Ihre Kunden sind. Doch ein wachsender Anteil wird online und in sozialen Medien aktiv sein.

Was würden Sie an unserer Stelle tun?
Eine aktuelle Initiative von FBTO illustriert die breiten Anwendungsmöglichkeiten sozialer Medien. Das holländische Versicherungsunternehmen stellt abgelehnte und abgeschlossene Schadensansprüche online und lädt die Öffentlichkeit dazu ein, darüber abzustimmen, ob die Ansprüche durch den Versicherer zu Recht abgelehnt wurden. Wenn über 100 Leute antworten und über 60 Prozent nicht mit der Ablehnung einverstanden sind, zahlt der Versicherer den Anspruch trotzdem.

5. »Wir sind organisatorisch und kulturell noch nicht so weit«

Wenn ein Unternehmen dieser Meinung ist, dann hat es vermutlich recht. Soziale Medien setzen Transparenz und Schnelligkeit voraus. Die Teilnahme erfordert von der Belegschaft eine neue Einstellung und andere Kompetenzen, als einfach nur Informationen abzuschicken. Social-Media-Aktivitäten können eine Lawine an Rückmeldungen auslösen. Für sich genommen ist dies eine gute Sache, da es ja gerade um Interaktion geht; allerdings sollte man bereit sein, den Verbrauchern zu antworten, die sofortige Antworten und Belohnungen erwarten, und man sollte ausreichende Ressourcen dafür haben. Anderenfalls wäre es so, als würde man seine Freunde zum Abendessen einladen und sich zur Hintertür hinausschleichen, während sie am Tisch sitzen und auf ihr Essen warten. Soziale Medien sind nur ein Mittel zum Zweck, und wenn Sie als Unternehmen nicht bereit sind, zuzuhören und zu reagieren, funktionieren sie nicht.

6. »Soziale Medien bringen keine Rendite«

Wir werden oft mit dem folgenden Einwand konfrontiert: »Okay, wir verstehen, dass es da draußen die Schwarmintelligenz gibt, aber worin liegt die Kapitalrendite der Investitionen in soziale Medien?« Dies ist sicherlich eine legitime geschäftliche Frage, insbesondere, da es noch kaum harte Zahlen gibt. Die relative Neuheit und die jüngste Lawine der Initiativen steht für die erste Welle des Trial-and-Error auf diesem Gebiet, und daraus gehen die ersten funktionierenden Modelle hervor. Die Vorteile sind vielfältig, dazu gehören unter anderem mehr Kundenempfehlungen, eine bessere Verbraucherstimmung und mehr Traffic. Es gibt einige positive Beispiele wie Ford, Dell, Lenovo und Burger King, und in diesem Kapitel werden Sie auch von mehreren Finanzinitiativen erfahren; doch wir sind der Meinung, dass es nicht nötig ist, eine umfangreiche Liste von Unternehmensbeispielen zusammenzutragen.

Wenn Sie wissen, dass die Leute über Sie reden – wie können Sie sich da entscheiden, nicht zuzuhören und zu antworten? Wenn Sie wissen, dass der Kaufprozess der Kunden sich signifikant geändert hat – wie können Sie sich da freiwillig entscheiden, Ihren Geschäftsprozess und sogar die gesamte von Ihnen angebotene Customer Journey nicht daran anzupassen? Oder glauben Sie, dass die Leute trotzdem den Weg zu Ihnen finden werden?

Finanzdienstleister haben traditionell Schwierigkeiten, Kontakte zu den Verbrauchern zu etablieren und eine Beziehung aufzubauen. Das Versicherungswesen ist eine kontaktarme Branche mit vielleicht ein bis zwei Kontakten pro Kunde und Jahr. Angesichts der abnehmenden Zahl der Interaktionen aufgrund der Remote-Kanäle wie mobilem Banking stellen die sozialen Medien eine wunderbare Gelegenheit dar, bedeutsame Kontakte herzustellen und wertvolle Beziehungen zu den Kunden aufzubauen. Wenn die Kunden nicht mehr zu Ihnen kommen, dann sollten Sie besser dafür sorgen, dort zu sein, wo die Kunden sind. Am Ende bringen Kundenbeteiligung, Loyalität und Empfehlungen hartes Geld ein.

Der Schwarmintelligenz-Trend bereitet einer neuen Realität den Boden, mit der sich die Finanzfirmen künftig auseinanderzusetzen haben. Folgende Entwicklungen sagen wir vorher.

Die sozialen Medien werden in allen Segmenten weiter wachsen

Die Durchdringung und der Einfluss sozialer Medien werden mit zunehmender Verantwortung der internetaffinen Millenial-Generation noch wachsen. Seit 2010 gibt es mehr Millenials als Babyboomer, und 96 Prozent von ihnen gehören einem sozialen Netzwerk an. Wenn zwei Drittel der Internetnutzer in sozialen Netzwerken aktiv sind und die Internet-Durchdringung quer über alle Zielgruppen zunimmt, ist klar, dass die sozialen Medien nicht auf einige Nischen-Zielgruppen begrenzt sind. Auch die Babyboomer in Europa und Amerika sind zunehmend in sozialen Medien aktiv. Die am schnellsten wachsende Gruppe bei Facebook sind Frauen über 55. Laut einer Studie von eMarketer aus dem Jahr 2010 werden im Jahr 2014 fast 60 Prozent aller 55- bis 64-Jährigen regelmäßig soziale Netzwerke aufsuchen.

Eine weltweit durchgeführte Untersuchung von Nielsen zeigt, dass Menschen aller Altersstufen mehr oder weniger dasselbe Vertrauen in die Meinung von Fremden haben. Der Bildungshintergrund ist jedoch eine Determinante: Je besser jemand ausgebildet ist, desto eher vertraut er den Meinungen Fremder.

Wenn wir Kurse in Business Schools geben oder rund um die Welt Vorträge halten, können wir die Schwarmintelligenz und die sich verändernden Kommunikationsmethoden live erleben. Wenn wir vor zehn Jahren unsere Geschichten erzählten, schlugen Studierende und Teilnehmer Dinge in ihren Büchern nach. Vor fünf Jahren sahen wir uns plötzlich einem Meer an Laptops gegenüber, und alles, was wir sagten, wurde sofort gegoogelt, um uns weiterführende Fragen zu stellen. Heutzutage findet unsere Zuhörerschaft über ihre Smartphones heraus, ob irgendjemand in ihren Netzwerken etwas über den Gegenstand, über den wir reden, weiß.

Ein globales Phänomen mit einigen lokalen Unterschieden

Wie alle anderen Verbrauchertrends auch, die in diesem Buch beschrieben werden, ist die zunehmende Bedeutung der Schwarmintelligenz ein weltweiter Trend. Die Verwendung der sozialen Medien und das Niveau des Vertrauens in die Meinungen Fremder können sich zwischen Ländern und Kulturen unterscheiden. Eine Studie von Universal McCann zeigt, dass insbesondere die Schwellenländer die anderen, entwickelteren Regionen hinter sich lassen, was in der massiven Nutzung sozialer Netzwerke zum Ausdruck kommt. Beispiele sind unter anderem die Popularität sozialer Netzwerke wie Orkut in Brasilien oder QZone in China. Dies wird auf globaler Ebene die Durchdringung und Stellung sozialer Medien erheblich ausbauen. Auf diesen Märkten ist das Vertrauen in die sozialen Medien besonders groß. Südkorea ist das meistvernetzte Land der Welt – die Teilnahme an sozialen Medien und das Vertrauen in sie sind hier sehr groß. Nicht alle entwickelten Märkte haben ähnliches Vertrauen in soziale Medien. Recherchen zeigen, dass die Verbraucher in Ländern wie Japan, den USA oder Großbritannien Blogs, die von Leuten geschrieben werden, die sie nicht persönlich kennen, weniger trauen als die Verbraucher in Südkorea. Das Vertrauen in Verbraucherbewertungen auf Einzelhandelsseiten wie Amazon ist jedoch in allen Märkten sehr groß, was soziale Medien zu einer Kraft macht, mit der Unternehmen weltweit rechnen müssen.

Die Waffen des Massenmarketings verlieren an Schlagkraft

Die Verbraucher waren bereits wegen der ausufernden Medienlandschaft schwerer zu erreichen. Doch das alte Sprichwort: »Die Hälfte meiner Werbung funktioniert nicht – ich weiß nur nicht, welche Hälfte« hat sich für die Finanzdienstleister zu ihren Ungunsten verschoben. Die »Alles ist gut«-Fernsehspots während der Krise haben die Autorität des Mediums möglicherweise untergraben; möglicherweise funktionieren bis zu 80 Prozent der Werbung nicht.

Die Kunden zu erreichen, ist aber nur die erste Herausforderung. Die zweite ist viel größer: die Kunden zu berühren und relevante, authentische und überzeugende Botschaften zu formulieren. Und noch darüber hinaus: deren Leben zu verbessern. Die sozialen Medien bieten eine großartige Gelegenheit, die Vision eines Finanzinstituts gegenüber seinen Kunden zu verbessern, zu zeigen und zu personalisieren.

Der Aufstieg des Super-Influencers

Durch die Schwarmintelligenz wird jeder zum Verbreiter und Beeinflusser (Influencer). Einige Influencer sind jedoch gleicher als die anderen. Studien zeigen, dass es in vielen sozialen Medien innerhalb der gesamten Nutzergruppe eine Minderheitengruppe gibt, die die Mehrheit des Contents beisteuert. Mitgliedschaft ist nicht dasselbe wie Teilnahme. Der Forscher Jakob Nielsen nennt dies das Teilnahmeungleichgewicht. Gut 90 Prozent der Nutzer machen das »Publikum« aus, das liest und beobachtet, aber niemals Beiträge leistet, während 9 Prozent »Bearbeiter« sind, die gelegentlich etwas beitragen, meist auf Basis vorhandener Posts. Die restlichen 1 Prozent sind »Schöpfer«, sie steuern beinahe den gesamten Content bei. Eine Studie der Harvard Business School zeigte ähnliche Ergebnisse: 10 Prozent der Twitterer schicken 90 Prozent aller Tweets. Diese sogenannten »Super-Influencer« sind die Mega-Blogger, Rezensenten, Foto- und Video-Uploader und so weiter und müssen daher in jeder Social-Media-Strategie eine zentrale Rolle spielen.

Die Ford Motor Company ist für ihren Einstieg in die sozialen Medien bekannt. Sie hat einen Social-Media-Vorstand berufen und 25 Prozent ihres Marketing-Budgets auf digitale und soziale Medien umgeschichtet. Ford nutzte soziale Medien, insbesondere die Super-Influencer, um den US-Start des neuen Fiesta zu unterstützen. Im April 2009 verlieh Ford an 100 Top-Blogger für je ein halbes Jahr einen Fiesta. Die Blogger mussten monatlich ein Video über das Auto bei YouTube hochladen und auf ihren Blogs, auf Facebook und Twitter frei über das Modell schreiben. Das Ergebnis? Schon vor dem Start des Fiestas kannten 37 Prozent der Millenials das neue Modell!

Soziale Medien werden zum primären Orientierungskanal

In vielen Märkten ist erkennbar, dass sich die Kunden von heute zunehmend online orientieren, meist über Seiten, die die Meinungen anderer Verbraucher präsentieren. Zu denken wäre an strukturierte Ratings auf Vergleichsseiten, aber auch an weniger strukturierte Inhalte, etwa Beschwerden, die in Blogform publiziert werden, sowie die Reaktionen darauf.

Studien von Forrester mit deutschen, japanischen und US-amerikanischen Verbrauchern unter anderem über Autoversicherungen zeigen, dass unternehmensgetriebenes Marketing wie traditionelle Werbung, Direktmarketing und Sponsoring auf dem Weg zum Kauf noch immer in der Phase der »ersten Erwägung der Alternativen« am effektivsten ist. Verbrauchergetriebenes Marketing wie Mundpropaganda, Online-Recherchen und Rezensionen sind jedoch sehr viel effektiver während der »aktiven Evaluation der Alternativen« und beim »Geschäftsabschluss«.

Das mobile Internet bringt die sozialen Medien voran

Die sozialen Medien werden zunehmend mobil. Eine US-Studie von comScore aus dem März 2011 zeigt ein 46-prozentiges Wachstum bei den mobilen Nutzern sozialer Netzwerke innerhalb von drei Monaten. Soziale Medien wie MySpace und Facebook erwarten, dass über 50 Prozent ihres Traffics nicht mehr über Computer, sondern über Mobiltelefone generiert wird. Japans größtes soziales Netzwerk Mixi wird schon jetzt weitaus mehr von Mobiltelefonen als von PCs aus besucht. Moderne Smartphones umfassen eine spezielle Unterstützung für soziale Medien, da soziales Netzwerken eine der größten Kaufmotivationen für Mobiltelefone darstellt. Dank dem mobilen Internet können die Leute nicht nur vor Ort Produkte vergleichen und Kritiken lesen, sondern sie können und werden zunehmend auch an jedem Ort und in Echtzeit Bewertungen abgeben. Verkauf und Beratung können an den Aufenthaltsort des Kunden angepasst werden. Tools wie ShopSavvy und SnapTell erleichtern es, on- oder offline das beste am Ort verfügbare Angebot für ein Produkt zu finden, während man im Laden neben dem Produkt steht. Tools der erweiterten Realität wie Layar fügen eine weitere Dimension hinzu. Dies macht den Weg des Kaufens ebenfalls mobiler.

Soziale Medien für Vor-Ort-Reaktionen

Ein Beispiel für eine Vor-Ort-Bewertungs-App ist EezeeRator, über die Reisende drahtlos sogenannte »Jetzt-Bewertungen« und Bilder verschicken und veröffentlichen können, noch während sie in ihrem Hotel sind oder in einem Flugzeug sitzen. Mithilfe von GPS wird überprüft, ob die Rezensenten tatsächlich vor Ort sind, und daran erinnert, über bestimmte Lokalitäten Bewertungen, Fotos oder Kommentare hochzuladen. Damit ist das Bewerten nicht mehr nur etwas für eingefleischte Rezensenten. Echtzeit-Übersichten über die Kundenmeinungen und Diskussionen werden die vom Unternehmen und vom Produkt ausgehenden Verkaufstechniken überholen.

Mastercard bietet seine iPhone-App »Priceless Picks« an, die es den Nutzern ermöglicht, die »unbezahlbaren Dinge des Lebens« zu entdecken und zu erkunden. Die Nutzer können dort Erfahrungsberichte mit Geschäften und Restaurantempfehlungen und -kritiken finden, die vor Ort von anderen Nutzern per Handy ergänzt werden können. Es lässt sich leicht vorstellen, wie Verbraucher Vor-Ort-Bewertungen bei Finanzdienstleistungen nutzen können. Zum Beispiel wenn der Abschleppwagen nicht innerhalb einer halben Stunde nach einem Verkehrsunfall kommt oder wenn man am Bankschalter nicht gut behandelt wird. Man stellt diese Erfahrungen einfach ein, so dass der Rest der Welt sie lesen kann. Um so wichtiger ist es, sicherzustellen, dass alle Momente der Wahrheit angemessen betreut werden, denn die sozialen Medien ermöglichen auch positives Feedback, wie der folgende an das Twitter-Team der Bank of America gerichtete Tweet zeigt, den wir im Februar 2010 fanden: »Ich liebe es, wenn Kundenservice seinen Namen verdient. Danke an die wunderbare Schaltermitarbeiterin der BofA in Evanston auf der Sherman Avenue!«

Die soziale Suche verändert den Weg, wie die Kunden Sie finden

Die Leute suchen immer seltener nach bestimmten Finanzfirmen und deren Unternehmenswebseiten und immer mehr nach Begriffen wie »Autoversicherungsvergleich«, »Refinanzierung« oder »Hypothekenvergleich«. Dies hat in den letzten Jahren zur Entstehung des Online-Marketings geführt, das für die meisten Finanzfirmen mittlerweile zur Routine gehören sollte: Adword-Kampagnen, Affiliate-Marketing, eine verbesserte Nutzerfreundlichkeit, Suchmaschinenoptimierung und dergleichen. Laut einer US-Studie von Marin Software stiegen die Ausgaben der Finanzdienstleistungsbranche für Suchmaschinenwerbung im ersten Quartal 2011 auf Jahressicht um 78 Prozent. Der nächste Schritt ist die soziale Suche: Die Verbraucher suchen ihre sozialen Netzwerke auf, um herauszufinden, was ihre Freunde denken. Die sozialen Medien werden daher zunehmend mit digitalen und Suchmedien integriert. E-Mail-Programme verschmelzen mit den über soziale Netzwerke erhaltenen Nachrichten; Facebook-, LinkedIn- und Twitter-Nachrichten kommen in Ihrem E-Mail-Eingang an. Suchmaschinen wie Bing und Google sind Kooperationen mit sozialen Medien wie Twitter und Facebook eingegangen, wodurch die Schwarmintelligenz und die Meinungen der Leute über Suchmaschinen zugänglich werden. Der Schwerpunkt verlagert sich von der Bereitstellung von Inhalten auf der Unternehmenswebsite (zentralisierte Inhalte) hin zur erleichterten Verfügbarkeit der Inhalte über Suchmaschinen, soziale Netzwerke und andere externe Orte (dezentrale Inhalte). Seien Sie dort, wo Ihre Kunden sind.

Die neue Realität, die aus der Schwarmintelligenz hervorgeht, verlangt den Finanzdienstleistern ab, diese zu antizipieren und entsprechend zu handeln. Wir sagen zwölf einschneidende Konsequenzen dieses Trends für die Finanzdienstleister voraus:

1. Machen Sie sich auf neue Marktteilnehmer gefasst, deren Geschäftsmodelle die Schwarmintelligenz ausnutzen

Zusätzlich zu Vergleichsseiten können Sie sich auf viele weitere neue Anbieter einstellen, deren Geschäftsmodelle sich die Schwarmintelligenz zunutze machen. Peer-to-Peer-Geschäftsmodelle zum Beispiel sind der Inbegriff der Schwarmintelligenz. Initiativen wie Prosper (USA), Smava (Deutschland), Moneyauction oder Donjoy in Korea und Ppdai in China sind in den letzten wenigen Jahren entstanden. Einige davon wie Zopa und Smava expandieren mittlerweile langsam international. Wie bei allem Neuen schaffen es nicht alle – Boober zum Beispiel, eine niederländische Peer-to-Peer-Kreditinitiative, überlebte nicht.

Wir erwarten, dass diese Initiativen in näherer Zukunft relativ klein bleiben, aber dass noch viele folgen werden und jede innovativer als die letzte sein wird. Die kurzfristige Folge wird sein, dass diese Art von Initiativen die Erwartungen der Verbraucher beeinflussen. Genau wie die persönlichen Angebote bei Amazon zum Standard geworden sind.

Auch auf dem Feld der Bezahl- und Überweisungssysteme gibt es neue Modelle, und Anbieter wie beispielsweise PayPal, Xoom und Revolution Money jagen traditionellen Finanzfirmen wie WesternUnion Marktanteile ab. Diese innovativen Firmen verändern die Spielregeln, ermöglichen eine Miniaturisierung der Bezahlvorgänge sowie Zahlungen von Person zu Person und verwenden neue Technologien. Dazu zählen die kontaktlose Bezahlung und die Verschmelzung des Mobiltelefons mit der Brieftasche des Kunden. Indem sie ihre Plattformen mit Online-Shops und Offline-Geschäften, mobilen und sozialen Medien wie Facebook verknüpfen, erfinden diese Teilnehmer zunehmend neue Geschäftsmodelle, die die traditionellen Bezahlsysteme übertreffen.

Traditionelle Finanzdienstleister können natürlich auch an dem neuen Spiel teilnehmen. Einige experimentieren bereits auf dem Gebiet. Die Caja Navarra zum Beispiel mit ihrem Peer-to-Peer-Kreditservice. American Express übernahm Revolution Money, um Zugang zu dessen Peer-to-Peer-Technologie zu erhalten. Die First National Bank startete im März 2010 eine Partnerschaft mit PayPal, um den südafrikanischen Kunden den Zugang zum weltweiten E-Commerce-Marktplatz zu ermöglichen. PayPal verfügt über eine Kundenbasis von über 100 Millionen aktiven Konten in 190 Märkten, und diese Partnerschaft verbindet die Bank mit neuen Chancen, unter anderem durch die Entwicklungen in den sozialen Medien.

Brokertainment kombiniert den Nervenkitzel und den Spaß des Aktienhandels mit der Benutzerfreundlichkeit und Skalierbarkeit des modernen Internets. Das Trading-Angebot übernimmt wesentliche Merkmale beliebter Internetangebote wie Wetten und Spielen. StockBattle ermöglicht soziale Wetten auf Aktien oder Kapitalmarktindizes. StockBattle könnte man als »nutzergeneriertes Risiko« bezeichnen. Person A erwartet beispielsweise, dass der Ölpreis heute zwischen 12:00 Uhr und 12:30 Uhr sinken wird, und setzt 2 Euro darauf. Person B glaubt an das Gegenteil und wettet 2 Euro dagegen. Um 12:30 Uhr wissen wir, wer die 4 Euro erhält (abzüglich der Transaktionsgebühr). Die Reduzierung des Mindesteinsatzes auf 1 Euro vermindert das Risiko des Kunden. Zugleich steigert Brokertainment den Kick durch sehr attraktive und ungewöhnliche Trading-Apps, beispielsweise »Best Performer«. Mit einem einfachen Mausklick können Kunden auf diejenige von sechs Fremdwährungen setzen, der sie die beste Performance innerhalb von 15 Minuten zutrauen.

Der Twitter-Hedgefonds
Im Juli 2011 stellte Derwent Capital Markets den ersten europäischen Hedgefonds vor, der einen Stimmungsindikator verwendet, der aus einer Echtzeitanalyse von Social-Media-Daten gewonnen wird. Sie drücken es so aus: »Jahrelang haben die Anleger allgemein akzeptiert, dass die Finanzmärkte von Angst und Gier angetrieben werden, aber nie zuvor verfügten wir über die Technologie oder die Daten, um menschliche Emotionen zu quantifizieren.«

2. Die Geschäftsmodelle müssen mit der Schwarmintelligenz in Einklang gebracht werden

Die sozialen Medien geben in Echtzeit Einblick darin, was Ihre Kunden und sogar die allgemeine Öffentlichkeit gerade denken. Damit bieten sie neue Chancen, sich um deren Bedürfnisse und Anliegen zu kümmern und eventuelle Probleme effektiver zu lösen. Auf diese Weise beschleunigen die sozialen Medien die Entwicklung hin zu mehr Kundenorientierung bei den Finanzdienstleistern, so dass diese die Macht der Kundenfürsprache erleben und für sich nutzen können.

Wenn Ihre Marke, Ihre Produkte und Dienstleistungen unter ständiger Beobachtung der Schwarmintelligenz stehen, muss Ihr Geschäftsmodell offen genug sein, um damit umzugehen. Es muss in der Lage sein, der Schwarmintelligenz zuzuhören, zu antworten und sich dies zunutze zu machen. In den meisten Unternehmen werden die ersten Aktivitäten in sozialen Medien von IT-affinen Einzelnen an der Basis gestartet. Natürlich ist es gut, Mitarbeiter einzubinden, die leidenschaftliche Anhänger neuer Medien sind. Doch die sozialen Medien müssen diese Phase schnell hinter sich lassen und zu einer kommerziellen Geschäftsfunktion werden. Auch müssen sie die volle engagierte und missionarische Unterstützung der Unternehmensspitze haben.

Die gute Nachricht ist, dass die sozialen Medien bestens für Pilotprojekte, Tests und Lerneffekte geeignet sind. Wir sagen nicht, dass Unternehmen alle ihre Geheimnisse überall ausplaudern sollen, aber zumindest sollten sie schon ein paar kleine Initiativen am Laufen haben.

Geschichten erzählen und mit ihnen verkaufen

Soziale Medien sind in mancher Hinsicht wie traditionelle Medien: Sie benötigen gute Geschichten, um wirkungsvoll zu sein. Onna-onna, der europäische Versicherer, stieg 2008 mit diesem Gedanken in den Markt ein. Das Unternehmen schuf eine Ideen-Pipeline, um einen kontinuierlichen Strom innovativer Geschichten zu produzieren. Ein paar Beispiele: »Die erste Versicherung, die ihre Kunden per kostenloser SMS über schlechte Wetterbedingungen informiert, die das Autofahren gefährlich machen könnten«; »die am leichtesten lesbaren Dokumente über den Versicherungsumfang«; »alle Produkte können ohne Nachteile an jedem Tag des Jahres gekündigt werden«; »die einzige Versicherung, die ausschließlich Policen ohne minimale Eigenbeteiligung anbietet«. Wirksame Geschichten enthalten Ideen, die es mitzuteilen lohnt. Bei diesen Ideen muss es sich nicht um große Projekte handeln, es können einfach Serviceleistungen sein, die den Kunden das Leben erleichtern. Die SMS-Idee wurde beispielsweise zuerst von der Trendbeobachtungsseite springwise.com aufgegriffen. Anschließend berichteten Blogs auf der ganzen Welt darüber und verursachten viele Diskussionen, was wiederum traditionelle Medienberichte in Tageszeitungen und auf den Online-Seiten der Zeitungen hervorrief, wodurch weitere Diskussionen angeheizt wurden. Versicherer müssen nicht über sich selbst sprechen. Solange sie Geschichten haben, die sie hervorheben, wird die Menge es für sie übernehmen.

3. Die Schwarmintelligenz als integraler Bestandteil Ihres Angebots

Tragen Sie zum Kundennutzen bei, indem Sie Elemente aus fremden Quellen in Ihr Angebot integrieren. Seiten zum persönlichen Finanzmanagement wie mint.com und wesabe.com erleichtern Ihren Kunden nicht nur das Leben, sondern sie machen sich auch die Schwarmintelligenz zunutze: indem man zum Beispiel seine Ausgaben mit denen anderer Leute ähnlichen Profils vergleichen kann und das Kollektiv genutzt wird, um einander Geldspartipps zu geben. Anfang 2010 startete die Citigroup zusammen mit Microsoft »Bundle«. Es handelt sich um einen Dienst, bei dem man sich basierend auf Alter, Ort, Einkommen und Haushaltsstatus mit Peers vergleichen kann. Bundle ist mit sozialen Medien wie Facebook und Twitter verknüpft, damit man die Daten und Vergleiche seinem engsten Kreis mitteilen kann. SmartyPig, ein Tool, das in Zusammenarbeit mit der West Bank angeboten wird, hilft den Kunden, auf bestimmte Anschaffungen hin zu sparen, integriert aber ebenfalls soziale Netzwerke, über die man Leute einladen und an seinen Zielen und Fortschritten teilhaben lassen kann. Die Leute können Sie auch beim Erreichen Ihrer Sparziele unterstützen. Das Peer-to-Peer-Kreditunternehmen Prosper stellte jüngst seine Website »talk about the taboo« (»Sprich über das Tabu«) vor, um es den Verbrauchern zu erleichtern, über Schuldenreduzierungsstrategien zu diskutieren. Der klare Nutzen für Prosper ist, dass einige der Verbrauchergeschichten auch davon erzählen, wie Prosper ihnen beim Schuldenabbau half.

Alex, eine Bank in den Niederlanden und Spanien, lässt Kunden per Webcam-Videos und Chatmöglichkeit die Fragen anderer Kunden beantworten und Tipps zur Geldanlage in Fonds und Aktien austauschen. USAA, ein Finanzdienstleister, der sich ans US-Militär richtet, nutzt in seinen »Member2Member«-Foren ähnliche Prinzipien.

Hopee, von Cortal Consors in Frankreich, Deutschland und Spanien lanciert, ist eine Anlage-Community, die deutliche und scharfe Aktienempfehlungen, Analysen und Tipps von Einzelpersonen oder professionellen Anlegern teilt. Anders als auf anderen finanziellen Blogs und Foren werden Investoren auf Basis ihrer Empfehlungen übersichtlich eingestuft. Hiermit entsteht ein Treffpunkt mit zuverlässigen und transparenten Informationen für Mitglieder auf der Suche nach Beratung.

Geldautomaten-Preisradar

Seit Anfang 2011 bestimmt in Deutschland allein die den Geldautomaten betreibende Bank, was fremde Kunden für das Geldabheben mit der EC-Karte zahlen müssen. Gleichzeitig muss das Institut entweder im Display oder per Aufkleber am Automaten darüber informieren, wie hoch der Preis ist. Für eigene Kunden oder solche der gleichen Bankengruppe fallen dagegen keine Zusatzgebühren an.

Im Januar 2011 hat die ING-DiBa in ihrem Verbraucherportal finanzversteher.de ein Geldautomaten-Preisradar gestartet. Das Radar soll Durchblick im Dschungel der Geldautomatengebühren bringen und Bankkunden unnötige Wege zu teuren Geldautomaten ersparen.

Bankkunden können dabei nicht nur die bereits erfassten Preise einzelner Geldautomaten abrufen, sondern in das Radar auch die Gebühren eintragen, die fremde Geldinstitute von ihnen verlangen, wenn sie deren Geldautomaten mit der EC-Karte nutzen. Wie funktioniert das Preisradar? Das unter der Webadresse »finanzversteher.de« abrufbare Preisradar setzt auf die aktive Beteiligung der Nutzer. Mehr als 30 000 Geldautomaten sind mit ihrem Standort bereits erfasst. Sobald jemand den Preis einer Bank fürs Geldabheben einträgt, wird dieser für alle Nutzer sichtbar. Weitere Automaten können ebenfalls eingetragen werden. Wer auf der Suche nach einem Geldautomaten ist, kann sich entweder nur die Automaten seiner eigenen Institutsgruppe oder auch die Geräte anderer Banken anzeigen lassen. Und das mit den Preisen, die andere Nutzer bereits eingetragen haben. Wer unterwegs einen Geldautomaten sucht, kann sich per Geo-Location die günstigsten Automaten in seiner Nähe anzeigen lassen.

Die innovative Social-Media-Idee der ING-DiBa schafft nicht nur Transparenz in einem undurchsichtigen Markt, sondern bezieht gleichzeitig auch die Verbraucher aktiv in den Informationsaufbau ein.

4. Marken werden zunehmend von Verbrauchern aufgebaut, die Unternehmen geben nur noch die Stichwörter

Die Reputation von Unternehmen wird in zunehmendem Maß in sozialen Medien, Communitys und Blogs aufgebaut und zerstört. In sozialen Medien konkurrieren nutzergenerierte Geschichten heute mit der Marketing-Kommunikation der Unternehmen. Zu den Herausforderungen gehören die schiere Quantität der Beiträge sowie deren oftmals sehr persönliche Natur. Die Unternehmen besitzen oder kontrollieren ihre eigenen Marken nicht mehr vollständig. Kunden wirken bereits über sogenanntes »Open Source Branding« oder, wie es in Anspielung auf die von Nutzern geschriebene Online-Enzyklopädie Wikipedia auch genannt wird, »Wiki-Branding« an der Kreation von Marken mit. Marken sind zu etwas geworden, an dem man partizipieren kann.

Diese Erkenntnis ist für Marketingleute ziemlich beängstigend. Der Markenaufbau hat sich von der »Kommunikation« dahin verlagert, dass man die Verbraucher einspannt, indem man ihnen die Stichwörter liefert, die sie zur Entwicklung eigener Geschichten anregen. Authentische Geschichten, die interessant genug sind, dass andere Verbraucher sie lesen. Die Herausforderung für die Marketingleute ist, für einen kontinuierlichen Strom an sogenanntem »verteiltem Content« zu sorgen. Die sozialen Medien bieten eine optimale Umgebung fürs Geschichtenerzählen. Geschichten, die emotionalere Botschaften vermitteln als die rationale, faktenbasierte Sprache, die die meisten Finanzdienstleister gegenwärtig verwenden. An dieser Stelle ist Kreativität gefragt.

5. Die Schwarmintelligenz verändert dramatisch das Kaufverhalten

Die Reisebranche illustriert das perfekt. TripAdvisor ist eine unserer Lieblingsseiten im Internet. In den dunklen Zeiten vor TripAdvisor suchte man irgendeine Reiseseite auf, wählte die Anzahl der Sterne aus und drückte »Enter«. Dadurch erhielt man eine Auswahl an Hotels jeweils mit einem Bild des Gebäudes, einem von einem Zimmer, einer Liste der Merkmale und einem Preisangebot. Nachdem man die wirklich hässlichen aussortiert hatte, entschied man nach dem Preis, da die meisten Hotels sowieso ziemlich ähnlich aussahen.

All das änderte sich, als uns TripAdvisor begegnete. Dort werden Hotels auf Basis von Nutzerbewertungen eingestuft. Die Gesamtbewertung kann auf Service-Bewertungen aller Art, darunter Sauberkeit, Essen, Grad an Luxus, heruntergebrochen werden, bis hin zu der Empfehlung, zu wem dieses Hotel am besten passt. Wir lesen uns wirklich jede Nutzerbewertung durch und schauen die Fotos an, die frühere Gäste ihrer

Bewertung beigefügt haben. Meist zeigen diese ein realistischeres Bild als die professionellen Fotos aus der Broschüre.

Mikael Andersson, Vice President bei Expedia EMEA, erzählte uns: »Wir verändern den Auswahlprozess, indem wir nutzergenerierte Inhalte einbeziehen. Heutzutage beginnt der Weg eines Kunden zum Kauf zunehmend auf Seiten wie Expedia und TripAdvisor. In den USA besuchen 70 Prozent der Leute, die online eine Reise buchen, währenddessen eine unserer Seiten.«

In der Finanzbranche sehen wir denselben Trend. In den letzten Jahren sind Vergleichsseiten im Kaufprozess immer wichtiger geworden, und wir prognostizieren, dass dies in den nächsten Jahren durch die sozialen Medien noch verstärkt wird. Der Schwarmintelligenz-Trend hat den Vergleichsseiten Verbrauchermeinungen und Empfehlungen hinzugefügt, die Vergleichsmöglichkeiten jenseits des Preises schaffen. Die Orientierungs- und Auswahlphase hat sich besonders stark in Richtung Internet und soziale Medien verlagert. Finanzinstitute sehen sich daher einem neuen Spiel gegenüber, dessen Regeln sie noch nicht kennen.

6. Von der Unternehmensseite zum »dominanten Online-Fußabdruck«

Im Kaufprozess der Verbraucher wird der abnehmende Einfluss der Werbung zunehmend durch soziale Medien ersetzt. Es reicht heute nicht mehr, einfach nur eine bestechende Unternehmens-Website zu haben, denn das größte Potenzial liegt heute außerhalb Ihrer eigenen Seite. Dort orientieren sich die Kunden und finden Inspiration. Entwickeln Sie daher einen Online-Fußabdruck, der für Präsenz an belebten Orten entlang der gesamten Customer Journey sorgt, nicht nur während des Orientierungs- und Kaufprozesses der Verbraucher, sondern auch nach dem Verkauf.

Viele Finanzdienstleister stellen uns Fragen wie: »Müssen wir Twitter benutzen, und wie können wir Facebook einsetzen?« Das Entscheidende ist, zuerst über Kunden, Ziele und Strategie zu sprechen, dann über Medien, Tools und Technologie. Die Ziele, derentwegen man soziale Medien verwendet, können vielfältig sein, zum Beispiel: Öffentlichkeit, Aufmerksamkeit und Sichtbarkeit zu schaffen, Datenerhebung, Reputationsmanagement, Kundentreue, die Verbesserung des Kundenservice, die Mitwirkung der Verbraucher oder das Angebot neuer Dienstleistungen wie Peer-to-Peer-Finanzierung. Ihre Ziele bestimmen, welche sozialen Medien passen.

Twitter zum Beispiel hat bereits bewiesen, dass es eine gute Erweiterung des Kundenservice ist.

Foto auf den vorangehenden Seiten: der Rationalizer, ein die Emotionen erkennendes Armband für ernsthafte Privatanleger. Mit freundlicher Genehmigung von ABN AMRO.

7. Das kompetitive Spielfeld verlagert sich zum Vergleichspunkt und zum Bestätigungspunkt hin

Beim traditionellen Kaufprozess war das kompetitive Spielfeld rund um den Aufmerksamkeits- und den Verkaufspunkt angesiedelt, was dazu führte, dass die Unternehmen sich stark auf Werbung, traditionelle wie digitale, sowie auf die werbenden Beigaben am Verkaufspunkt, die Unterstützung durch Vertriebsmitarbeiter und dergleichen konzentrierten.

Die Verbraucher haben in letzter Zeit neue Wege eingeschlagen und werden dies weiter tun. Der Wettbewerb um neue und bestehende Kunden verlagert sich auf den Vergleichspunkt und den Bestätigungspunkt. Bewertungsseiten, (Mikro-)Blogs, soziale Netzwerke und soziale Suchseiten sind die neuen Waffen in dieser Arena. Darauf müssen sich Unternehmen konzentrieren, wenn sie Teil der neuen und künftigen Kaufpfade werden oder bleiben wollen.

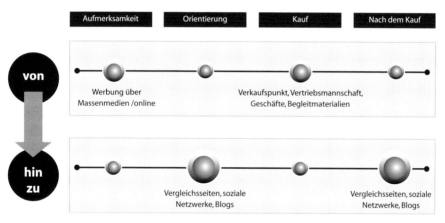

Abbildung: Das kompetitive Spielfeld verlagert sich in Richtung des Vergleichs- und Bestätigungspunktes. Quelle: TNS/VODW

Die Welt durch Twitter verbessern

Diverse Finanzfirmen haben begonnen, Twitter für den Kundenservice zu nutzen. Eine Studie von NYU Stern aus dem Jahr 2011 unter 27 Geschäftsbanken und Kreditkartenunternehmen ergab, dass beinahe die Hälfte einen Echtzeit-Kundendienst über Twitter anbot.

- Die Bank of America war einer der Pioniere und stellte im Januar 2009 ein engagiertes Twitter-Team unter @BofA_help zusammen, um »unseren Kunden zu helfen, ihnen zuzuhören und von ihnen zu lernen«. Innerhalb eines Jahres gab es über 5000 Follower. Die positiven Reaktionen und Dankesbriefe von Kunden zeigten, dass dies ein großartiges Mittel ist, um nah am Kunden zu sein.

- Das Kundenservicezentrum der australischen UBank, einer Tochter der National Australia Bank, überwacht rund um die Uhr einen Twitter-Stream, der in Echtzeit die Anliegen und Meinungen von Kunden und anderen Leuten vermittelt.
- Die US-Versicherung Progressive verwendet soziale Medien während Katastrophen zur Kommunikation. Beispielsweise wird während schwerer Wetterereignisse wie Hurrikanen Twitter genutzt. Dies ist ein Mittel, um die Kunden zu kontaktieren und ihnen relevante Informationen mitzuteilen. Beispielsweise, welche Notfallrufnummer sie anrufen sollen oder wo das Katastrophenteam von Progressive vor Ort zu finden ist. Somit sorgt das Unternehmen für wertvolle Berührungspunkte.

Auf Basis der ersten Erfahrungen ergeben sich für den Finanzdienstleister neben der Marktforschung folgende Vorteile: Die Kunden werden bestärkt, Probleme werden gelöst, die Reputation wird gemanagt, die positive Mundpropaganda wird gesteigert, und meckernde Kunden werden zu Fürsprechern gemacht. Entscheidend ist, Fragen wirklich zu beantworten und Probleme zu lösen. Die sozialen Medien für den Kundenservice zu nutzen, erleichtert es den Verbrauchern, ihre positiven Erfahrungen mitzuteilen.

8. Der Service wird ein zunehmend wichtigeres Kaufkriterium

Die Kaufkriterien verlagern sich vom Preis zum Service. Nicht nur der Preis wird verglichen werden, sondern auch die Kundenerfahrungen in Momenten der Wahrheit. Hier zeigen Sie, dass Sie sich wirklich kümmern, und die Schwarmintelligenz setzt einen kundengetriebenen Verbesserungszyklus in Gang, der zu dergestalt übertroffenen Erwartungen führt, dass die Verbraucher Sie gut bewerten und gut über Sie sprechen. Diese Fürsprecher werden die Geschichten mit Leben erfüllen.

VODW untersuchte kürzlich den Einfluss der Schwarmintelligenz auf die Preiselastizität in der Reisebranche. Es zeigte sich, dass Informationen über Service-Aspekte und Bewertungen derselben einen riesigen Einfluss hatten, während der Preis an Bedeutung abnimmt. Ein hohes Ranking und eine große Zahl an positiven Bewertungen ermöglichen es dem Verkäufer, einen rund 25 Prozent höheren Preis zu verlangen. Dies deckt sich mit der Erfahrung von Mikael Andersson von Expedia, der uns erzählte: »Unsere Statistiken zeigen, dass Hotels mit einer durchschnittlichen Nutzerbewertung von 3 bis 3,9 eine um das 1,7-Fache höhere Konversionsrate haben als Hotels mit einer Bewertung zwischen 1 und 2,9. Hotels mit einer 4 bis 5 haben sogar eine um den Faktor 2,2 höhere Konversion.«

Wir gehen davon aus, dass die Kundenerfahrungen nach dem Verkauf und die Meinungen über den Service *das* Kaufkriterium der Zukunft sein werden.

Stellen Sie sich vor, dass die heutigen Vergleichsseiten ihre harten Vergleichskriterien durch Verbraucher-Feedback über die Serviceleistung im Moment der Wahrheit erweitern: bei einem Autounfall. Der Prozentsatz der Ansprüche, die voll bezahlt werden; die Anzahl an Telefonaten, die durchschnittlich nötig waren, um einen Anspruch ausgezahlt zu bekommen; die Zeit, die es dauert, bis eine Entscheidung getroffen ist und das Geld auf dem Konto eingeht, und die Zahl der Rechtsstreitigkeiten. Wenn Datenmaterial dieser Art von Vergleichsseiten wiedergegeben wird, dann wird die Zusammensetzung der Kaufkriterien sich ändern.

Nehmen wir an, man könnte zwischen einer Autoversicherung wählen, die 1000 Euro pro Jahr kostet und die laut anderen Verbrauchern einen schlechten Service bietet, und einer anderen, die 1200 Euro kostet, aber beim Service und in kritischen Momenten eine exzellente Bilanz vorzuweisen hat.

Wir fragten die Vermarkter von Finanzprodukten bei zahlreichen Präsentationen und Vorträgen, welche Versicherung sich die Verbraucher aussuchen würden. Etwa ein Drittel dieser Vermarkter erwartete, dass die Verbraucher sich für die teurere Variante entscheiden würden. Wir halten dies für eine konservative Schätzung. Doch selbst dann würde dies eine enorme Verlagerung der Kaufkriterien und des Wettbewerbsspielfelds bedeuten.

Wie Agenturen verlorenen Boden leicht zurückgewinnen können
Wir halten den Mechanismus »Service als Kaufkriterium« für einen wichtigen Schlüsselfaktor, mit dem traditionelle Versicherungsagenturen verlorenen Boden zurückgewinnen können. Mehr als alle anderen haben sie einen Überblick über die Serviceleistung der verschiedenen Versicherungen. Wenn sie es schaffen, diese Daten zu sammeln – wir sprechen von Tausenden von Agenturen pro Land – und in Echtzeit den Verbrauchern zur Verfügung zu stellen, dann bauen sie dadurch einen neuen Haupteingang in die Versicherungsbranche und einen hervorragenden Datengenerator für sich selbst.

9. Mega-Influencer sind das Medium der Zukunft

Konzentrieren Sie die Kommunikation auf die Beeinflusser, deren Meinung bei Ihrer Zielgruppe als vertrauenswürdiger gilt als Ihre eigenen Sendungen. Sowohl die Beeinflusser, die die Ideen in die Welt setzen, als auch diejenigen, die über große Plattformen verfügen, um die Ideen massiv zu verbreiten, sind mit den »Experten« und den »Konnektoren« aus Malcolm Gladwells Buch *Tipping Point* vergleichbar. Sie sind das Medium der Zukunft.

Doch im Grunde genommen sind alle Leute, die nachdenken und eine Meinung haben, im Internet Beeinflusser. Die Rolle der Pressemitteilungen hat sich entsprechend verändert. Traditionelle Pressemitteilungen stellen Informationen für Massenmedien bereit. Beim Suchmaschinenmarketing verbessern sie die Chance, bei Eingabe der richtigen Stichwörter gefunden zu werden. In den sozialen Medien sind sie dafür da, den Dialog und die Mundpropaganda zu fördern, beispielsweise mit Links zu RSS-Feeds, YouTube-Videos, persönlichen Blogs und dergleichen.

Das Entscheidende ist, eine Beziehung zu den Mega-Influencern aufzubauen und diese zu hegen und zu pflegen. Wenn dies auch verlockend erscheinen mag – bezahlen Sie niemanden dafür, Nachrichten über Sie zu posten, etwa Blogger. Eine Bezahlung wird zu einem Kundenvertrauen auf dem Niveau des Vertrauens in Ihre eigene Werbung führen und dazu, dass Sie die Macht der Schwarmintelligenz verlieren, welche Transparenz und Ehrlichkeit voraussetzt.

Ein neues Online-Verhalten der Verbraucher erfordert neue Erkenntnisse und Erhebungstechniken

Die bahnbrechende »Netnography« von BBVA verwendet öffentlich zugängliche Informationen aus Online-Communitys, um Erkenntnisse über die Motivationen und Bedürfnisse der Online-Verbraucher zu gewinnen. David Villaseca, Head of Consumer Insights, Innovation and Development Technology bei der BBVA, erzählte uns: »Wir verfolgen beispielsweise die Anzahl der Nachrichten, in denen unsere Marke erwähnt wird, das sogenannte ›Buzz Volume‹. Wir überwachen auch, welche Themen diskutiert werden, die uns und unsere Konkurrenz betreffen. Darüber hinaus verfolgen wir, wie positiv oder negativ die Verbraucherstimmung gegenüber der BBVA oder unseren Konkurrenten ist. Auf Detail-Niveau gewinnen wir qualitative Erkenntnisse durch einzelne Verbraucherbemerkungen, die wir finden. Dies online zu tun, ist viel einfacher und billiger als klassische Ethnografie, und unsere Beobachtung ist weniger beeinflussend, da sie natürlicher ist. Es erlaubt uns, kontinuierlich Beobachtungen in quantitativem Maßstab anzustellen. Wir modellieren viel, zum Beispiel um die Auswirkungen von Werbung auf das Markenimage zu messen. Wir können dies immer mehr für das Reputationsmanagement nutzen. Die Banken sind es gewohnt, ein umfangreiches Reputationsmanagement gegenüber den Investoren zu betreiben, aber diese neuen Tools ermöglichen es, dasselbe für große Verbrauchergruppen zu leisten. Letzten Endes können wir diese Techniken aber auch strategischer nutzen, für die Segmentierung und die Produktinnovation.« Auf Basis der ersten Erfahrungen fügt er hinzu: »Eine der wichtigsten Lektionen ist, den Fokus nicht zu verlieren. Es besteht bei so vielen neuen Medien und Gegenständen, die man verfolgen muss, ein großes Risiko der Überinformation. Messen Sie nicht alles, und bleiben Sie beim Wichtigsten, indem Sie Ihre Rechercheziele gut definieren. Es ist wichtig, diese Social-Media-Daten mit anderen Rechercheergebnissen zusammenzuführen, auch den offline generierten.«

10. Zufriedene Kunden reichen nicht, das Ziel lautet Markenfürsprache

Die zunehmende Bedeutung der Schwarmintelligenz zwingt die Unternehmen dazu, sich um Fürsprecher zu bemühen. In unserer weltweiten Arbeit für multinationale Unternehmen haben wir festgestellt, dass eine bloße Steigerung der Kundenzufriedenheit nicht ausreicht, um Fürsprecher zu erhalten. Für echte Kundentreue und

Fürsprache muss die Kundenzufriedenheit aufs allerhöchste Niveau angehoben werden. Viele Unternehmen sind überrascht, wenn sie Kunden verlieren, die angaben, zufrieden gewesen zu sein. Wir empfehlen dringend, Fürsprache-Indikatoren wie NPS zu verwenden. Diese weisen die Zahl an Kunden aus, die sagen, sie würden Ihr Unternehmen weiterempfehlen, was als Gradmesser der Loyalität verstanden werden kann. Denn wenn man etwas oder jemanden weiterempfiehlt, setzt man seinen eigenen Ruf aufs Spiel. Fürsprecher oder Werber sind diejenigen, die als Beeinflusser in sozialen Netzwerken am ehesten eine positive Rolle spielen. Unternehmen wie die Allianz sind bereits den Motivationen der Leute, die zu Werbenden für die Marke werden, dicht auf den Fersen. Andrew Clayton von der Allianz verriet uns: »Auf Ebene des Spitzenmanagements und der Abteilungsleiter haben wir einen klaren Auftrag und eine hohe Motivation dazu. Unser CEO Michael Diekmann wirbt aktiv für Hilfsmittel wie den NPS (Net Promoter Score). Dies ermöglicht es, die Kundenorientierung ins Alltagsgeschäft zu integrieren, etwa die strategischen Planungsprozesse. Wir nutzen diese Erkenntnisse, um uns mit wichtigen Konkurrenten auf jedem Einzelmarkt zu vergleichen. Für uns ist der Top-down-NPS die wichtigste Leistungskennzahl, um die Kundenorientierung zu messen, Ziele festzulegen und Anreize fürs Spitzenmanagement zu bemessen. Insgesamt zeigte sich, dass der NPS das Instrument ist, um unsere 150 000 Leute zu mobilisieren und unseren Kundenfokus weltweit zu verbessern. Wir sind auch auf sehr große Akzeptanz bei den Kunden gestoßen, die uns ihr Feedback geben sollten: Bis zu 91 Prozent unserer Kunden nahmen an der ersten Umfrage teil, und 85 Prozent akzeptierten eine telefonische Rückmeldung durch einen Allianz-Mitarbeiter.«

Die Verbindung von NPS und sozialen Medien
Die US-Versicherung Progressive ist Vorreiter bei der Verbindung von NPS und sozialen Medien. Progressive fand heraus, dass Fans und Follower, die Sie in den sozialen Medien erwähnen, auch Empfehlungen aussprechen. Diese Erkenntnis führte zu der Idee, dass eine Einschränkung des NPS behoben werden konnte, wenn man ihn mit Recherchen in sozialen Medien kombinierte.
Der NPS wird über vom Unternehmen ausgehende Anrufe oder Mails erfasst. Man weiß aber nicht sicher, ob die Kunden wirklich aktiv werden und das Unternehmen Freunden und Familie empfehlen. Mithilfe der sozialen Medien dringt man hier eine Stufe tiefer ein, und genau dies tut Progressive. Wenn jemand das Unternehmen empfiehlt, bedankt sich Progressive natürlich als Erstes; doch gegenwärtig arbeitet Progressive auch an Möglichkeiten, denjenigen Leuten, denen das Unternehmen empfohlen worden ist, und ihren nächsten Aktionen nachzuspüren. Dies ist eine riesige Chance. Hinter diesen Bemühungen steht die Überzeugung, dass empfehlungsbasiertem Einkaufen die Zukunft gehört.

11. Eine andere Betrachtungsweise des Verkaufens

Die sozialen Medien sind kein »hartes Verkaufsmedium«. In der alten Zeit des »Sendens« war es üblich, dass vieles auf das Verkaufen hin ausgerichtet war – man hatte nur wenige Gelegenheiten, mit seinen (potenziellen) Klienten in Kontakt zu treten, zum Beispiel in den Bankfilialen. In den sozialen Medien befinden sich die Verbraucher auf ihrem eigenen, selbst gewählten »sicheren« Territorium, und ein Dialog ist möglich. In den sozialen Medien zu verkaufen, ist wie jemand, der auf einer Party die anderen Gäste damit langweilt, dass er sich oder seine Produkte zu verkaufen versucht – er ist meist nicht der beliebteste Typ. Dies ähnelt im Prinzip dem Trend in anderen Verkaufskanälen, wo beratendes Verkaufen ebenfalls zunehmend an die Stelle des harten Verkaufens tritt, da langfristige Beziehungen der Schlüssel zum Erfolg sind.

Wir wollen damit nicht sagen, dass Verkaufsbemühungen unwichtig sind, jedoch muss man den passenden Moment dafür finden. Es gibt einige Beispiele für Unternehmen, die darin erfolgreich sind, etwa Dell, das Twitter erfolgreich für Werbemaßnahmen nutzt. Diese Initiativen betreffen jedoch vergleichsweise geringe Umsätze.

Bei den sozialen Medien geht es hauptsächlich darum, Beziehungen aufzubauen und die Bindung zu stärken, indem man Rat anbietet, anstatt zu verkaufen. Wie echte Freunde es tun würden.

12. Neue Kompetenzen sind notwendig

Noch immer sehen wir, dass viele Finanzfirmen die Online-Medien und sozialen Medien als »traditionelle« Sendekanäle verwenden, zum Beispiel einen Markenkanal mit allen Fernsehspots auf YouTube starten oder Bannerwerbung auf Seiten von sozialen Medien schalten. Dabei handelt es sich noch immer um »Senden«.

Soziale Medien werden als Orte an Bedeutung gewinnen, an denen Reputationen gemacht oder vernichtet werden. Die Herausforderungen für die Finanzdienstleister sind evident: Wo finden die Diskussionen statt? Wie bleiben wir auf dem Laufenden? Wie kriegen wir die Leute dazu, auf integere Weise über unser Unternehmen, unser Produkt oder unseren Dienst zu diskutieren? Wie nehmen wir an der Diskussion teil?

Es ist klar, dass neue Kompetenzen notwendig sind. Die Kommunikationsfähigkeiten von Finanzfirmen sind meist auf traditionelle Sendemedien ausgerichtet. Mit der Schwarmintelligenz umzugehen, ist ganz anders als ein Briefing für die Werbe- oder PR-Agentur zu schreiben und dann wenige Wochen später eine schöne vollfarbige Zeitschriftenanzeige oder ein cleveres Interview in einer Finanzzeitung zu sehen. Auch auf Gebieten wie der Kundensegmentierung finden wir neue Herangehensweisen vor. Soziale Netzwerke und Internetunternehmen haben begonnen, die Internetnutzer nach ihrem Online-Verhalten und ihrer sozialen Verwendung des Internets zu segmentieren. Unternehmen wie TripAdvisor und Facebook verfügen über einen Informationspool, über den sie präzise Nutzerprofile entwickeln können.

Viele Finanzanbieter haben in den letzten Jahren den Versuch unternommen, diese neuen Fähigkeiten zu entwickeln. Wir sehen, dass sie dies auf verschiedensten Niveaus tun. Genau wie bei einem Computerspiel kann man mit dem nächsten Level beginnen, wenn man den vorherigen beherrscht.

Neue Imperative im Reputationsmanagement

Im Zeitalter der Echtzeitbewertungen und der eher in Tagen als Jahren ruinierten Reputationen hat sich das Reputationsmanagement komplett verändert. Einige Regeln, wie man auf offene Online-Unterhaltungen reagieren sollte, sind bereits deutlich geworden. Hier einige weitere:

- Die traditionellen Grenzen zwischen Marketing, Vertrieb, Kundendienst und Kommunikationsabteilung lösen sich auf. Insbesondere Marketing und Kommunikation werden verschmelzen müssen, um mit Verbrauchermeinungen adäquat umgehen zu können.
- Stellen Sie sicher, dass die Ressourcen vorhanden sind, den Kunden wirklich zuzuhören und ihren Nutzen durch Hilfestellung zu mehren, und zwar kontinuierlich.
- Benennen Sie konkrete Personen, die am Gespräch teilnehmen sollen. Setzen Sie Regeln für die Mitarbeiterbeteiligung fest, doch befähigen Sie die Mitarbeiter zu flexiblen und zeitnahen Reaktionen, indem Sie sie mit ausreichend Informationen und Zugang zu wichtigen Stakeholdern unterstützen. Das bedeutet auch, die Markenüberwachung und die Social-Media-Tools mit CRM-Systemen zu verknüpfen.
- Wenn Sie einen Fehler begangen haben, versuchen Sie nicht, dies zu verbergen, sondern bereinigen Sie ihn und reagieren Sie darauf. Genau wie beim »traditionellen« Beschwerdemanagement – negative Reaktionen zu klären, schafft Fürsprecher und Loyalität.
- Gehen Sie in Ihren Reaktionen offen und transparent mit Ihrer Identität und Ihrer Verbindung zum Unternehmen um.
- Lösen Sie Probleme mit dem Kunden, der sich beschwert, persönlich. Dieser wendet sich direkt und namentlich an Ihr Unternehmen. Tun Sie also dasselbe.
- Entgegnen Sie falschen Gerüchten oder Missverständnissen. Beschränken Sie sich jedoch dabei auf die Fakten und lassen Sie sich nicht in Ja-Nein-Diskussionen hineinziehen.
- Suchen Sie sich Ihre Schlachten aus: Überlegen Sie sich, worauf Sie reagieren. Es ist sinnlos, sich in gegenseitige Beleidigungen verstricken zu lassen, zumal es aus Kapazitätsgründen fast unmöglich ist, allen Diskussionen zu folgen und darauf zu reagieren. Konzentrieren Sie sich auf Websites und Reaktionen, die in hohem Maße die Meinung anderer Verbraucher beeinflussen.

Über vier Stufen zur Kundenbindung

Stufe 1: Beobachten
Gewinnen Sie tiefere Erkenntnisse über die Online-Aktivitäten Ihrer Zielgruppen

Finden Sie heraus, wo sich Ihre aktuellen und potenziellen Kunden im Internet orientieren und wo die Leute online über Sie schreiben. Überwachen Sie besonders deren Erfahrungen in Momenten der Wahrheit, und nutzen Sie diese Informationen, um Probleme zu lösen und in diesen Momenten zu brillieren. Wem hören die Kunden zu, und wem vertrauen sie? Wer sind die Mega-Influencer?

Nutzen Sie Analysetechniken, um das Verhalten der Kunden in den sozialen Medien zu verstehen. Tools wie Google Alerts, TweetScan, Social Mention, TNS Cymphony, Radian 6 und Technorati bieten Gelegenheit, die Meinungen und Sorgen der Leute in der Blogosphäre, auf Twitter, in Foren und so weiter in Echtzeit zu überwachen. Stellen Sie sich darauf ein, dass Sie eine Menge zu hören bekommen, was nicht positiv oder angenehm zu hören ist.

Wenn Sie gewohnt sind, zu senden und zu reden, dann ist zuhören etwas Neues und kann daher schwierig sein. Mit den sozialen Medien wird das Zuhören zu etwas Kontinuierlichem. Endlich haben Sie ein Thermometer zur Verfügung, das direkt und in Echtzeit Ihr wertvollstes Kapital überwacht, nämlich Ihre Kundenbasis: die Meinungen, Gedanken, Bedürfnisse und Wünsche des Marktes. Zu teuer? Nicht im Vergleich zu den enormen Summen, die Unternehmen auf traditionelle Medien- und Marktrecherchen zu verwenden gewohnt sind.

Stufe 2: Teilnehmen
Vom passiven Zuhören zur aktiven Beteiligung und zum Dialog

Einfach nur passiv zuzuhören und zuzusehen, wie die Verbraucher untereinander Ihr Unternehmen, Ihre Produkte und Dienstleistungen diskutieren, reicht nicht aus. Gar nicht zu reagieren, wird als unsensibel wahrgenommen werden. Mehr noch, Sie gehen sogar das Risiko ein, dass andere Leute an Ihrer Stelle reagieren, und die Teilnehmer mit der lautesten Stimme beeinflussen die anderen. Nehmen Sie aktiv an der Online-Meinungsbildung teil und zeigen Sie, dass Sie zuhören und handeln. Seien Sie Teil der Diskussion, erklären Sie, warum bestimmte Entscheidungen so getroffen werden, und erhöhen Sie so die Transparenz.

Stellen Sie ein Web-Pflege-Team auf, das an den weniger strukturierten Medien wie Blogs, offenen Foren oder Diskussionen teilnimmt. Dabei kann es sich um ein eigenständiges Team, ein Mitglied der Kommunikationsabteilung des Unternehmens oder beispielsweise Produktmanager handeln, die ihr eigenes Produkt repräsentieren. Medien wie Twitter haben bewiesen, dass sie ein gutes Tool zum Echtzeit-Krisenmanagement sind, wie der in diesem Kapitel beschriebene Fall der SNS-Bank zeigt.

Stufe 3: Fördern
Regen Sie Diskussionen über und um Ihre Marke an

First Direct lädt die Kunden ein, den Leuten zu erzählen, was sie von deren Website »Talking Point« halten. In den American Express Labs testen Kunden Beta-Versionen neuer Serviceangebote. Besucher der Website können ihre Meinung über die verschiedenen Initiativen in der Innovationspipeline äußern.

Es gibt auch Finanzdienstleister, die ihre Präsenz erhöhen, indem sie ihre eigene Community ins Leben rufen, beispielsweise für Kleinunternehmer, oder einen externen Blog oder ein Forum starten. Wir halten Initiativen dieser Art für einen wirksamen Weg, um wertvolle Erkenntnisse über die Verbraucher zu gewinnen, zu experimentieren und zu lernen. Viele Initiativen von Finanzdienstleistern haben jedoch noch immer eine geringe Kundenbeteiligung. Zum Teil liegt dies daran, dass sie die Arena der sozialen Medien ziemlich spät betraten. Ein weiterer Faktor ist sicherlich der angebotene Inhalt. Um wirklich Besucher zu generieren, muss man bei der Zielgruppe die richtige Saite zum Klingen bringen und ihr einen Grund zum Beitreten liefern. Unserer Meinung nach liegt der Hauptgrund für niedrige Teilnehmerzahlen bei eigenen Initiativen darin, dass ein Großteil der Verbraucherorientierung und der Diskussionen über Marken, Produkte und Dienstleistungen eben außerhalb der unternehmenseigenen Website stattfindet. Wenn es so viele Orte gibt, an denen man objektive Informationen von vertrauenswürdigen Verbraucher-Kollegen erhält, warum sollte man da einen Ort aufsuchen, an dem zu erwarten ist, dass die Informationen »gefärbt« sind?

Es gibt bereits zahlreiche Communitys, die sich auf spezielle Interessen oder Lebenssituationen wie »Kinderkriegen« oder »das erste Eigenheim erwerben« konzentrieren. Um wirklich voranzukommen, ist es daher viel effektiver und effizienter, eine Kooperation einzugehen, die sicherstellt, dass man dort präsent ist, wo die Kunden sich befinden und bereits über einen sprechen. Partner können Sie auch mit relevanten Inhalten versorgen. Progressive tat sich in den USA mit Lonely Planet zusammen, um Kunden, die verreisen, mit Reiseinhalten und Tipps zu versorgen. Andere schaffen nicht ihre eigene Plattform, sondern nutzen vorhandene Communitys, wie es Visa über Facebook tut.

Stufe 4: Befähigen
Profitieren Sie von der Mitgestaltung

Wie in Kapitel 6 beschrieben wird, ist Mitgestaltung die ultimative Manifestation der Nähe zu den Kunden. Soziale Medien bieten wirkungsvolle Tools für die Mitgestaltung an. Das setzt jedoch eine neue Geisteshaltung voraus. Es geht nicht darum, alles einfach der Menge zu überlassen, sondern darum, diese aktiv zu unterstützen und einzubinden, indem man ihr die richtigen Tools bietet. Procter & Gamble setzt Maßstäbe bei der Mitgestaltung – bei über 50 Prozent der Produktinitiativen wirken in nennenswertem Umfang externe Innovatoren mit. In der Finanzbranche organisiert die AEGON-Bank regelmäßig sogenannte »TweetBankets«. Während dieser Online-Events bringen die Verbraucher ihre Ideen ein und stellen Fragen zu bestimmten Themen wie »der ideale Finanzdienstleister«.

Web 2.0: Licht ins Dunkel

Das Web 2.0 wird fürs Topmanagement zunehmend zu einer Priorität. Das Bewusstsein wächst, dass der Einfluss neuer Erscheinungen wie Social Media über die Markenreputation und das Stakeholder-Management hinausreicht. Wir diskutierten die Herausforderungen, denen viele Finanzinstitute gegenüberstehen, mit Matthias Kröner, CEO der Fidor Bank, sowie Nick Riegger, Head of Communications and Sales.

Das Web 2.0 verändert den Einkaufsweg des Kunden. Der Entscheidungsprozess der Konsumenten in Bezug auf Finanzdienstleister ist im Wandel. In der Konsequenz wird Service ein immer wichtigeres Argument für eine Kaufentscheidung sein, der Preis hingegen wird in diesem Zusammenhang unbedeutender.

Riegger: Grundsätzlich werden immer mehr Kaufentscheidungen im Netz getroffen. Die Kaufentscheidung eines Users führt dabei von Web-2.0-Portalen über Bewertungsportale und Diskussionsforen für die Produktrecherche über Preissuchmaschinen letztlich zu einem Shop. Vertrauen in das Angebot an sich und die angebotene Dienstleistung spielt dabei eine große Rolle. Die Erfahrungen anderer User geben Neukunden ein gutes Gefühl, der transparente Umgang mit Service-Anliegen im Netz schafft Vertrauen, dass man sich hier um Probleme kümmert. Anders herum: Ein sehr billiger Preis wird trotzdem kein gutes Argument sein, wenn man mit ein paar Klicks auf Google von schlechtem Service, mangelnder Erreichbarkeit, Versandverzögerungen oder gar verschollenen Bestellungen eines Händlers lesen muss. Demnach wird der Preis zwar immer ein wesentlicher Bestandteil des Angebots bleiben, Vertrauen in eine Kaufentscheidung erzeugt er aber nicht unbedingt.

Die meisten Finanzinstitute denken ausschließlich in verschiedenen »Medien-Kanälen« anstatt an die Prinzipien, die ihnen innewohnen. Sie halten »Mobile« für einen zweitrangigen Kanal ohne große Erfolgsaussichten. Wir sind der Auffassung, dass gerade »Mobile« der Direktkanal schlechthin zum Kunden ist. Menschen haben jederzeit und von überall Zugriff auf ihr Smartphone, es ist der verlängerte Arm zum Kunden. »Mobile« bietet die Möglichkeit, den Kunden zu begleiten und Teil seines alltäglichen Lebens zu sein. Finanzinstitute müssen lernen, wie sie den Kunden Tag für Tag begleiten und »Customer Values« in die Dienstleistung übertragen können.

Kröner: Stimmt: »Mobile« ist einer der direktesten Vertriebskanäle überhaupt mit einem unglaublichen Wachstumpotenzial. Die meisten Menschen verfügen mittlerweile über einen »mobilen Einkaufswagen« – ein Smartphone. Durch »Mobile« wird die Online-Konversionsrate massiv gesteigert. Aber nicht nur für den Einzelhandel, E-Merchants oder Online-Shops spielt »Mobile« eine große Rolle. Auch und gerade Finanzinstitute und Payment-Service-Anbieter profitieren in großem Umfang von dem einstigen »Remote-Channel«: Ein Großteil aller Transaktionen wird mittlerweile »Mobile« getätigt. Der Kunde hat seine eigene »Bankfiliale« immer dabei, 24/7, egal an welchem Ort. Gerade im mobilen Umfeld wächst der Markt für der Payment-Service-Provider konstant, Anbieter wie Google bieten eigene Wallet-Bezahl-Lösungen an, Banken haben bisher kaum Versuche unternommen, sich einen Teil des E-Commerce-Kuchens zu sichern. Dabei bietet dieser Wandel viele Chancen, sich in e-Commerce-Umfeldern zu etablieren: Banking- und Payment-Apps können interessante Lösungen für Kunden sein, in Kombination mit dazu passenden Services wie z. B. dazugehörigen Finanzprodukten wie Rechnungskauf oder Ratenkauf oder anderen Services wie z. B. Paket-Tracking über das Handy. Weitere Tools, die den Kunden bei wichtigen Geldentscheidungen unterstützen und ihm den Umgang mit seinen Finanzen erleichtern, können so dem Kunden mit an die Hand gegeben werden. Die Fidor Bank in München geht noch einen Schritt weiter und unterstützt Nutzer dabei, sich gegenseitig zinslos innerhalb der Fidor Community Geld leihen zu können. Und wer kennt das Problem nicht: Man steht im Laden und merkt, dass man nicht genügend Geld dabei hat. User der Fidor Bank können dann per Mobile App über das Feature »Von Freunden Geld leihen« ihren Bekanntenkreis anpumpen und sind in Echtzeit wieder liquide.

Die Beziehung zwischen Kunden und Finanzinstituten hat sich seit der Krise verändert. Das Vertrauen ist fast bei null. In unserem Buch haben wir die Formel für Vertrauen vorgestellt: »Tempo, in dem Vertrauen wiederhergestellt werden kann = die Häufigkeit der Interaktionen x die Qualität der Interaktionen«. Daher sind wir der Ansicht, dass das Web 2.0 eine bedeutende Rolle bei der Wiederherstellung des Vertrauens spielen kann. Kaum ein Finanzinstitut nutzt diese Medien jedoch dafür.

Kröner: Natürlich: Finanzkrise, Occupy Wall Street, faule Kredite, gigantische Provisionen – alle Menschen spüren, dass auf den globalen Märkten etwas schief läuft. Bei all diesen Themen muss man als moderne Bank ein sehr proaktiver Partner des Kunden sein und ihm bei der Bewältigung der

Vertrauenskrise helfen. Das Web 2.0 ist ein sehr wichtiges Medium, um das zu erreichen.

Durch die Wirkmechanismen des Web 2.0 fördern wir die Transparenz, die Interaktion mit dem Kunden und bringen Licht ins Dunkel von Bereichen, wo sich der Kunde bisher alleine gelassen gefühlt hat: Er kann sich mit anderen Usern austauschen, offen über Geld reden, Produkte bewerten, Berater bewerten und seine Geldsituation anonym mit der von anderen vergleichen. Die Produktqualität wird messbar, der Service wird messbar, der Kunde erfährt schneller, was die Bank vorhat, und kann somit wesentlich interaktiver mit seiner Bank in Kontakt treten. In Summe bedeutet das, dass Bank und Kunde wieder enger zusammen rücken – Vertrauen als größtes Asset im Web-2.0-Umfeld. Ein weiterer Punkt liegt auch klar auf der Hand: Transparenz für den Kunden wirkt genauso nach innen in die Unternehmen hinein. Mitarbeiter sind gezwungen, sich mit dem eigenen nun vergleichbar gewordenen Beratungs- oder Produktangebot auseinanderzusetzen und ggf. nachzubessern. »Einfach weiter so« als beliebte Formel funktioniert einfach nicht mehr. Vielleicht liegt darin der eigentliche Grund, warum sich Finanzinstitute so schwer tun, neben der eigentlich einfachen Mitarbeitermandatierung für Social-Media-Postings, sich offen und transparent im Internet zu präsentieren.

Es gibt jede Menge Diskussionen zum Thema »Social CRM« – der Integration der Social-Media-Daten ins eigentliche Unternehmens-CRM. Man braucht nicht viel Phantasie, um das Potenzial zu erkennen. Allerdings: Wenn wir daran denken, wie Banken und Versicherungen ihre bereits gesammelten Daten aktuell nutzen – und sie haben sehr viele Daten –, fällt auf, dass ihre Bemühungen nicht

wirklich von Erfolg gekrönt sind, mehr von ihren Kunden zu lernen. Einer der wichtigsten Konsumtrends ist, »nah« am Kunden zu sein. Damit ist gemeint: authentisch, persönlich, menschlich. Wir stehen vor der Herausforderung, die Prinzipien des »Social Webs« zu nutzen, um dem Kunden »nah« zu sein.

Riegger: Ja, im Bereich der Kundenbindung findet ein Paradigmenwechsel statt. Das Social Web definiert neue Parameter für den Kundenkontakt: Authentizität, Offenheit, Ehrlichkeit, Persönlichkeit, Fairness und nicht zuletzt Menschlichkeit. Wir werden gerade Zeuge, wie die klassischen Werte der Freundschaft auf das CRM übertragen werden und Ehrlichkeit und Authentizität die Kommunikation bestimmen. Die 08/15-Ansprache funktioniert nicht mehr. Banken müssen sich dieser Herausforderung stellen und die psychologischen Wirkmechanismen des Social Media für sich nutzen. Das passiert nicht von heute auf morgen – in Zukunft geht aber kein Weg daran vorbei. Die Emanzipation des Kunden hat bereits in vollem Umfang begonnen.

Das Web 2.0 bietet reichlich Gelegenheit, ein tiefes Kundenverständnis zu entwickeln: Der Austausch von Wissen, der Dialog und die Diskussion sind der Schlüssel, um Interesse zu teilen und gemeinsam Ideen für neue Produkte und Dienstleistungen zu entwickeln – und somit die Kundenerfahrung zu verbessern.

Kröner: In der Tat wird das Web 2.0 bei der Vertriebspolitik eine zunehmende Rolle spielen. Der Kunde kann Produkte und Dienstleistungen aktiv mitgestalten, sich mit anderen Usern und der Bank auseinandersetzen, sich quasi selbst »therapieren« und die Kundenbindung durch die Partizipation und Interaktion mit der Bank selbst verbessern. Ein Umstand, von dem jeder Dienstleister profitieren sollte. So entsteht Authentizität bei den Produkten selbst: Crowd-Innovation und Crowdconsulting sind das neue Zugpferd im CRM.

Willkommen im Tsunami

Oliver Pradetto, Gründungsmitglied und Geschäftsführer Blau Direkt

Ein Tsunami kommt plötzlich. Unbemerkt schleicht er sich ans Ufer heran, und erst wenn er bereits das Land erreicht hat, bricht die Welle mit einer unglaublichen Zerstörungskraft kilometerweit ins Landesinnere ein.

Bildlich gesprochen ist es genau dieser Tsunami, der gerade in die Finanzindustrie einbricht.

Die Rede ist hier von den Auswirkungen des Internets. Erst jetzt – Jahre später – haben wir eine ungefähre Ahnung, wie hoch die Welle wirklich sein wird. Die sozialen Netzwerke und Informationsstrukturen des World Wide Web bringen radikale Änderungen unseres Kommunikations- und Kaufverhaltens mit sich. Die Anpassungsfähigkeit der Unternehmen wird darüber entscheiden, wer übrig bleibt und wer untergehen muss.

Um die Zusammenhänge verstehen zu können, wollen wir uns zunächst einmal das klassische Verkaufsgespräch vor Augen führen:

Als Berater hat man einen persönlichen Kontakt zu seinem Kunden. Der Kunde ist an einer optimalen Lösung seines Problems interessiert, der Berater an einem für ihn günstigen Verkauf. Es gilt, diese beiden Belange am Ende des Gespräches bestmöglich zusammenzuführen.

Je besser der Berater argumentieren kann, desto eher wird sich das Verhandlungsergebnis mit seinen Interessen decken. Der Berater hat demnach die Möglichkeit, sich verkäuferisch zu qualifizieren und so seine Verhandlungsposition gegenüber dem Kunden zu verbessern. Das Internet verschiebt die Machtverhältnisse dramatisch – zu Lasten des Beraters. Es macht den Berater taub und blind. Er hört keinen Einwand und sieht keine Zweifel in der Mimik seines Kunden. Der Kunde hat in dieser Verkaufsverhandlung die ultimative Macht. Er kann den Kauf jederzeit mit einem Klick beenden.

Doch das ist noch nicht alles: Der Kunde ist im World Wide Web nicht alleine. Er kann über zahlreiche soziale Netzwerke wie Facebook, Twitter oder Xing mit Millionen anderen Kunden in Verbindung treten. Verläuft sein Besuch auf einer Website negativ, kann er seinen Unmut sehr schnell multiplizieren. In Bewertungsportalen hat er die Möglichkeit, ein Unternehmen negativ zu beurteilen. Google und andere Dienste beobachten diese Entwicklungen und strafen das Unternehmen mit einer erheblich schlechteren Listung.

Tatsächlich hat das Internet eine Metamorphose durchlaufen hin zu einem mächtigen sozialen Netzwerk – dem Web 2.0. Der Kunde ist in diesem Netzwerk nie allein. Hinter ihm steht ein Heer weiterer Kunden, die jeden Fehler wahrnehmen und durch das vielfältige Angebot sofort über Alternativen verfügen.

Doch jede Medaille hat bekanntlich zwei Seiten: Die Entwicklung des Web 2.0 kann dem Berater genauso positive Effekte bescheren: Ist der Kunde zufrieden mit der Leistung des Beraters, hat er die Möglichkeit seine Macht einzusetzen, um dem Unternehmen unglaublich leicht Massen an weiteren Kunden zuzuführen.

Aber was muss ein Berater nun dafür tun, um diese positiven Auswirkungen herbeizuführen?

Eine Erkenntnis haben wir bereits: Der Kunde ist den Anbietern gegenüber außergewöhnlich mächtig. Er entscheidet über ihre Existenz. Die Frage ist also: Wie gehen wir im wirklichen Leben mit mächtigen Menschen um?

Mächtige Menschen haben in der Regel weniger Zeit und Bereitschaft, sich mit bestimmten Anliegen zu befassen, als andere. Es ist also wichtig, sich sehr gewissenhaft vorzubereiten, die eigene Sicht bildlich und überzeugend darzulegen und Übertreibungen zu vermeiden.

Viele mögen sich fragen: Wenn wir so machtlos im Internetverkauf sind, warum sich dann überhaupt damit befassen? Wenn das Internet kein leichtes Zusatzgeschäft verspricht, sondern vielmehr hart verdient werden muss, warum sich nicht auf den klassischen, persönlichen Verkauf konzentrieren?

Die Antwort wird den Meisten nicht gefallen: Man hat einfach keine Wahl.

Die Realität zeigt es: 2007 wurden mehr als 18 Prozent aller Versicherungsabschlüsse über das Internet vereinbart. Hierbei geht es um Abschlüsse, die Kunden ohne Zutun ihres Vermittlers vorgenommen haben. 2008 waren es schon 25 Prozent aller Versicherungsabschlüsse, und 2009 hat diese Zahl deutlich die 30-Prozent-Marke überschritten.

Das bedeutet, dass bisher persönlich beratene Kunden jede dritte Versicherung am Vermittler vorbei kaufen.

Bedroht ist aber nicht nur der klassische Verkäufer allein. Vielmehr ist es die gesamte Finanzdienstleistungsbranche, die betroffen ist. So ist es für viele überraschend, dass ausgerechnet die Direktversicherer zu den meist bedrohten Unternehmen gehören.

Früher ist ein Kunde auf die Internetseite eines Direktversicherers gegangen, hat festgestellt, dass er Geld sparen kann, und hat gewechselt. Doch wie sieht es heute aus?

Nachdem der Kunde beim Direktversicherer gerechnet hat, besucht er ein Vergleichsportal, um günstigere Alternativen zu recherchieren. Selbst wenn der Direktversicherer noch immer am günstigsten ist, geht der Kunde nicht zurück auf die Seite des Versicherers, sondern schließt ab, wo er sich gerade befindet – auf der Seite des Vergleichsportals.

Der Direktversicherer muss nun eine Vermittlungsprämie an das Vergleichsportal zahlen, die bis zu viermal höher ist, als eine durchschnittliche Vermittlerprovision. Zudem macht er den Umsatz nur noch in Segmenten, wo er tatsächlich am billigsten – und deshalb womöglich unterkalkuliert ist.

Diese absurde Situation hat dazu geführt, dass Direktversicherer mittlerweile versuchen, mit enormen Investitionen eigene Vergleichsportale am Markt durchzusetzen.

Die Vermutung liegt nahe zu denken, dies sei nicht weiter dramatisch, wenn man sich in hochwertigen oder komplexen Produktsegmenten engagiert.

Oft geht es im Internet ja lediglich ums Kfz-Geschäft, kleinere Sachversicherungen oder Tagegelder. Diese machen ohnehin mehr Arbeit und bieten wenig Gewinn. Diese Geschäfte aufzugeben, ist verschmerzbar und in den hochwertigeren Segmenten schließt der Kunde nicht so schnell im Internet ab, oder?

Tatsächlich sieht die Realität anders aus. Die Berufsunfähigkeit gehört beispielsweise nach Stückzahlen zu den fünf am häufigsten im Internet abgeschlossenen Versicherungen. Auch Rente, Riesterrente, Fondspolice und Risikoleben finden sich noch unter den Top 15 bei den Onlin-Abschlüssen. Bei intensiver Recherche wird man für nahezu jeden Zweig der Finanzdienstleistungsbranche ähnlich überraschende Ergebnisse vorfinden.

Wenn sich ein neues Medium durchsetzt, beginnt es zunächst mit einer sprunghaften Erhöhung der Nutzerzahlen. Dem folgt schleichend eine Steigerung der Nutzungsintensität. Als Beispiel lassen sich hier die Online-Banken heranziehen. Erst fünf Jahre nach dem Start, stieg die Zahl der Online-Nutzer in diesem Segment sprunghaft an. Doch die tatsächliche Nutzung begann erst nach und nach. Heute werden mehr als 90 Prozent aller Girokonten-Transaktionen online veranlasst.

Diese Beispiele lassen vermuten, dass schon in zehn Jahren weit mehr als 90 Prozent aller Dienstleistungen über das Internet geordert werden. Dann wird es selbst für die besten klassischen Berater eng.

Was bleibt also anderes übrig, als sich dieses Medium zu Eigen zu machen? Der Einstieg in das Internetgeschäft ist eine Frage des wirtschaftlichen Überlebens.

Der Tsunami ist da. Schwimmen wir so schnell wir können.

Bühne frei für virtuelle Erfahrungen

Von Joe Pine II, Mitgründer von Strategic Horizons und Koautor der Bestseller Authenticity: What Consumers really want *und* The Experience Economy: Work Is Theatre & Every Business a Stage.

Wen wundert es eigentlich, dass Finanzprodukte von den Verbrauchern nur als Massenware wahrgenommen werden, bei der es immer nur um den niedrigsten Preis geht? In der modernen Finanzbranche haben die Kunden immer seltener einen Menschen vor sich, und die Kommunikation findet immer mehr über Maschinen statt, seien es Geldautomaten, Sprachmenüs oder Webseiten. Die Unterschiede zwischen den Finanzanbietern sind gering, besonders im Online-Bereich, und daher wird auch das Marketing immer schwieriger. Deswegen sollten wir verstehen lernen, dass die Kundenerfahrung die Stelle des Marketings einnimmt. Die beste Art, um eine Nachfrage nach einem Produkt bei potenziellen und bestehenden Kunden zu erzeugen, besteht darin, das Angebot an einem Ort – sei er real oder virtuell – auf eine Weise erfahrbar zu machen, der man sich nicht entziehen kann. Wenn Werbung immer mehr zu einer Lügenmaschine verkommt, dann sollte man seine Angebote nicht länger durch die Werbung transportieren, sondern stattdessen Orte erschaffen. Auf diese Weise kann ein Unternehmen am besten zeigen, was genau es für seine Bestandskunden und für seine zukünftigen Kunden leisten kann.

In der Finanzbranche gibt es bereits zahlreiche Beispiele für real erschaffene Orte wie zum Beispiel die ING Direct Cafés oder die Initiative der Umpqua-Bank, die Zweigstellen mit »Umporien« aufgebaut hat, die wie Kieztreffpunkte funktionieren und in denen manche Kunden tatsächlich ihre Freizeit verbringen. Diese Konzepte haben gezeigt, was von den Kunden heutzutage nachgefragt wird: Die Erschaffung eines ökonomischen Wertes über das Angebot einer austauschbaren Massenware hinaus und die Errichtung einer Bühne, auf der fesselnde Erlebnisse inszeniert werden können, werden ökonomisch belohnt.

In einem sich weiter ausdehnenden Online-Universum sollten sich Unternehmen nicht nur auf die Erschaffung von Orten in der realen Welt verlegen, sondern auch virtuelle Orte ins Leben rufen. Viele Unternehmen werden glaubwürdiger sein, wenn sie die reale und die virtuelle Welt miteinander verknüpfen und wenn es gelingt, durch virtuelle Erfahrungen Menschen dazu zu bringen, reale Orte aufzusuchen – und umgekehrt. Man kann das Internet als »Vor-Schau« benutzen (ein Begriff, der sich an Disneys Umfunktionierung der Kassenbereiche in den Kinos anlehnt, wo man bereits einen Vorgeschmack auf den kommenden Film bekommt). Die Filmstudios nutzen Online-Kinotrailer und hinter den Kulissen gedrehte Schnappschuss-Videos, um Kassenschlager zu schaffen. Das Internet kann auch im Nachhinein verwendet werden, um die Dramatik einer Erfahrung zu verlängern und den Kunden online nacherleben zu lassen, was er in der wirklichen Welt erfahren und erlebt hat.

Virtuelle Orte lassen sich darüber hinaus folgendermaßen denken:

Erlebnisportale: Portale wie zum Beispiel MSN, soziale Netzwerke wie Facebook und LinkedIn oder virtuelle Welten wie das südkoreanische MapleStory oder das chinesische QQ.

Große Plattformen: Die Unternehmen finden Erlebnisportale mittlerweile interessant genug, um ihre eigenen aufzubauen. So hat Wells Fargo Stagecoach Island in seine eigene Website integriert, um jungen Erwachsenen beizubringen, wie Bankgeschäfte funktionieren.

Einbettung: In der realen Welt gibt es bereits das Konzept des Ladens im Laden, und Unternehmen betten ihre eigene Website in die Seiten eines anderen Unternehmens ein, um ihre Angebote zu verbreiten, so macht es zum Beispiel LEGO auf HarryPotter.com und auf StarWars.com.

Nun kommt es darauf an herauszufinden, wie sich solche virtuellen Erfahrungen ausschöpfen lassen, wobei alle diese Orte authentisch sein müssen, damit virtuelle und reale Erfahrung sich gegenseitig decken.

Wie das Internet und die Schwarmintelligenz eine Branche verändern

Die Reisebranche hat sich in den letzten Jahren enorm verändert. Neue Unternehmen wie Expedia Inc. mit Marken wie Expedia.com und TripAdvisor haben sich etabliert. Mithilfe der neuen Technologien ist Expedia.com die weltweit größte Tourismus-Website geworden, die jeden Monat Millionen von Touristen dabei hilft, ihre Reise zu recherchieren, zu planen und zu buchen. TripAdvisor ist mit 65 Millionen Benutzern das weltgrößte soziale Netzwerk im Reisebereich.

Die Weisheit der Menge spielt eine herausragende Rolle für den Erfolg und das Wachstum dieser Unternehmen, wie Mikael Andersson, Vice President von Expedia EMEA, uns erzählte.

Wie wichtig ist die Weisheit der Menge für Sie?

Wir bringen Anbieter, Werbekunden und Verbraucher zusammen und bieten gleichzeitig eine Plattform für das Wissen vieler Reisender, was eine wichtige Säule unseres Geschäftsmodells darstellt. Die Meinungen und Ratschläge von wirklichen Reisenden sind eine wertvolle Informationsquelle für andere Reisende, die sich vorbereiten und ihre eigene Reise planen. Über 10 Prozent der Kunden, die ein Hotel über Expedia gebucht haben, schreiben hinterher eine Bewertung. TripAdvisor hat über 20 Millionen eingeschriebene Benutzer und mehr als 50 Millionen Empfehlungen und Meinungsäußerungen, die sich auf über eine Million Hotels und Attraktionen beziehen.

Können Sie Beispiele für die Vorteile geben, die ein Kunde genießt?

Natürlich werden vor allem die von den Benutzern generierten Inhalte geschätzt, denn das hilft bei den eigenen Recherchen und der eigenen Planung. Wir möchten den Reisenden in den Mittelpunkt stellen. Mit diesem Ziel haben wir in einer Partnerschaft mit TripAdvisor zwei neue Initiativen gestartet, die auf der Schwarmintelligenz beruhen. In den USA haben wir ein interaktives Planungswerkzeug eingeführt, mit dem man eine Autoreise von seinem Wohnort aus planen kann, ohne mehr als einen vollen Tank zu brauchen. Mit diesem Tool lassen sich weltweit die auf Expedia.com am besten bewerteten Hotels, die innerhalb eines mit dem Auto erreichbaren

Radius liegen, von Tausenden von Städten aus ansteuern. Neben diesen Empfehlungen findet man auch von den Benutzern von TripAdvisor eingestellte Fotos von Zielorten und Sehenswürdigkeiten.

Ein weiterer innovativer Dienst ist SeatGuru, der es unseren Kunden auf der Grundlage von Bewertungen wirklicher Fluggäste erlaubt, die besten Sitze im Flugzeug zu buchen, um so komfortabel wie möglich zu fliegen. Interessant für Leute, die zusätzliche Beinfreiheit brauchen oder die keine Sessellehnen mögen, die sich nicht verstellen lassen.

Wie hilft Ihnen die Schwarmintelligenz dabei, Ihre Wachstumsziele zu erreichen?

Die Einbindung von Reisenden ist eine der wichtigsten Säulen unseres Erfolgs. Die von den Benutzern eingestellten Inhalte führen zu mehr Besuchern, mehr Reisenden und letztendlich mehr Umsatz. Das ist wie eine Aufwärtsspirale, denn mehr Reisende werden noch mehr Inhalte bei uns einstellen. Diese Aufwärtsspirale hat uns in der Vergangenheit ein starkes Wachstum beschert und wird sicherlich ein wichtiger Erfolgsfaktor für unser zukünftiges Wachstum bleiben.

Wie gehen Sie mit dem Glaubwürdigkeitsproblem um, das bei benutzergenerierten Inhalten immer eine Rolle spielt? Wird sich das auf die Zukunft des Prinzips der Schwarmintelligenz auswirken?

TripAdvisor gibt Hotelmanagern die Möglichkeit, auf negative Bewertungen zu reagieren. Durch die jeweils mit den Einträgen mitgelieferten Benutzerprofile erhalten Bewertungen eine zusätzliche Relevanz. Ein Geschäftsmann wird die Meinung eines anderen Geschäftsmanns höher einschätzen als die eines jungen Pärchens, das sich ein romantisches Wochenende gemacht hat. Wir

haben ähnliche Pläne für Expedia, wo wir uns momentan mit Glaubwürdigkeitsproblemen im Beurteilungsprozess beschäftigen. Wir laden nur diejenigen Kunden, die tatsächlich ein Hotel besucht haben, dazu ein, eine Bewertung über ihre Erfahrungen zu verfassen. Außerdem werden Bewertungen bei uns geprüft, bevor sie online gehen. Es ist sehr wichtig, Betrug auszuschließen. Die Schwarmintelligenz wird aber weiter eine Rolle spielen. Was wäre denn die Alternative? Es ist unglaublich zu sehen, wie viele Kunden der Werbebotschaft eines Unternehmens nicht vertrauen, aber sehr wohl einer fünffachen Mutter aus Bognor Regis, die eine Bewertung über ihren Aufenthalt in Dubai schreibt.

Kundenorientierung durch Erkenntnisse über die Kundenfürsprache erreichen

Unserer Meinung nach ist das Messen der Kundenfürsprache ein wichtiger Schritt zu mehr Kundenorientierung. Wir haben mit verschiedenen Personen diskutiert, die Vorreiter beim Messen der Kundenfürsprache sind. Andrew Clayton, Operations Director für Allianz in Großbritannien, war für die Einrichtung des Kundenorientierungsprogramms und für dessen weltweite Implementierung verantwortlich. Die Allianz ist ein Pionier in der Verwendung des Net Promoter Score beziehungsweise Promotorenüberhangs. Andrei Litvinov (Senior Vice-President) und Irina Chichmeli (Head of Marketing) von der Life Financial Group haben ein auf Kundenbindung basierendes Geschäftsmodell entwickelt und getestet, mit dem sie das Bankgeschäft in der Russischen Föderation revolutionieren wollen. Jonathan Marshall ist Manager für Kunden- und Marktforschung bei Lloyds TSB. Um Kundenorientierung tatsächlich umzusetzen, benutzt Lloyds TSB den TRI*M-Ansatz von TNS.

Den Kunden in den Mittelpunkt zu rücken, ist auch nur ein Mittel zum Zweck. Wie denken Sie darüber in Verbindung mit Ihren Geschäftszielen?

Andrew Clayton: Indem wir den Kunden in den Mittelpunkt rücken, unterscheiden wir uns von unseren Konkurrenten. Das wichtigste Element ist dabei unser Konzept »zuhören, lernen, verändern«. Indem wir unseren Kunden zuhören und ihre Bedürfnisse verstehen, können wir Lösungen finden, die rationale und emotionale Erwartungen übertreffen, wodurch die Allianz es ihren Kunden leichter macht und diese uns mit einem guten Gefühl ihr Vertrauen schenken können. Letztendlich wollen wir, dass unsere Kunden sich bei uns wohl fühlen und dass sie bei uns bleiben, was sich in häufigeren Empfehlungen, Kundentreue und Cross-Selling niederschlägt, was wiederum für nachhaltiges und profitables Wachstum sorgt.

Andrei Litvinov: Unsere Strategie beruht darauf, uns durch langfristig angelegte Geschäftsbeziehungen zu unseren Kunden von der Konkurrenz zu unterscheiden. Wir wollen für exzellenten Service (oder WOW, wie wir es nennen) bekannt sein, nicht einfach nur für Produkte und Rendi-

ten. Unser Ziel ist es, einen Kunden im Durchschnitt 20 bis 25 Jahre lang zu halten, und wir bauen diesen serviceorientierten Wettbewerbsvorsprung heute auf, um mit der Rückkehr des Wirtschaftswachstums umso stärker davon profitieren zu können.

Jonathan Marshall: Unsere Strategie beruht darauf, Marktanteile durch Empfehlungen zu erreichen; folgerichtig ist es der Kern unseres Geschäftsmodells, den Kunden in den Mittelpunkt zu rücken. Wenn wir unsere Ziele erreichen wollen, dann müssen wir die Wünsche unserer Kunden verstehen und – das ist noch wichtiger – verstehen, wo wir gut sein müssen und wo exzellent. Aus diesem Grund nutzt unser Management TRI*M als strategische Informationslösung, die dazu entwickelt wurde, die Beziehungen zwischen Mitgliedern einer Interessengruppe zu messen, zu managen und auszuwerten.

Worin liegt der wirtschaftliche Vorteil von Kundenfürsprache?

Andrew Clayton: Jedem in der Allianz ist es mittlerweile klar, dass der Promotorenüberhang eng mit unserer Fähigkeit zur Steigerung unserer Rentabilität zusammenhängt. Unsere Analyse des Kundenverhaltens in unterschiedlichen Märkten zeigt, dass Fürsprecher deutlich weniger Zahlungsausfälle haben, mehr Umsatz generieren und positive Empfehlungen aussprechen. Die Fakten sprechen für sich; die Erhöhung der Anzahl von Fürsprechern führt zu mehr organischem Wachstum.

Andrei Litvinov: 2008 haben wir ein Pilotprogramm in sechs Zweigstellen gestartet. Dieses Pilotprogramm hat uns eine Reihe von wichtigen Informationen geliefert – zum Beispiel ist ein Promotor im Durchschnitt dreimal so rentabel wie ein dem Unternehmen kritisch gegenüberstehender Kunde. Die Promotoren erhöhten die Beträge auf ihren Konten um ungefähr 14 Prozent, während passive und kritische Kunden ein negatives Wachstum aufwiesen. Promotoren fahren nicht nur gut in der Partnerschaft mit uns und bleiben länger Kunde, sie schaffen auch einen überproportionalen Gewinn für die Gruppe. Der Promotorenüberhang ist zu unserer wichtigsten Leistungskennzahl geworden. Wir sind jetzt in der Lage, die Rentabilität einer Zweigstelle, die Loyalität unserer Kunden und die Qualität unseres Service miteinander in Beziehung zu setzen, und die Führungskräfte in unseren Zweigstellen brennen darauf, das Programm in sämtlichen Zweigstellen zu implementieren.

Jonathan Marshall: Wir benutzen die TRI*M-Raster zu Beginn jedes Jahres, um unsere Prioritäten zu setzen, anstatt uns Mühe zu geben, überall gut zu sein. Dieser Prozess hat es uns ermöglicht, unsere Investitionen strategisch auszurichten. Uns ist in den vergangenen Quartalen aufgefallen, dass mit steigender Fokussierung auf den Kunden wichtige Kennzahlen wie die für den TRI*M-Index, der die Kundenzufriedenheit misst, ebenfalls ansteigen.

Wie hilft Ihnen die Messung der Kundenfürsprache dabei, den Kunden in den Mittelpunkt zu stellen und Veränderungen in Gang zu bringen?

Andrew Clayton: Der Promotorenüberhang ist ein sehr wichtiges Werkzeug. Um zu verstehen, wie zufrieden Kunden tatsächlich mit der Allianz sind, messen wir die Wahrnehmung unseres Angebots zu kritischen Zeitpunkten wie bei einer Auszahlung im Schadensfall. Indem wir in solchen Fällen genau zugehört haben, konnten wir feststellen, dass unsere Kunden sich ein gewisses Maß von Einfühlungsvermögen während der Abwicklung des Auszahlungsvorgangs wünschen. Das hat viel mit der Änderung des Verhaltens von Mitarbeitern zu tun, was wiederum Änderungen bei der Rekrutierung, bei der Weiterbildung und bei der Entlohnung nach sich zieht. Im Grunde genommen sehen wir den Promotorenüberhang als ein Instrument zur Mobilisierung von Frontend-Mitarbeitern, die an sensiblen Stellen arbeiten. Denn wenn unsere Mitarbeiter direkte Rückmeldungen von unseren Kunden bekommen, hilft ihnen das, ihr eigenes Verhalten und das ihres Teams als Ganzes zu ändern, um zu einer größeren Kundenzufriedenheit zu gelangen.

Irina Chichmeli: Wir wollen, dass unsere Mitarbeiter ihr Geschäft mit loyalen Kunden führen. Unser Pilotprogramm hat uns geholfen, die wichtigsten Elemente des Promotorenüberhangs zu konkretisieren. Wir haben herausgefunden, dass 60 Prozent der Empfehlungen unserer Kunden von strukturellen Faktoren wie Zinssätzen und der Einschätzung der finanziellen Stabilität der Bank abhängen, was größtenteils auf der strategischen Ebene kontrolliert wird. Die verbleibenden 40 Prozent fallen auf operationelle Faktoren, die meist auf der Ebene der Zweigstelle kontrolliert oder zumindest beeinflusst werden. Die

Führungskräfte der Zweigstellen verstehen jetzt besser, wie wichtig ihre Rolle für die Erhöhung der Kundenbindung ist und welche Bedeutung Faktoren haben wie die Fähigkeit der Angestellten, strittige Fragen zu klären, schnell Lösungen zu finden, freundlich zu sein, den Kunden die Wartezeit so angenehm wie möglich zu machen. Dieses Verständnis ist ein grundlegender Schritt für das Erkennen und die Implementierung von Verbesserungen im Tagesgeschäft.

Jonathan Marshall: Bei Lloyds TSB benutzen wir TRI*M dazu, unsere Visionen in die Tat umzusetzen. Es ist von größter Wichtigkeit, die zugrunde liegenden Elemente wichtiger Schwächen sichtbar zu machen, so dass durch adäquate Weiterbildungen, durch die Veränderung der Geschäftsabläufe, Produkte oder Dienstleistungen Verbesserungen erreicht werden können. Zusätzlich zur Veröffentlichung der Ergebnisse unserer TRI*M-Analyse innerhalb des Unternehmens bündeln wir diese Ergebnisse für bestimmte Geschäftsbereiche, in denen wir gezielt Verantwortung übertragen wollen. Wir glauben, dass Verantwortung ein sehr wichtiger Punkt ist. Wenn niemand sich einer Sache annimmt, dann übernimmt womöglich niemand die Verantwortung, und am Ende ändert sich nichts.

First Direct hat die Nase vorn in sozialen Netzwerken

Die englische Online-Bank First Direct, Tochter der HSBC, hat ein Mittel gefunden, um die Schwarmintelligenz mithilfe sozialer Netzwerke nutzbar zu machen.
Natalie Cowen, Head of Brand bei First Direct, erklärt uns die Einzelheiten.

Wie sind Sie darauf gekommen, soziale Netzwerke einzubinden?

Wir haben festgestellt, dass fast 75 Prozent aller Menschen den Empfehlungen ihrer Freunde mehr als allen anderen Informationsquellen vertrauen. Außerdem wussten wir, dass unsere Kunden im Internet Informationen über uns austauschen – meistens gute –, und so sind wir darauf gekommen, diese Informationen in Echtzeit und unzensiert auf unserer Website zu bündeln.

Wir dachten immer: Wenn ein Unternehmen die Weisheit der Menge nutzen will, dann muss es die Gedanken und Meinungen seiner Kunden beobachten, auf sie reagieren und sie in die richtigen Wege leiten. Wie bewerkstelligen Sie das?

Auf unserer Mini-Website firstdirect.com sammeln wir Äußerungen über First Direct, seien sie gut oder schlecht, aus über 8 Millionen Blogs, Foren und anderen sozialen Netzwerken, auch von Twitter. Besucher unserer Seite können sich anzeigen lassen, wie viele positive und negative Meldungen über First Direct es gibt und welche Wörter am meisten verwendet werden. Wir haben darüber hinaus eine Werbekampagne integriert, um die Menschen auf unsere Seite zu lenken und Nachrichten und Meinungen auf Talking Point zu hinterlassen – das ist ein Teil unserer Website, auf der Artikel von Kunden und Nichtkunden zu finden sind, die von jedem eingesehen und kommentiert werden können. Wir finden, dass die Ermutigung zu unzensiertem Feedback und die Einladung an alle, auf firstdi-

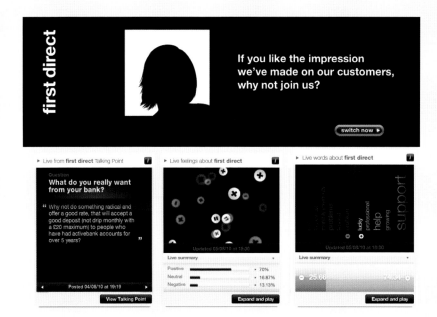

first direct

If you like the impression we've made on our customers, why not join us?

switch now ▶

▶ Live from **first direct** Talking Point

Question
What do you really want from your bank?

" Why not do something radical and offer a good rate, that will accept a good deposit (not drip monthly with a £20 maximum) to people who have had activebank accounts for over 5 years? "

◀ Posted 04/08/10 at 19:19 ▶

View Talking Point

▶ Live feelings about **first direct**

Updated 05/08/10 at 18:30

Live summary

Positive		▶ 70%
Neutral		▶ 16.87%
Negative		▶ 13.13%

Expand and play

▶ Live words about **first direct**

support
help
professional
lucky
growing

Updated 05/08/10 at 18:30

Live summary

⊖ 25.66   74.34 ⊕

Expand and play

Bildschirmkopie von www.live.firstdirect.com.

rect.com/live an diesem Gespräch teilzunehmen, sich als ein Riesenerfolg erwiesen hat. Unsere Kunden haben uns gesagt, was sie an unserem Service und an unseren Produkten mögen oder nicht mögen, und wir waren in der Lage, wo immer möglich die entsprechenden Bereiche anzugehen und Veränderungen in Gang zu bringen. Bis heute haben wir über 3500 Kommentare auf Talking Point und mehr als 60 000 unique Visitors auf unserer Mini-Website registriert.

Sie haben die Schwarmintelligenz und Transparenz zusammengebracht und damit einen Schritt getan, der vielen Marketingfachleuten im Bankensektor Angst machen dürfte. Welche Vorteile sehen Sie?
Nicht viele Marken und sicherlich noch weniger Banken können diesen Schritt tun. Dennoch, unsere Studien haben deutlich gezeigt, dass Kunden Offenheit und Ehrlichkeit von den Unterneh-

men verlangen, denen sie vertrauen und die sie weiterempfehlen. Indem wir Transparenz schaffen, richten wir unsere eigene Unternehmensstruktur auf die für unsere Kunden wichtigen Themen und Anliegen aus. Das ist die Grundlage für einen ständigen Lern- und Verbesserungsprozess. Wenn es uns gelingt, unsere Kunden zufriedenzustellen, dann werden sie uns auch weiterempfehlen.

www.live.firstdirect.com

215

Kapitel 5

Die Verbraucher
bewerten Werte neu

Was verstehen wir unter »Verbraucher bewerten Werte neu«?

Am Mittwochabend, dem 18. November 2009, trafen im Rückspiel in der Qualifikationsrunde für die Weltmeisterschaft 2010 die Fußballnationalmannschaften von Frankreich und Irland in Paris aufeinander. Die Iren bestimmten das Spiel, sie spielten viel besser als die Franzosen, aber es gelang ihnen nicht, das Spiel in der regulären Spielzeit für sich zu entscheiden.

In der Verlängerung stoppte der französische Stürmer Thierry Henry mindestens einmal, möglicherweise zweimal, mit der Hand den Ball auf seinem Weg ins Aus und ermöglichte damit seinem Teamkollegen William Gallas den Siegtreffer. Die französische Mannschaft bejubelte das Tor überschwänglich: Entgegen alle Erwartungen war sie auf dem Weg nach Südafrika.

Unmittelbar nach dem Spiel wurde deutlich, wie glücklich die Franzosen wirklich über diesen Triumph waren. Die Schlagzeilen reichten von Verlegenheit bis zu Empörung statt Siegesstimmung. Es wurde sogar eine Staatsaffäre daraus. Präsident Nicolas Sarkozy fühlte sich verpflichtet, dem irischen Premierminister Brian Cowen zu sagen, dass es ihm Leid tue. Christine Lagarde, die damalige französische Finanzministerin, forderte, das Spiel wiederholen zu lassen. Der Grünen-Chef Daniel Cohn-Bendit sagte: »Man muss schon ziemlich unverfroren sein, um Frankreich nach einem Spiel wie diesem zu unterstützen.«

Offensichtlich hatte Thierry Henry, ein für sein Talent und seine große Moral bekannter Spieler, sein Ansehen gewaltig beschädigt. Er entschuldigte sich ausgiebig; rückblickend hatte er nicht das Gefühl, dass das Spiel sehr fair gewesen war. Ein paar Tage nach dem Spiel sprachen wir mit einem führenden und einflussreichen Mitglied des FC Barcelona, Henrys Club, der sich seines »Fairplay«-Gedankens rühmt. Er sagte wörtlich: »Henry hat sicherlich für uns an Wert verloren.«

Fotografie auf der vorhergehenden Seite: Thierry Henry während des Fußballspiels zwischen Frankreich und Irland in Paris, Saint-Denis-Stadion, am 18. November 2009. © Christophe Elise/Icon SMI/Corbis.

Für die meisten Franzosen ging das Ganze aber noch weiter und wurde zu einer wichtigen Frage der Moral. Nicht nur für die französische Mannschaft, sondern für ganz Frankreich.

»Ist das wirklich das moralische Beispiel, das wir unseren Kindern geben wollen?«, fragte Jacques Attali, ehemaliger Berater von Mitterrand, rhetorisch. Er sagte, es sei beschämend, dass Menschen, die Vorbilder sein sollten, jungen Leuten erzählten, dass es okay sei zu betrügen, solange man nicht erwischt wird. In einem weiteren Kommentar wurde das Dilemma noch weiter untersucht: »Es würde mich einmal interessieren, wie die Historiker uns in 200 Jahren beurteilen werden. Diejenigen, die wir heute am höchsten belohnen, sind diejenigen, die betrügen: Fußballer und Investment-Banker.«

Wie die Öffentlichkeit auf dieses Foul reagierte, veranschaulicht einen der wichtigsten Verbrauchertrends: die Forderung nach mehr Ethik. Schauen Sie sich die Debatte über Werte und Normen an, die in jedem Land stattfindet, die fast mythische Verehrung von Nelson Mandela und die zunehmende Beliebtheit von Religion in vielen Ländern.

Die Verbraucher von heute treffen ihre Entscheidungen auf der Grundlage dessen, was sie über ein Unternehmen wissen. Reputation und soziale Verantwortung gewinnen in ihrer Wahrnehmung zunehmend an Gewicht. Dieser »Ethiktrend« ist der Grund für das wachsende Interesse an Fragen wie beispielsweise danach, ob Sportbekleidungsmarken von Kinderarbeit profitieren, für den Wunsch, die tatsächliche Quelle jeder Komponente und jedes Rohstoffs, aus denen ein Produkt hergestellt wird, wissen zu wollen, für die zunehmende Präferenz für erneuerbare Energien und für den wachsenden Marktanteil von Bio-Lebensmitteln.

»Ethik« ist ein weit gefasster Begriff mit vielen Facetten, auch wenn man ihn auf finanzielle Dienstleistungen begrenzt. Vor der Krise befassten sich Diskussionen über Ethik im Bereich der Finanzdienstleistungen mit einer Vielzahl von Themen, darunter die Unterstützung der Stammzellenforschung, die Differenzierung der Prämien von Lebens- und Krankenversicherungen auf Grundlage von DNA-Profilen, der Frage, in welchen Branchen es ethisch sei zu investieren und ob unnötige Schönheitsoperationen abgedeckt werden sollen oder nicht.

Wegen der Krise nahmen die Diskussionen über Ethik zu und wurden konzentrierter. Hauptthemen sind nun unethische Konsumgüter, zu riskante Geschäftsmodelle, mangelhafte Verkaufspraktiken und – nicht zu vergessen – Boni.

- Laut einer Studie des deutschen Verbraucherschutzministeriums aus dem Jahr 2008 beendeten die Verbraucher in Deutschland 50 bis 80 Prozent aller langfristigen Anlagen vorzeitig wegen unzureichender Beratung beim Kauf der Produkte. Dies führt zu geschätzten Schäden für die Verbraucher in Höhe von 20 bis 30 Milliarden Euro pro Jahr.
- In einer Studie des Bundesverbands der deutschen Verbraucherzentralen von 2009 wurden 25 deutsche Bankberater mit einer Testkauf-Aufgabe konfrontiert; 24 boten eine unsachgemäße Beratung.
- Die Ergebnisse einer Umfrage des CFA Institute über Kleinanlegerprodukte in EU-Mitgliedsländern ergab, dass 72 Prozent der befragten Anlageexperten die Gebührenstrukturen anstelle der Eignung von Anlageprodukten als Hauptkriterium für den Vertrieb betrachteten.
- Recherchen der britischen IFA Promotions (der Marketingabteilung von Independent Financial Advisers) zufolge glauben 95 Prozent der Menschen, dass es wichtig für die Berater sei, in der Lage zu sein, die am besten geeigneten Produkte aus dem gesamten Markt zu empfehlen; 88 Prozent geben an, es sei wichtig, dass ein Berater keine geschäftlichen Beziehungen zu Produktanbietern habe.
- Mehr als 60 Prozent der vom IBM Institute for Business Value weltweit Befragten glauben, dass Finanzdienstleister Produkte anböten, die ihren eigenen Interessen dienten statt denen ihrer Kunden. Noch beunruhigender ist, dass ihnen viele Führungskräfte der Finanzbranche zustimmen! Rund 40 Prozent der Führungskräfte aus der Finanzbranche in Europa, im Nahen Osten, in Afrika und im Asien-Pazifik-Raum glauben, dass Finanzdienstleister ihre eigenen Interessen an die erste Stelle setzen, der Anteil steigt sogar auf 49 Prozent unter den Führungskräften der in Nord- und Südamerika ansässigen Finanzbranche.
- Laut einer Forrester-Studie aus dem Jahr 2010 stimmen nur 29 Prozent der Befragten in der EU der Aussage zu oder stark zu: »Meine Hausbank tut das, was für mich das Beste ist, nicht das, was auf meine Kosten das Beste für ihre Gewinne ist.« In Frankreich und Großbritannien beträgt dieser Anteil 25 Prozent.

Warum hat sich dieser Trend bei Finanzdienstleistungen noch beschleunigt?

Die Finanzkrise und ihre Folgen haben wichtige Fragen über die Moral der Branche aufgeworfen und darüber, ob Banken und Versicherungen überhaupt über ihre eigenen Interessen hinausdenken.

Übertriebene Vergütungen ärgern die Öffentlichkeit seit Langem. Aber die Kreditklemme, die Rettungspakete und die Rezession haben den normalen Verbraucher auf der ganzen Welt veranlasst, Stellung zu beziehen.

Obwohl fast jeder in der Branche einräumt, dass hohe Boni nicht auf der Geschäftsagenda stehen sollten, stellt es sich in der Praxis als schwer heraus, ihnen ein Ende zu setzen. Jedes Mal, wenn Boni, übermäßige Provisionen, schlechte Beratung oder enttäuschende Produkt-Performance die Aufmerksamkeit der Medien erregen, erzeugt das eine Spirale negativer Schlagzeilen.

Wir glauben, dass die Diskussion über Boni die Proportionen gesprengt hat. Sie vermittelt den Eindruck, dass eine strenge Bonuspolitik die Lösung für alle Probleme sei, und lenkt von dem ab, worum es wirklich geht: die Anbieter von Finanzdienstleistungen dazu anzuhalten, diejenigen Veränderungen vorzunehmen, die etwas bewirken. Die Quintessenz ist, dass die Verbraucher mehr denn je nach Institutionen verlangen, die sie ernst nehmen.

Warum dieser Trend weiter an Bedeutung gewinnen wird

Wir sehen vielfältige Gründe. Zunächst sehen wir, dass »grün« und »Nachhaltigkeit« auch weiterhin an Bedeutung gewinnen. Zweitens sehen wir, dass die Krise die Veränderungen des Lebensstils einer signifikanten Gruppe von Verbrauchern beschleunigt. Drittens tritt die Generation der Millenials auf die Bühne und legt dabei ein verantwortlicheres Konsumverhalten an den Tag als alle Generationen vor ihr.

Grünes Engagement setzt sich fort

Regierungen, Unternehmen und Verbraucher haben die Nachhaltigkeit als eine der großen Herausforderungen unserer Zeit erkannt und sich sogar zu eigen gemacht, obwohl die miserablen Ergebnisse des Gipfels von Kopenhagen etwas anderes nahelegen. Selbst während der Wirtschaftskrise hielten die meisten Unternehmen und Regierungen an ihrem grünen Engagement fest, wobei grün der Sammelbegriff für alles ist, was nachhaltig ist. Von der Obama-Regierung bis zur chinesischen Führung – alle haben sie Pläne entwickelt, die Wirtschaft nach der Rezession in Richtung Nachhaltigkeit zu gestalten.

Grüntöne
- Der weltweit größte Einzelhändler, Wal-Mart, hat beschlossen, ein Rating-System einzuführen, mit dem alle im Angebot aufgelisteten Artikel danach bewertet werden, wie umweltfreundlich und sozialverträglich sie sind.
- Laut einer Reuters-Umfrage unter 450 Unternehmen stiegen deren umweltfreundliche Umsätze in nur einem Jahr um 63 Prozent, von Computern über Chemikalien bis hin zu Reinigungsmitteln. Das Bewusstsein ist offenbar in die Tat umgesetzt worden.

- Bundanoon, eine kleine Stadt in New South Wales, Australien, hat den Verkauf von Marken-Mineralwasser verboten. Aus Gründen des Umweltschutzes stimmte die Gemeinde dafür, sie durch leere Flaschen mit dem Etikett »Bundy vom Fass« zu ersetzen, die mit Wasser aus Wasserhähnen und Brunnen an der Hauptstraße gefüllt werden können.

Rezession hin oder her – die Verbraucher verlangen weiterhin »grün«. Selbst inmitten der Rezession sagten, wiederum laut Reuters, vier von fünf US-Verbrauchern sie würden immer noch umweltfreundliche Produkte und Dienstleistungen, die manchmal mehr kosten, kaufen. Eine Studie des britischen Marktforschungsunternehmens Trajectory zeigte, dass der grüne Trend sich in der Rezession verlangsamt hat. Die Verbraucher sind immer noch an nachhaltigen Produkten und Dienstleistungen interessiert, aber nicht alle sind bereit oder in der Lage, die üblichen Aufschläge zu zahlen. In Sparten, in denen Ökoprodukte teurer sind, steigen die Verbraucher auf billigere Alternativen um, die eventuell weniger umweltfreundlich sind. Als Folge der Rezession ist es daher sinnvoll zu erwägen, grüne Produkte und Dienstleistungen anstatt als »gut, aber teuer« im Sinne von »billig und auch gut« neu zu positionieren.

Freiwillige Sparsamkeit und das Ende des übermäßigen Konsums

Nach Ansicht vieler Verbraucher ist die Krise zu einem erheblichen Teil das Ergebnis eines zu weit gegangenen, übermäßigen Konsums. Folglich ist die Krise vielleicht doch gar nicht mal so ungesund. Der Abschwung hat nicht nur die Wirtschaftslandschaft, sondern auch grundlegend das Verhalten dieser bedeutenden Gruppe von Verbrauchern verändert. Sie haben gelernt, ohne teure Produkte zu leben, und fühlen sich sogar gut dabei. Sobald die Rezession vorbei ist, wird freiwillige Sparsamkeit ein wichtiger Teil des von ihnen gewählten Lebensstils werden.

Die Menschen sehnen sich nach Zuwendung, Empathie und Großzügigkeit

In schwierigen Zeiten haben die Menschen Sehnsucht nach Zuwendung, Empathie und Großzügigkeit – das genaue Gegenteil von Habgier. Trendwatching.com befasst sich mit der wachsenden Bedeutung von Großzügigkeit als maßgeblicher gesellschaftlicher und unternehmerischer Denkweise. Leidenschaftliche, selbstbestimmte Personen, die eher bereit und in der Lage sind, zu geben, sich auszutauschen, zusammenzuarbeiten – in vielerlei Hinsicht »großzügiger« zu sein.

Für viele hat das »Teilen und Geben«, und folglich Anerkennung zu erhalten, das »Nehmen und Haben« als bevorzugtes Statussymbol ersetzt. Es geht um andere Möglichkeiten, einzigartig zu sein, als das Größte und Teuerste zu kaufen. Es geht darum, nicht konsumieren zu müssen oder zu wollen. Unternehmen sollten dieser Verlagerung des Sozialverhaltens folgen, so sehr sie sich auch dem Individualismus entgegenstellt.

Wir sollten uns jedoch der Tatsache bewusst sein, dass in einigen Teilen der Welt noch eine ganze Reihe von Menschen meint, dass der Erwerb von Reichtum das ultimative und einzige Ziel ist.

Der Mode-Multi MANGO ist in den letzten Jahren stark gewachsen und ist in 105 Ländern erfolgreich tätig. Enric Casi, CEO von MANGO, erklärte uns, dass einer der wichtigsten Erfolgsfaktoren die Mitarbeiter bei MANGO und ihre gemeinsamen Werte betrifft: »Unsere Philosophie ist, dass unsere Mitarbeiter zu 50 Prozent fachlich gut und zu 50 Prozent ›gute Menschen‹ sein müssen. Sie müssen also beispielsweise nicht nur ein guter Designer sein, sondern außerdem muss auch Ihre Haltung auf Harmonie, Demut und Liebe gerichtet sein. Wir verwenden diese drei Charakterzüge von ›guten Menschen‹ als Kriterien unter anderen während unserer Bewerbungsverfahren, Evaluationen und Weiterbildungen. Wir achten strikt darauf, dass die Gegensätze dieser Eigenschaften, wie konfliktsuchende, arrogante Menschen, die mehr sprechen, als sie zuhören, oder gleichgültige Menschen, denen zum Beispiel ihre Kollegen egal sind, keine Chance in unserem Unternehmen bekommen. Diese Philosophie hat auch wirtschaftliche Vorteile. Meiner Meinung nach wird jedes vorzeitige Ende eines Projekts nicht durch Technologie verursacht, denn die können wir kaufen. Scheitern wurzelt oft in menschlichen Faktoren und Kommunikation, wie etwa Menschen, die während Meetings keinem anderen zuhören oder glauben, dass sie immer recht haben. Der Schlüssel zu unserem kontinuierlichen Erfolg und unserer Kreativität liegt darin, dass sich viele Menschen mit sehr unterschiedlichen Hintergründen und Perspektiven wöchentlich treffen, um Innovationen zu diskutieren. Die unterschiedlichsten Profis in unserem Team können optimal funktionieren und ihre Unterschiede nutzbar machen, weil sie alle die gleichen allgemeinen Charaktereigenschaften teilen, die darauf beruhen, wie wir uns gegenseitig als Menschen behandeln wollen. Letztlich sind die Produkte in unserer Branche einfach zu kopieren, aber unsere Mitarbeiter und die Einstellung nicht!«

Die Millenials: die bislang sozial bewusstesten Verbraucher

Die Millenials gelten als die Generation mit den bislang sozial bewusstesten Verbrauchern. Mehr als jede andere Generation leisten sie ehrenamtliche Arbeit, wissen den Wert umweltfreundlicher Produkte und Dienstleistungen zu schätzen und sind bereit, mehr zu zahlen. Außerdem stellen sie eine direkte Verbindung her zwischen dem Ausmaß, in dem sie einem Unternehmen vertrauen, und dem sozialen Verhalten und Handeln dieses Unternehmens. Dabei prüfen sie auch, ob dieses Verhalten authentisch ist und nicht nur ein Marketingtrick.

Es geht um ein höheres Ziel. Die UBS macht sich das ausgezeichnet zunutze, indem sie neuen Mitarbeitern die Möglichkeit eröffnet, ihren Arbeitsbeginn um ein Jahr zu verschieben, während sie sich einer gemeinnützigen Arbeit widmen. Wenn dieses

Anliegen bestimmte Kriterien erfüllt, bietet die USB an, ein halbes Gehalt zu zahlen. Der Nutzen für die UBS ist, dass sie Personalkosten einspart und sich gleichzeitig potenzielle Führungskräfte erhält. Mitarbeiter aus der Generation der Millenials bevorzugen Arbeitgeber, die ihre Werte teilen.

Shareholder-Kapitalismus lockt und fesselt die Mitarbeiter nicht

Die Kreditkrise hatte auch Auswirkungen auf die Position von Finanzdienstleistern auf dem Arbeitsmarkt. Besonders im Dienstleistungssektor hängt viel von den Menschen ab. Ethik ist das Entscheidende, will man die besten Mitarbeiter finden und halten. Die Bewerber wollen für Unternehmen arbeiten, auf die sie stolz sein können. Sie wollen ihre Normen und Werte in der Firma, für die sie arbeiten, wiederfinden. Begabte Mitarbeiter wollen sich nicht nur persönlich entwickeln, sie wollen in Vorgänge mit Relevanz eingebunden sein. Die große Mehrheit der Menschen, die bei Finanzdienstleistern arbeitet, will das Gefühl haben, durch ihre Arbeit und das Geschäft, in dem sie tätig ist, einen Beitrag zur Gesellschaft zu leisten.

Shareholder-Kapitalismus ist nichts, was in Unternehmen Anklang findet. Er motiviert und fesselt die Belegschaft nicht. Er zieht keine Talente an. Das übergeordnete Wohl der Gesellschaft aber schon – wenn Sie wollen, dass Ihr Unternehmen überlebt und gedeiht, sollten Sie daher einen Weg einschlagen, der zur sozialen und ökonomischen Entwicklung beiträgt.

Banken und Versicherer ringen mit der »Ethik«

Viele Vorstände von Banken und Versicherungen, mit denen wir gesprochen haben, sind davon überzeugt, dass Ethik ein wichtiger Baustein für die Zukunft der Finanzdienstleistungen ist. Verglichen mit allen anderen in diesem Buch dargestellten Trends ist die Lücke zwischen dem Ethiktrend und der aktuellen Wahrnehmung der Branche am größten. Und das ist wahrscheinlich der Grund, weshalb Banken und Versicherungen sich so intensiv mit der Frage auseinandersetzen, welche Auswirkungen er haben könnte.

Ein kleiner Auszug aus den vielen Diskussionen, die wir zu diesem Thema im letzten Jahr hatten: Ein Schweizer Privatbankier wies darauf hin, dass die Bank in den vergangenen Jahren ein Aufwand-Ertrag-Verhältnis von 50 Prozent erzielt habe. Irgendwann wurde dies für normal gehalten. Inzwischen ist sich der Vorstand der Tatsache bewusst geworden, dass das natürlich nicht so normal ist. Aber was ist normal? 55 Prozent? 60 Prozent? 70 Prozent? Was ist ethisch vertretbar? Wir haben eine Reihe von Menschen gefragt, wie hoch ihres Erachtens eine ethische Marge ist. Eine Marge zwischen 8 und 15 Prozent galt als ethisch. Natürlich sind das völlig andere Margen als die, die die Branche gewohnt ist.

Ein Banker der Londoner City äußerte seinen zynischen Verdacht, dass in nur wenigen Jahren das kollektive Gedächtnis der Aktionäre und Unternehmen die aktuelle Krise wahrscheinlich vergessen haben wird. Dann werden wir wieder bei allerlei strukturierten Produkten angelangt sein, um die Quartalsergebnisse zu steigern und die Aktionäre zufriedenzustellen. Er war schon bei dem Gedanken enttäuscht.

Ein italienischer Lebensversicherer erzählte uns, wie seine Werbeagentur darauf bestand, dass er das Thema Ethik für die nächste Kampagne wählen sollte. In der Tat hätte man der Bank das Thema »Vertrauenswürdigkeit« wohl nicht geglaubt, und Ethik lässt sich gut mit den Verbraucherwünschen in Einklang bringen. Völlig falsch, sagte der Versicherer und gab seiner Befürchtung Ausdruck, dass Ethik zur neuen Schminke werde; gut sichtbar kommuniziert, doch innerlich, im Herzen und der Seele der Firma würde sich nichts ändern. Er hatte Angst, dass dies zu einer verpassten Chance für die Branche führen würde.

Natürlich hat er recht. Außerdem riecht das nach Greenwashing, das heißt, in einem stärkeren Ausmaß, als es die Realität zu bieten hat, sozial verantwortliches Verhalten zu kommunizieren.

Was ethisch ist und was nicht, unterscheidet sich von Land zu Land

In den meisten Ländern ist Steuerhinterziehung eine Straftat, und es ist daher ethisch, die Kontodaten der Kunden gegenüber dem Staat offenzulegen. In anderen Ländern herrschen ganz andere Ansichten zu diesem Thema.

Regierungen auf der ganzen Welt nehmen Steueroasen ins Visier, darunter die übliche Verdächtige, die Schweiz, wo 27 Prozent der weltweiten Auslandsvermögen geparkt sind. Infolgedessen akzeptierte die Schweizer Regierung im Jahr 2009 die OECD-Richtlinien und plant nun, die Steuerabkommen mit einer Reihe von Ländern zu ändern. Einige schätzen, dass die Schweizer Banken nicht weniger als 20 Prozent des verwalteten Vermögens verlieren könnten. Andere sehen keine wirklichen Probleme, da der Großteil neuer Zuflüsse von Kunden aus Niedrigsteuerländern wie Russland und den Vereinigten Arabischen Emiraten gekommen ist – Steuerhinterziehung ist eindeutig nicht der Grund, warum diese Menschen ihr Vermögen in die Schweiz verschieben.

Das Bankgeheimnis zu ändern, ist nicht so sehr eine Sache der Gesetzgebung. Es geht vielmehr um eine veränderte Denkweise. Bei der Diskussion über Kunden werden Code- oder Spitznamen verwendet. Viele Genfer Banken verbieten ihren Kundenbetreuern, direkt auf der anderen Seite der Grenze zu Frankreich zu wohnen, da es ein Sicherheitsrisiko darstellen würde, wenn sie tagtäglich Kundendaten durch den Zoll tragen würden. In der Schweiz kann ein Banker für den Verrat des Bankgeheimnisses für bis zu drei Jahre ins Gefängnis wandern oder beispielsweise für die versehentliche Preisgabe von Informationen mit einer Geldstrafe von bis zu 250 000 Franken belegt werden. Geheimhaltung ist bei den Schweizer Banken tief verwurzelt. Obwohl die US-Steuerbehörde IRS einen fast »automatischen« Austausch von Informationen verlangt, ist zu erwarten, dass Schweizer Banken weiterhin große Anstrengungen zum Schutz der Privatsphäre ihrer Kunden unternehmen werden.

Unterm Strich braucht die Branche Wertschöpfung

Zusammenfassend gibt es drei Gründe, warum Finanzdienstleistungsunternehmen damit zu kämpfen haben, Ethik für das Geschäft umzumünzen.

Erstens, weil Ethik ein abstrakter Begriff ist, nicht greifbar ist und viele Facetten hat. Das öffnet die Türen zu endlosen Diskussionen, in denen jeder recht hat, aber sich nichts ändert.

Zweitens, weil naturgemäß Fragen wie: »Wann gerät Ethik in Konflikt mit wirtschaftlichen Zielen wie Umsatz und Gewinn?«, »Wie können wir dieses Problem lösen?« und »Wie kann sie finanziellen Wert erzeugen?« aufkommen.

Drittens, weil die Folgeerscheinungen von Produkten, die unter bestimmten Bedingungen auf dem Markt waren, deutlich sichtbar werden. Es ist eine Ironie des Schicksals, dass ein erheblicher Anteil der Unternehmensgewinne unmittelbar aus diesen Bedingungen hervorgeht. Solche Produkte neu zu erfinden, hat weitreichende Folgen für die Geschäftsmodelle der Branche, was erhebliche Unsicherheit mit sich bringt.

Nach Angaben der Federal Reserve verdient die US-Bankenbranche zwischen 25 und 38 Milliarden US-Dollar jährlich aus Überziehungsgebühren für Kreditkarten. Das macht diese zu einem der wichtigsten Faktoren für die Branche. Jede ethische Beschränkung des Berechnens von Strafgebühren und Zinsen (der Preis des Kreditrisikos) wird unmittelbar die Gewinne beeinflussen und sich damit massiv auf das Geschäftsmodell der Kreditkartenfirmen auswirken.

Eide leisten und zukünftige Führungskräfte vorbereiten

Die Branche als Ganzes ist auch auf der Suche nach Mitteln, um ethischer zu werden. Einen Eid zu leisten, ist eines dieser Mittel, wenigstens ein gut sichtbares. Ähnlich wie Ärzte und Notare sind holländische Bankiers seit dem 1. Januar 2010 verpflichtet, als Teil einer Reihe in einem »Banker-Kodex« zusammengefasster Maßnahmen einen Eid zu leisten, in dem sie versprechen, sich an gewisse moralische und ethische Standards zu halten. Unter anderem müssen sie integer und im wohlverstandenen Interesse ihrer Kunden handeln.

Harvard-MBAs haben ebenfalls vorgeschlagen, dass alle MBA-Studenten einen Eid zu unterschreiben haben. Mit ihm wird unter anderem gelobt, »zum Wohlergehen der Gesellschaft beizutragen« und »weltweit nachhaltigen wirtschaftlichen, sozialen und ökologischen Wohlstand zu erzeugen«.

Das Ablegen eines Eids drückt Integrität im Sinne eines »Ehrenworts« aus. Aber er bedeutet nichts, wenn er sich nicht innerhalb des Unternehmens niederschlägt, wenn das Unternehmen seine Arbeit nicht auf eine Art und Weise organisiert, dass er umgesetzt werden kann, zum Beispiel bei den Leistungskennzahlen.

Gegner des Eids argumentieren, dass in vielen Ländern Vorstände und Manager eine Treuepflicht gegenüber den Aktionären hätten, deren Reichtum zu maximieren, und daher den Eid nicht einhielten. Oder sie glauben, dass der Eid eine unangebrachte Reaktion auf die Finanzkrise sei und dass zu Unrecht davon ausgegangen werde, dass die Finanzkrise von unethisch handelnden MBAs verursacht worden sei. Zu guter Letzt glauben sie, dass die Menschen nicht durch Ehrenwörter angetrieben würden, sondern durch Anreize. Die Unterzeichnung des Eids kostet nichts und ist daher keine glaubwürdige Verpflichtung.

Viele Wirtschaftshochschulen haben vor kurzem Ethikkurse eingeführt, wobei die Schwerpunkte von bloßer Schadensbegrenzung als Frage des Risikomanagements bis hin zur Betrachtung von Ethik als Verantwortung gegenüber der Gesellschaft reichen. Auffällig ist, dass es sich in den meisten Fällen um einen separaten Ethikkurs handelt.

Wir sprachen über die Bedeutung von Ethikkursen an Wirtschaftshochschulen für die zukünftigen Führungskräfte der Branche mit José Manuel Campa, Professor für Finanzwesen an der IESE Business School.

Wir kamen zu dem Schluss, dass ethische Aspekte Teil eines jeden Kurses werden müssen, anstatt Ethik getrennt zu unterrichten. Denken Sie an Geschäftsszenarien und Entscheidungsprozesse: Anstatt sich nur das finanzielle Ergebnis anzuschauen, ist es nicht so schwer, auch die Interessen aller Beteiligten zu berücksichtigen. Ethik ist nicht etwas für nebenbei. Vielleicht geht es sogar noch weiter: ethisches Verhalten nicht als eine Frage der Bildung, sondern der Erziehung, der vergangenen und gegenwärtigen Vorbilder und des Charakters.

Beginnen Sie damit, Ethik einfach als allgemeine Anständigkeit zu definieren

Das Nachdenken über die Auswirkungen der Ethik scheint den Überlegungen zu ähneln, die über die Bedeutung des Internets in seinen frühen Tagen, um 1995, angestellt wurden. Die Manager hörten zu, aber sie konnten einfach die zukünftigen Auswirkungen nicht erkennen. Es schien zu früh, um alles zusammenzufügen. Sie brauchten einfach mehr Zeit, um den Gedanken zu begreifen. Ganz analog haben nur wenige eine Vision davon, wie Ethik zu einem Hauptfaktor für die Umgestaltung der Branche werden kann. »Ethik« klingt viel zu religiös. Im Wesentlichen geht es darum, Geschäfte mit Anstand zu tätigen: ehrlich, offen und fair. Und vielleicht sollte die Branche einfach genau damit anfangen.

Foto mit freundlicher Genehmigung der Umpqua Bank.

1. Handeln Sie im Interesse des Kunden

»Geschäfte mit Anstand machen« ist greifbarer als der abstrakte Begriff der »Ethik«. Es geht vor allem darum, den Kunden so gut Sie können zu helfen und dabei transparent zu sein. Empfehlen Sie nur solche Produkte, die Sie selbst kaufen würden. Behandeln Sie Kunden auf die gleiche Art und Weise, wie Sie behandelt werden möchten, wenn Sie Ihren Firmenanzug ausziehen und in die Verbraucherkleidung schlüpfen. Kümmern Sie sich nicht nur im Angebot und Marketing der Produkte so um Ihre Kunden, sondern in allem, was mit dem Kundenerlebnis zu tun hat. Vergleichen Sie das mit einem Besuch bei Ihrem Zahnarzt: Sie hoffen, so behandelt zu werden, wie er sein eigenes Kind behandeln würde.

Gehen Sie einen Schritt weiter: Verkaufen Sie nur die Produkte, die der Kunde wirklich braucht, und nicht das, was wir ihm aus einer Querverkaufsperspektive verkaufen möchten. Ersetzen Sie Querverkäufe durch das, was wir »Quereinkäufe« nennen wollen.

Es liegt noch ein weiter Weg vor uns. Wir finden uns regelmäßig in Sitzungen wieder, bei denen nach ein paar Stunden der Schluss gezogen wird, dass »wir kundenorientierter arbeiten müssen«, was offenbar darauf hindeutet, dass dies momentan nicht der Fall ist. Oder wir hören Führungskräfte sagen, dass »wir ausreichend kundenorientiert sind, solange keine Demonstranten in unserem Vorgarten stehen oder TV-Verbrauchersendungen uns ins Visier nehmen«.

Davon abgesehen ist es nicht sehr schwierig, auf Situationen hinzuweisen, die nach heutigen Maßstäben nicht sehr ethisch sind. Siehe den folgenden Kasten.

Unethisches Verhalten

- Bei steigenden Sparzinsen auf dem Markt werden erst dann Treueangebote gemacht, wenn zu viele Kunden damit beginnen, ihre Vermögenswerte zu verschieben.
- Neue Kunden erhalten oft bessere Konditionen, zum Beispiel höhere Sparzinsen, als treue Bestandskunden.
- Nicht wenige Banken setzen so genanntes »roof tiling« (»Dachdecken«) ein, wobei sie scheinbar attraktive Zinsen auf Sparprodukte anbieten, bis die Kunden eingedöst und zu »schlafenden Kunden« geworden sind, die denken, dass sie einen viel höheren Zinssatz erhalten, als es wirklich der Fall ist.
- Lebensversicherungsprämien werden stark abgeschöpft; von den Provisionen und Honoraren für die Makler und den Verwaltungskosten des Versicherers bis hin zu den Geschäftsleitungsvergütungen für Versicherer und einzelne Fondsmanager. Darüber hinaus profitiert der Kunde nicht immer von den Provisionen, die Versicherer aus diesen Fonds erhalten.
- In vielen Ländern ist es innerhalb der Kfz-Versicherungsbranche üblich, neue Kunden mit einer unrentablen Prämie zu gewinnen. Sobald ein Kunde gewonnen wurde, werden die Prämien Jahr für Jahr erhöht; dabei wird die jährliche Erhöhung durch Preiselastizitätsstudien bestimmt, um die Zahl der abwandernden Kunden zu minimieren.
- In der Verbraucherwahrnehmung nutzen Finanzdienstleister bei Streitfällen die Tatsache aus, dass die Zeit auf ihrer Seite ist. Die Standardantwort besteht darin, sich nicht zu rühren. Statistiken zeigen, dass Verbraucher aufgeben, nachdem ihre zweite Beschwerde zurückgewiesen wurde.
- Eine ganze Reihe von Versicherungsunternehmen haben Bestattungspolicen für Menschen, die inzwischen 140 Jahre alt sind. Die versicherten Summen wurden nie geltend gemacht – und nie ausbezahlt.
- Können wir hinsichtlich an Lebensversicherungen gekoppelter Hypotheken vorhersagen, dass die Menschen irgendwann in Schwierigkeiten geraten? Und wenn ja, was machen wir mit diesen Informationen?
- Berücksichtigen wir bei der Entwicklung neuer Produkte Veränderungen bei den Steuern und deren Folgen für die Verbraucher, und wird für die Folgen dieser Veränderungen für die »Bestandskunden« Sorge getragen?

2. Gestalten Sie das Produktportfolio neu

Nicht wenige Finanzdienstleister sind dabei, ihr Angebot aufzuräumen. Aber was wir sehen, sind in erster Linie Optimierungen, Anpassungen einzelner Produkte und Dienstleistungen. Betrachtet man die Liste im vorherigen Kasten, empfehlen wir mindestens eine Neugestaltung des Portfolios mit der Absicht einer Generalüberholung. Natürlich ist es einer einzelnen Bank oder Versicherung unmöglich, mit einem Male Tabula rasa zu machen. Dieser Prozess der Neugestaltung verläuft zweigleisig: Entwickeln Sie erstens eine neue Produktreihe, die jeder gerne an seine eigene Mutter verkaufen würde, und steigen Sie aus zweifelhaften Produkten aus. Leiten Sie zweitens die Kunden zu den neuen und besseren Produkten in einem Tempo, das von den Auswirkungen sowohl auf die Kunden als auch auf das Unternehmen bestimmt wird. Die Überprüfung und Neugestaltung der gesamten Produktpalette ist von entscheidender Bedeutung. Auch wenn Sie planen, sich fünf Jahre Zeit zu nehmen, um Ihr Sortiment komplett zu erneuern und es »bereit für Mutter« zu machen, kann die Marschroute nicht zur Debatte stehen.

Optimierung findet nicht immer Anklang

Während der gesamten Krise blieb die Ertragskraft der australischen Banken hoch. Die australischen Verbraucher waren davon überzeugt, dass ein Großteil dieser Gewinne von Gebühren, Zuschlägen und Vertragsstrafen herrühre; diese müssten weit über den tatsächlichen Verwaltungskosten liegen. Die Öffentlichkeit empörte sich und verlangte eine Prüfung der Gewinnstruktur der Banken.

Die National Australia Bank reagierte, indem sie die Überziehungsgebühren von 50 auf 30 australische Dollar senkte, aber nur für kleine Fehler oder vorübergehende Defizite. Die Verbraucher ließen sich nicht wirklich zum Narren halten. Sie betrachteten das lediglich als einen ersten kleinen Schritt hin zu einem gerechteren Bankwesen und fordern nun, dass alle Auswüchse angegangen werden.

Im Gefolge der Krise ist »Innovation« fast schon zu einem Synonym für die Produkte geworden, die die Welt in Schwierigkeiten gebracht haben, von gefährlichen Hypothekenmodellen bis hin zu unkontrollierbaren Derivaten. Es ist gut, dass Innovation eine ganz neue Bedeutung erhalten hat.

3. Garantieren Sie einen ehrlichen Preis

Die Preisgestaltung von Finanzprodukten und Dienstleistungen ist eine der umstrittensten Entscheidungen, die ein Vermarkter bei einer Bank oder Versicherung zu treffen hat. Aber die »Muttereignungsregel« gilt auch hier.

Das muss nicht schwierig sein. Die Axis Bank, eine der größten Banken in Indien, hat beschlossen, die Vorfälligkeitsentschädigung bei Hypotheken abzuschaffen. Die Bank sagt, dass sie das Optionsrecht der Kunden respektieren möchte, wenn sie einen vorteilhafteren Zins finden, auch wenn sie das Darlehen zu einem Konkurrenten verlagern. Die normale Gebühr auf dem indischen Markt, um Kunden daran zu hindern, nach frischen Krediten zu niedrigeren Zinssätzen zu suchen, beträgt 2 Prozent.

Eureko hat eine neue Versicherung namens InShared gegründet. InShared hat ein bemerkenswertes Angebot – sie hat gelobt, Überschüsse an ihre Kunden zurückzuzahlen. Gelder, die für Forderungen zurückgestellt, aber nicht ausbezahlt wurden, werden an die Versicherten zurückgeleitet. Die Überschüsse werden an diejenigen ausgezahlt, die keine Entschädigungen geltend gemacht haben, und so gewinnt jeder. Daher rechnet es sich; wir profitieren alle. Die Kunden können die Höhe des geltend gemachten Schadensersatzes sowie die Geldsumme, die zum Teilen übrig bleibt, über das Internet überwachen.

Betrachtet man Blogs im Internet, so wird deutlich, dass es schwer ist, selbst für diese Art von Initiative Vertrauen zu gewinnen: Die Leute sagen: »Wo ist der Haken? Ich glaube nicht an Märchen, würde ein Finanzdienstleistungsunternehmen das wirklich tun?« Das Einzige, was Sie als Unternehmen tun können, ist, unermüdlich zu beweisen, dass Sie das Ihren Kunden gegebene Versprechen wirklich ernst nehmen und dass es bei Ethik nicht nur um Kosmetik geht. Und es funktioniert – siehe das Interview mit zwei Vorstandsmitgliedern von InShared, das wir in dieses Buch aufgenommen haben.

4. Verbannen Sie jedes Produkt, das dem Kunden nicht vollständig klar ist

Kunden müssen die Eigenschaften eines Produkts sowie die Risiken, die mit dem Produkt einhergehen, zu 200 Prozent verstehen. Das nennt man »customer clear« (»kundenklar«). Führen Sie das in die Verbraucherforschung ein. Jedes Produkt, das diese Feuerprobe nicht besteht, sollte nicht auf den Markt gebracht werden.

Lassen Sie nur Produkte zu, die für einen Laien einfach zu begreifen sind. Schaffen Sie vollständige Transparenz bei den Kosten, Provisionen und Umsätzen, zum Beispiel durch Kopplung der Preise an ein objektives Kriterium wie den Euribor.

Auf Branchenebene hoffen wir auf eine Zertifizierung eines jeden Angebots von Finanzinstituten: ein Gütesiegel pro Produkt oder Dienstleistung, das von einer Verbraucherzentrale oder Regulierungsbehörde wie der von der Obama-Regierung angeregten Consumer Financial Product Agency verliehen wird.

5. Setzen Sie die »guten Sitten« in allen Marketing- und Vertriebsaktivitäten um

Beenden Sie Quersubventionierungen. Quersubventionen sind nicht fair und nicht transparent. Käufer eines Produktes zahlen damit im Wesentlichen für Produkte, die andere gekauft haben. Das bedeutet das Ende des angeblich kostenlosen Bankkontos und die Einführung von Gebühren.

Bieten Sie neuen Kunden keine besseren Preise als den derzeitigen Kunden. Auch das ist unfair. Umso mehr, wenn es bedeutet, loyalen Kunden ein Produkt anzubieten, das minderwertiger ist als das, was Sie neuen Kunden bieten.

Machen Sie leeren Versprechungen ein Ende, wie etwa dem persönlichen Kundenberater, der »erstklassigen Service durch persönliche Wirkung, Empathie und Produktkenntnis« bietet. In der Praxis ist dies aufgrund eines bis zum Bersten gefüllten Kundenportfolios und der hohen Fluktuation unter den Kundenbetreuern kaum je der Fall.

Lösen Sie im Sinne einer zuverlässigen Beratung den Interessenkonflikt, mit dem Berater und Makler aufgrund von Vergütungssystemen konfrontiert sind, die sie eventuell für den Verkauf bestimmter Finanzprodukte voreingenommen machen. Eine klare Unterscheidung zwischen Verkauf und Beratung, die auf elegante Weise einfach ist, bemüht sich, den Kern des Problems anzugehen.

Und so weiter und so fort.

Seinen Worten Taten folgen lassen

Letztlich geht es nicht um Versprechungen, sondern um Beweise: wirklich zu zeigen, dass Sie sich selbst verpflichten, Ihren Kunden eine wirklich gute Erfahrung zu bieten. Einige Finanzfirmen lassen ihren Worten bereits Taten folgen.

François Coste von der AXA zum Beispiel erzählte uns: »Um kundenorientierter zu werden, sind wir zunächst bestrebt, unsere Kunden in den entscheidenden Momenten zu verstehen, und wir überarbeiten unsere Abläufe dementsprechend. Wenn wir dann die gewünschten Servicelevels erreicht haben, legen wir uns öffentlich auf unsere Servicequalität fest. In Italien zum Beispiel garantieren wir eine Schadensregulierung innerhalb einer gewissen Zeit. Wenn wir diese Zeit nicht einhalten, zahlen wir dem Kunden 50 Euro direkt plus 50 Euro als Gutschrift für den nächsten Kauf. In Spanien sind wir zehn Verpflichtungen für unsere Kfz-Versicherung eingegangen, darunter eine Entschädigung von 60 Euro, wenn der Pannendienst länger braucht als 60 Minuten.« Als wir ihn fragten, was die Vorteile für AXA sind, fügte er hinzu: »Diese Methode setzt das gesamte Unternehmen unter Zugzwang. Die Verbesserung der Servicequalität fördert die Kundenzufriedenheit, die wiederum in eine höhere Kundenbindung mündet; wir haben zum Beispiel zwischen zufriedenen und unzufriedenen Kunden eine Differenz von über zehn Punkten in der Kundenbindung feststellen können.«

Bei der First Direct in Großbritannien glaubt man auch fest daran, dass man in der Lage ist, den Kunden den eigenen Wert zu beweisen. Die Bank bietet 100 britische Pfund für Neukunden, die mit ihrem Girokonto zur First Direct wechseln. Wenn ein Kunde nach sechs Monaten nicht zufrieden ist, hilft man ihm dabei, zu einer anderen Bank zu wechseln, und gibt ihm weitere 100 Pfund. Ihr Versprechen: »Sie bekommen 100 Pfund, wenn Sie uns mögen, und 200 Pfund, wenn nicht« zeigt, dass die Bank davon überzeugt ist, Zufriedenheit garantieren zu können.

Kalo Bagijn, CEO des neuen Anbieters Brand New Day, glaubt ebenfalls daran, dass Versprechen zu halten sind, hat aber eine andere Vision, wie das zu gestalten sei: »Wir geben den Kunden keine finanzielle Entschädigung, wenn wir unseren Versprechungen nicht nachkommen. Wir glauben fest an die Erfüllung von Zusagen, weil es eine Leidenschaft gibt, das Richtige für die Kunden zu tun. Wir haben zum Beispiel eine Geld-zurück-Garantie. Wenn die Kunden nicht mit uns zufrieden sind oder wenn Kunden zu einem Konkurrenten wechseln wollen, dann machen wir etwas falsch. Die Kunden sollten nicht darunter leiden müssen, deshalb berechnen wir im Gegensatz zur Konkurrenz keine lästigen Strafzahlungen oder andere Wechselkosten. Darüber hinaus sind wir stets bemüht, unsere Kunden in einer positiven Weise zu überraschen. Interessanterweise ist es in der Finanzwirtschaft immer noch relativ leicht, die Menschen einfach dadurch zu überraschen, dass man seine Versprechen hält.«

6. Zeigen Sie Anteilnahme, wenn Kunden ihren Moment der Wahrheit erleben

Schwierige Zeiten sind eine Gelegenheit, Ihre Anteilnahme zu zeigen. Eine Studie der EFMA in Zusammenarbeit mit der französischen Caisses d'Epargne und PwC in den fünf größten europäischen Ländern hat gezeigt, dass die Verbraucher in Krisenzeiten von ihren Banken erwarten, Kunden zu unterstützen, die in Schwierigkeiten geraten sind. Für die Verbraucher ist das nach der Gebührentransparenz und einer persönlichen Beziehung der drittwichtigste Punkt in der Bewertung ihrer Bank. Ergreifen Sie in diesen Fällen mehr Initiative und versuchen Sie, das Problem gemeinsam mit dem Kunden zu lösen. Das mag selbstverständlich erscheinen, aber für viele Finanzinstitute ist es ein Paradigmenwechsel.

In der Vergangenheit basierte das Kundenmanagement auf Zahlen, bei Hypotheken beispielsweise auf der Ausfallquote. Wenn etwa 1 Prozent Ausfälle als normal angesehen wurde, fanden Zwangsversteigerungen statt, ohne große Rücksicht auf persönliche Tragödien zu nehmen, die solche Ereignisse begleiten, und die Hypotheken wurden einfach abgeschrieben. In vielen Ländern hat sich der Prozentsatz der Ausfälle verdoppelt oder sogar verdreifacht, und jetzt beobachten wir eine Verlagerung weg von dieser abweisenden Vorgehensweise hin zu einer solchen, die ihr Augenmerk stärker auf den Kunden als Menschen richtet. Finanzleute bemerken tatsächlich die individuellen Probleme der Kunden und versuchen zu helfen. Das ist natürlich auch in ihrem eigenen Interesse. In den letzten Jahren hatten wir schließlich genug Verluste.

7. Zeigen Sie mehr Nachsicht

Handeln Sie weniger starr. In den Reklamationsrichtlinien von Kaufhäusern sollte von treuen Kunden keine Quittung verlangt werden. Hotels sollten bei verspätetem Auschecken keine zusätzliche Übernachtung berechnen. Hyundais kostenloses Autorückgabesystem in den USA ist ein weiteres perfektes Beispiel: Während der Krise konnten die Kunden ihr Auto zurückgeben, wenn sie entlassen wurden oder Einkommensverluste erlitten. Das Motto lautet »garantierte Zufriedenheit«.

Es gibt viele ähnliche Beispiele im Bereich der Finanzdienstleistungen. Bieten Sie vorübergehende Vereinbarungen an für Kunden, die wegen der Krise in Schwierigkeiten geraten sind oder geraten könnten. Helfen Sie Eigenheimbesitzern, die vorübergehend ihren Job verloren haben und mit der Hypothekentilgung in Verzug geraten. Die Banken müssen bereit sein, alles in ihrer Macht Stehende zu tun, um gemeinsam mit den Kunden Maßnahmen zu ergreifen und das Ausbluten zu stoppen. Das können sie erreichen, indem sie herausfinden, wie es mit einer reduzierten monatlichen Zahlung laufen könnte, und es dann zügig ansteuern – mit einer Neuverhandlung von Darlehensbedingungen, mit denen die Kunden ihren Verpflichtungen langfristig nachkommen können. Natürlich ist die wirtschaftliche Rezession voraussichtlich irgendwann vorbei, und der Kunde hat wieder Arbeit. In der Zwischenzeit kann er etwas Luft holen. Im Wesentlichen wird das Problem in solchen Situationen »größerer Nachsicht« nur in die Zukunft verlagert, und es wird keine dauerhafte Lösung geboten.

Die Banken müssen auch mit denjenigen Kunden zusammenarbeiten, die nicht in der Lage sein werden, ihre Verpflichtungen zu erfüllen, und die würde- und respektvollste Lösung finden, die es ihnen ermöglicht, ihr finanzielles Leben wiederaufzubauen.

Seien Sie in schwierigen Zeiten nachsichtiger

- In den ersten sechs Monaten des Jahres 2009 hat die Bank of America mit fast 150 000 Eigenheimbesitzern Zinserleichterungen oder Anpassungen vereinbart. In den Vereinigten Staaten fanden 90 Prozent der Arbeitsplatzverluste in städtischen Gemeinden statt. Die Folgen der Arbeitslosigkeit sind für einkommensschwache Haushalte spürbarer als für diejenigen mit mehr Mitteln. Jede Zwangsvollstreckung wirkt sich auf die Immobilienpreise eines gesamten Stadtteils aus und im Anschluss auf seinen wahrgenommenen Wohlstand und seine wahrgenommene Rentabilität.

- Spaniens Catalunya Caixa hat ein Antikrisenpaket, das Unterstützung in schwierigen Zeiten leistet. Unter anderem ermöglicht es Kunden mildere Tilgungsbedingungen für Hypotheken, genau wie bei der Bank of America. Im Falle von unerwarteten Kosten erhalten die Kunden drei monatliche »vorgestreckte Gehaltsschecks« zu einem Zins von 0 Prozent. Dadurch sind Rückzahlungen und Zinszahlungen im Falle des Arbeitsplatzverlustes garantiert. Kreditkarten bieten Nutzungspunkte an, die für Geschenke verwendet, aber auch in Geld umgetauscht werden können. Das Paket bietet auch die Möglichkeit, in einen Fonds mit garantierter Gewinnmarge zu investieren. In schweren Zeiten kann man sich kein Risiko leisten, weshalb dieses Produkt über eine Kapitalversicherung verfügt sowie über eine Rendite, die von Anfang an bekannt ist.

8. Liefern Sie dem Kunden die Mittel zur Selbsthilfe

Stellen sie Mittel zur Verfügung, die den Verbraucher vor Schwierigkeiten bewahren und ihm helfen, in harten Zeiten und kritischen Situationen die Kontrolle zu behalten. Bieten Sie Tools, die Ausgabenmuster sichtbar machen und mit Warnhinweisen die pünktliche Ausführung von Zahlungen sicherstellen, um zusätzliche Zinskosten zu vermeiden. Bieten Sie Mittel, die dabei helfen, Rechnungszahlungen zu automatisieren und zu systematisieren. Stellen Sie die Ausgaben und mögliche zukünftige Kosten anschaulich gegenüber, damit Budgetüberschreitungen verhindert werden können. Bieten Sie die Möglichkeit, Ausgaben mit denen ähnlich aufgestellter Personen zu vergleichen. Verhindern Sie kostspielige Kreditoptionen und überteuerte Darlehen für Immobilien, Autos und andere wichtige Auslagen. Seien sie Ihren Kunden dabei behilflich, bessere, kostengünstigere Finanzierungen für Autos, Häuser, Kreditkarten und Privatkredite zu finden, auch wenn diese nicht von Ihrem eigenen Haus angeboten werden. Das ist wichtig, nicht nur jetzt, sondern auch langfristig. Die persönliche Kreditwürdigkeit entwickelt sich immer mehr zu *dem* verbindlichen Maßstab, wenn es um Verantwortungsbewusstsein und Verlässlichkeit von Personen geht. Sie beeinflusst unter Umständen die Chancen auf dem Arbeitsmarkt, gibt vor, ob sich jemand ein Eigenheim kaufen kann, wie viel Versicherungen und Darlehen kosten, ja sogar bei der Wahl des Partners spielt sie eine Rolle. Zu viele Menschen, insbesondere der jüngeren Generation, sind sich der Konsequenzen einer schlechten Bonität nicht bewusst. Schärfen Sie Ihren Kunden die Bedeutung von Bonität ein, warnen Sie vor Abwärtstrends bei den Bewertungen und helfen Sie dabei, diese zu verbessern.

Intelligente Kreditkarten

Die Kreditkarte »Blueprint« von Chase Card Services bietet dem Verbraucher eine Auswahl von Tools, die ihm das Verwalten seiner Verbindlichkeiten erleichtern. »Blueprint« ist das Ergebnis einer Kundenumfrage, die ein zunehmendes Bedürfnis nach mehr Kontrolle über die eigenen Finanzen beim Verbraucher aufzeigte, und ist mittlerweile komplett in die Konten von etwa 20 Millionen Kreditkartennutzern eingebunden. Mit den kostenlosen Tools lassen sich sowohl Ausgaben verwalten als auch das Konto ausgleichen und größere Anschaffungen abbezahlen. Der Verbraucher ist somit in der Lage, auf jede einzelne Ausgabe zugeschnittene Zahlungspläne zu erstellen (tatsächlich mit Rubriken, die Namen wie »Mac Book« oder »Flat Screen« tragen). So wird die Entwicklung jedes einzelnen Postens nachvollziehbar. Dem Kunden steht es dabei frei zu entscheiden, welche Beträge er monatlich direkt abzahlen möchte, um so die Zinskosten zu senken. Es lassen sich auch feste Zahlungsziele für einen effizienteren Kontoausgleich einplanen. Chase errechnet dabei Pläne anhand des monatlichen Zahlungsverkehrs und unterrichtet den Kunden online über seine Fortschritte bezüglich jedes einzelnen Postens.

Finanzdienstleister, die ihren Kunden im Moment der Wahrheit zur Seite stehen, bauen für die Zukunft vor. Bei den oben dargestellten Fällen ist eine großzügige Haltung, die Grundlage für nicht eingeplante lang- und kurzfristige Gewinne, klar erkennbar. Gerade in unruhigen Zeiten wird Großzügigkeit einen zusätzlichen Anklang finden, und sie wird bestimmt nicht vergessen werden. Darüber hinaus ist zu erwarten, dass Kunden Gefälligkeiten gerne erwidern, indem sie Empfehlungen verbreiten. Hier knüpft der Trend der Neubewertung an einen anderen Trend an: den der Schwarmintelligenz.

Nicht zuletzt empfinden auch Angestellte und Führungskräfte eine größere Verbundenheit mit einer Firma, die eine soziale und großzügige Haltung an den Tag legt.

9. Zeigen Sie gesellschaftliches Engagement

Corporate Social Responsibilty (CSR), auch bekannt als unternehmerische Gesellschaftsverantwortung, ist ein Feld mit Tausenden von Initiativen. Hier geht es ebenso um Beiträge zur Erhaltung des Baumbestands und zur Emissionsfreiheit wie um die Unterstützung gemeinnütziger Einrichtungen, regional und weltweit.

Bildung als Versicherung

Im August 2009 lancierte Aviva India in Kooperation mit CRY und Save the Children das weltweite Street-to-School-Projekt. Ziel dieses CSR-Projekts ist die Schulbildung von 50 000 unterprivilegierten Kindern über den Zeitraum der nächsten drei Jahre. Zu Beginn des Projekts stellten die Angestellten von Aviva India jeweils ein Tagesgehalt freiwillig zur Verfügung. Die damit erreichte Summe von 2,4 Millionen Rupien stockte das Unternehmen um weitere 400 000 Pfund auf. Wir sprachen mit TR Ramachandran, einem ausgebildeten Arzt und CEO der Aviva Lebensversicherung, über die Ziele des Projekts: »Laut einer Umfrage, die wir kürzlich in Auftrag gaben, betrachten indische Eltern Bildung als Versicherung, die die Zukunft ihrer Kinder günstig beeinflusst. Andererseits besuchen aber 50 Prozent der Kinder zwischen 6 und 18 Jahren gar keine Schule. Mit unserem Street-to-School-Projekt versuchen wir, durch Bildung die Zukunft unterprivilegierter Kinder zu sichern. Wir kooperieren mit Child Rights and You und Save the Children, um über die nächsten drei Jahre das Leben von 50 000 unterprivilegierten Kindern positiv zu beeinflussen. Im ersten Jahr werden wir im Rahmen von neun Projekten in fünf Bundesstaaten 20 000 Kinder erreichen.« Ramachandran fügte hinzu: »Das Street-to-School-Projekt wurde mit Unterstützung der Nichtregierungsorganisation Save the Children am 11. 11. 2009, dem Tag der Volksbildung, um eine Buchspendenaktion in Delhi erweitert. Über einen Zeitraum von fünf Tagen konnten wir 123 000 Bücher sammeln, die mittlerweile von 17 000 unterprivilegierten Kindern im ganzen Land genutzt werden.

So schön es ist, wenn ein Finanzdienstleister auf emissionsfreie Räumlichkeiten verweisen kann, einen großen Eindruck auf die Gesellschaft wird er damit nicht machen. Finanzfirmen können sich weit effektiver einbringen, wenn sie ihre ganz speziellen Aktiva und Kompetenzen wirken lassen. Übernehmen Sie Verantwortung bei der Verbesserung des Finanzwissens, wie es in Kapitel 3 vorgeschlagen wurde. Schaffen Sie Produkte, die von Rücksicht auf die Gemeinschaft und die Umwelt zeugen. Denken Sie an Hausversicherungen, die Reparaturen mit umweltfreundlichen Materialien fördern, oder Autoversicherungen, die sich auf die tatsächlich gefahrenen Kilometer beziehen und so für zurückhaltendes Fahrverhalten sorgen. Investieren Sie nicht in Branchen, die sich keiner großen Beliebtheit erfreuen, wie die Tabak- oder Fastfood-Branche, die im Ruf stehen, die Gesundheit zu gefährden.

Der Umgang mit dem prüfenden Blick der Öffentlichkeit
Unternehmen müssen auch weiterhin mit einer genauen Prüfung durch die Allgemeinheit rechnen, was Einfluss und Wirkung angeht. Auch Finanzdienstleister sollten eine größere Verantwortung bezüglich ihres »Abfalls« zeigen. Die britische Smile Bank hält aktiven Kontakt zu ihren Kunden und unterrichtet sie darüber, wo ihr Geld *nicht* hinwandert. Wie es auf der Website der Smile Bank heißt: »Dank Ihrer Unterstützung haben wir Unternehmen, die mit den Umweltinteressen unserer Kunden in Konflikt standen, Kredite in Höhe von 465 Millionen Pfund verweigert, über 210 Millionen Pfund bei Unternehmen, die den ethischen Vorstellungen unserer Kunden bezüglich des Tierschutzes zuwiderliefen, und über 300 Millionen Pfund bei Unternehmen, die gegen die Vorstellungen unserer Kunden von Menschenrechten und Entwicklungshilfe verstießen.«

Fördern Sie Mikrofinanzierungen. Mikrofinanzierungen erfahren seit Jahren einen immensen Aufwärtstrend. Mit Mikroversicherungen lässt sich dasselbe Publikum erreichen. Nehmen Sie New Life China als Beispiel. Das Unternehmen konzentriert sich auf private Unfall- und Arbeitsunfähigkeitsversicherungen in Verbindung mit Sparkonten und Mikrokrediten. Es richtet sich damit an Frauen im gebärfähigen Alter in ländlichen Gebieten der chinesischen Provinz Henan.
In westlichen Teil der Welt kann Mikrofinanzierung genauso nützlich sein, um die bittersten Härtefälle wieder auf den richtigen Weg zu bringen.

So lancierte die französische Sparkasse Caisse d'Epargne den sogenannten »Parcours Confiance« (den Pfad des Vertrauens), um das Vertrauensverhältnis zwischen Personen, die in Kalamitäten stecken, und ihrer Bank wiederherzustellen. Es umfasst einen sozialen Mikrokredit und kleinere Darlehen zu sehr geringen Gebührensätzen für jene, die auf reguläre Weise keine Kredite bekämen, sie aber trotzdem dringend brauchen, um wieder Herr über ihre Finanzen zu werden. Neben dem eigentlichen Darlehen beruht dieses integrative Finanzprogramm auf drei Säulen: soziales Coaching

(Unterstützung bei der Arbeits- und Wohnungssuche und psychologische Hilfe), Kontenkontrolle (beginnend mit einer Budgetanalyse) und ein individuelles Training für den Umgang mit Finanzen. Sinn und Zweck dieses zweijährigen Coachingprogramms ist es, dem Verbraucher wieder konventionelle Bankdienstleistungen zugänglich zu machen.

Ganz oder gar nicht. In vielen Unternehmen ist CSR immer noch eine Ergänzung zum Kerngeschäft. Angesichts der Haltung der Verbraucher gegenüber der Branche gibt es eine zwingende Notwendigkeit, das Verständnis von unternehmerischer Nachhaltigkeit auf das ganze Geschäft auszuweiten.

Zu den Innovatoren, die damit bereits angefangen haben, zählen die Wainwright Bank in Boston, »grüne« Banken wie die ShoreBank of the Pacific, die britische Co-operative Bank und die niederländische Triodos Bank. Auch der brasilianische Ableger von Santander hat sich unter dem Motto: »Eine neue Bank für eine neue Gesellschaft« voll und ganz der CSR zugewandt. Vermögen und Produkte sind hier dem einzigen Zweck untergeordnet, eine positive Veränderung in der Gesellschaft zu erzielen. Aufgrund dieses Anspruchs und hervorragender Leistungen im Finanzsektor wurde Santander der Sustainability Award 2008 der *Financial Times* verliehen.

Hüten Sie sich vor Greenwashing
Finanzdienstleister konzentrieren sich immer mehr auf ihre soziale Verantwortung. Die Hinwendung zu Nachhaltigkeit wird von vielen Unternehmen als Möglichkeit gesehen, das Vertrauen der Kunden zu gewinnen. Von dem gesellschaftlichen Engagement verspricht man sich bessere Kundenbeziehungen und Mitarbeiterentwicklungen. Und diese sind für ein gesundes Wachstum essenziell. Das erwachende Bewusstsein dafür, dass soziale Verantwortung das Vertrauen des Verbrauchers wiederherstellen kann, birgt allerdings ein Risiko ähnlich dem des »Greenwashing«, bei dem ein Unternehmen mehr Geld dafür ausgibt, einen »grünen« Anschein zu erwecken, als dafür, diesen Anspruch tatsächlich in die Tat umzusetzen.

10. Bekräftigen Sie Ihre Verantwortung für die gesellschaftliche und wirtschaftliche Entwicklung

Erfolgreiche Finanzfirmen werden auch in Zukunft dieselben Dienstleistungen anbieten, aber auf eine durchdachtere und umsichtigere Weise, immer mit Rücksicht auf die eigene Integrität. Ethik ist ein Kerngeschäft und wird für potenzielle Mitarbeiter, Kunden und Investoren gleichermaßen zum entscheidenden Kriterium. Sie wird nicht nur als wichtige Triebkraft für die Innovation von Produkt, Service und Marketing dienen, sondern auch Auswirkungen auf Firmenbeteiligungen, Vergütungssysteme und die gesamte Wertschöpfungskette haben. Dabei muss man als Erstes und vor allem den Vorteil des Verbrauchers ins Auge fassen, um dann auf faire, ehrliche und offene Weise zu handeln.

Michael Jordaan, CEO der First National Bank Südafrika: »Die FNB betrachtet ihre eigene Funktion in Südafrika als weit über die eines Hauptakteurs in der Branche hinausgehend, indem wir uns auf Initiativen konzentrieren, die unser Land zu einem besseren Ort machen. So ist das Sponsoring der Fußball-Weltmeisterschaft 2010 für unsere Rolle in der Gesellschaft entscheidend. Damit in Verbindung gebracht zu werden, dass dieses globale Ereignis jene Menschen erreicht, die trotz ihrer grenzenlosen Liebe zu diesem Sport internationale Isolation in ihrem Kampf gegen Apartheid ertragen mussten, ist von unschätzbarem Wert. Um die konkreten Vorteile dieser Veranstaltung für die südafrikanische Gesellschaft zu erhalten, haben wir das »Legacy Programme« ins Leben gerufen, das es uns ermöglicht, aus diesem globalen Ereignis nachhaltigen Nutzen zu ziehen. Das Programm berücksichtigt die benachteiligten Gemeinden, die nicht direkt als Gastgeber der WM fungierten.

Die Wirtschaftskrise hat ein neues Gebot geschaffen: Finanzdienstleister müssen nachweisen, dass sie zur gesellschaftlichen und wirtschaftlichen Entwicklung beitragen. Die Idee von Nachhaltigkeit und sozial verantwortlichem Handeln hat neue Bedeutung erlangt. Hier geht es nicht mehr um Wohltätigkeitsveranstaltungen, die neben dem Hauptgeschäft ablaufen. Unternehmen müssen lernen, ihre größere Verantwortung in der Gesellschaft zu akzeptieren. Es geht darum, immer das Unternehmen im Dienste der Gesellschaft als das übergeordnete Ziel im Auge zu behalten. Dabei geht es um die eigentliche Daseinsberechtigung jeder Firma.
Ethik als Leitprinzip erfordert daher viel mehr, als das eigene Image aufzupolieren. Es geht eher darum, die gesellschaftliche Rolle als Quelle der Inspiration zu betrachten: Wie können wir zum Gemeinwohl beitragen? Welche Mittel und Fähigkeiten können wir zur Lösung sozialer Probleme einbringen?

Ein neues Modell für die Unternehmensführung

Von Michael Useem, Management-Professor und Direktor des Wharton Center for Leadership and Change der University of Pennsylvania.

Jetzt ist der Zeitpunkt gekommen, ein neues Modell für Führungskräfte zu entwerfen. Das alte hat ausgedient. Ein Modell lässt sich mit der Checkliste eines Piloten vergleichen, es ist ein unabkömmliches Instrument für die Reise. Glücklicherweise verfügten viele Unternehmen bei Ausbruch der Finanzkrise über eine solche Checkliste, auf der meist Dinge wie strategisches Denken, zielstrebiges Handeln und überzeugende Kommunikation standen. Solche Modelle sind gut, um durch den Sturm zu segeln, den sie aber nicht verhindert haben. Ein wichtiger Punkt fehlte in diesen Modellen.

Das fehlende Element ist der übergeordnete Zweck, der sich als Höherbewertung gemeinsamer Ziele gegenüber dem Eigennutz beschreiben lässt. Das klingt möglicherweise ein wenig kitschig in der Ära des Investorenkapitalismus, in der die Verfolgung des eigenen Interesses für sakrosankt erklärt worden war. Die Ideologie des freien Marktes hat den Eigennutz mit dem Zweck der Wirtschaft gleichgesetzt. Die Mobilisierung und Ausrichtung der Mitarbeiter nicht nur im eigenen, sondern im Interesse des Unternehmens steckt jedoch in der Definition von Unternehmensführung.

Als die persönlichen Interessen die Oberhand gewannen – sichtbar in immer größeren Gewinnausschüttungen sogar bei maroden Unternehmen wie AIG, Lehman Brothers und Merrill Lynch –, brachte der zur Schau gestellte Eigennutz das Prinzip der Unternehmensführung ins Wanken. Und das Aufkommen dieses eigennützigen Verhaltens war ein vorhersagbares Ergebnis der Veränderungen bei der Bezahlung der Führungskräfte durch die Unternehmen während der letzten 25 Jahre.

Wenn man sich die Entlohnungsmodelle der acht wichtigsten Manager der 45 größten Hersteller im Jahr 1982 anschaut, dann zeigt sich, dass ihr Einkommen zu beinahe zwei Dritteln aus einem Festbetrag bestand, den sie auf jeden Fall am Monatsende überwiesen bekamen, wenn sie nur jeden Tag pünktlich zur Arbeit erschienen. Ein Vierteljahrhundert später war der Festbetrag auf weniger als ein Viertel geschrumpft, und das Einkommen wurde weitgehend leistungsabhängig ausgezahlt, meist in Verbindung mit größeren Aktienoptionen. Institutionelle Investoren und Aktienanalysten hatten diese Forderung gestellt, und die Unternehmenschefs fanden nichts dagegen einzuwenden, schließlich ließen sich solchermaßen die leistungsgemäße Entlohnung der Manager und die Interessen der Aktionäre miteinander in Einklang bringen.

Die Etablierung der leistungsabhängigen Bezahlung in den Reihen der Führungskräfte hat jedoch zu einer neuen kulturellen Norm geführt. Wenn Führungskräfte für die Ergebnisse bezahlt werden, die sie erbringen, dann haben Angestellte zu Recht das Gefühl, dass ihre Entlohnung fairerweise ebenfalls auf der Grundlage ihres Einsatzes erfolgen sollte. Wenn das offensichtlich nicht der Fall ist und wenn dann ein Manager die Reißleine seines goldenen Fallschirms zieht, dann sind die Angestellten verständlicherweise verärgert.

Dieser Punkt lässt sich anhand einer Studie von unterbezahlten NBA-Spielern illustrieren, wobei die Vorsilbe »unter-« nicht auf die Entlohnung eines durchschnittlichen Arbeiters bezogen werden sollte, sondern auf andere NBA-Spieler, die eine ähnliche Bilanz von Punkten, Steals und Rebounds aufweisen können. Unterbezahlte Spieler nehmen den Ball häufiger an und spielen ihn auch häufiger – und treffen häufiger den Korb nicht – wodurch am Ende die Gesamtzahl der Punkte für das Team niedriger ausfällt. Mit anderen Worten: Das Gefühl, schlechter als andere bezahlt zu werden, führt zu suboptimalen Ergebnissen für das gesamte Team.

Die Hinzufügung eines übergeordneten Zwecks zum Modell der Unternehmensführung würde dazu beitragen, zukünftige finanzielle Kernschmelzen zu verhindern, indem die Interessen der Manager an das Überleben des Unternehmens anstelle der Maximierung des Eigennutzes gekettet wären.

Können diese und andere Elemente im Modell der Unternehmensführung aber wie der Begriff des Nettogegenwartswertes und andere finanztechnische Formeln verinnerlicht werden? Ich glaube, ja. Eine Anekdote von John Chambers, CEO bei Cisco, ist hierfür lehrreich. Jack Welch von GE fragte ihn einmal, ob er jemals bis ans Nichts vorgestoßen sei. Die Antwort lautete: Ja, als die Internetblase platzte und Ciscos Aktien um mehr als 80 Prozent einbrachen. Diese Krise zwang die Cisco-Manager dazu, sich nach innovativen Ideen umzuhören, auf Kundenwünsche einzugehen und sich mit ungewöhnlichen Technologien vertraut zu machen. Cisco blieb unter anderem deswegen am Leben, weil das Unternehmen diese Nahtoderfahrung durchgemacht hatte. Oder betrachten wir Liu Chuanzhi, Vorstandsvorsitzender des chinesischen Computerherstellers Lenovo, der das Unternehmen als Ingenieur ohne Managementausbildung zusammen mit einem anderen Angestellten 1991 gegründet hat. Nach vielen Drehungen und Wendungen, unter ande-

rem dem Kauf der PC-Sparte von IBM 2005, etablierte sich Lenovo mit mehr als 20 000 Mitarbeitern als der viertgrößte Computerhersteller der Welt.

Liu sagte, dass der Kern von Führungsstärke sich ihm, der bis dahin nie geführt hatte, in seiner eigenen wöchentlichen Nachbesprechung jeden Freitagnachmittag zeigte. Zuerst mit einem einzigen Mitarbeiter, später mit Führungskräften, die für Tausende von Mitarbeitern verantwortlich waren, schaute er jede Woche auf seine Erfolge und Fehler zurück, um sein eigenes Modell entwickeln zu können.

In beiden Fällen hatten die Topmanager die Kunst gelernt, zu würdigen, was das Unternehmen und die Kunden erwarteten, ohne sich von den rein persönlichen Interessen verleiten zu lassen, und hatten damit den Kern von guter Unternehmensführung verstanden.

In der beschleunigten Periode, die in die Finanzkrise mündete, wurde klar, dass zu viele Unternehmensführer ihren privaten Vorteil deutlich vor das Wohlergehen des Unternehmens gesetzt hatten. Suboptimales Verhalten war vorprogrammiert. Um beides in Zukunft zu verhindern, muss ein übergeordneter Zweck in das Modell der Unternehmensführung eingebaut werden, das ein weiteres *annus horribilis* wie das, welches wir gerade erst durchlebt haben, ausschließt.

Innovation und Erziehung

El Bulli ist mehrmals zum besten Restaurant der Welt gekürt worden. Über 2 Millionen Interessenten konkurrieren jedes Jahr um nur 8000 mögliche Reservierungen. Der Chefkoch, Ferran Adrià, gehört laut Time Magazine zu den 100 einflussreichsten Menschen auf der Welt. Adrià ist dafür bekannt, die Regeln zu brechen und das Unentdeckte zu entdecken. Neben seiner Arbeit für El Bulli berät er internationale Nahrungsmittelmarken beim Entwerfen von innovativen Nahrungsmittelkonzepten, und er ist ein faszinierender Förderer der Ernährungserziehung. Er schloss sein Restaurant 2011, um neue Projekte zu beginnen, doch zuvor lud er uns in sein Restaurant in Roses ein, um mit uns über Innovation, Erziehung und seine Philosophie zu sprechen.

Sie sind für Ihre Kreativität, aber auch für Ihre strukturierte Art des Experimentierens bekannt.

El Bulli ist als eine Ikone des Risikos konzipiert worden. In unseren kreativen und innovativen Prozessen können wir es uns leisten, nicht auf unsere Kunden zu hören. Ich mache, was ich machen will. Denn so verhält man sich, wenn man zur radikalen Avantgarde gehört. Wenn ich allerdings großen Unternehmen bei ihren Innovationsprozessen helfe, nehme ich sehr wohl die Bedürfnisse und Wünsche der Kunden als Ausgangspunkt. Ich finde, dass unsere Art, Neues zu erfinden, den Vergleich mit vielen großen Unternehmen bestens aushalten kann. Große Unternehmen geben viel Geld für Innovation aus, es mangelt aber oft an Effizienz. Die Mitarbeiter arbeiten zu lange an den falschen Ansätzen, und zu viele Hierarchiestufen trennen das Innovationsprojekt von den wirklichen Entscheidungsträgern. Wegen solcher Hindernisse überleben selbst gute Ideen nicht. Man braucht ein kleines Kernteam, aber ohne Anregungen von außen laufen dessen Mitglieder Gefahr, zu »funcionarios« (Beamten) zu werden. Dritte, die so viel Ideen wie möglich mitbringen, sind wichtig für das Gelingen des kreativen Prozesses. Man braucht Innovationsspezialisten, Menschen mit unterschiedlichen Ideen, so viele wie möglich. Der »El Bulli Taller« in Barcelona ist unser Labor, in dem wir neue Techniken, Konzepte und Produkte entwickeln, und diese Entwicklungen werden dann in die Menükarte des Restaurants in Roses eingebracht.

Auf unserer Suche nach neuen Ideen benutzen wir viele kreative Techniken wie die auf sinnlicher Wahrnehmung basierende Entwicklung, Assoziationstechniken und die Methode der Dekonstruktion. Die Ideen werden dann getestet und auseinandergenommen, es werden Prototypen gekocht und von Testessern gegessen. Alles, bevor aus einer Idee ein Gericht geworden ist.

Ich glaube, dass es wichtig ist, alles aufzuzeichnen, was wir während des kreativen Prozesses tun. Wirklich jede Idee wird in »Büchern der Kreativität« aufgezeichnet. Zu jedem Versuch zeichnen wir wie in einem Speicherchip auf Tausenden von Seiten Ideen, Konzepte und Intuitionen auf. Jeden Morgen wissen wir anhand unserer Bücher, in welche Richtung wir an diesem Tag weitergehen wollen. Jeden Abend fassen wir zusammen, was wir den Tag über erreicht haben. Dabei ist es wichtig, sich ständig zu analysieren und besser zu werden. In großen Unternehmen sehe ich kaum die Bereitschaft dazu, aber bei El Bulli veranstalten wir jedes Jahr eine kreative Buchprüfung. Wir fragen uns, was wir gemacht haben und wie die Ergebnisse ausgefallen sind, und unsere Bücher fassen diese Prüfung und das Verfahren zusammen.

Wie überzeugen Sie Menschen davon, ihre Essgewohnheiten zu ändern und bessere Nahrungsmittel zu kaufen?

Wir essen den ganzen Tag über, aber kaum jemand kümmert sich ausreichend um seine Gesundheit und die Nahrungsmittel, die er zu sich nimmt. Soweit ich weiß, ist die Kennzeichnung von Lebensmitteln nach Nährwert und Gesundheitsparametern in den meisten Ländern nicht vorgeschrieben. Tatsächlich finden viele Menschen den Zusammenhang von Lebensmitteln und Gesundheit noch nicht wichtig genug, und sie sind nicht bereit, für hochwertige Lebensmittel mehr zu bezahlen.

Drei Dinge brauchen wir: Erziehung, Erziehung und nochmals Erziehung. Das fängt schon im Kindesalter an. Kinder, die auf die Universität gehen, beherrschen 25 Software-Anwendungen, aber sie haben keine Ahnung davon, wie man ordentliche frische Pasta kocht. Warum bekommen Schulkinder keinen Unterricht in Ernährung und Kochen? Die Regierungen sollten das Notwendige tun. Es wird viel über die Kosten des Gesundheitssystems gesprochen. Ich glaube fest daran, dass wir präventiv in die Erziehung zum richtigen Essen investieren sollten.

Ich bin Vorsitzender der Alícia-Stiftung, die von der Generalitat de Catalunya und der Caixa Manresa gegründet worden ist. Alícia ist ein Forschungszentrum für gesunde Ernährung. Wir konzentrieren uns auf Themen wie Übergewicht und erziehen Kinder dazu, sich gesund zu ernähren. Man muss das in großen Zusammenhängen betrachten. Ich glaube, man muss zuerst eine Ethik vermitteln, bevor man damit anfangen kann, gesunde Ernährung zu lehren. Die Menschen müssen verstehen, dass sie froh sein müssen, jeden Tag zu essen zu haben, während Millionen andere hungern müssen. Sie sollen darüber nachdenken, warum es besser ist, bessere Nahrungsmittel anstelle eines dritten Handys zu kaufen. Ethik ist Erziehung. Weil Ethik eine Rolle spielt, müssen wir schon bei den kleinen Kindern anfangen und Ernährungserziehung als ein Langzeitprojekt betrachten. In einem späteren Lebensalter damit anzufangen, hat wenig Sinn, denn dann ist es den Leuten egal. Unsere neue Bulli-Stiftung wird die Alícia-Stiftung in vielerlei Hinsicht ergänzen. Beide Stiftungen werden unsere Träume wahr werden lassen und den Nährboden für neue Ideen bereiten.

Stellen Sie sich vor, Sie würden zum Generaldirektor der Bank ernannt, bei der Sie Ihr Konto haben. Was würden Sie als Erstes tun?

Die Finanzinstitute müssen sich mehr Mühe geben, mit ihrem Geschäft neue Wege zu beschreiten. Es fängt damit an, wie Kunden begrüßt werden. Sie kommen, um Geld einzuzahlen, und fühlen sich, als ob sie beim Finanzamt wären. Finanzinstitute geben sich selten Mühe, ein angenehmes Umfeld zu schaffen und einen zuvorkommenden Service anzubieten. Und so wie man zuerst Ethik lernen muss, wenn man lernen will, wie man gut isst, so müssen auch die Finanzdienstleister zu den einfachen Grundgedanken der Ökonomie zurückgehen, bevor sie Finanzprodukte anbieten können. Einfach die Grundgedanken. Man muss den Menschen wieder beibringen, wie man eine Haushaltsplanung aufstellt, wie Sparen funktioniert und so weiter. Das ist etwas, was die Menschen brauchen, vor allem in schlechten Zeiten. Wenn man Menschen etwas beibringen will, dann ist es sehr wichtig, selbst mit gutem Beispiel voranzugehen. Die Geschichten über Skandale und Boni machen es nicht einfach, positiv zu bleiben und den Finanzdienstleistern zu vertrauen. Vor allem das Vertrauen muss wiederhergestellt werden. Es geht um die wirkliche Ethik, nicht um die kommerzielle Ethik.

Nachhaltige Bankgeschäfte

Das Motto von Santander, einer der größten Banken in Brasilien, lautet: »Eine neue Bank für eine neue Gesellschaft.« Von diesem Ausgangspunkt sieht die Bank Einlagen und Produkte als ein Mittel zur positiven Veränderung der Gesellschaft. Wegen dieses Ansatzes und hervorragender Bilanzergebnisse erhielt sie 2008 den Financial Times Sustainability Award. Fabio Barbosa, Präsident von Santander in Brasilien und ehemaliger CEO der Banco Real (von Santander 2008 übernommen), sagte uns, wie sich dieses spannende Versprechen einlösen lässt.

Sie sehen Ihre Einlagen und Produkte als ein Mittel, um die Gesellschaft positiv zu verändern. Wie muss man sich das im Alltagsgeschäft vorstellen?

Unternehmen sind in der Lage, ihre große Präsenz und ihren Einfluss zur Bereitstellung von Lösungen zu verwenden, die gut für die Gesellschaft als Ganzes sind. Deswegen bieten wir neben der Möglichkeit, Kredit zu erhalten, unseren Kunden auch Beratung zum Thema Nachhaltigkeit an, um ihnen zu ermöglichen, auch aus dieser Perspektive ihre Unternehmen zu führen. Wann immer wir ein Unternehmen analysieren, erkennen wir Chancen, dessen soziale und ökologische Leistungsfähigkeit zu verbessern. Wir geben Rat und helfen oft bei der Umsetzung von Veränderungen.

Können Sie ein Beispiel nennen?

Wir haben Hunderte von Unternehmen beraten. Lassen Sie mich das Beispiel eines Unternehmens anführen, das im Bereich Wohnungsbau und Umweltconsulting tätig ist. Bei der Durchführung eines Bauprojekts für ein Bürogebäude in Rio de Janeiro hat unser Kunde Weiterbildungsprogramme aufgelegt und den Arbeitern Lesen und Schreiben beigebracht. Darüber hinaus hat er unsere Mikrokreditprodukte in Anspruch genommen, um den um die Baustelle herum sich ansiedelnden Geschäften – Bars, kleine Läden und Werkstätten – die Möglichkeit zu geben, ihr Geschäft auf die bis zu 3000 Menschen umzustellen, die sich später in dem fertigen Gebäude aufhalten werden.

Es handelt sich dabei um eine Art von Operation, die wir als »win-win-win« bezeichnen. Das Unternehmen erhielt Produkte und Dienstleistungen nach seinen Anforderungen, verbesserte damit sein Image und erhöhte seine Wettbewerbsstärke. Gleichzeitig hat das zu Vorteilen für die Gesellschaft und für die Umwelt geführt. Und wir konnten mehr Umsatz machen und die Beziehung zu unseren Kunden stärken.

Damit das funktioniert, muss Ihr Unternehmen diesen Ansatz vollkommen verinnerlicht haben, oder?

Das stimmt. Wir sagen den Leuten nicht, was sie tun sollen, sondern wir wollen sie durch Überzeugungsarbeit einbinden. Unser Ziel ist die Ausbildung und Entwicklung von Führungskräften in Sachen Nachhaltigkeit. 2008 haben wir das Leader Development Programme for Sustainability eingeführt, in dem 2200 Bezirksleiter, Direktoren und Manager aus dem Endkundengeschäft und 150 Führungskräfte aus dem Supportbereich darauf vorbereitet wurden, Nachhaltigkeitskonzepte in ihre Teams zu tragen.

Während dieses Jahres haben 37 400 Teilnehmer vor Ort und im Internet an Weiterbildungen über das Thema Nachhaltigkeit mit dem

Ziel teilgenommen, das Bewusstsein zu schärfen und Chancen für die Verbesserung unserer Arbeit und unserer Interaktion mit den Kunden zu bestimmen. Momentan haben wir ungefähr 400 Angestellte, die sich halbtags oder ganztags mit Verbesserungen zum Thema Nachhaltigkeit in unserem Unternehmen beschäftigen. Darunter befinden sich Spezialisten für soziales und ökologisches Risikomanagement, für nachhaltige Produkte, erneuerbare Energien, Mikrokredite, Emissionszertifikate, Öko-Effizienz, nachhaltiges Management von Lieferanten, Diversität, Nachhaltigkeitstraining und Fondsmanager für sozialverträgliches Investment (SRI).

Unsere Erfahrung zeigt, dass eine Bewegung »von innen nach außen« am besten zur Entwicklung von Engagement über die vier Wände unserer Büros hinaus wirksam ist.

Wir sind auch in unserer eigenen Verwaltung aktiv geworden. Wir haben den Group's Sustainability Council gegründet, um interne Richtlinien auszuarbeiten und kontrollieren zu können. Unsere Untersuchungen zeigen, dass sozial und ökologisch gut ausgerichtete Unternehmen auch gute wirtschaftliche Daten aufweisen. Ich persönlich definiere Nachhaltigkeit als die Fähigkeit, das Richtige auf die richtige Art und Weise zu tun. Und wer erfolgreich dabei ist, das Richtige zu tun, der kann gar nicht anders, als immer wieder das Richtige zu tun.

Im Grunde genommen geht es beim Thema Nachhaltigkeit darum, heute etwas zu verwirklichen, was den Weg für die Vorhaben von morgen ebnet, sei es im sozialen oder ökologischen Bereich oder im Bereich der Motivation. Erfolgsrezepte müssen nicht unbedingt kompliziert oder schwer verständlich sein.

Wie geben Sie Ihre Erfahrungen weiter?

Wir haben ein Programm für unsere Großkunden geschaffen, das Espaço de Práticas em Sustentabilidade. Wir haben die Informationen über die wichtigsten Programme, die wir während neun Jahren für andere Unternehmen entworfen haben, in ein System gebracht, so dass sie sich auf Unternehmen aller Branchen und Größen anwenden lassen. Wir haben unsere Ansätze in Trainingsmodule umgewandelt, die wir in Seminaren und im Internet vielen unserer Mitarbeiter und Kunden kostenlos zur Verfügung stellen.

Seit 2007 haben wir mehr als 2000 Mitarbeiter von 1400 Geschäftskunden und Lieferanten von Real und Santander in unterschiedlichen Regionen Brasiliens zusammengebracht, um Erfahrungen auszutauschen und darüber nachzudenken, wie sich finanzieller, ökologischer und sozialer Erfolg gemeinsam aufbauen lassen. In den jeweiligen Filialen organisieren wir außerdem lokal Weiterbildungen zum Thema Nachhaltigkeit, an denen jedes Jahr weitere 2000 Personen teilgenommen haben. Es gibt auch eine Website dazu, auf der man Online-Kurse, Praxisübungen, weiterführende Informationen und Diskussionsforen nutzen kann. Diese Website hatte 2009 über eine Million Besucher.

Wie trägt Ihre Vision zum Wachstum des Unternehmens bei?

Das Thema Nachhaltigkeit hat uns viele Chancen in neuen Marktsegmenten eröffnet. Wir schauen uns Unternehmen aus der Perspektive eines Positive Parenting Program an. Solche Initiativen umfassen Mikrokredite, Hilfe für Familien mit geringem Einkommen, Förderung der Geschäfte in armen Gemeinden und die Schaffung eines guten Klimas für die allgemeine Entwicklung. In der Folge sind wir der zweitgröß-te Emittent von Mikrokrediten in Brasilien geworden.

Lassen Sie mich einige Zahlen nennen, die illustrieren, wie unsere Vision zum Wachstum des Unternehmens beiträgt: Die Nachhaltigkeitsfinanzierung ist von 67,2 Millionen BRL 2005 auf 1,2 Milliarden BRL 2008 gewachsen. Die Einlagen unseres SRI-Fonds sind von 94,3 Millionen BRL 2005 auf 412 Millionen BRL zum Ende des Jahres 2009 gewachsen.

Auch wenn es schwierig ist, die Beziehung zwischen Nachhaltigkeit und finanziellen Ergebnissen objektiv nachzuweisen, so haben sich unsere Zahlen von Jahr zu Jahr verbessert, und unsere guten Ergebnisse haben die Beziehung zwischen unseren Kunden und allen anderen Beteiligten gestärkt.

Als wir damit anfingen, Nachhaltigkeit in unser Geschäftsmodell zu integrieren, wollten wir die Rolle der Bank als Mittel zu einer nachhaltigen Entwicklung wiederbeleben. Heute wird die Bank als Modellunternehmen gesehen, das sich um die Entwicklung des Landes in sozialer, wirtschaftlicher und ökonomischer Hinsicht kümmert.

Was ist Ihre nächste Herausforderung?

Nach dem Zusammenschluss von Santander und Real sind wir eine Organisation mit 50 000 Angestellten und 8 Millionen Kontoinhabern geworden. Unsere wichtigste Herausforderung ist es, diese 50 000 Menschen zu einem besseren Verständnis ihrer Rolle in unserer Gesellschaft zu bringen und ihnen zu zeigen, wie jeder Einzelne etwas zum Aufbau eines besseren Unternehmens, eines besseren Marktes und eines besseren Landes beitragen kann.

In dieser neuen Welt von Transparenz und Zusammenarbeit können Unternehmen einen besseren Beitrag im Kampf mit den neuen Herausforderungen wie dem Klimawandel, der wachsenden Weltbevölkerung und so weiter leisten, wenn alle Beteiligten dabei mithelfen. Das ist der einzige Weg vorwärts: Unternehmen, Verbraucher, Nichtregierungsorganisationen, Regierungen und alle anderen Beteiligten müssen sich zusammenschließen und eine bessere Welt aufbauen.

Ein Bankkonto für die Ärmsten der Armen mithilfe eines Mobiltelefons

Eine 2009 durchgeführte Studie der Weltbank und der Consultative Group to Assist the Poor (CGAP) zeigte, dass 2,7 Milliarden Menschen keinen Zugang zur Abwicklung von grundlegenden Bankgeschäften haben. Eine der großen Herausforderungen für die Finanzinstitute ist die für alle Beteiligten gewinnbringende Einbindung derjenigen, die noch nicht einmal ein Bankkonto haben. Francesc Prior Sanz und Professor Javier Santomá, Professoren an der IESE Business School in Spanien, legen ihre Vision dar.

Die Faktoren, die zum Ausschluss von Finanzdienstleistungen führen, hängen mit der Nachfrage, mit Regulierungen und mit dem fehlenden Angebot solcher Dienstleistungen zusammen. Unsere Studie konzentriert sich auf Probleme im Bereich des Angebots, die die folgenden Schwachpunkte erklären können:

- Effizienz: Die Preise für grundlegende Finanzdienstleistungen liegen in den Schwellenländern höher als in den entwickelten Nationen, weil – unter anderem – die in den Schwellenländern tätigen Unternehmen ineffiziente Geschäftsmodelle einsetzen.
- Erreichbarkeit: Die Struktur des Filialnetzes hat seine Grenzen, weil die Eröffnung einer Bankfiliale zu teuer ist. Deshalb ist es notwendig, alternative Distributionswege zu finden, um die Menschen erreichen zu können.
- Management des Kreditrisikos: Die Methoden der Risikoanalyse beruhen normalerweise auf formal bekannten Informationen, zum Beispiel darauf, ob der Kreditnehmer ein regelmäßiges und zu versteuerndes Einkommen hat. Dieses Modell passt nicht zur Wirtschaft von Schwellenländern, wo informelle Aktivitäten die Norm sind.

Um mit diesen Problemen umzugehen, schlagen wir ein neues Modell vor, das – unter anderem – alternative Methoden der Risikoanalyse anwendet, wie zum Beispiel die Überprüfung informeller Aktivitäten vor Ort (zum Beispiel Banco Azteca) oder die Vergabe von Krediten an Gruppen und nach dem Prinzip der Dorfbank (zum Beispiel Compartamos in Mexiko).

Die Verwendung von Prepaid-Plattformen und kostengünstigen Distributionskanälen wie der Mobiltelefontechnologie ist der Schlüssel für die Abwicklung von Bankgeschäften in diesen Ländern. Diese beiden Elemente sind die Grundlage des Geschäftsmodells von Unternehmen wie Smart Money und G-Cash auf den Philippinen, Wizzit in Südafrika und M-Pesa in Kenia. Wir nennen dieses Modell »mobiles Banking«, weil es nicht nur den Transfer von Geld ermöglicht, sondern auch grundlegende Mikro-Finanzdienstleistungen wie die Führung eines Girokontos, eines Mikro-Sparkontos (auf der Basis eines Prepaid-Kontos) und die Vergabe von Mikrokrediten.

Prepaid-Instrumente sind die effizientesten elektronischen Bankdienstleistungen, mit denen die Ärmsten am Zahlungsverkehr teilnehmen können, denn sie können wie ein sehr kostengünstiges Bankkonto eingesetzt werden. Diese Dienstleistungen machen es möglich, Geld sicher zu überweisen, was eine der grundlegendsten Funktionen des Bankwesens darstellt. Zudem erlauben sie es auch, Geld anzusparen, wodurch das Problem der Liquidität aufseiten des Konsumenten gelöst werden kann. Die zusätzliche Liquidität wird in unserem Modell durch die Einbindung von Überweisungen durch emigrierte Verwandte noch erhöht. Prepaid-Plattformen sind besonders sinnvoll für die Entwicklung von mit niedrigen Kosten verbundenen Mikrofinanzierungsmodellen, denn:

- Kunden, die Prepaid-Systeme verwenden, brauchen kein Bankkonto, keine Debit- oder Kreditkarte.
- Niemand muss vorab Entwicklungsarbeit leisten oder Investitionen in neue Technologien tätigen.
- Dieser Mechanismus kann auf einer Reihe von Plattformen, zum Beispiel PCs, Mobiltelefonen, Handheld-PCs und in Verbindung mit einem entsprechendem Receiver über den Fernseher angewendet werden.

Kostengünstige Distributionsnetzwerke müssen die fehlenden Bankfilialen ersetzen, und Mobiltelefone stellen die günstigsten Kanäle dar, über die dünn besiedelte Gegenden abgedeckt werden können. Um diese Kanäle zu erschließen, müssen Prepaid-Instrumente eingesetzt werden.

Das schnelle Wachstum des Gebrauchs von Mobiltelefonen und der stetig steigende Versorgungsgrad im Bereich der drahtlosen Kommunikation schüren die Erwartungen, dass der Zugang zu Finanzdienstleistungen durch Mobiltelefone das Problem des fehlenden Zugangs zu Bankdienstleistungen in den Schwellenländern lösen könnte.

Große Chancen eröffnen sich auch für entwickelte Märkte wie in den USA, wo 40 Millionen – besonders spanischsprachige – Haushalte finanziell unterversorgt sind, von denen wiederum 15 Millionen Haushalte ganz und gar von Bankdienstleistungen abgeschnitten sind.

Um diese Chancen zu verwirklichen, glauben wir, dass die Operatoren ein komplettes Paket von grundlegenden Finanzdienstleistungen anbieten müssen, um einen wirklichen Mehrwert für die bis jetzt vom Bankverkehr Abgeschnittenen zu erreichen. Sowohl in den USA wie auch in den meisten Schwellenländern zeigen Marktuntersuchungen, dass es eine potenziell starke Nachfrage nach Prepaid-Modellen für Spar- und Kreditinstrumente gibt. Familien mit relativ geringem Einkommen verfügen über Spargeld, das besser bei einer Bank aufgehoben wäre, wobei diese Familien häufig nicht über den Zugang zu einem traditionellen Konto bei einer Bank oder einer Kreditgenossenschaft verfügen.

Die damit verbundenen Investitionen müssen niedrig gehalten werden, um Initiativen für den mobilen Zahlungsverkehr finanziell tragbar zu gestalten. Die bis jetzt gesammelten Erfahrungen zeigen, dass Partnerschaften zwischen den Anbietern von Prepaid-Produkten, mobilen Operatoren und Einzelhändlern geschmiedet werden müssen, damit die nötigen Synergien entstehen können, die zu einer nachhaltigen Entwicklung des Finanzmodells der mobilen Abwicklung von Bankgeschäften führen werden.

Kapitel 6

Die Verbraucher
möchten Nähe spüren

Nähe

Abgesehen von einer winzigen Minderheit bewegen sich die Millionen von Verbrauchern 50 Wochen des Jahres in einer sehr lokalen Umgebung. In einer Welt, die scheinbar durch Globalisierung und Massenproduktion bestimmt wird, halten immer mehr Leute immer vehementer am Lokalen fest. Die Tatsache, dass die Verbraucher es bevorzugen, sich »nah« zu fühlen, ist weltweit ein wichtiger Verbrauchertrend.

Bei der Präferenz für Nähe geht es nicht um nationalchauvinistische Bewegungen, sondern darum, seine Familie, sein Viertel oder Dorf, die Stadt oder das Land, wo man lebt, zu unterstützen; im Grunde möchte man ein Gefühl für Heimat und Zugehörigkeit wiedererlangen und das Besondere und Authentische gegen das Globale und Angepasste verteidigen. Wir können diesen Trend auf zahlreichen Gebieten erkennen, zum Beispiel in der Architektur, beim Essen und bei den Sprachen.

Laut dem Global Monitor von The Futures Company stimmen 60 Prozent der US-Verbraucher der Aussage zu: »Ich mache mir Sorgen, dass Aspekte unserer Kultur und Traditionen verloren gehen, wenn die Welt zu einer einzigen Globalkultur verschmilzt.« In Großbritannien beträgt diese Zahl 69 Prozent, im Rest von Europa 64 Prozent.

Die Architektur zeigt in zahlreichen Ländern ein wachsendes Interesse für Regionalismus, also Entwürfe, die den Einfluss der Globalisierung, die uniforme Bildersprache des internationalen Modernismus und der lauten sogenannten ikonischen Architektur zurückdrängen. Der Regionalismus bevorzugt es, zu lokalen Materialien, Techniken und Formen zurückzukehren.

Auch beim Essen ist eine zunehmende Tendenz zum Lokalen erkennbar. Der britische Einzelhändler Tesco verzeichnet zweistellige Zuwachsraten bei lokalen Produkten. Die Slow-Food-Bewegung ist eine weitere Manifestation dieses Verbrauchertrends.

Fotografie auf den vorangehenden Seiten mit freundlicher Genehmigung von Banamex Citigroup. Der hintere Teil des Laderaums wird zu einem Kino, und dem Publikum wird ein Film über Finanzthemen vorgeführt.

Slow Food ist eine Organisation, die 1989 gegründet wurde, »um dem schnellen Essen und schnellen Leben entgegenzuwirken, dem Verschwinden lokaler Essenstraditionen und dem schwindenden Interesse der Leute an Herkunft und Geschmack ihrer Nahrung sowie den Auswirkungen unserer Lebensmittelauswahl auf den Rest der Welt zu begegnen«. Heute ist Slow Food zu einer universellen Idee geworden. Slow Food bedeutet gutes, sauberes und faires Essen, hochqualitative Produkte, reich an Geschmack und nachhaltig produziert.

Immer mehr Restaurants nehmen lokale Zutaten in ihre Speisekarte auf. Konstam in London zum Beispiel verwendet nur Zutaten, die innerhalb der Ringautobahn M25 erzeugt wurden, und der Name des Restaurants im Firmensitz von Google, »150«, bezieht sich darauf, dass alle verwendeten Zutaten einem Radius von 150 Meilen rund um den Campus entstammen.

Auf der ganzen Welt wächst die Faszination an lokalen Sprachen und Dialekten. Bernard Arps, Professor für indonesische und javanische Sprachen und Kultur an der Universität Leiden, sagt: »Die Vorstellung, dass sich Englisch zur globalen Sprache entwickelt und dabei weniger weit verbreitete Sprachen vernichtet, ist weit verbreitet. Doch in Wahrheit ist Sprache ein zutiefst persönliches und lokales Phänomen geblieben. Zahlreiche kleine Sprachen und Dialekte blühen als Kommunikationsmittel, als vertrauter und angenehmer Träger des persönlichen Ausdrucks und als geschätzter gemeinsamer Besitz. Dabei geht es nicht nur um Tradition und Bewahrung des Erbes. Kleine Sprachen nehmen voll an den kulturellen Trends teil, die durch die jüngsten Entwicklungen in der Medientechnologie ausgelöst wurden. Das Internet, die Musikbranche, die Mobiltelefonie und andere digitale Formate zur Speicherung, Übertragung und Vervielfältigung von Texten, Ton- und Videodokumenten – all diese Phänomene unterstützen einerseits den schnellen Fluss von Sprache und kulturellen Erzeugnissen, und andererseits begünstigen sie deren Verankerung in kleinen Gemeinschaften und Gruppen. Ein interessantes Beispiel ist der Hip-Hop, der sich auf der ganzen Welt verbreitet hat. Heute wird nicht mehr nur auf Englisch, sondern beispielsweise auch auf Indonesisch, Javanisch und Osing gerappt.«
Auf der ganzen Welt entstehen neue Lokal- oder, wie sie auch genannt werden, Kommunalwährungen. Angefangen beim Roland in Bremen über den Chiemgauer in Süddeutschland, den Martha's Vineyard Greenback und die Währung Kaua'i in Hawaii bis hin zum BOIDOL, dem Bay of Islands Dollar, in Neuseeland. Sie alle bezwecken in Reaktion auf die fortschreitende Globalisierung die Förderung lokaler Unternehmen und der örtlichen Kommune.
Das Lewes Pound in Großbritannien gibt es auch als 21-Pfund-Note. Für jede im Umlauf befindliche Lewes-Pound-Note spendet die Organisation 5 Prozent des Nennwerts für eine Reihe kommunaler Gruppenprojekte – daher der ungerade Wert.

Die Hälfte der Leute, die das Lewes Pound verwendeten, haben ihre Ausgaben in lokalen Geschäften gesteigert.

Die Chiemgauer-Scheine haben dasselbe Ziel. Der Wertabzug (negative Verzinsung) beträgt 2 Prozent pro Quartal. Die Folge ist, dass der Umlauf schneller ist und die Nutzung des Geldes stimuliert wird.

Natürlich werden derartige Währungen den Dollar oder den Euro nicht verdrängen, aber ihr Aufstieg unterstreicht doch die zunehmende Bedeutung des Verbrauchertrends der Nähe.

Lokale Währungen gewinnen an Kontur

Der WIR ist ein komplementäres Währungssystem in der Schweiz, das kleinen und mittleren Unternehmen dient. Es existiert nur in der Form eines Buchhaltungssystems, um Transaktionen zu erleichtern. »WIR« ist eine Abkürzung für »Wirtschaftsring« und erinnert die Teilnehmer zugleich daran, dass der Wirtschaftskreislauf auch auf Gemeinschaft basiert. Der WIR wurde 1934 in Reaktion auf Währungsengpässe nach dem Börsenkrach von 1929 gegründet. Der Zweck ist, dass die teilnehmenden Mitglieder einander ihre Kaufkraft zur Verfügung stellen und somit zugleich zusätzliches Umsatzvolumen erzielen.

Heute nimmt jedes fünfte kleine und mittlere Unternehmen in der Schweiz daran teil. Es geht weniger darum, große Summen an Geld auszutauschen, als vielmehr darum, den Unternehmen einen unkomplizierten Abverkauf ihrer überschüssigen Lagerbestände zu ermöglichen.

Einige meinen, dass der WIR zu der bemerkenswerten Stabilität der Schweizer Wirtschaft beigetragen habe, da er konjunkturelle Abschwünge dämpfe.

Die Sehnsucht nach Nähe steht in Zusammenhang mit den anderen beiden Verbrauchertrends, über die wir zuvor sprachen: dem Wunsch nach Transparenz und Einfachheit sowie der Neubewertung der Werte.

Der Ruf nach mehr Transparenz lässt eine ferne Produktion weniger attraktiv erscheinen als eine lokale. Darüber hinaus ist mit lokalen Produkten das Versprechen einer geringeren Luftverschmutzung aufgrund kürzerer Transportwege verknüpft. Auch glauben Verbraucher, dass die Wahrscheinlichkeit inhumaner Arbeitsbedingungen bei lokalen Produkten geringer ist.

Die Bekleidungskette American Apparel, mit 145 Filialen in elf Ländern im Modebereich ein Schwergewicht, reagierte auf den Trend zum Lokalen, indem sie ihre Kleidung nun in Los Angeles herstellen lässt. Dort betreibt das Unternehmen die größte Textilfabrik in den USA mit über 5000 Mitarbeitern. Die Arbeiter erhalten durchschnittlich 12 US-Dollar pro Stunde – beinahe das Doppelte des kalifornischen Mindestlohns.

Die Bedeutung von »Nähe« findet auf mehr als eine Weise Ausdruck. Der Stellen-wert der Familie nimmt wieder zu. Einerseits stellt diese in schwierigen Zeiten ein Sicherheitsnetz dar, andererseits könnte die Rezession den Leuten auch wieder ins Bewusstsein gerückt haben, dass viele der großen Erfahrungen des Lebens kostenlos zu haben sind.

Das eigene Haus kann ein wunderbarer Ort sein, um sich mit Leuten zu treffen, die einem etwas bedeuten, sowie ein kostengünstiger Ort, um Spaß zu haben. Altmodi-sche Fertigkeiten wie zu Hause zu kochen werden zusehends beliebter. Ein weiterer Vorteil ist, dass häusliche Aktivitäten den Geldbeutel der Menschen weniger belasten. Die Elemente, auf die sich das amerikanische Versicherungsunternehmen Allstate in seiner Kampagne »Back to Basics« bezieht – glücklich zu sein, das Eigenheim, die Familie, Freunde und gemeinsam verbrachte Zeit – stellen Aktiva dar, die einem nicht durch Verbriefung entzogen werden können.

Alle Trends haben, wie man sieht, zwei Seiten. Die Tatsache, dass die Verbraucher Nähe bevorzugen, bedeutet keineswegs das Ende der Globalisierung. Trends gel-ten kaum je für alle Verbraucher. Einigen Verbrauchern wird die Herkunft ihrer Einkäufe völlig gleichgültig sein, und sie werden der Ansicht sein, dass ihnen die Globalisierung jede Menge Vorteile und aufregende Erlebnisse gebracht hat.

Warum hat dieser Trend sich bei den Finanzdienstleistungen noch verstärkt?

Das Tempo, in dem sich der Finanzkrisenvirus um die Welt ausgebreitet hat, wurde in den Augen vieler Verbraucher erst durch die Globalisierung ermöglicht.

Die Folge ist, dass nationale (oder sogar regionale) Anbieter an Attraktivität gewin-nen. »Attraktivität« könnte allerdings das falsche Wort sein. In Wirklichkeit geht es um das Gefühl, das Risiko zu senken, um das Gefühl von Sicherheit. Man kommt leichter an sein Geld, wenn der Finanzdienstleister in der Nähe ist. So zumindest die Wahrnehmung.

Jedes Quartal befragt TNS US-Haushalte zum Verbrauchervertrauen. Trish Dor-sey, Senior Vice President Financial Services Brand and Communications bei TNS, erzählte uns, dass in den USA das Vertrauen in große, landesweite Banken regelmäßig deutlich geringer sei als das in kleinere oder regionale Banken und Kreditgenossen-schaften. »Auf einer eher emotionalen Ebene des Vertrauens besteht eine ähnlich ver-blüffende Diskrepanz. Insbesondere, wenn man fragt, ob diese Institute ›in meinem besten Interesse‹ handelten, sind die positiven Antworten bei großen landesweiten Banken selten im Vergleich zu den Werten regionaler Banken und Kreditgenos-senschaften. Anfangs lag diese bessere Wahrnehmung der kleineren und regiona-len Banken und Kreditgenossenschaften wahrscheinlich zumindest teilweise darin begründet, dass diese Institute bei vielen der komplexen Finanzinstrumente, die die

Finanzkrise erst verursachten oder zu ihr beitrugen, vermeintlich oder tatsächlich geringeren Risiken ausgesetzt waren. Dies wiederum verbesserte deren Gesamtbilanz und auf diesem Wege das Verbrauchervertrauen. Zweitens waren viele dieser Institute bereits durch ihr Modell ihren Kunden näher, so dass sie in schwierigen Zeiten auf einer festeren Basis standen.«

In den Segmenten Private Banking und Vermögensverwaltung ist unter einigen Anlegern die Tendenz erkennbar, sich auf vertrautes Anlage-Terrain zurückzuziehen, beispielsweise einheimische Immobilien. Dies geschieht in allen Abschwüngen, doch in der gegenwärtigen Krise ist die Vorliebe für vertraute Anlageklassen sogar noch stärker ausgeprägt, weil die Ansicht herrscht, dass zu viel Komplexität der Anfang allen Übels war.

Der »TNS Global Affluent Investor Survey 2011« zeigte ein relativ geringes Vertrauen deutscher Investoren aus Kreisen der Besserverdiener gegenüber ausländischen Wertpapieranlagen: Saldiert man geplante Käufe und Verkäufe, ergibt sich ein negativer Überhang für ausländische Aktien und Wertpapiere von immerhin 12 Prozent. Mit anderen Worten: «Die deutschen Investoren beabsichtigten also schon im Verlauf von 2011, ihre Nettovermögensposition gegenüber dem Ausland um mehr als ein Zehntel zu reduzieren«, so die Projektleiter Andreas Pohle und Hans-Jürgen Kräh.

Ein derartiger Rückzug ins Bekannte hat natürlich eine Kehrseite. Die Beschränkung auf einheimische Vermögenswerte könnte eine geringere Diversifikation im Portfolio zur Folge haben, und das in einer Zeit, in der genau diese Diversifikation erforderlich ist.

Jan Lodewijk Roebroek von BNP Paribas bestätigt, dass »Privatanleger mehr als früher das Bedürfnis haben, das, worin sie investieren, vollständig zu verstehen. Was die Rolle der Vermögensverwaltung angeht, so wird diese eindeutig ein vollständig globales Geschäft bleiben: Man kann Kunden nicht davon überzeugen, dass es in ihrem Interesse sei, beispielsweise chinesische Aktien von Amsterdam aus zu verwalten. Die Herausforderung für die Vermögensverwalter wird künftig sein, globales Know-how mit lokalem Wissen um die Kundenpräferenzen und die von ihnen gewünschte Konstruktionsweise von Investment-Produkten zu kombinieren. Branding kann bei der Markteinführung dieser Produkte eine wichtige Rolle spielen.«

Größere Kreise verursachen größere Lücken

Die Konsolidierung hält für große, multinationale Finanzdienstleister erhebliche Herausforderungen bereit. Dies kann dadurch veranschaulicht werden, dass man Unternehmen als Kreise betrachtet (siehe Abbildung). Durch Konsolidierung werden die Kreise größer, aber auch die Lücken zwischen den Kreisen werden größer.

Die erste Herausforderung besteht darin, ein größerer Kreis zu werden. Banken und Versicherungen müssen Möglichkeiten finden, groß, aber zugleich nah dran zu sein. Idealerweise verbindet ein Unternehmen das Beste beider Welten: Es verkauft universelle Produkte über lokale Angebote. Produkte in weltweitem Maßstab herzustellen, sorgt für Skaleneffekte. Marketing, Vertrieb und Verpackung auf lokaler Ebene stattfinden zu lassen, stellt sicher, dass die Angebote zum lokalen Verbraucher passen und erfolgreich sind. Die Kernkompetenz multinationaler Finanzdienstleister ist es daher, eine geeignete Verknüpfung zwischen Standardisierung und lokalen Kundenbedürfnissen herzustellen.

»Persönliche Interviews mit über 200 Leuten aus der Finanzbranche haben ergeben, dass die Frage, was zentral und was dezentral geregelt werden soll, erhebliches Kopfzerbrechen verursacht. Wo bietet Größe Vorteile, und wo wird sie zu einem kritischen Aspekt? Dies ist ein unvermeidliches und gesundes Spannungsfeld, das sorgfältig abgewogen werden muss«, sagt Suzanne Duncan von State Street.

Konsolidierung bedeutet auch, Überschneidungen zuzulassen und so die Komplexität zu erhöhen. Diese Komplexität wird meistens durch Standardisierung unter Kontrolle gehalten. Die Folge ist, dass alle größeren Unternehmen gleich aussehen. Jeder weiß, was passiert, wenn man einer Farbmischung immer neue Farben hinzufügt: Irgendwann hat man Braun, egal mit welcher Farbe man begonnen hat.

Abbildung: Größere Kreise bilden größere Lücken.

Die Internationalisierung vergrößert zwangsläufig die Distanz zu den Endkunden. Wenn ein Unternehmen den Bezug verliert und den einzelnen Märkten nicht mehr nah genug ist, besteht die Gefahr, dass die Angebote zwar die durchschnittlichen

Bedürfnisse der Verbraucher aus 30 Ländern erfüllen, aber nicht die spezifischen Bedürfnisse jedes einzelnen lokalen Marktes. Ein Unternehmen wird nicht gewinnen, indem es durchschnittlich ist. Nach einer Konsolidierung ist es daher unbedingt erforderlich, weiterhin Alleinstellungsmerkmale zu pflegen. Die Herausforderung ist, nicht Gefahr zu laufen, ins Braun abzugleiten.

Die zweite Herausforderung ist die Entstehung von Nischenkonkurrenten, die die wachsenden Lücken zwischen den Kreisen ausfüllen werden. Ein Zuwachs an Größe führt zu einer abnehmenden Eignung der Produkte für spezifische Kundenbedürfnisse und -wünsche, was Marktteilnehmern, die diese Lücken ausfüllen können, immer mehr Raum lässt. Wenn die großen Kreise genügend große Lücken lassen, können neue Angebote die Gelegenheit ergreifen und die Lücken schließen. Es gibt zum Beispiel Marktteilnehmer, die sich erfolgreich auf bestimmte Produkte oder Segmente wie Sparkonten, Hypotheken, Pensionen oder auf spezielle Zielgruppenkonzepte spezialisieren. Langfristig könnten solche Monoliner auf Schwierigkeiten stoßen, wenn ihr Geschäftsmodell nur der einen Seite der Bilanz Beachtung schenkt. Der Schlüssel für diese Nischenanbieter ist, wirklich mit eigenen Farben herauszustechen, die großen Anbieter beim Kundenverständnis zu übertreffen und flexibel und entschlossen genug zu sein, um die fehlenden Skaleneffekte auszugleichen. Dazu müssen sie innovativ sein, enge Verbindungen zu den Kunden unterhalten und vor allem Unternehmergeist beweisen.

Mehrere Unternehmen füllen Lücken aus, indem sie sich als Alternative zu den großen, traditionellen Finanzdienstleister und ihrem Gebaren positionieren. Ehemals branchenfremde Anbieter wie Tesco gehören dazu, aber auch neue Mitbewerber wie Brand New Day in den Niederlanden und die Metro Bank in Großbritannien, die von erfahrenen Finanzunternehmern mit der Absicht gegründet wurden, von der gegenwärtigen Stimmung gegen die traditionellen Finanzinstitute zu profitieren.

Finanzdienstleister, bei denen Nähe zur Tradition gehört, werden profitieren

Die genossenschaftlich organisierte Rabobank hat sich seit Jahren über ihre »Nähe« profiliert und ist damit sehr gut gefahren. Die Rabobank hält ihr Versprechen in mehr als einer Hinsicht. Neben den Zweigstellen unterstützt die Bank aktiv lokale Initiativen, und das Mitgliedschaftsmodell garantiert Nähe in jeglicher Hinsicht. Die Mitglieder bestimmen in der Bank mit. Zu Sitzungen lokaler Rabobank-Niederlassungen kommen Hunderte von Leuten. Ein erheblicher Teil der Marketingkommunikation wird auf lokaler Ebene organisiert, womit deren Bezugnahme zu den lokalen Kommunen gewährleistet ist. Zugleich werden Skaleneffekte erzielt, indem standardisierte Formate verwendet werden. Selbst in den sozialen Medien achtet die Rabobank auf den lokalen Bezug, indem lokale Zweigstellen ihre eigenen Auftritte haben.

Die 24 Schweizer Kantonalbanken verwalten gut 30 Prozent der bei Schweizer Banken angelegten Vermögen und stützen ihr Geschäftsmodell auf Kundennähe. Das Entscheidende ist ihre regionale Positionierung mit speziellem Know-how für die regionalen Märkte und die lokale Mentalität.

Auch in Italien ist der Trend zu mehr Nähe bei den Finanzdienstleistungen sichtbar. Die italienischen Finanzinstitute haben keinen nennenswerten Schaden erlitten, daher gab es keine größeren Sparkonten- und Kundentransfers. Die Kunden sind ihrer Bank meist treu: Nur 7 Prozent wechseln pro Jahr, aber laut einer PwC-Umfrage bevorzugen sie, wenn sie wechseln, regionale Banken gegenüber landesweiten. Die Fluktuation bei den Regionalbanken ist nur halb so hoch wie bei den landesweiten Instituten.

Arianna Huffington, laut *Financial Times* eine der 50 einflussreichsten Personen der letzten Dekade, rief Ende Dezember 2009 die Kampagne »Move Your Money« ins Leben. Die *Huffington Post*, eine Nachrichtenseite, die mehr Klicks erhält als die der BBC, drängte die Amerikaner, den großen, vom Staat geretteten nationalen Banken eine Botschaft zu senden, indem man zu kleineren, konstant kommunalorientierten Finanzinstituten wechselt. Die Leser der *Huffington Post* reagierten fast im selben Augenblick.
Mit Hilfe der Datenbank »Institutional Risk Analytics« schichteten die Leser ihr Geld zu lokalen Banken um und teilten ihre Geschichte dem Rest der *HuffPost*-Community mit. Tausende von Kommentaren erzählten sowohl von der Frustration im Umgang mit landesweiten Banken als auch von den hilfreichen Beziehungen zu lokalen Banken.

Die Finanzdienstleister nutzen diesen Trend auf verschiedene Weise

Die australischen Banken ANZ, NAB und Westpac haben Millionen darauf verwendet, ihre Unternehmen als »lokale« und »mit der Gemeinde verbundene« Marken neu zu positionieren, um ihren Kunden näherzukommen. Die ANZ verwendet den Slogan »Wir leben in Ihrer Welt«, die NAB verspricht, das Geld »näher an Melbourne« heranzubringen. Westpacs CEO Gail Kelly entschied, den Jahresgewinn in einer historischen Bankfiliale in Sidney unter Kunden zu verkünden, um Westpac wieder als die »lokale Bank« Australiens zu verankern.

Die Kampagne zum Start der italienischen CheBanca!, der neuen Verbraucherbank, die zu der Handelsbank Mediobanca gehört, umfasst auch Werbespots, die eine 50er-Jahre-Atmosphäre verbreiten. Diese verweisen eindeutig auf eine Zeit, in der alles einfacher war. Und für Italien ist dies keine ausländische Bank, sondern eine zu 100 Prozent italienische. Dies stellte sich als erfolgreiche Kombination heraus.

Die Nadra Bank in der Ukraine verdoppelte ihren Umsatz innerhalb von sechs Monaten, nachdem sie die Unternehmensidentität komplett erneuert hatte. Die Bank entschied sich, in ihrem Markenlogo eine Nationalblume zu verwenden, womit

Persönlichkeitszüge wie »Zugänglichkeit« und »Menschlichkeit« evoziert wurden. Diese Eigenschaften wurden in allen Zweigstellen sowie in der Kundenerfahrung umgesetzt.

Die spanischen »cajas«, Sparkassen, ziehen sich auf ihren »Heimatmarkt«, also ihre jeweilige Ursprungsregion, zurück. Die »cajas« waren ursprünglich sehr lokal organisiert, aber in den letzten Jahren hatten viele von ihnen Filialen in ganz Spanien eröffnet. Nun kehrt sich der Trend um: Zweigstellen werden geschlossen, und es gibt Fusionen zwischen »cajas«, die geografisch zusammengehören.

Mehrere der großen Pensionsfonds, mit denen wir sprachen, denken über die Bedeutung von Nähe für ihre Anlagestrategie nach. Wie sieht zum Beispiel die vorsichtigere Handlungsweise aus: in 5000 Unternehmen zu investieren, über die man zwangsläufig wenig weiß, oder in 500, über die man sehr viel weiß? Welcher Ansatz trägt mehr zur Risikominimierung bei?

Ein bekanntes Gesicht hilft

Bei Schlüsselentscheidungen wie der Strukturierung großer Ersparnisse oder des Ruhestandsgeldes wollen die Kunden Hilfe haben. Von jemandem, dem sie vertrauen, etwa dem Cousin oder dem Schwager, »der sich mit Geld auskennt«. Oscar Puig, der Marketing Director der Caixa Catalunya, sagt: »Gegenwärtig sprechen die Leute mit der Bank meist nicht über solche Dinge. Natürlich würden wir gern zu diesem sprichwörtlichen Cousin oder Schwager werden. Eine der Initiativen, die wir letztes Jahr ins Leben riefen, um dieses Ziel zu erreichen, war, die Rotation der Mitarbeiter zwischen den verschiedenen Filialen zu begrenzen und eine jährliche Mindestanzahl an Kontakten zum Kunden anzustreben. Wir hatten bemerkt, dass die Rotation der Leute zwischen den Filialen, die bei uns zuvor üblich war, dazu geführt hatte, dass die Kunden in ihrer Bank keine vertrauten Gesichter sahen. Wir bemerken bereits jetzt, dass sich die Kunden nun bei uns wohler und der Bank näher fühlen«, verrät Puig.

Der Reflex ist, die physische Präsenz und die Zahl der Verkaufspunkte auszubauen

Zu viele Banken übersetzen »Nähe« allzu leicht mit »Ausbau des Filial- oder Agenturnetzes«. Dieser Reflex geht unserer Ansicht nach nicht weit genug. Die Dichte des Filialnetzes wird von vielen Vorständen aus der Finanzbranche als ein Erfolgsfaktor gesehen, um Ersparnisse anzuziehen und zu halten. Die Leichtigkeit, mit der die Verbraucher während der Krise ihre Ersparnisse auf eine andere Bank verschoben, beispielsweise per Online-Überweisung, sowie die großen Summen, um die es dabei ging, weisen darauf hin, dass die vermeintliche Stärke des Filialnetzes möglicherweise doch zu wünschen übrig lässt.

Die Betonung physischer Nähe ist ein typisches Beispiel für den Mangel an tieferen Erkenntnissen über den Verbraucher. Dem Verbraucher geht es nicht um eine Filiale an jeder Ecke. Der Ansturm auf die Bank Northern Rock hat den Verbrauchern hinreichend deutlich gemacht, dass diese Art von Nähe nichts nützt, wenn man an sein Geld kommen will.

Lieber »Vertrautheit« als »physische Nähe«

Physische Verkaufspunkte sind nur ein Mittel, um nah zu sein, nicht ein Ziel an sich. Für die Verbraucher bedeutet Nähe mehr als eine kurze physische Entfernung. Die Essenz dieses Trends ist, dass sich die Verbraucher nach Identität, Gemeinschaft und Authentizität sowie danach sehnen, als Menschen anerkannt und behandelt zu werden. Es geht um den Mehrwert, die persönliche und humane Dimension aller Kanäle und in der gesamten Customer Journey.

Bevor Sie an physische Verkaufsstellen denken, denken Sie über die eigentliche Bedeutung des Nähetrends für den Kunden und über dessen Hintergründe nach sowie darüber, welche Konsequenzen dies für Ihr Tagesgeschäft hat. Das bedeutet, ein tieferes Verständnis dafür zu entwickeln, was Verbraucher unter persönlicher Aufmerksamkeit, Gemeinschaft, Authentizität, Empathie und Integrität verstehen. Erkennen Sie, dass Sie den Kunden ein Gefühl von Geborgenheit und Sicherheit geben, indem Sie ihrer Tradition mit klaren und authentischen Produkten und Marken gerecht werden. Genau an dieser Stelle kommen auch der Transparenztrend in der Bedeutung »Offenheit« und der Einfachheitstrend in der Bedeutung »Bequemlichkeit« und »Verständlichkeit« wieder zum Tragen.

Eine weltweite Studie des IBM Institute for Business Value illustriert, wie wichtig es ist, dass sich Finanzdienstleister und Kunden näherkommen. Die Vorstände von Finanzfirmen wurden gefragt, welche Produkte ihre Kunden in den kommenden Jahren am meisten nachfragen würden, und die Kunden wurden gefragt, für welche Dienstleistungen sie bereit wären, einen Aufschlag zu bezahlen. Es zeigte sich, dass 79 Prozent der Vorstände den Kontakt zu ihren Kunden komplett verloren hatten.

Die menschliche Dimension

Früher gab es nur die menschliche Dimension. Das war vor der Entdeckung der Skaleneffekte; bevor die freundliche Telefonistin durch ein Auswahlmenü ersetzt wurde. In den letzten Jahren hat sich diese Entwicklung fortgesetzt, während das Bedürfnis nach einer menschlichen Dimension immer weiter gewachsen ist. Die Kluft ist immer größer geworden. Die Herausforderung besteht darin, den gegenwärtigen Schwung zu nutzen, um die Lücke zu schließen. Mit anderen Worten: zur menschlichen Dimension zurückzukehren, aber zugleich die Skaleneffekte zu behalten.

»Soziale Aspekte werden im Leben immer wichtiger«, sagt Horst Schmidt von der Bethmann Bank. »Zum Beispiel Zeit miteinander zu verbringen und Teil einer Gemeinschaft zu sein. Dies gilt auch im Zusammenhang mit Geld. Dadurch bekommt der Banker eine neue Rolle, besser gesagt eine alte, fast vergessene: Menschen zusammenführen, das Netzwerk der Bank öffnen, eine Gemeinschaft aufbauen. Um diese Rolle ausfüllen zu können, sollte der Kundenberater fest in seinem lokalen Umfeld verwurzelt sein. Wenn er seine Private-Banking-Karriere beispielsweise in München beginnt, dann sollte er möglichst sein gesamtes Berufs- und Privatleben in der Region verbringen.«

Die menschliche Dimension mit Leben zu füllen, ist zur wichtigsten Konsequenz aus der angestrebten Nähe geworden. Wir unterscheiden die folgenden zehn Kernpunkte.

1. Verändern Sie den Blick auf die Kunden: Aus Profitcentern werden echte Menschen

Wie in Kapitel 1 erwähnt, bezeichnen einige Finanzfirmen ihre Kunden als »Profitcenter«. Seine Kunden nicht zu kennen, bedeutet, in ihnen nicht mehr als einen Eintrag im Computer zu sehen, jedenfalls keinen realen Menschen.

Finanzdienstleister wissen viel zu wenig über ihre Kunden. Es mag eine Menge Daten und Fakten geben, doch eine Menge an persönlichen Informationen, die uns verrät, wer dieser Kunde ist, fehlt noch immer. Mit wem ist er verheiratet, wie viele Kinder hat er? Wie sieht der familiäre Hintergrund aus? Haben die Großeltern Vermögen? Wann kommen die Kinder auf die Hochschule? Wie sieht die Wohnsituation aus, und könnte sich daran in nächster Zeit etwas ändern? Denn zu diesen Zeitpunkten werden radikale Finanzentscheidungen mit langfristigen Konsequenzen getroffen, und es ist viel sinnvoller, auf dieser Basis zu segmentieren, als lediglich auf das verwaltete Vermögen zu schauen. Dies kann aber nur funktionieren, wenn man sehr viel mehr über den Kunden weiß, darüber, in welcher Lebensphase er sich befindet und wo die wichtigsten Quellen seines gegenwärtigen und künftigen Einkommens und Vermögens liegen.

Das bedeutet nicht zwangsläufig, dass jeder einzelne Kunde unbedingt eine Sonderbehandlung bekommen muss, schließlich haben viele Kunden dieselben Bedürfnisse und verhalten sich an bestimmten Punkten ihres Lebens ähnlich.

Wenn Sie eine Bankerin oder einen Versicherungsmitarbeiter nach der Verbindung zu einem bestimmten Kunden fragen würden, so würde er oder sie vermutlich in Zahlen antworten: im Hinblick auf die Neigung zu bestimmten Produkten, die Dauer der Beziehung, den Umfang der verwalteten Vermögenswerte oder, in besonders anspruchsvollen Unternehmen, beispielsweise die Kundenausschöpfung oder den Lebenszeitwert.

Diese Daten stehen eher für das Ergebnis als für die Art einer Bindung. Besser wäre es, man wüsste, ob dieser Kunde seine Bank oder Versicherung aktiv an die Familie, Freunde, Kollegen oder Geschäftspartner weiterempfiehlt oder ob seine Bank oder Versicherung sein erster Ansprechpartner bei einem wichtigen Finanzproblem wäre.

2. Seien Sie vorsichtig mit Zielgruppenkonzepten

Dies ist ein doppelbödiges Thema. Einerseits müssen wir unser Unternehmen für den Kunden so einfach wie möglich halten und deswegen intern dasselbe tun. Dies ist nicht damit zu vereinbaren, verschiedene Zielgruppen mit einer unbegrenzten Zahl an Servicekonzepten zu bedienen. Das wäre das Gegenteil von Transparenz und Einfachheit. Andererseits bieten Zielgruppenkonzepte Ihnen die Möglichkeit, zu zeigen, dass Sie diese spezielle Fokusgruppe verstehen und ihr maßgeschneiderte Lösungen anbieten können.

Die Antwort ist simpel: Wenn Sie Zielgruppenkonzepte in Erwägung ziehen, wählen Sie nur solche mit relativ groben Einteilungen. Stolpern Sie nicht in eine Hypersegmentierung hinein, sondern konzentrieren Sie sich auf eine begrenzte Zahl großer Segmente, verstehen Sie diese Segmente wirklich und richten Sie sich danach.

Zielgruppenkonzepte für ethnische Gruppen?

Gerade in Europa gibt es mehrere Finanzinstitute, insbesondere Banken, die in Betracht ziehen, sich mit einem zielgruppenspezifischen Angebot an die wachsende Zahl muslimischer Kunden zu wenden. Dies erscheint im Hinblick auf die Fokussierung und die angestrebte Einfachheit in den meisten Fällen unklug. In den meisten Ländern ist dieses Segment einfach zu klein. Daneben mangelt es den meisten Finanzdienstleister an tieferen Erkenntnissen über die Verbraucher und an Verständnis für das islamische Finanzwesen. Deswegen werden ihre Initiativen in gut gemeinten, aber kosmetischen Lösungen enden.

Die Chaabi Bank, eine Tochter der Banque Populaire du Maroc, eröffnet in ganz Europa neue Filialen. Für uns könnten solche Banken ernsthaftere Anwärter sein, islamisches Bankwesen in Europa auf die Tagesordnung zu setzen, denn nah zu sein, ist eng mit Authentizität, Echtheit, verbunden. Diese Bank besitzt aufgrund ihrer Herkunft grundlegendes Wissen über die Verbraucher.

3. Binden Sie die Verbraucher aktiv durch Mitgestaltung ein

Kunden, Verbraucherverbände und dergleichen werden in den kommenden Jahren die Finanzdienstleister genau im Auge behalten. Machen Sie daraus einen Vorteil, indem Sie sie ins Unternehmen einbinden – die ultimative Manifestation von Nähe. Auf diese Weise gewinnen Sie Erkenntnisse, was die Leute bewegt, was Transparenz für sie bedeutet und wie Sie mit den Kunden kommunizieren sollten, um Produkte zu entwickeln, die den richtigen Nerv treffen: Mitgestaltung nach der weitesten Definition des Wortes.

Die Mitgestaltungsexpertin von VODW Marinde van Leeuwen-Fontein erklärt im Kasten auf der folgenden Seite die verschiedenen Modelle der Mitgestaltung und reflektiert darüber, welches Modell Sie implementieren könnten. Einige Finanzdienstleister loten bereits die Möglichkeiten aus, die Verbraucher aktiv einzubinden. Neue Hilfsmittel wie die sozialen Medien erleichtern den Mitgestaltungsprozess ungemein.

The Buzz Insurance, Teil der Insurance Australia Group, wurde 2009 unter Mitgestaltung der Verbraucher entwickelt. Jacki Johnson, CEO von The Buzz Insurance, erzählte uns: »Rund 4000 Leute nahmen an einem zwölfmonatigen Mitgestaltungsprozess teil, um herauszufinden, wie eine Online-Versicherung ihnen ein möglichst wertvolles Angebot machen konnte. Dazu gehörte ein einzigartiges Online-Forum namens ›myinsuranceideas‹, wo Ideen beigesteuert wurden, die von der Marke über das Produkt und Vorschläge zum Service bis hin zur gesamten Kundenerfahrung alles betrafen. Wir ermuntern die Leute weiterhin aktiv, uns ihre Gedanken und Ideen in unserer Community ›Buzz Exchange‹ sowie über weitere Online-Kanäle wie Facebook und LinkedIn mitzuteilen. Das Ziel ist, neue Erkenntnisse zu gewinnen, so dass wir die Versicherungserfahrung weiter formen und den Leuten etwas Wertvolles für ihr Leben geben können.« Frau Johnson zufolge waren die Rückmeldungen exzellent, und The Buzz erhielt von Kunden, Branchenanalysten und der Öffentlichkeit das Lob, »die beste Online-Schnittstelle« im australischen Versicherungsgeschäft anzubieten und bei seinem Preisgestaltungsprozess für die Policen transparenter zu sein als die Online-Konkurrenten.

Die Fidor Bank, eine neue Bank in Deutschland, probiert bei ihrem »Fidor Community Banking« als erste Bank einen strukturellen Ansatz aus, die Nutzer für die Partizipation zu belohnen, und lädt diese ein, Berater und Produkte zu bewerten. Die Belohnung besteht in barem Geld. Einige Beispiele: Die Frage eines anderen Nutzers zu beantworten, bringt 50 Cent, einen Produktvorschlag zu posten, einen Euro und, falls das Produkt in der Bank umgesetzt wird, 1000 Euro; für eine Teilnahme am YouTube-basierten Video-Wettbewerb unter dem Titel »Wie sollte eine Bank in Zukunft aussehen?« gibt es bis zu 500 Euro.

Mitgestaltung: Vom Branding zur Freundschaft, vom Konsumenten zum Prosumenten

»Insgesamt 70 bis 80 Prozent der neuen Markteinführungen scheitern. Dies liegt oftmals an einem Mangel an echten Erkenntnissen über die Verbraucher. Mitgestaltung durch eine Beteiligung der Kunden am Innovationsprozess verbessert die Erfolgsquote. Es trägt zudem zu einer größeren Markentreue, zu einem höheren NPS, höheren Gewinnen und immer mehr echten Markenfans bei«, so Marinde van Leeuwen-Fontein, Mitgestaltungsexpertin von VODW.

»Die Unternehmen sind allzu sehr an ihr altbewährtes Modell gewöhnt: senden, senden, senden. Mitgestaltung erfordert einen völlig anderen Ansatz: Ein Einbahnstraßen-Monolog wird zu einem Dialog. Vom Reden zum Zuhören, Interagieren und Einbinden. Doch wie erreicht man dies als Unternehmen?

Mitgestaltung ist nichts Neues. Vor der industriellen Revolution wurde die Gestaltung und Produktion jedes einzelnen Produkts mit dem künftigen Nutzer gemeinsam unternommen. Durch die industrielle Revolution haben wir sozusagen die Vorstellung der Mitgestaltung in einem Business-to-Consumer-Kontext verloren. Jetzt gerade treten wir in eine neue Ära ein, in der die Segnungen der Informationstechnologie uns eine Verbindung der beiden Welten ermöglichen, die bis vor Kurzem nicht vereint werden konnten: niedrige Kosten und Differenzierung. Es handelt sich gewissermaßen um eine Neuerfindung der Innovation selbst.

Mitgestaltung kann verschiedene Formen annehmen und kann dazu verwendet werden, den Verbrauchern ein Mitspracherecht bei der Entwicklung, Gestaltung und Fertigung von Produkten und Dienstleistungen einzuräumen. Verschiedene Grade an Einbindung sind möglich. VODW entwickelte ein Mitgestaltungsmodell, bei dem, differenziert nach verschiedenen Rollen des Verbrauchers und des Produzenten, diverse Arten der Mitgestaltung beschrieben werden. Der Verbraucher kann verschiedene Rollen spielen, genauso der Produzent.

Um die am besten geeignete Mitgestaltungsmethode auszuwählen, müssen Sie erst einmal herausfinden, was Sie erreichen wollen. Wollen Sie neue Erkenntnisse über die Verbraucher und eine bessere Verbindung zu den Konsumenten? Wollen Sie diesen wirklich ermöglichen, neue Produkte (teilweise) mitzukreieren? Wollen Sie einen offenen Dialog ins Leben rufen und über die Kontaktmöglichkeiten leichter verfügbar sein? Was springt für die Verbraucher, die Sie einbeziehen, heraus? Und wie halten Sie die Beziehung am Leben?

Welche Mitgestaltungsmethode Sie auch wählen – die Verbraucher einzubinden und sich zu öffnen, verändert Unternehmen meist stark. Hoffentlich kann Ihnen das Modell ein paar Hinweise bieten, wie Sie den am besten zu Ihnen passenden Weg finden.«

Verschiedene Mitgestaltungsmodelle. Quelle: VODW.

4. Multinationale Finanzkonzerne sollten auf lokaler Ebene attraktiver werden

Die klaren Vorteile der Globalität sind den Verbrauchern gar nicht mehr so klar. Nationale oder sogar regionale Marktteilnehmer sind attraktiver geworden. Bedeutet dies nun, dass die multinationalen Akteure überflüssig geworden sind? Nein. Es heißt nur, dass der lokale Anstrich an Bedeutung zunimmt. Finanzdienstleister sollten kontinuierlich und klar demonstrieren, dass sie ihre Kunden wirklich verstehen, und den Kunden klarmachen, wie sie von einer globalen Perspektive profitieren.

Erstens, indem Sie bei der Verwirklichung der menschlichen Dimension an allen Kontaktpunkten und bei allen Kontakten mit den Kunden noch mehr Sorgfalt walten lassen als nationale oder regionale Mitbewerber – im Grunde, indem Sie alle in diesem Kapitel dargelegten Konzepte und Prinzipien umsetzen.

Darüber hinaus geht es darum, die internationale Größe in lokale Vorteile umzumünzen.

Wie man Größe in Qualität und Preis umsetzt

Zurich Financial Services repariert oder ersetzt jährlich über 500 000 Windschutzscheiben. Das ist mehr, als ein Autobauer wie Volvo jedes Jahr weltweit in neue Autos verbaut. Zurich nutzte seine Größe, indem es in großen Märkten wie Australien, Deutschland, Spanien, Schweiz, Großbritannien und USA ein Global Automotive Glass Program aufsetzte. Auf diese Weise setzte Zurich seine weltweite Nachfragemacht ein, um Mengenrabatte zu erzielen und einheitliche Servicestandards durchzusetzen. Für die Kunden vor Ort münzt sich diese globale Perspektive in einen schnellen Service und einen fairen Preis um.

5. Eine neue Perspektive für Partnerschaften: den Verbrauchern näher sein

Partnerschaften sind ein wirksames Mittel, um »Nähe« mit Leben zu füllen und zugleich für ein beschleunigtes Wachstum zu sorgen. Dabei geht es um Partnerschaften mit Unternehmen, die komplementäre Kompetenzen vorweisen können oder Zugang zu neuen Zielgruppen haben.

Der multinationale Versicherer Prudential trat kürzlich in eine zwölfjährige Allfinanz-Partnerschaft mit der United Overseas Bank in Asien ein. Die UOB steuert ihr Vertriebsnetzwerk mit über 400 Zweigstellen in Singapur, Thailand und Indonesien bei sowie Erkenntnisse darüber, was die örtlichen Kunden umtreibt. Prudential bringt sein internationales Know-how und seine Skaleneffekte bei Produkten und Dienstleistungen ein. Eine Win-win-Situation: Die »lokale« Bank kann ihren Kunden die beste verfügbare Versicherung anbieten und so die Beziehung zu ihren Kunden stärken, während die Partnerschaft zugleich auch die Präsenz von Prudential an asiatischen Schlüsselmärkten stärkt und signifikante Wachstumschancen eröffnet.

Die Kombination von global und lokal in der Allfinanz

Jaime Kirkpatrick, Allfinanz-Direktor bei AEGON Spanien, bestätigte uns, dass die Kombination aus lokalem Wissen und lokalen Entscheidungsprozessen von Banken mit den Ressourcen einer internationalen Versicherungsgesellschaft funktioniert. »Die Banken in Spanien haben eine sehr hohe Filialdichte – auf 1000 Einwohner kommt fast eine Bankfiliale. Wegen der sehr engen Kundenbeziehung sind die Banken ein großartiger Kanal, um die AEGON-Botschaft zu vermitteln. Unsere gegenwärtigen Allfinanz-

Joint-Ventures mit der Caja Mediterráneo, der Caja Terrassa, der Caja Navarra, der Caja Cantabria und der Caja Badajoz geben uns Zugang zu insgesamt 2200 Bankfilialen und fast 4 Millionen Kunden. Wenn man bedenkt, dass die Durchdringung bei Lebens- und Rentenversicherungen gerade einmal 3 bis 4 Prozent beträgt, dann bieten uns unsere Joint Ventures eine großartige Chance, ein Geschäft zu entwickeln, dass bisher kaum existiert. Wir kämpfen nicht um Stücke desselben Kuchens. Wir backen zusammen einen ganz neuen Kuchen.

Momentan steigern wir rapide die Durchdringung unter den Kunden unserer Partner – dank einem wertvollen Besitz von ihnen: deren Wissen über ihre Kunden. Sie kennen deren Alter, deren Familienstand, deren ungefähres Einkommen – wichtige Informationen für uns, um die richtigen Produkte zu entwickeln und anzubieten. Auf Basis von Kundenprofilen können wir ein zielgerichtetes Produktangebot zusammenstellen, das den wahren Bedürfnissen der Kunden entspricht. Zudem können wir maßgeschneiderte Botschaften transportieren und das Bewusstsein für die Wichtigkeit von Lebensversicherungen und Renten steigern.

Die Kunden können sehen, dass die Beziehung zu ihrer Bank wächst, denn wir sprechen mit ihnen über ihre jetzigen und künftigen Bedürfnisse und die ihrer Familien – genau das, wonach sie in der gegenwärtigen wirtschaftlichen Misere und finanziellen Unsicherheit suchen. Unsere Partnerschaften ermöglichen dieses neue Angebot an die Kunden. Durch die Bankpartnerschaften kommen wir als AEGON Spanien unserer Zielgruppe so nah, wie wir ihr kommen können, und eröffnen uns so völlig neue Wachstumschancen.«

Finanzdienstleister verfolgen verschiedene Arten von Partnerschaften – sie reichen von Marketing am Arbeitsplatz, um die Verbraucher über die Arbeitgeber zu erreichen, über Partnerschaftsprogramme, um die Verbraucher über Verbände und Affinitätsgruppen zu erreichen, bis hin zu Großhandelspartnerschaften, um die Verbraucher über große Unternehmen wie Lebensmittel- und andere Einzelhändler, Automarken, Versorgungsunternehmen und Telekommunikationsanbieter zu erreichen.

Auch in anderen Branchen ist eine starke Zunahme der Kooperationen zwischen Unternehmen erkennbar. Zu den Erfolgsgeschichten gehören der Nike/Apple-iPod für Läufer, die Kaffeemaschine Senseo von Philips und Sara Lee sowie die Heavenly Beds in den Starwood Hotels. Doch es gibt einen wichtigen Unterschied. Finanzdienstleister setzen Partnerschaften meist vorwiegend ein, um Zugang zu neuen Verbrauchergruppen zu erhalten und neue Distributionskanäle zu eröffnen, und nutzen dabei die Bindung zwischen dem Partner und seinem Kunden, während die Partnerschaften in den anderen erwähnten Branchen die Innovation voranbringen und bestimmte Ressourcen und Kompetenzen der Partner nutzen. Die erforderliche Innovation im Finanzbereich ist, den Kunden oder den Verbrauchern allgemein näher zu sein. Unter diesem Gesichtspunkt sollte ein Finanzdienstleister Partner mit Ressourcen und Kompetenzen bevorzugen, die es ihm ermöglichen, mehr über die Verbraucher zu erfahren und mit ihnen in Kontakt zu kommen.

Die existierenden Partnerschaften bieten dafür weitreichende Gelegenheiten – Arbeitgeber wissen ziemlich viel über ihre Mitarbeiter und sind ihnen wirklich nah, Affinitätsgruppen haben mit ihren Mitgliedern eine auf gemeinsamen Interessen beruhende Verbindung, Großhandelspartner besitzen riesige Datenmengen über ihre Kunden – doch die Finanzdienstleister haben selten direkten oder indirekten Zugang zu diesem Wissen. Die Verbesserung des Wissens über die Kunden ist selten Gegenstand eines Kooperationsvertrags; in den existierenden Partnerschaften wird dies meist als etwas betrachtet, worum sich der Partner kümmern soll.

Das Wissen eines Partners zu nutzen, kann Innovationen und Gewinne voranbringen

Die meisten Autoversicherungen haben eine sehr einfache Methode, um künftige Ansprüche vorauszusagen. Diese beruhen auf einer begrenzten Zahl an Variablen wie Alter, Ort und Schadensbilanz. Allstate fand heraus, dass eine Einbeziehung von Kreditdaten zu einem weitaus genaueren Bild führt. Allstate betrachtet die Kreditauskunft als einen Blick darauf, wie jemand seine persönlichen Finanzen managt, was, wie sich zeigte, in großartiger Weise das Verantwortungsbewusstsein beim Fahren vorhersagt. Indem Allstate über die bloße Schadensbilanz hinausgeht, schuf die Versicherung eine Prämienstruktur, in der die Prämien und das Risiko jedes einzelnen Kunden besser zusammenpassen, was es Allstate ermöglicht, viel mehr Leuten einen Versicherungsschutz anzubieten, und das zu weitaus wettbewerbsfähigeren Preisen.

Klingt naheliegend, aber wenn man die bestehenden Bankpartnerschaften betrachtet: Haben Versicherungsunternehmen etwa die Kreditscore-Daten ihrer Bankenpartner genutzt?

6. Überdenken Sie die Rolle der Filialen

Aus dem Trend zur Kundennähe eine zunehmende Bedeutung der Filialen abzuleiten, ignoriert den eigentlichen dringenden Wunsch der Kunden; wir müssen die Filialen mit anderen Augen sehen.

Das Wissen über die Kunden und das Übertreffen von Serviceerwartungen

Die Filialen sind den Kunden nur nah, wenn sie auch mit diesen vertraut sind, und in der Wahrnehmung der Kunden sind die meisten weit davon entfernt. Das Wissen über die Kunden sowie die Beratungs- und Servicequalität, die in den Filialen geboten wird, können noch erheblich verbessert werden. Wenn die Finanzdienstleister wirklich wollen, dass ihre Zweigstellen eine wichtige Rolle dabei spielen sollen, den Kunden Vertrautheit zu zeigen und die Verbindung zu den Kunden wiederherzustellen, dann müssen sie diese Fragen als Erstes in Angriff nehmen. Am Ende reduziert es sich darauf, dass Sie wirklich bereit sind, die Bedürfnisse Ihrer Kunden aufzunehmen und dieses Wissen zu nutzen, um ihnen mit den richtigen Produkten zu dienen und sie mit einem ihre Erwartungen übertreffenden Service zu überraschen.

Eine Studie von BAI und Finacle in den USA zeigte, dass nur ein Drittel der Leute glauben, ihre Hausbank verstehe ihre finanziellen Ziele. Bezüglich der Filialen sieht es noch schlechter aus. Laut einer Umfrage von Deloitte in den Niederlanden glauben 80 Prozent der Befragten, dass die konkrete Situation der Kunden den Leuten in den Bankfilialen unbekannt ist. In anderen Ländern zeigen Erhebungen (auch in Bezug auf Versicherungsagenturen) ähnliche Ergebnisse.

Reibungsloses Zusammenspiel mit allen anderen Kanälen
Daneben müssen die Zweigstellen reibungslos mit anderen von dem Finanzinstitut genutzten Kanälen zusammenarbeiten. Letztendlich müssen alle Kanäle, einschließlich der Filialen, zusammen eine einheitliche Kundenerfahrung schaffen.

Bei einer Umfrage der Aite Group von 2011 unter Managern von 20 führenden US-Finanzinstituten gaben 12 Prozent an, dass ihre Geldautomaten mit den CRM-Daten ihrer Bank verknüpft seien, und 17 Prozent sagten, ihr Online-Banking-System sei mit diesen Daten integriert.

Dennoch wird wenig gedankliche Mühe auf diese einheitliche Kundenerfahrung über alle Kanäle sowie die Rolle der Filialen darin verwendet. Der traditionelle Ausgangspunkt ist implizit, vielleicht sogar explizit immer noch die physische Filiale. Intern liegt die Macht immer noch in den Filialen. Die Remote-Kanäle werden oft getrennt vom Filialnetz gemanagt, und daher werden sie eher als Konkurrenz denn als ergänzende Partner gesehen, um den Kunden besser zu bedienen. Wir glauben, dass die Filialen weiterhin wichtig bleiben werden, und die Finanzberater werden weiterhin für den hoch geschätzten menschlichen Touch bei komplizierten Produkten sorgen – etwa bei komplizierten Hypotheken, ungesicherten Privatkrediten, Lebensversicherungen und Investments. Deren Rolle bei der Customer Journey wird sich jedoch verändern, um ein reibungsloses Zusammenspiel mit den anderen Kanälen zu erreichen.

In einer Reihe von Ländern ist »online« schon wieder dabei, zu einem traditionellen Kanal zu werden, und mehrere Finanzfirmen fördern die komplementäre Nutzung aller Kanäle, je nach deren jeweiligen besonderen Stärken.

Physisch-virtuelle Strategien

Die finnische Tapiola-Gruppe hat ein duales Modell entwickelt, bei dem Online-Banking-Aktivitäten mit persönlichen Begegnungen in den Filialen der Versicherung kombiniert werden. Dadurch können den Kunden zugleich günstige Dienstleistungen und im Bedarfsfall persönliche Beratung angeboten werden.

ING Direct Spanien verfolgt eine ähnliche Strategie. Alfonso Zapata, der CEO von ING Direct, sagt: »Die übergroße Mehrheit unserer Dienstleistungen läuft über den Online-Kanal. 97 Prozent unserer Kundenkontakte finden online statt. Nur für ein paar wenige Aktivitäten brauchen wir den Telefonkanal, und sogar für noch weniger brauchen wir Filialen. Darin liegt die Zukunft des Bankgeschäfts. Nur um einen Finanzplan für den Ruhestand aufzustellen oder für die letzten Schritte einer Kreditaufnahme suchen die Leute die persönliche Beratung. Doch diese Aktivitäten kommen bei den Kunden nicht besonders häufig vor. Pro Jahr muss daher nur 1 Prozent unserer 2 Millionen Kunden eine Filiale besuchen. Für diesen Zweck ergänzen wir unseren Online- und Telefonkanal gerade um 50 Vor-Ort-Filialen. Wir nutzen existierende Versicherungsbüros, und wir haben neue Leute eingestellt, wobei der Fokus zu 30 Prozent auf den fachlichen Fähigkeiten und zu 70 Prozent auf den Soft Skills lag. Außerdem ist es für eine bestimmte Kundengruppe wichtig zu sehen, dass wir physisch existieren. Andere Banken mit einer ähnlichen Kundenbasis haben 600 Filialen.«

In einigen Ländern werden die Zweigstellen in den kommenden Jahren der wichtigste Kanal bleiben, da die Internetdurchdringung noch nicht groß genug ist.

Die innovative italienische CheBanca! wählte einen vielkanaligen Ansatz und kombinierte den Online-Zugang mit einer begrenzten Zahl an Zweigstellen – genügend, um der Tatsache Rechnung zu tragen, dass die Italiener nicht die stärksten Internetnutzer sind, aber sehr viel weniger als traditionelle Banken. Laut iStat haben nur 47 Prozent der italienischen Familien zu Hause einen Internetzugang, und Zahlen von Eurostat besagen, dass nur 16 Prozent der Italiener das Internet für ihre Bankgeschäfte nutzen. Beide Zahlen liegen deutlich unter dem europäischen Durchschnitt, insbesondere fallen sie gegenüber beispielsweise den skandinavischen Ländern ab, wo über 70 Prozent der Bevölkerung Online-Banking nutzen. Offensichtlich haben viele Italiener noch immer Angst vor dem Online-Banking, was Filialen zu einer Notwendigkeit macht. Doch die Filialen von CheBanca! überbrücken die Lücke zum Online-Banking. Sie sind eindeutig nutzerorientiert und exemplarisch für eine Bank, bei der Kunde und Mitarbeiter im Wortsinn auf derselben Seite des Tisches sitzen, nämlich in Form einer Selbstbedienungsstation, über die der Kunde in der Bank sein Konto verwalten kann.

Erleben Sie den Zusatznutzen und die Marke

Auf einer Singapurreise überraschte und erfreute es uns, in der Haupteinkaufsstraße, der Orchard Road, ein Starbucks vorzufinden, das zugleich eine HSBC-Filiale war. Im Inneren stellte sich dann zwar heraus, dass Bank und Starbucks durch eine Glaswand getrennt waren; aber dennoch ist dies ein bedenkenswertes Konzept: eine Bankfiliale, die man so gerne besucht wie ein Starbucks, ein echter sogenannter »dritter Ort«, eine soziale Umgebung, die von den anderen beiden, nämlich Zuhause und Arbeitsplatz, getrennt ist. Die Leute leben noch immer einen Großteil des Tages offline. Wenn alle möglichen Routinevorgänge sich auf andere Kanäle verlagern, dann geht es bei den Filialen zunehmend darum, einen Zusatznutzen zu erzeugen, der die Marke stärkt.

Physische Verkaufsstellen sind natürlich der ideale Ort, um eine Erfahrung zu schaffen, die Sinne zu berühren und die Kundenbeziehung zu verbessern. Aber seien wir ehrlich: Ein Besuch der meisten Bankfilialen ist kaum besser als ein Besuch beim Finanzamt, um Ferran Adrià zu zitieren. In den Zweigstellen der CheBanca!, der Jyske Bank und den ING Cafés können wir deutlich erkennen, wie die beiden Ziele einander verstärken. In Berlin eröffnete die Deutsche Bank mit dem Q110 einen Flagship-Store, wie man in diesem Buch in einem Interview nachlesen kann. Zurich Financial Services eröffnete an einem Ort mit viel Publikumsverkehr im Zentrum von Genf den ersten »Versicherungsladen« der Schweiz. Man kann unverbindlich hineinspazieren, Beratungsgespräche erhalten oder die wöchentlichen Themensitzungen besuchen. Einerseits leisten die Mitarbeiter Hilfe bei komplizierten Produkten. Aber zusätzlich wurde darüber nachgedacht, wie die Filiale die Marke mit Leben füllen kann. Und zwar nicht nur durch die verwendeten Farben, sondern auch über die in der Filiale zur Verfügung stehenden Zusatzfunktionen sowie ein exzellentes Serviceniveau; zudem über die Verwendung der einfachsten Form von Technologie: Selbstbedienungsstationen, große Flachbildschirme und verständlich präsentierte Lösungen. In allen Fällen ist die Umgebung angenehm und informell – wie bei Starbucks – und lässt Nähe zu.

Die einladenden Filialen der Jyske Bank

Die Jyske Bank ist die zweitgrößte unabhängige Bank Dänemarks und ist für ihre Kundenorientiertheit und ihren bahnbrechenden Umgang mit der Filialgestaltung bekannt. Frank Pedersen, Director of Communication and Marketing der Jyske Bank: »Die einzigartige Erfahrung, die wir unseren Kunden geben möchten, soll sich deutlich von deren Erfahrung in anderen Banken unterscheiden. Durch unser Programm ›Jyske Differences‹ haben wir den traditionellen Schalterverkehr durch eine einladende, innovative Atmosphäre ersetzt, die einer Einzelhandelsumgebung ähnelt. Wir gestalten eine Kundenerfahrung auf Basis unserer Werte, zu denen Humor und Bescheidenheit gehören. Diese Werte sind für unsere Strategie essenziell, denn Produkte und Filialgestaltung kann man kopieren, aber eine Kultur nicht.

Unsere Werte ›echtes Interesse und Augenhöhe‹ sowie ›anders und informell‹ werden von persönlichen Gastgebern repräsentiert, die die Besucher in unseren Filialen begrüßen und sie einladen, unsere verschiedenen Erfahrungen zu entdecken, unter anderem, indem sie den Kunden in der ›Question Bar‹ assistieren, um ihnen die zahlreichen inspirierenden Produktpakete vorzustellen, die wir entwickelt haben. Wir wollen unprätentiös sein – den Leuten erlauben, ungezwungen in der Bank zu entspannen und Spaß zu haben – sowie zugleich den Kunden eine informative und inspirierende Erfahrung bieten.

Infolge des Programms nahm unsere Markenstärke dramatisch zu, und ein Jahr nach dem Start betrug unser Nettozugewinn an Kunden 66 Prozent. Dies zeigt, dass unser Ansatz von den Kunden geschätzt wird und zugleich geschäftlich sinnvoll ist.«

Die Gemeinschaftsfunktion

Für viele Finanzdienstleister mag dies weit hergeholt klingen, aber es gibt einige Initiativen von Banken, ihren Kunden näherzukommen, indem sie sich öffnen, im Wortsinn. Sie stellen in ihren Filialen Platz für gemeinschaftliche Aktivitäten zur Verfügung und zeigen so, dass sie zur Gemeinde gehören und darin eine aktive Rolle spielen wollen. Bei den Kunden kommt dies sehr gut an, und sie fühlen sich mehr zu Hause. Was natürlich der beste denkbare Weg ist, um nah zu sein.

Viele Umpqua-Filialen sind regelrechte Gemeindezentren: Sie beherbergen Strickzirkel, Kunstausstellungen, Yogakurse und alles, was die Mitglieder der Gemeinde sich noch wünschen.

7. Sorgen Sie auf den anderen Kanälen für mehr Nähe

Es gibt nichts daran zu deuten: Ein wachsender Anteil der Customer Journey findet heute online statt. Die große Herausforderung lautet, den Wunsch nach Nähe auf allen Kanälen umzusetzen – seien sie nun vor Ort oder entfernt.

Interessanterweise nennt der Finanzsektor meist all diese Kanäle »entfernt« (»remote«), denn genau dies sind sie aus der Unternehmensperspektive. Aus Kundenperspektive liegen diese Kanäle oftmals gar nicht fern, immerhin haben viele von ihnen online mehr Kontakte mit ihrem Finanzdienstleister als in den Filialen. Der Online-Kanal beinahe jeder Bank und Versicherung ist rein funktional gestaltet; er konzentriert sich auf Logistik und Transaktionen, auf die Prämisse, dass die Filiale der wichtigste Kontaktpunkt ist. Es ist ein Missverständnis, dass die sogenannten Remote-Kanäle nur effizient sein sollten. Jeder Kanal trägt zur Gesamt-Kundenerfahrung und zum Maß der Markenfürsprache durch den Kunden bei. Es kann noch erheblich mehr an Erfahrung hinzugefügt werden. Werden die Kunden jemals positiv überrascht?

- Die Rabobank hat auf Wunsch ihrer zunehmend das Internet und das Mobiltelefon nutzenden Kunden das Konzept einer virtuellen Filiale vorgestellt. Ein beidseitiger Videochat bringt den Bankberater näher denn je: zum Kunden nach Hause. Ein Kunde kann die virtuelle Bank in einer Vielzahl von bankbezogenen Angelegenheiten kontaktieren – um ein Konto zu eröffnen oder eine Frage über eine Versicherung oder Hypothek zu stellen. Bankberater und Kunde können über ein gemeinsames Bildschirmfenster simultan Dokumente überprüfen und Informationen im Internet ansehen. Die Bequemlichkeit reduziert den Zusatznutzen des Weges zur Bankfiliale.
- Die russische Standard Bank hat einen ähnlichen neuen Online-Kundenservice per Videokonferenz und chat gestartet.

Bieten Sie eine persönliche Erfahrung. Persönlich bedeutet nicht unbedingt von Angesicht zu Angesicht. Es wird bereits immer üblicher unter Finanzdienstleister, Websites auf Basis der Kundenerkennung zu »personalisieren«. Die meisten Banken und Versicherungen gehen dabei allerdings nicht über eine persönliche Begrüßung wie »Willkommen, Herr Vanderschenk« und vielleicht ein Foto des zuständigen Kundenberaters hinaus. Angebote, die auf Basis eines Kundenprofils ausgewählt wurden, werden meist unpersönlich präsentiert, wie ein Angebot, das vielleicht jeder erhält. Einige Finanzfirmen gehen allerdings bereits einen Schritt weiter. Wie die deutsche Postbank, die ihre drei Top-Produkte auf Basis des Kundenprofils sowie relevante Benachrichtigungen anzeigt, wenn die Ersparnisse ein bestimmtes Niveau erreicht haben.

Die australische Commonwealth Bank versammelt an einem Ort alle relevanten Kundeninformationen und -kontakte. Die Bank interagiert mit den Kunden auf einer persönlichen Internetseite per Internet-Chat, über die sie relevante persönliche Nachrichten und Hinweise verschickt. Sie protokolliert sogar die Interaktionen und zeigt sie über ihre »Universal Box« an, die die Kommunikation zwischen Bank und Kunden wie Darlehensbescheide oder Kontoauszüge enthält.

Die Finanzdienstleister betrachten die Mehrkanaligkeit oftmals unter dem Gesichtspunkt: »Wie verwalten wir unsere Kundenkontakte?«, während es aus Kundenperspektive viel relevanter ist, seine Beziehung zu seinem Finanzdienstleister überblicken zu können und die Kontakte und Vereinbarungen mit dem Unternehmen im Griff zu haben.

Kundenorientierung online

Ignacio Villoch Bayod von BBVA sagt: »Auf unserer Website erhält man verschiedene persönlich angepasste Produkt- und Marketingangebote, die auf dem Kundenprofil basieren. Der Kunde entscheidet, wie die Website aussieht, und kann die Präsentationsweise der Informationen anpassen, genau wie bei unseren neuen Geldautomaten.

Wir wollen die Leute nicht mit Anzeigen und Sonderangeboten überschütten, wenn sie unsere Internetseite besuchen. Wir lassen den Kunden selbst herausfinden, welche Produkte und Dienstleistungen seinen Bedarf erfüllen, was sehr viel effektiver ist, als diese direkt zu bewerben. Unsere Website ist daher auf kundenzentrierte Weise aufgebaut. Im Vordergrund stehen dabei die häufigsten Kundenbedürfnisse. Die Produkte, die diesen Bedarf erfüllen, werden vorgeschlagen und hervorgehoben. In der Kategorie »Abwicklung der täglichen Geldgeschäfte« werden Produkte wie Girokonten und Kreditkarten vorgeschlagen, und unter ›einen Kredit erhalten‹ Hypotheken- und Ratenkredite. Wir nutzen die Schwarmintelligenz, um fortlaufend herauszufinden, welche Bedürfnisse angesprochen werden müssen. Die Website zeigt nicht in erster Linie Produkte, sondern Kundenbedürfnisse, die unter ›Dies fragen Sie uns heute‹ eingeordnet werden.«

Die Finanzdienstleister können und müssen sogar noch näher an den Kunden heranrücken als in den beschriebenen Beispielen. Sie sollten untersuchen, wie sie die Kriterien für »Nähe« wie Authentizität, persönliche Aufmerksamkeit und Empathie auf ihre Remote-Kanäle und -kontakte sowie den Umgang mit den Kunden übertragen. Erzeugen Sie über die Remote-Kanäle Kontakte von Angesicht zu Angesicht. Diverse neue Technologien breiten sich rasch aus, insbesondere unter jüngeren Verbrauchern. Eine Cisco-Studie von 2010 zeigt, dass über 50 Prozent der Millenials in den USA eine Webcam besitzen und 40 Prozent der Millenial-Verbraucher Interesse haben, mit ihrem Bankberater per Video zu kommunizieren. Den Finanzdienstleister bietet dies riesige Möglichkeiten, ihnen nahezukommen, ohne physisch in der Nähe zu sein.

Die United Mizrahi Tefahot Bank in Israel führte erfolgreich ein neues Nutzenversprechen namens »Mizrahi Tefahot LIVE Banking« ein, das den persönlichen Aspekt der physischen Kanäle mit dem unmittelbaren Aspekt der direkten Kanäle verbindet. Man kann über seinen bevorzugten Kanal (Telefon, E-Mail, SMS, Chat etc.) mit seinem persönlichen Bankberater Kontakt aufnehmen und auf Wunsch sogar mit ihm eine Videokonferenz abhalten. Als wir Naama Gat, Vice President Marketing and Business Development bei UMTB, nach den wichtigsten Erfolgsfaktoren dieses Modells fragten, antwortete sie: »Der Durchbruch dieses Konzepts war die Schaffung der ›virtuellen Filiale‹, die man besser ›nicht physische Filiale‹ nennen sollte. Die virtuelle Filiale von LIVE funktioniert wie eine herkömmliche Zweigstelle, hat dieselbe Struktur und dieselben operativen Abläufe. Jedem Kunden der virtuellen Filiale wird ein persönlicher Berater zugeordnet, der sich um die meisten seiner Anfragen kümmert und über alle Aktivitäten auf dem Konto auf dem Laufenden gehalten wird. Darüber hinaus ist der persönliche Berater Teil eines Teams aus drei Bankmitarbeitern. In den Zeiten, da der persönliche Banker nicht verfügbar ist, befasst sich das Backup-Team mit allen Anfragen des Kunden und beantwortet diese vollständig. Diese Struktur stellt sicher, dass es zu jeder Zeit in der virtuellen Filiale einen Banker gibt, der den Kunden und seine Bedürfnisse kennt.«

8. Gehen Sie aktiv auf die Kunden zu

Wir halten die BRD, die zweitgrößte Bank Rumäniens, die Teil der Groupe Société Générale ist, für vorbildlich in Bezug auf ein aktives Zugehen auf die Kunden.
Dort zu sein, wo die Kunden gern ihre Freizeit verbringen, ist eine weitere Strategie, die zu mehr Nähe führt.

Gehen Sie dorthin, wo die Kunden sind

Die BRD, die zweitgrößte Bank Rumäniens und Teil der Groupe Société Générale, erfand eine Reihe innovativer Konzepte, mit denen den Kunden aktiv die Hand gereicht wird. Schwerpunkt war, die Bank regelrecht zu den Kunden zu bringen. Sorin-Mihai Popa, Deputy CEO der BRD, stellte uns diese erfolgreichen Konzepte vor. »Das Konzept, das am bekanntesten klingt, ist BRD Express – kleine Filialen, die speziell für Standorte mit großem Publikumsverkehr konzipiert sind, etwa Einkaufszentren, Flughäfen und Universitäten. Diese haben meist ihre Öffnungszeiten an den Verkehr rund um die Filiale angepasst. Seit Oktober 2004 wurden über 700 BRD-Express-Filialen eröffnet.

Dann haben wir BRD Blitz, ein Konzept, das auf bestimmte ländliche Gebiete zugeschnitten ist. Eine Blitz-Filiale ist eine modulare, abbaubare Einheit, die von zwei Mitarbeitern betrieben wird. Die Filiale arbeitet im Tandem mit einer traditionellen Filiale. Die Öffnungszeiten sind begrenzt: höchstens zwei bis drei Tage pro Woche und Standort und ein paar Stunden pro Tag. Der ganze Aufbau macht Blitz-Filialen deutlich kostengünstiger als traditionelle Zweigstellen. Bislang ist das Konzept an 80 Standorten verwirklicht worden, und das BRD-Blitz-Netz ist das zweitgrößte ländliche Bankfilialnetz Rumäniens.

Dann haben wir noch BRD Mini, ein Konzept, das es unseren Bankmitarbeitern ermöglicht, am Arbeitsplatz der Kunden tätig zu sein. Durch den Arbeitgeber wird für die BRD-Mini-Filiale ein kleiner Büroplatz zur Verfügung gestellt. Unsere Berater sind ein bis zwei Tage pro Woche jeweils für zwei bis drei Stunden dort. Sie erfüllen dort im Prinzip die gesamte Front-Office-Funktion – Beratung und Problemlösung.

Das innovativste Konzept ist wahrscheinlich Banco, eine würfelförmige Kombination aus Geldautomat, Robo (ein Überweisungsautomat in sehr niedlicher Roboterform) und einem LCD-Bildschirm, der verschiedene Produkte und Dienstleistungen vorstellt. Das wichtigste Merkmal dieses Konzepts ist Mobilität, denn es kann je nach Verkehr installiert und bewegt werden. Dieses Konzept ist bislang während der Feriensaison in Urlaubsorten in den Bergen und am Meer umgesetzt worden, und es hat sich als beachtlicher Erfolg erwiesen.«

Wie die BRD, so eröffneten auch Citibank und HSBC Strandclubs in mehreren Ferienresorts in Uruguay, wo wohlhabende Uruguayer und Argentinier ihren Urlaub verbringen. CheBanca! schuf einige mobile Filialen, die zum Beispiel im Winter die beliebtesten italienischen Skiorte besuchen und während der berühmten Gran Gala in San Remo haltmachen.

Gehen Sie dahin, wo die Leute mit Geld umgehen

Zahlreiche Unternehmen auf der gesamten Welt sind erfolgreich dort mit Finanzangeboten präsent, wo die Leute täglich ihr Geld ausgeben, insbesondere in den richtigen Kaufmomenten. Vermittler schnelllebiger Konsumgüter stehen hier an erster Stelle. Wohlbekannte Beispiele sind der britische Lebensmitteleinzelhändler Tesco, die ICA Banken in Schweden, Falabella in Lateinamerika (lesen Sie auch das Interview hierzu) und die Aeon Bank, eine Initiative der japanischen Supermarktkette Aeon.

Doch nur wenige versuchen sich an der immer weiter wachsenden Welt des E-Commerce. Rakuten in Japan ist hier zweifellos der innovative Vorreiter.

Die Verbindung von Banking und E-Commerce

Rakuten ist die mit Abstand größte Online-Shopping-Seite in Japan – auf der Plattform bieten über 30 000 Vermittler fast 50 Millionen Artikel an. Die Marke ist in Japan so bekannt, dass sie sich erfolgreich gegen Amazon und dergleichen behauptet. Der Erfolg von Rakuten ist vor allem der Diversifikationsstrategie geschuldet. Die größte japanische Hotelreservierungsseite gehört ebenso dazu wie ein Auktionsanbieter und ein Online-Portal. Darüber hinaus übernahm der Konzern kürzlich e-Bank, die größte Online-Bank Japans, machte sie zu einer vollständigen Tochter und benannte sie in Rakuten Bank um.

Einige Vorteile der Konsolidierung für Rakuten liegen auf der Hand – die Finanzierungskosten verringern sich, man erhält Zugang zu Millionen Kontoinhabern und kann die nutzerfreundlichen Technologien und Bezahldienste der ehemaligen e-Bank nutzen. Beispielsweise macht Rakuten bereits über 20 Prozent seiner Internetumsätze via Mobiltelefon, und diese Zahl steigt rapide.

Doch der Hauptvorteil ist, dass jede Übernahme das Geschäftsmodell stärkt. All die verschiedenen Aktivitäten wie Online-Portal, E-Commerce, Kreditvergabe, Bezahlungsabwicklung, Reisen und Telekommunikation sind über eine Nutzerdatenbank verbunden. Diese Nutzerdatenbank birgt ein enormes Potenzial, die Nutzer sowie ihre Vorlieben und ihr Verhalten besser zu verstehen. Rakuten verfügt nun über Informationen, deren Nähe und Reichhaltigkeit die meisten traditionellen Finanzdienstleister schwer erreichen können.

Ein noch größerer Schritt wurde 2010 durch das Joint Venture mit Baidu, einer großen chinesischen Suchmaschine, unternommen. Diese Kooperation wird wahrscheinlich bald in das größte B2B2C-Online-Einkaufszentrum in China münden, wodurch Rakuten sein Geschäftsmodell auf die größte Internet-Population der Welt übertragen kann.

9. Sorgen Sie während der ganzen Customer Journey für Empathie

Sorgen Sie beim Service und bei allen Interaktionen für Empathie, da dies ein wichtiger Nachweis ist, dass Sie die menschliche Dimension berücksichtigen.

Empathie hat mit den Gedanken und Gefühlen der Kunden zu tun und erfordert, die Perspektive des Kunden einzunehmen. Bei Empathie geht es daher um mehr als um den Tonfall der Stimme – es handelt sich wirklich um eine Einstellung und eine Kultur.

Bei den meisten Versicherungsunternehmen löst ein Kundenanspruch einen Prozess der Schadensbewertung und -begleichung aus. Im Allgemeinen sind Haftpflicht- und Krankenversicherungsnehmer mehr daran interessiert, ihre Probleme zu lösen, anstatt dem Geld hinterherzulaufen. Progressive und Zurich Financial Services sind Unternehmen, die diese Erkenntnis aktiv nutzen (siehe hierzu auch das Interview mit Tilman Hengevoss über Zurich HelpPoint).

Die Allianz ruft die Kunden ein paar Tage nach einem Autounfall an, nicht um ihnen etwas zu verkaufen, sondern um zu hören, ob der Kunde wohlauf ist und ob alles seinen Gang geht. Dies ist ein gutes Beispiel dafür, Kunden so zu behandeln, wie man selbst gern behandelt werden möchte, und es führt zu einem höheren Promotorenüberhang.

Die Kernaussage dieser Beispiele ist, dass das Zeigen von Empathie ein Leitprinzip für die gesamten Prozesse und Dienstleistungen auf der Customer Journey ist, für die Kontaktpunkte, die alltägliche Kommunikation, die reibungslose Abwicklung der Kundenkontakte, die Rolle der Mitarbeiter mit direktem Kundenkontakt sowie die Marketing-Bemühungen. Das Management des Kundennutzens wird normalerweise durch Push-Marketing und Cross-Selling-Ziele dominiert. Wenn wir die Kundenperspektive einnehmen würden, dann wären die eigentlichen Kundenbedürfnisse der Ausgangspunkt, und die Marketing-Anstrengungen könnten sich mehr auf den Ansatz des Online-Einzelhändlers Amazon konzentrieren: »Andere Kunden, die Ihnen ähnlich sind, haben diese anderen Produkte gekauft.«

Bei Empathie geht es um das wahrgenommene Niveau der Personalisierung der Kundenerfahrung, das das Engagement und die emotionale Anteilnahme Ihres Unternehmens für den einzelnen Kunden demonstriert. Genau darum geht es im Wesentlichen bei Nähe.

10. Seien Sie einfach behilflich

Einfache Gesten können einen großen Unterschied machen. IKEA startete nützliche Serviceleistungen, wie sein Bikesharing-Programm in Dänemark, Carsharing in Frankreich und einen kostenlosen Wassertaxi-Service in New York, damit die Kunden die Möbelhäuser leichter nutzen können. Serviceleistungen wie diese geben der Marketing-Kommunikation eine neue Dimension: Statt die Leute mit kommerziellen Botschaften zu belästigen, können wir ihnen helfen, ihr tägliches Leben zu erleichtern oder angenehmer zu machen. Das Ziel ist, Ihre Brauchbarkeit für den Verbraucher zu erhöhen und dabei nicht nur Ihr Produkt oder Ihre Dienstleistung zu betrachten, sondern auch das Ökosystem, das dieses oder diese umgibt.

Gegenwärtig beginnen die ersten Finanzdienstleister, das Konzept aufzugreifen – manche in eher spielerischer, andere auf ganz ernsthafte Weise.

Behilflich sein

- American Express machte sich eine wesentliche Erkenntnis zunutze: Viele der Händlerkunden von AmEx waren Kleinunternehmen, und dem durchschnittlichen Karteninhaber gibt es ein gutes Gefühl, Kleinunternehmen zu helfen. AmEx sponsert den Wettbewerb »Shine a Light« von NBC Universal mit, bei dem man Geschichten über seine Lieblingsgeschäfte in der Nachbarschaft einschickt. Das Unternehmen, das gewinnt, erhält 100 000 Dollar an Marketing-Unterstützung. AmEx nimmt das allgemeine Gefühl zur Kenntnis, dass viele Leute sich Sorgen darum machen, was aus diesen anfälligen Unternehmen wird. AmEx sagt nicht nur, sondern zeigt wirklich, dass ihm das Wohl dieser Geschäfte am Herzen liegt.
- Die Krankenversicherung DKV demonstriert mit ihrer Community ViveLaSalud, wie man mit den Interessen der Verbraucher umgeht und diese berührt. Die Community wird von den Kunden dazu genutzt, um sich zu informieren und Informationen über Gesundheitsthemen wie Krebs, Diabetes oder Schwangerschaft auszutauschen. Die Community macht sich das gesammelte Wissen von Ärzten, Patientenorganisationen und anderen Kunden zunutze. Die Kunden erhalten auch auf Basis ihres persönlichen Profils ihren eigenen »Plan für ein gesünderes Leben«, an dem ein von der DKV akkreditierter Mediziner mitwirkt. Nichtkunden können Gesundheitsinformationen per Twitter erhalten.
- Am Flughafen Heathrow bietet HSBC den Passagieren eine Auswahl an Zeitschriftenartikeln, die von Wirtschaft über Politik bis hin zu Gesundheit und Sport reichen. Um den Reisenden das Lesen dieser Artikel während des Fluges zu erleichtern, hat HSBC diese in einen festen Zeitschrifteneinband gebunden.

11. Sprechen Sie die Sprache des Kunden

Sprache ist natürlich ein wichtiger Faktor der Nähe. In mehrsprachigen Ländern wie Belgien, der Schweiz, Spanien und den USA ist es essenziell, die Sprache des Kunden zu sprechen.

Aber übertreiben Sie es nicht. Die HSBC baute einen passiven RFID-Chip in die Kreditkarten der Kunden ein, um Kunden, die am Schaufenster einer Filiale vorbeiliefen, ein maßgeschneidertes Angebot in ihrer eigenen Sprache zu präsentieren. Ein amerikanischer Reisender, der an einer Filiale in Tokio vorbeilaufen würde, würde also eine Anzeige auf Englisch anstatt auf Japanisch erhalten. HSBC erkannte allerdings,

1

Detská
rada

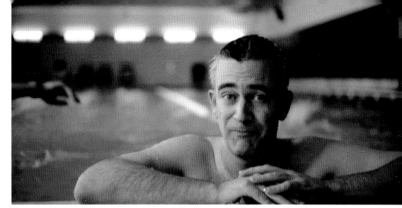

Fixkostenpension

www.allianz.at

Allianz ⑪

dass die Kunden sich ein wenig darüber aufregten, weil sie nicht verstanden, wie es funktionierte.

Die Sprache des Kunden zu sprechen, geht über die gesprochene und geschriebene Sprache hinaus. Es bedeutet auch, Wörter und Begriffe zu verwenden, die zu seinem täglichen Leben passen, und »Vehikel« zu benutzen, die damit zu tun haben.

Lassen Sie das Fachchinesisch weg und sprechen Sie die echten Bedürfnisse an
Ein Online-Angebot für transparente und unkomplizierte Sparprodukte – das bietet MoneYou für alle Kunden, die keine Finanzprofis sein möchten. »Viele unserer Kunden sparen nicht um des Sparens willen«, sagt Frank Verkerk, CEO von MoneYou. »Sparen ist ein Mittel zum Zweck, um ein bestimmtes Ziel zu erreichen, wie etwa einen Urlaub, den Kauf eines neuen Kühlschranks oder eines Autos.« Und wenn Kunden nicht zielorientiert sparen? Eine Studie des in den USA ansässigen Boston College zeigt: Personen mit einem bestimmten Ziel vor Augen sind sechs Prozent effektiver beim Erreichen ihres Sparziels als Menschen, die ohne ein Ziel sparen. Daher haben wir das sogenannte Zielsparen entwickelt. Unsere Kunden können ihr »normales« Tagesgeldkonto in ein Sparziel umwandeln, indem sie ihrem Konto einen Namen passend zum Sparziel geben und ein Bild hinterlegen – so behalten sie ihr Sparziel stets im Auge. Auf Wunsch werden Kunden von MoneYou an ihre regelmäßige Sparrate erinnert, oder sie erhalten eine Nachricht, sobald sie eine Etappe ihres Sparziels erreicht haben. In den Niederlanden hat sich gezeigt, dass rund 30 Prozent unserer Kunden diese Funktionen begeistert nutzen. Unsere ersten Erfahrungen in Deutschland lassen darauf schließen, dass Zielsparen auch in Deutschland ein großer Erfolg werden kann.«

Treffen Sie mit Geschichten aus dem Leben den richtigen Ton
Geschichten aus dem Leben sind leichter zu verstehen und zu erinnern als zum Beispiel ein Blatt mit Produktmerkmalen. Sie illustrieren den Bedarf für den Kauf eines Finanzprodukts sehr viel besser, denn sie haben mit dem Alltag der Kunden zu tun. Um die Finanzplanung zu illustrieren, zeigt die japanische Versicherung SonyLife auf ihrer Website Videos über echte Kunden und deren Familien. Darin wird zum Beispiel vorgeführt, wie eine tatsächliche Beratung mit einer Familie stattfindet und ein angepasster Versicherungsplan erstellt wird. Alle Sorgen, die Kunden haben könnten, werden über viele Visualisierungen, Fotos und kurze authentische Geschichten genauer erklärt. Indem SonyLife echte Leute präsentiert, macht das Unternehmen die Online-Erfahrung viel persönlicher – das hilft den Verbrauchern, sich mit diesen Kunden zu identifizieren und herauszufinden, welche Lösungen zu ihnen passen würden.
Die US-Versicherung Farmers benutzte sogenannte »wahre Geschichten«. Die Recherchen von Farmers ergaben, dass die Kunden etwas Echtes sehen wollten. Also keine Geschichten mit Schauspielern, sondern Geschichten, die von Leuten erzählt

werden, die wirklich mit unerwarteten Belastungen fertig werden mussten, und die zeigen, wie diese solche emotionalen Ereignisse bewältigt haben. Das Ziel ist, den Kunden dabei zu helfen, auf die schlimmsten Ereignisse des Lebens vorbereitet zu sein. Dies wird auch in den Anzeigen: »Seien Sie bereit: eine wahre Geschichte von Farmers« angesprochen. Um die Diskussionen, beispielsweise über Lebensversicherungen, zu erleichtern, werden diese wahren Geschichten in allen Verkaufsmaterialien sowie in Unterhaltungen zwischen Kunde und Versicherungsagent verwendet.

Die sehr speziellen Pakete der Jyske Bank

Die dänische Jyske Bank schuf eine Reihe von Produktpaketen, die sich an der jeweiligen Lebensphase ausrichten. Die Lebensphasen werden über echte Pakete greifbar gemacht, die man aus dem Regal nehmen kann. In den Paketen finden sich EAN-Codes, über die man per Touchscreen an der sogenannten Question Bar in den Filialen der Jyske Bank Zugang zu weiteren Informationen und Tools erhält. So kann man etwa ein Zeichenprogramm verwenden, um sein Traumhaus zu zeichnen oder um herauszufinden, welche Art von Auto man sich leisten kann. Ein weiteres Beispiel ist das Produkt »Meine erste Mietwohnung«, das in einen kleinen Umzugskarton verpackt ist. Es bietet den Kunden Zugang zu kurzen Videos mit Ratschlägen für eine Einweihungsparty und Tipps zu relevanten Finanzprodukten.

Fotos mit freundlicher Genehmigung der Jyske Bank.

12. Nutzen Sie das Mobiltelefon als Teil des täglichen Lebens

Der Durchbruch des mobilen Bankings und anderer Finanzdienstleistungen wird seit Jahren vorausgesagt. Das mobile Finanzgeschäft hat jedoch nie so richtig abgehoben. Es schien, als sei das handybasierte Banking dazu verurteilt, auf Anwendungen wie den Empfang von Textnachrichten mit dem Kontostand und Nachrichten über den Hypothekenprozess beschränkt zu bleiben. Die schnelle Verbreitung von

Smartphones, angeführt vom iPhone, stellte dies jedoch innerhalb weniger Jahre wieder in Frage.

- Eine TNS-Studie von 2011 zeigt, dass es weltweit mehr Mobilfunkverträge (5,3 Milliarden) als Bankkonten (1,6 Milliarden) und PCs (1,1 Milliarden) zusammen gibt. Laut der International Data Corporation (IDC) nimmt insbesondere der Absatz von Smartphones weltweit stark zu: 2010 waren es insgesamt 302,6 Millionen, ein Zuwachs gegenüber 2009 um 74,4 Prozent.
- Googles Studie zum Nutzerverhalten aus dem Jahr 2010 sagt aus, dass 79 Prozent derer, die per Smartphone ins Internet gehen, dies zum Einkaufen nutzen.
- Die Schätzungen, wie viele Leute 2015 Finanzdienstleistungen per Mobiltelefon in Anspruch nehmen werden, reichen von 500 Millionen bis zu einer Milliarde. Die meisten Untersuchungen stimmen überein, dass der Schlüsselmarkt für mobile Finanzdienstleistungen Asien sein wird, außerdem der Nahe Osten sowie Afrika, wo der Mobilfunk eine Chance darstellt, die Menschen ohne Bankversorgung zu erreichen.
- Selbst auf dem Markt für Vermögende kann mit mobilen Initiativen noch viel erreicht werden. Eine Studie von MyPrivateBanking aus dem Jahr 2011 fand heraus, dass nur die Hälfte der 30 größten Privatbanken und Vermögensverwaltungen ihren Kunden mobile Apps anbieten, und nur 10 Prozent boten Apps an, deren Funktionalität über die der Website hinausging.

Die Verbraucher wollten immer nur all das unterwegs tun können, was sie bereits auf ihren PCs und Laptops taten. Dank der fortschreitenden Breitband-Drahtlostechnologien und, besonders wichtig, besser lesbarer Bildschirme und Displays ist das Versprechen, jederzeit und überall online zu sein, jetzt erfüllt. Die Folge ist, dass in der Wahrnehmung der Verbraucher die Grenze zwischen mobilem und Online-Finanzgeschäft verschwunden ist. Außerdem wird es laut einer Cisco-Studie von 2011 im Jahr 2015 weltweit 788 Millionen Menschen geben, die nur über das Mobiltelefon ins Internet gehen.

Doch es gibt neben dem Offensichtlichen heute so viel, was wir mit mobiler Technologie tun können. Seit dem Start des ersten Smartphones gibt es immer mehr Verbraucher, die immer online sind, auch wenn sie offline sind, und nun ist die kritische Masse erreicht. Der Kunde von Finanzdienstleistern hält nun in seiner Hand: den Zugang zu Informationen, die Fähigkeit, Entscheidungen zu treffen und diese auszuführen, sowie die Fähigkeit, die tatsächlich erfahrene Servicequalität zu bewerten. Finanzdienstleister können ihre Kunden immer begleiten, wo sie in der realen Welt auch hingehen. Die Größe und Tragbarkeit, die Apps und GPS stellen eine riesige Inspiration dar, mehr Relevanz für die Verbraucher zu schaffen und »nah zu sein« – von neuen und leichteren Zahlungsmethoden über soziale Dialoge bis hin zum Lesen und Posten von Bewertungen vor Ort.

Mobilfunk-Apps, die Geschäfte generieren

- Die US-Versicherung State Farm stellte eine iPhone-App namens Pocket Agent vor. Bei einem Unfall können die Kunden diese nutzen, um den Unfallhergang aufzunehmen, den Unfallort zu zeichnen, Fotos aufzunehmen und zu versenden und Ansprüche geltend zu machen. Man kann darüber auch nach Tankstellen, Abschleppunternehmen, Autowerkstätten und – nicht überraschend – State-Farm-Agenturen suchen. So ist State Farm auf relevante Weise im Wortsinn in den Taschen der Verbraucher präsent.

- Die Jibun Bank wurde 2008 von der Bank of Tokyo Mitsubishi und KDDI, einem japanischen Telekom-Unternehmen, gegründet. Diese starken Gründer erzeugen unter den Japanern Glaubwürdigkeit. Anders als bei anderen Banken, wo das mobile Banking eher eine sekundäre Erscheinung ist, ist bei Jibun das Mobiltelefon der Hauptkanal, der von einer Website und einer an sieben Tagen pro Woche 24 Stunden lang durchgehend erreichbaren Telefon-Hotline unterstützt wird. Innerhalb gut eines Jahres wurden 700 000 Konten eingerichtet, insbesondere in den jüngeren Verbrauchersegmenten. Der Schlüssel zum Erfolg? Es ging wirklich darum, die Dinge leichter zu gestalten. In Japan sind Bankgeschäfte oft mit Mühen und zeitraubenden Prozessen verbunden. Das Ziel von Jibun ist, alle Banktransaktionen per Mobiltelefon zu ermöglichen, zum Beispiel Bezahlungen oder Überweisungen. Man kann ein Konto eröffnen, indem man seinen Ausweis fotografiert und an die Bank schickt (ähnlich wie bei der Rakuten Bank). Die Systeme der Bank prüfen und bestätigen dann die Identität des neuen Kunden. Die relativ neue und schnell wachsende Jibun Bank zeigt, wie man das Banking mobil macht.

- Die Herausforderung ist, in den Taschen der Kunden zu stecken, ohne aufdringlich zu sein. François Coste von AXA erzählte uns: »Kürzlich haben wir in Spanien und Portugal die papierlose Anspruchsbenachrichtigung eingeführt. Die Kunden können auch alle Schritte des Reparatur- und Anspruchsbearbeitungsprozesses online verfolgen. Diese Anwendungen stehen in Sachen Marktakzeptanz noch am Anfang, doch sie bieten auf jeden Fall bequemere Kontaktpunkte mit unseren Kunden.«

Mobiltelefone sind immer eine Erweiterung des Lebens für die Leute gewesen, und dies ist mit dem Aufstieg der Smartphones mehr denn je so. Wie wir in Kapitel 4 (Die Schwarmintelligenz) darstellten, sind Smartphones schon dabei, zum wichtigsten Zugangskanal zu den sozialen Medien zu werden; folglich werden sie auch zu einem Mittel, um den Verbrauchern näherzukommen und Beziehungen zu ihnen aufzubauen. Sie bieten Kontaktpunkte nicht nur über die Spar- und Girokonten, sondern auch über die Möglichkeit, zusätzliche Dienste anzubieten, die im Alltagsleben eine echte Unterstützung sind. Mobiltelefone geben Finanzdienstleistern die Gelegenheit, ihren Kunden nah zu sein und sogar zu einem Teil von deren Leben zu werden.

Finanzdienstleister in Indien:
Große Chancen auf dem heimischen Markt

Das indische Finanzsystem ist bislang relativ gut durch die Krise gekommen, weil es kaum mit riskanten Produkten und Derivaten in Berührung gekommen ist und weil ausländische Finanzdienstleister in Indien wenig präsent sind. Gleichzeitig spielen die indische Wirtschaft und indische Unternehmen eine wachsende Rolle in der Weltwirtschaft. Werden indische Finanzdienstleister in der nahen Zukunft zu den wichtigen Akteuren auf dem internationalen Finanzparkett zählen? Wir diskutierten diese Frage mit Professor Nirmalya Kumar von der London Business School, er ist der Autor von India's Global Powerhouses.

Im Index der 500 wichtigsten Finanzdienstleister weltweit sind nur 19 indische Unternehmen aufgezählt, wobei allerdings 13 dieser Unternehmen allein im letzten Jahr auf dieser Liste erschienen sind, was auf ein schnelles Aufschließen Indiens hinweist. Wie sehen Sie die Position der indischen Finanzdienstleister?

Sie sind gut positioniert. Erstens werden sie konservativ geführt, denn sie haben nicht in exotische Finanzinstrumente investiert, und sie verfügen über eine gute finanzielle Position. Außerdem haben indische Banken ein solides Einlagesystem. Indische Sparer legen viel zurück, und auch deswegen wachsen die indischen Banken momentan stark.

Was sind die Stärken der indischen Finanzdienstleister, die es ihnen ermöglichen, auf den internationalen Märkten mitzuhalten?

Die indischen Finanzdienstleister kopieren im Wesentlichen westliche Modelle, daher haben sie auf dem Weltmarkt keine vollkommen neuen oder andersartigen Ansätze zu bieten. Sie sind allerdings in der Lage, mit viel niedrigeren Kosten zu arbeiten, und sie sind besser darin, die breite Basis der Kundenpyramide anzusprechen und mit diesen Menschen Geschäfte zu machen. Die indischen Banken haben herausgefunden, wie

man die Ärmsten der Armen in großer Zahl erreichen kann. Versicherer wissen, wie man mobile Netzwerke nutzt, um kleinere Versicherungen zu einem sehr niedrigen Preis anzubieten.

Dieses Modell lässt sich nicht eins zu eins in westliche Länder exportieren, denn in den westlichen Ländern braucht niemand diese Kleinversicherungskonzepte. Die indischen Finanzdienstleister verfügen aber über eine Effizienz, von der der Westen lernen kann.

Werden wir eine Internationalisierung des indischen Finanzsystems erleben?

Es wird aus Indien kommende Finanzdienstleister geben, so wie es in der Vergangenheit Finanzdienstleister gab, die aus Japan kamen. Manche Unternehmen haben diesen Schritt bereits getan, zum Beispiel die ICICI, die im Vereinigten Königreich erfolgreich ist, oder die indische Staatsbank, die einige Filialen in Übersee eröffnet hat. Im Allgemeinen sehe ich jedoch in der näheren Zukunft keinen großen Trend zur Internationalisierung. Der heimische Markt ist viel interessanter. Für die Unternehmen ergibt es wenig Sinn, nach Übersee zu gehen, wenn der heimische Markt für Finanzprodukte jedes Jahr um 20 Prozent wächst. Wenn die Unternehmen ins Ausland gehen, dann meist, um indischen Unternehmen und ihren angegliederten Institutionen zu helfen. In diesem Fall muss die Marke nicht aufgebaut werden.

Die indischen Banken werden sich also auf den lokalen indischen Markt konzentrieren?
Wer das Geld hat, wird die Finanzinstitutionen haben. Die Zukunft der Finanzinstitutionen liegt daher in China und Indien. Finanzdienstleister werden sich auf diese beiden Länder konzentrieren, und große Unternehmen werden sich dort bilden, seien es nun westliche Unternehmen, die sich in Indien oder China ansiedeln, oder einheimische. Viele westliche Unternehmen wie zum Beispiel Standard Chartered, HSBC und Citibank haben sich bereits in starken Positionen auf dem indischen Markt etabliert. Sie konzentrieren sich jedoch meistens auf das relativ kleine Premium-Segment, weil ihnen die Kostenstruktur für die Adressierung der größeren Segmente fehlt.

Versprechen einlösen, wenn der Zeitpunkt dafür gekommen ist

Wie kann eine Versicherungsgesellschaft Marktanteile erlangen, wenn jeder weiß, dass Versicherungen für den Kunden nur geringe Zinsen abwerfen?
Zurich Financial Services hat herausgefunden, dass es Momente im Leben gibt, in denen eine Versicherungsgesellschaft für einen Kunden sehr wichtig werden kann, und Zurich baut darauf ihr Geschäftsmodell. Tilman Hengevoss, Chief Marketing Officer und Head Corporate Development bei Zurich Financial Services in der Schweiz, erklärt, wie HelpPoint funktioniert.

Welche Idee steht hinter Zurich HelpPoint?
Nach der allgemeinen Überzeugung der Branche ist bei einer Versicherung die Kundenbindung sehr gering ausgeprägt. Beim Nachdenken über Wachstumsstrategien suchten wir nach einer Möglichkeit zu beweisen, wofür wir wirklich stehen. Wir kamen zu einer kristallklaren Erkenntnis: Es gibt Zeitpunkte, zu denen die Kundenbindung extrem hoch ist, nämlich in einem ernsthaften Schadensfall. Deswegen haben wir als den Kern unserer Strategie den Schadensfall gewählt, den Moment der Wahrheit, in dem wir einen exzellenten Service anbieten. Dieses Konzept nennen wir Zurich HelpPoint, und es umfasst Beratung, das Finden von Lösungen und Dienstleistungsangebote, auf die sich alle 60 000 Mitarbeiter bei Zurich konzentrieren. Wir lösen das Problem mit dem Kunden gemeinsam, anstatt nur Gelder auszuzahlen.

Was macht Zurich HelpPoint einzigartig?
Das Einspringen in einem kritischen Moment. Wir versetzen uns an die Stelle unseres Kunden und helfen ihm dabei, die drängendsten Probleme schnell zu lösen. In der Schweiz haben wir mehr als 100 HelpPoints, in denen unsere Kunden Schadensforderungen für ihre Autoversicherung einreichen können, während gleichzeitig bereits die Arbeit an ihrem beschädigten Auto beginnt. Unsere Kunden profitieren davon in vielerlei Hinsicht, denn wir bearbeiten Schadensforderungen unbürokratisch, fangen sofort mit den Reparaturarbeiten an, auf die wir außerdem eine lebenslange Garantie abgeben können, und

wir sorgen dafür, dass unser Kunde für die Dauer der Reparaturen einen Ersatzwagen erhält. Unsere Home-Care-Abteilung bietet denselben exzellenten Service im Immobilienbereich. Stellen Sie sich vor, Sie haben am Samstagmorgen in Ihrer Wohnung eine geplatzte Wasserleitung. In diesem Fall organisiert unsere Home-Care-Abteilung einen kompetenten Klempner für Sie. In unserem MediPoint-Netzwerk erhalten unsere Kunden bei einem schweren Unfall oder einer ernsthaften Krankheitskrise schnelleren Zugang zu medizinischen Spezialisten.

In Japan hat Zurich Financial Services ein System eingeführt, das es bei einem Autounfall oder bei einer plötzlichen Panne erlaubt, das eigene Mobiltelefon nahe an den Z-Aufkleber an der Windschutzscheibe zu halten und die Ruftaste zu drücken, woraufhin über GPS die momentane Position ermittelt wird und ein automatisches Signal an das Kundenzentrum von Zurich geht. Dieser Ansatz macht es möglich, den genauen Ort eines Unfalls oder einer Panne festzustellen und die Reaktionszeit wesentlich zu verkürzen.

In den USA haben wir ein mobiles Kundenzentrum, das schon eine ganze Menge Waldbrände, Tornados, Wirbelstürme und andere Naturkatastrophen gesehen hat. Bei den Olympischen Spielen in Peking hat unsere Abteilung Global Specialties unsere Kunden, die zu den Sportereignissen reisten, mit nützlichen Informationen und mit Kontaktdaten, den sogenannten Z-Cards, versorgt und Personal für den Fall bereitgestellt, dass jemand notfallmedizinische, gesundheitliche oder organisatorische Hilfe bei der Reise benötigt. Unsere Risikomanagementabteilung hat eine Website, riskfeatures.com, auf der wir Großkunden zeigen, wie wir das Risiko der Auswirkungen von Naturkatastrophen analysieren und interpretieren – gleichzeitig geben wir Tipps, wie unsere Kunden dieses Risiko

niedrig halten können. Ich könnte Ihnen noch Tausende weitere Beispiele aufzählen, wie wir bei Zurich den Kunden in den Mittelpunkt stellen, wobei die meisten weniger dramatisch sind.

Was waren die Folgen?

In der Schweiz wissen wir aus unseren regelmäßigen Studien zur Kundenzufriedenheit, dass unsere Kunden mit unseren Dienstleistungen im Schadensfall sehr zufrieden sind. In der aktuellsten Umfrage haben 97 Prozent der Befragten, denen wir geholfen haben, angegeben, dass sie uns ihren Freunden und ihrer Familie empfehlen würden, und 96 Prozent würden weiterhin Versicherungsleistungen von uns erwerben. Darüber hinaus hilft uns unser HelpPoint-Netzwerk, bis zu 15 Prozent bei den Reparaturkosten zu sparen. Wir geben unseren Kunden diesen Kostenvorteil mit unserer Autoversicherung »HelpPoint Plus« weiter. Mittlerweile umfassen bereits 30 Prozent der neuen Autoversicherungspolicen das Dienstleistungskonzept von HelpPoint Plus.

Die wirtschaftliche Krise hat uns in unserer Sichtweise bestärkt: Es ist wichtig, in kritischen Momenten für unsere Kunden da zu sein, zu jeder Zeit. Wir wissen, dass wir für unsere Kunden etwas bewirken können. Je besser wir werden, desto enger werden wir mit unseren Kunden zusammenarbeiten.

Die erweiterte Bedeutung von »nah«

Die Rabobank-Gruppe bietet Finanzdienstleistungen in 46 Ländern an. Obwohl die neuen Zeiten nach einem neuen Ansatz verlangen, sind es die alten Rabobank-Werte und die Verwurzelung in der Gemeinde die – an die aktuellen Umstände angepasst – zum Erfolg führen. Sipko Schat, Vorstandsmitglied der Rabobank Niederlande, erzählt uns, wie die Rabobank in einem neuen Stil ihren alten Stil wiedergefunden hat.

Die Ziele der Kunden und Mitglieder genießen oberste Priorität

Die Rabobank ist seit über 100 Jahren eine Gemeindebank gewesen. Traditionell haben sich Bauern in einer Kooperative engagiert, um die Bürde eines Kredits leichter zu machen und sich in fetten und mageren Jahren gegenseitig zu helfen. Die Rabobank hat dieses Gemeindemodell nicht vergessen, denn wir wissen, dass Kooperation allen Beteiligten hilft. Der Kurs der Rabobank wird nicht von den Aktionären bestimmt, sondern wir sind ein Unternehmen, das sich zuallererst auf die Ziele seiner Kunden und Mitglieder konzentriert – von Kunden für Kunden. Natürlich haben sich die Bankenlandschaft im Allgemeinen und unsere Kundenstruktur während der letzten 100 Jahre stark verändert, wir haben uns aber trotzdem immer an unsere Wurzeln und Geschäftsprinzipien gehalten.

Die Finanzkrise hat die großen Vorteile einer kooperativen Struktur mehr und überzeugender denn je unterstrichen. Das kooperative Modell, zusammen mit einer nachhaltigen Entlohnungspolitik und soliden Bilanzen, hat es der Rabobank erlaubt, ihre Finanzergebnisse trotz der aktuellen Krise und im Vergleich zu anderen Instituten überdurchschnittlich hoch zu halten. Unser konservativer Ansatz hat uns sicher durch den wirtschaftlichen Abschwung gebracht, und wir verfügen nach wie vor über das höchstmögliche Kreditrating. Das gibt uns in der ganzen Welt eine einzigartige Position und lässt für uns finanzielle Vorteile entstehen, die wir mit unseren Kunden teilen.

Tiefgreifendes Verständnis für die Geschäftsmodelle unserer Kunden führt zu echtem Mehrwert

Wenn auch auf einem viel höheren Niveau als früher konzentrieren wir uns nach wie vor auf die Nahrungsmittelindustrie und den landwirtschaftlichen Sektor. Wir bleiben unseren Wurzeln treu und ziehen gleichzeitig Nutzen aus unserem Wissen, das wir im Laufe unserer langen Geschichte aufgebaut haben.

Wir haben ein weit verzweigtes Netzwerk aufgebaut, das sich auf die Finanzierung von Betrieben im Bereich der Landwirtschaft und der Nahrungsmittelindustrie konzentriert, und wir haben ein tiefgreifendes Verständnis der Geschäftsmodelle unserer Kunden aufgebaut. In traditionell landwirtschaftlich geprägten Ländern wie Australien und den Vereinigten Staaten konzentrieren wir uns hauptsächlich auf die langfristige Finanzierung von Landwirtschaftsbetrieben. In Schwellenländern ist die Finanzierung der Ernte wichtiger. Indien steht zum Beispiel ganz am Anfang. Die Nahrungsmittel- und Agrarindustrie ist dort stark fragmentiert, und Logistik und Infrastruktur sind noch immer unterentwickelt.

Was wir wissen, teilen wir mit unseren Kunden und den Gemeinden, in denen sie aktiv sind

Es ist wichtig, dass unsere Kunden von unserem Wissen profitieren können. Wir haben ein einzigartiges Fachwissen für die Landwirtschafts- und Nahrungsmittelmärkte. 80 Analysten und Forscher aus unserem Bereich Food & Agribusiness Research and Advisory behalten die globalen Trends und Entwicklungen sowie die Warenströme in allen wichtigen Sektoren im Auge. Dieses Wissen kann unseren Kunden auf allen Niveaus der Nahrungskette helfen. Wir haben außerdem eine Reihe von regelmäßig stattfindenden Veranstaltungen zum Erfahrungsaustausch sowie regionale und nationale Beratungsgremien organisiert, um mit allen Entscheidungsträgern im Nahrungsmittel- und Landwirtschaftssektor in Kontakt zu bleiben. Sogar Regierungen fragen die Rabobank um Rat. Wir werden häufig in Schwellenländern wie China, Indien und Brasilien hinzugezogen, wenn es um die Entwicklung des landwirtschaftlichen Sektors geht. F & A ist momentan ein wichtiges Thema, das unter den Aspekten von Nachhaltigkeit, Sicherheit und Verfügbarkeit diskutiert wird.

Nähe unter dem Gesichtspunkt von Kundenbindung und Engagement

Obwohl der Maßstab des Geschäfts in den letzten 100 Jahren genauso wie der Professionalismus und die Ansprüche der Kunden gewachsen sind, wollen wir weiterhin danach streben, eine enge Beziehung zu unseren Kunden und Mitgliedern zu haben.

Wir meinen damit ein dichtes Netz von Zweigstellen, aber wir sehen diese Frage auch im übertragenen Sinne: Uns sind die Interessen unserer Kunden wichtig, ihre Familien, die Kommunen, in denen sie leben, ihre Welt.

Wir sind miteinander über Client Boards, Expertenrunden, am heimischen Küchentisch und mit unseren Geschäftskunden im Sitzungsraum in einem ständigen Dialog. Wir treffen uns regelmäßig mit unseren Kunden, um Informationen auszutauschen, zuzuhören, zu lernen und um Antworten zu geben. Ein Beispiel sind unsere strukturellen Kundengespräche. Es handelt sich dabei im Wesentlichen um Zusammenkünfte, bei denen wichtige Großkunden und Vertreter der Rabobank zusammenkommen können und durch die sich hervorragende Möglichkeiten ergeben, in einen Dialog zu treten. Daraus ergibt sich nicht nur eine starke Kundenbindung, sondern wir können somit auch sicher sein, dass die Rabobank weiß, was der Markt verlangt.

Es ist uns wichtig, im Kontakt zwischen Bank und Kunde die richtige Balance zwischen dem Respekt vor lokalen Kulturen und Traditionen und unseren eigenen grundlegenden Werten zu finden. Diese Balance stellt sicher, dass wir nachhaltige Geschäftsbeziehungen zu unseren Kunden und den Gemeinden pflegen können, in denen wir aktiv sind.

Unser Ziel ist es, auf lange Sicht mit unseren Kunden zusammenzuarbeiten. Obwohl wir natürlich auch schwierige Entscheidungen fällen müssen, versuchen wir, langfristig zu planen und über die aktuellen Umstände hinauszudenken. Deswegen lassen wir in guten und in schlechten Zeiten den Dialog niemals abreißen. So passen wir unsere alten Werte an, um auch in der modernen Gesellschaft von heute tief verwurzelt und erfolgreich sein zu können!

Top-Hotels als Vorbild für eine nachhaltige Kundenbeziehung

Wer Gast in einem Fünf-Sterne-Hotel ist, hat ganz bestimmte Erwartungen. Dazu gehören eine konstant hohe Servicebereitschaft der Mitarbeiterinnen und Mitarbeiter sowie eine kundenorientierte Kommunikationskultur. Die gleichen Qualitätsmerkmale gelten für die rund 20 000 Kundinnen und Kunden, die täglich bei ihrer ING-DiBa anrufen: Im Kundendialog der Direktbank sollen sie einen Service erleben, der dem eines Fünf-Sterne-Hotels entspricht. Mit fünf Grundsätzen möchte der Kundendialog eine nachhaltige Kundenbeziehung aufbauen, so Gabriele Neitzke, Bereichsleiterin Kundendialog der ING-DiBa.

1. Jeder Kunde ist der erste Kunde

Als größte Direktbank in Deutschland hat die ING-DiBa den Anspruch, genauso persönlich auf die Fragen und Wünsche der Kunden einzugehen wie der Concierge in einem guten Hotel. Der Kunde soll jederzeit das Gefühl haben, dass er an diesem Tag der erste Kunde ist. Jedem Anrufer wird individuell begegnet, und er ist stets willkommen. Das fängt schon mit der Annahme des Anrufs an: Warteschleifen am Telefon sind bei Kunden genauso unbeliebt wie Warteschlangen an der Hotelrezeption. Die Personaleinsatzplanung muss daher anrufstarken Zeiten Rechnung tragen, wie es Hotels in der Hauptsaison tun. Auch bei insgesamt 20 000 Gesprächen am Tag soll sich der einzelne Kunde in jedem Gespräch als Gast fühlen, dessen individuelle Bedürfnisse ganz nach dem Leistungsversprechen des Kundendialogs im Mittelpunkt stehen.

2. Jederzeit präsent sein

Guter Service ist überall beliebt, und wie in einem guten Hotel, wo der eigene Blick stets für die Perspektive des Gastes geschärft wird, muss auch die telefonische Kommunikation und Vorgehensweise einer Bank am Kunden ausgerichtet werden. Der Kunde verdient die ungeteilte Aufmerksamkeit der Kundenbetreuer. Sein Anliegen steht an oberster Stelle. Die wichtigste Fähigkeit der Kundenbetreuer ist zunächst das Zuhören –

sich auf den Kunden einlassen, um zu antizipieren, was er will. Daher gibt es keine Vorschriften, wie lange ein Telefongespräch dauern darf. Wenn der Kunde viele Fragen hat, werden diese gerne beantwortet, ohne auf die Stoppuhr zu schauen. Neben einigen Standards, die natürlich im Gespräch mit dem Kunden eingehalten werden müssen, werden die Mitarbeiter ermuntert, ihren eigenen Stil für die Gesprächsführung zu finden. Sie sollen sich ganz auf ihren Gesprächspartner konzentrieren und individuell und freundlich auf den Kunden eingehen. Am Ende des Gesprächs muss der Kunde überzeugt sein, dass sich der Kundenbetreuer ausschließlich mit ihm befasst hat – unabhängig davon, ob es ein kurzer oder ein langer Anruf war.

3. Sieben Millionen Kunden haben einen Namen

Im telefonischen Kundengespräch kann weder die Körpersprache eingesetzt noch dem Anrufer in die Augen geschaut werden. Deshalb ist es wichtig, die Kunden eine »gefühlte Nähe« empfinden zu lassen. Mit einem einfachen »Hallo« baut man keine nachhaltige Kundenbeziehung auf. Menschen möchten gerne mit ihren Namen angesprochen werden. Wer als Kunde mit seinem Namen angesprochen wird, spürt: Hier gehe ich in der Masse nicht unter. Concierges bauen den Namen geschickt in die Begrüßung und bei der

Frage nach der Anreise ein. Und selbst während eines kurzen Telefongesprächs lässt sich durch die persönliche Ansprache mit Namen eine menschliche Beziehung aufbauen. Dabei sollen die Kundenbetreuer aber auf keinen Fall schablonenhaft den Namen des Kunden wiederholen. Das klingt auswendig gelernt und nach Massenabfertigung, nicht nach kompetenter und partnerschaftlicher Betreuung.

4. Am anderen Ende der Leitung ist immer ein Mensch

Wer nach einem anstrengenden Arbeitstag oder nach einer langen Anreise ein schönes Hotel bezieht, freut sich über einen angenehmem Empfang, ein freundliches Wort, eine hilfreiche Geste. Eben auf ein Gefühl, wirklich willkommen zu sein. Übertragen auf den telefonischen Kundenkontakt bedeutet dies: Hier wird Service geboten, und dies zu jeder Zeit, in der der Kunde uns benötigt. Es ist schön, anderen einen Dienst zu erweisen. Der entscheidende Schlüssel für eine hohe Kundenzufriedenheit ist die Zufriedenheit der Mitarbeiter. Nur wenn diese selbst ausgeglichen und zufrieden sind, können sie die Kunden gut bedienen. Verkaufsdruck, schlechte Arbeitsbedingungen und ein unfreundlicher Umgangston bewirken das Gegenteil.

5. Kundendialog heißt »Bereitschaft zum ständigen Lernen«

Ein Hotelgast, der verärgert wird oder dessen Ansprüche nicht erfüllt werden, wird sich mit hoher Wahrscheinlichkeit für den nächsten Aufenthalt ein neues Hotel suchen. Ruft ein Bankkunde nur einmal im Jahr an, bleibt dieser eine telefonische Kontakt nachhaltig im Gedächtnis. Ein Telefonat, das den Anrufer verärgert, bräuchte fünf gute Kontakte, um den schlechten Eindruck ins Gegenteil zu kehren und das positive Gefühl zu stärken. Der Kundendialog ist seit jeher daran gewöhnt kurzfristig auf Kundenbelange zu reagieren, zu kommunizieren und neue Prozesse und Abläufe zu lernen. Dies setzt ein hohes Maß an Flexibilität voraus und die Bereitschaft, in Trainings und Coachings immer wieder Neues zu lernen. Neben Fachtrainings in Gruppen werden individuelle Coachings für die Kundenbetreuer eingesetzt, um die eigenen Stärken und Schwächen zu analysieren. In Gruppencoachings wird zudem das Feedback als Analysemöglichkeit genutzt. Mit Kundenbefragungen wird regelmäßig überprüft, ob die Grundsätze für die Serviceleistung auch so von den Anrufern wahrgenommen werden.

Was kann Private Banking von Luxus-Marken lernen?

Von Jean-Noël Kapferer, Professor an der HEC Paris zusammen mit Vincent Bastien, Co-Autor von Die Luxus-Strategie

Wenn wir den Begriff Luxus verwenden, sehen wir sofort Bilder von Luxusartikeln berühmter Marken, die wir aus Frankreich oder Italien kennen, wie z. B. Louis Vuitton, Chanel, Cartier, Van Cleef, Dior, Ferrari, Zegna, Bulgari usw. vor unserem geistigen Auge.

Der Erfolg dieser Marken lässt sich nicht verleugnen. Sie jedoch als Beispiel für die Aktivitäten des Private Banking heranzuziehen, scheint erst einmal befremdlich.

Diese Marken können durchaus als Beispiel dienen, wenn wir drei Facetten des Begriffs Luxus sorgfältig unterscheiden: Luxus besteht als Konzept, als Segment und als Strategie.

Das Luxus-Konzept ist vage, subjektiv, diskutabel und umstritten. Jeder erkennt die Macht des Begriffs Luxus, hat jedoch gleichzeitig Schwierigkeiten mit der Definition. Was für den einen Luxus ist, muss für den anderen nicht unbedingt Luxus bedeuten.

Der Begriff Luxus ist segmentstrategisch eng mit den Organisationen oder Verbänden verknüpft, die die Kriterien zur Aufnahme ihrer Mitglieder bestimmen, z.B. dem Comité Colbert in Frankreich sowie Altagamma in Mailand. Auffallend ist hier, dass weder die Autoindustrie noch die Gastronomie noch Dienstleister in diese Verbände aufgenommen wurden.

Die dritte Facette ist die, die für das Private Banking von Interesse sein sollte: Luxus als Strategie – mit sehr spezifischen Prinzipien, strengen Anforderungen … und beachtlichen Ergebnissen.

Ob und in wie weit Unternehmen fernab von Mode, Uhren und Schmuck eine Luxus-Strategie implementieren und verfolgen können, ist für die Finanzdienstleister die interessanteste Fragestellung.

Luxus-Strategien wurden über Jahre geduldig und behutsam entwickelt. Die oben genannten Unternehmen haben Jahrzehnte daran gearbeitet, die dem Luxus zugrundeliegenden Prinzipien auf die von ihnen gewählten Segmenten anzupassen. Wir nennen diese Prinzipien »Anti-Gesetze«, weil sie so weit von der traditionellen Verwaltung entfernt sind (wir verweisen auf das Buch *Die Luxus-Strategie*).

Um die Strategie der Positionierung des Begriffs Luxus zu verstehen, muss man sich von dem Gedanken, Luxus wäre besser und vor allem mehr, verabschieden. Die Einführung einer Luxus-Strategie im Bereich Private Banking ist definitiv etwas anderes als Premium Private Banking. Die Premium-Strategie basiert rein auf Leistungsgarantie und verpflichtet die Bank, sich ständig mit anderen Playern in der Branche zu messen. Die Luxus-Strategie ermöglicht dem Kunden einen Traum. Eine Welt zu der er sich als Mitglied zugehörig fühlt, in der Einzigartigkeit und Mythos zugelassen werden. Daraus folgt: Premium unterliegt dem ständigen Vergleich mit dem Wettbewerb, Luxus ist unvergleichlich.

Luxus bedeutet, unverwechselbar zu sein, und steht vor allem für das Außergewöhnliche: Erbe, Mythos, Geschichte, legendäre Kunden, die begeistern und die ihre eigene Wirtschaft von Ausnahmen gestalten. Viele große internationale Rechtsanwaltskanzleien und Strategie-Berater verfolgen in ihrem Marktauftritt diesen Ansatz.

Aus Sicht des Kunden hat Luxus immer zwei Seiten, auf der einen Seite der eigene Luxus und auf der anderen der Wiedererkennungswert für andere.

In diese Domäne kann Private Banking nur schwerlich folgen. ›Private‹ ist anonym, ohne die Mitwisserschaft anderer. Das ist das Paradoxon des Private Banking, Kunden möchten einerseits strikte Geheimhaltung, legen aber trotzdem Wert auf subtile Zeichen (Kreditkarten usw.), die darauf hinweisen, dass sie privilegiert und Kunde eines Privatebankiers sind. Hier verlassen wir den geschäftlichen und betreten den privaten Bereich.

Denken Sie daran, dass es für den Kunden um den Bankier und nicht um die Bank geht, denn Luxus benötigt eine direkte Beziehung, also einen One-to-One-Kontakt. Genau das ist der Grund, warum Louis Vuitton die Nummer-eins-Luxusmarke der Welt ist. Der Verkauf findet ausschließlich in den eigenen Stores statt und nirgendwo sonst. Damit garantiert das Unternehmen die persönliche Beziehung zu seinen Kunden.

Der Private-Banking-Kunde erwartet ein großes Maß an Exklusivität, d.h. Ausschluss anderer. Air France hat dieses Prinzip leider nicht verstanden und nahm mehr als 2000 Mitglieder in den mythischen Club 2000 auf. Obwohl diese Zahl den Mythos einer legendären Gruppe von Männern und Frauen weiter anzeigt, ist es buchstäblich und bildlich zu einer Geschichte entartet. Dadurch, dass die Air-France dem Druck der Vielen nachgegeben hat, hat sie nicht nur die zahlenmäßige Begrenzung, sondern auch den Elite-Status aufgegeben.

Das typische Verhalten der Luxus-Strategie wird durch die Bain-Beratung illustriert, deren Ruf unübertroffen ist. Bain fordert grundsätzlich bei Ausschreibungen die Namen der Konkurrenz an. Wenn Bain der Meinung ist, dass diese nicht auf dem selben Niveau sind, zieht man sich aus der Ausschreibung zurück, Bain wählt Kunden mit gleichem Niveau, worauf die Kunden wiederum entsprechend stolz sind. Wenn man es versteht, die Marke selektiv zu halten, kreiert man nachhaltigen Wert. Die Marke muss sich gegen Nicht-Kunden schützen, sie muss die Messlatte hoch genug legen und sich auch dementsprechend verhalten. Der Wunsch des Konsumenten, diese Bank betreten zu dürfen, setzt Schwellen voraus.

Ein anderer Aspekt der Luxus-Strategie ist der Zugang zu einem fühlbaren hochwertigen Lebensstil, den der Kunde genießt.

Ein Mitglied in der Gemeinschaft der Bank Rothschild zu werden, ist nicht nur legendär, sondern auch der Beitritt in eine Gemeinschaft, die das gute Leben auf seine intensivste Weise schätzt – hedonistisch und kultiviert.

Es ist kein Zufall, dass die Bank Rothschild in einem Atemzug mit den renommiertesten Bordeaux-Weinen, der Welt der modernen Kunst, großen Pferderennen und Segelwettbewerben genannt wird.

In dieser Kurzfassung können wir leider nur auf einige der vielen wichtigen Elemente, die den Unterschied zwischen Luxus und Premium ausmachen, eingehen. Die Bedeutung der Luxus-Strategie fürs Private Banking ist sichtbar. Einige international agierende Banken setzten diese Strategie schon erfolgreich um.

Die Einzelhändler schließen auf

Falabella Retail Finance ist in den letzten Jahren in Chile, Peru, Kolumbien und Argentinien stark gewachsen. Der Einzelhandelszweig der Falabella-Gruppe, der aus Kaufhäusern, Baumärkten und Supermärkten besteht, hat eine wichtige Rolle bei der Verwirklichung dieses Wachstums gespielt. Wir diskutierten mit Gaston Bottazini, Generaldirektor bei Falabella Retail Finance.

Weltweit gibt es einen Trend, das Endkundengeschäft mit Finanzdienstleistungen anzukurbeln. Wie erfolgreich ist Falabella damit gewesen?

Wir haben ursprünglich damit angefangen, in unseren Verkaufspunkten monatliche Ratenzahlungen anzubieten, seit 1980 bieten wir die CMR-Kreditkarte an. Heute sind wir Marktführer bei Kreditkarten in Chile, und wir verzeichnen ein großes Wachstum in Peru, Argentinien und Kolumbien. Wir haben dann unser Reisebüro entwickelt, das ein großartiges Instrument zur Erschließung neuer Marktsegmente war und dazu beigetragen hat, dass Reisen für die Unter- und die Mittelschicht erschwinglich wurden. Als Nächstes haben wir ins Versicherungsgeschäft investiert, was uns erlaubt hat, eine Vielzahl von Versicherungen anzubieten. Trotz der geringen Durchdringung unserer Märkte im Versicherungssektor haben wir im Querverkauf hohe Zahlen erreicht: 2,5 Versicherungspolicen pro Kreditkarte. Und vor zwölf Jahren haben wir eine Geschäftsbank aufgebaut, die es uns erlaubt hat, zu einem Gesamtanbieter zu werden, der ein breites Spektrum von Finanzprodukten anbieten kann.

Unser Finanzbereich befriedigt die finanziellen Bedürfnisse unserer Kunden, wodurch wir die Einkäufe unserer Kunden in dauerhafte Geschäftsbeziehungen umwandeln können, die uns die Loyalität unserer Kunden – besonders unserer Zielgruppe, der Mittelklasse – sichern.

Was sind die wichtigsten Erfolgsfaktoren Ihres Geschäftsmodells?

Der Schlüssel ist eine positive Dynamik zwischen unserem Endkundengeschäft und unserem Finanzbereich. Wenn beide zusammenarbeiten, können beide profitieren. Die Dynamik wird durch die unmittelbaren Wünsche unserer Kunden in Gang gesetzt. Um unseren Kunden einen einfacheren Zugang zu unseren Produkten – besonders langlebigen Gütern – zu geben, ermöglichen wir Ratenzahlungen. Wir stellen fest, welche Laufzeiten für unsere Kunden am geeignetsten sein werden, wobei wir unsere Kalkulation auf der Grundlage der typischen Lebensdauer eines Produkts errechnen. Wir kommunizieren mit unseren Kunden über einfach zu verstehende »niedrige Raten«, die mit der Lebensdauer des Produkts in Einklang stehen, zum Beispiel zwölf Monate für ein Mobiltelefon. Das nächste Element in unserer Dynamik ist das Angebot von exklusiven Vorteilen für Kunden, die eine CMR-Kreditkarte besitzen. Wir bieten zum Beispiel Preisnachlässe und Sonderangebote an, was wiederum zu einer stärkeren Kundenbindung führt.

Was sind die Vorteile dieser positiven Dynamik für Ihren Finanzbereich?

Das Wachstum unseres Finanzbereichs war vor allem durch unsere Verkaufsaktivitäten im Endkundengeschäft möglich. Indem unsere Kunden regelmäßig Produkte bei uns einkaufen, haben wir die Möglichkeit, unsere Kunden besser kennenzulernen, wodurch wir unsere Angebote kontinuierlich anpassen können. Wir passen uns tatsächlich sehr stark an die Wünsche und das Kaufverhalten unserer Kunden an. Im Ergebnis haben wir hohe Rücklaufquoten, denn wir bieten keine generischen Produkte an. Wenn Sie Schulbücher kaufen möchten, können wir Ihnen einen Bildungskredit geben, oder wir können Ihnen zum Beispiel auch eine Autoversicherung anbieten, die auf Ihrem Benzinkonsum basiert.

Besseres Wissen über einen Kunden und eine funktionierende Kundenbeziehung bedeuten ein geringeres Geschäftsrisiko. Die meisten Banken haben Informationen über ihre Kunden, die weniger aussagekräftig sind, denn sie beziehen sich meist nur auf Finanzprodukte, die der entsprechende Kunde in der Vergangenheit gekauft hat. Kunden bitten ihre Bank um Geld und die Bank weiß eigentlich gar nicht genau, wofür dieses Geld benötigt wird. Unsere Informationen basieren auf dem Kauf von tatsächlichen Produkten und auf der Bezahlung von monatlichen Raten, was uns eine bessere Einschätzung unseres Geschäftsrisikos ermöglicht.

Auf der Grundlag unserer Risikoeinschätzung starten wir die Dynamik erneut, indem wir unseren Kunden Zugang zu Finanzdienstleistungen anbieten, mit deren Hilfe sie ihre aktuellen Wünsche befriedigen können. Der Schlüssel zum Erfolg dieses Modells ist die fehlerfreie Implementierung, ein Engagement auf lange Sicht und die Erlangung des Vertrauens unserer Kunden. All das zusammen macht es sehr schwer, uns zu kopieren!

Ist es so, dass Ihr Endkundengeschäft Ihnen eine enge Kundenbindung ermöglicht, weil Sie viel über Ihre Kunden wissen?
Das stimmt. Wir betrachten zwei Variablen: Das Profil der entsprechenden Person und ihr tatsächliches Verhalten in unseren Läden. Wir schauen also, welche Abteilungen die Person besucht, was sie kauft und so weiter. Dadurch können wir Profile erstellen, die sich von denen unterscheiden, mit denen traditionelle Banken arbeiten. Die meisten Banken betrachten die Höhe des monatlichen Einkommens als Hauptkriterium. Wir legen nicht so viel Nachdruck auf das Einkommen, weil es eine stärkere Korrelation zwischen Verhalten und Risiko als zwischen Einkommen und Risiko gibt. Es gibt Personen mit einem hohen Einkommen, die ein hohes Risiko für uns darstellen, was mit ihrem Verhalten beim Geldausgeben zusammenhängt. Die Fähigkeit zu sparen hat mehr mit dem Verhalten beim Ausgeben von Geld als mit der Höhe des Einkommens zu tun. Wir beziehen uns darauf in unserer Kommunikation, in unserem Bonusprogramm und bei der Einführung von neuen Produkten wie der sofortigen Gewährung eines Kredits, während der Kunde an der Kasse steht. Weil unser Risikomanagement so vielseitig ist, können wir uns besonders auf die Mittelklasse konzentrieren. Wir können die Kreditlimits je nach dem Bezahlverhalten ändern, und wir können Zugang zu einem Kreditkonto mit anfänglich sehr geringen Summen geben. Wir fangen häufig mit Kreditlimits an, die bis zu zehnmal niedriger als die von anderen Banken sind, aber dank unserer Informationen können wir die verfügbaren Beträge ohne Risiko sehr viel schneller als andere Banken erhöhen und es unseren Kunden damit leichter machen.

Kapitel 7

Wie sich die Finanzbranche
neu erfindet

Zurück zu den Grundlagen? Schauen Sie lieber nach *vorne*!

Die Wendung »Back to basics« taucht in fast jeder Unterhaltung über die Zukunft der Finanzdienstleistungen auf: Die Finanzfirmen müssen zu ihrer ursprünglichen Rolle zurückkehren, der archetypischen Funktion der Branche – Geld von denen, die einen Überschuss haben, zu denen, die einen Engpass haben, umzuschichten; die Räder des Handels und der Industrie zu schmieren; Risiko und Unsicherheit zu reduzieren und Seelenfrieden zu gewährleisten. Indem sie dies tut, trägt die Branche zur wirtschaftlichen und sozialen Entwicklung bei.

Seit Beginn der Krise haben wir viel zu oft erlebt, dass »zurück zu den Grundlagen« als »zurück zu den guten alten Zeiten« missverstanden wird. Wir sollten die Vergangenheit nicht romantisieren, denn es ist einfach nicht wahr, dass damals für die Kunden alles besser war. Die Nähe zu dem Finanzinstitut war nicht so, wie der Kunde es sich wünschte; die Finanzdienstleister hatten ein Geschäftsmodell, das Kapital aus asymmetrischer Verfügbarkeit von Informationen schlug. Der Wunsch nach Rückkehr ignoriert die Exzesse, die die Jagd nach Gewinnen begleiteten.

»Zurück zu den Grundlagen« vermittelt auch keinerlei Dringlichkeit. Es spiegelt nicht die neuen Anforderungen der Kunden wider und fordert auch nicht zu der allzu nötigen Innovation an den Verbrauchermärkten auf. Es drängt nicht dazu, sich an die Verbrauchertrends, die wachsende Zahl eigenständiger Verbraucher, die zunehmende Wichtigkeit der Schwarmintelligenz und die Umwertung von Werten anzupassen, noch fordert es Innovationen heraus, die Produkte und Prozesse einfacher und transparenter machen. »Zurück zu den Grundlagen« zeigt keinerlei Ehrgeiz, und es ist für die Mitarbeiter definitiv nicht inspirierend und reizvoll.

Wir betrachten »zurück zu den Grundlagen« als einen Vorwand, um sich nach innen zu wenden, nicht zu viel vorausdenken zu müssen – und dies nimmt gewiss nicht den Kunden als Ausgangspunkt.

Fotografie auf den vorangehenden Seiten: »Hands«. Mit freundlicher Genehmigung des Künstlers Pieter Schunselaar.

Ein Mentalitätswechsel ist nötig. »Back to basics« reicht einfach nicht. Die Branche muss sich vorwärtsbewegen, anstatt zu den Grundlagen zurückzukehren. Wir müssen den Schwung nutzen, um uns in Richtung mehr Kundenorientierung zu bewegen.

Es geht darum, die Bedeutung der wichtigsten Verbrauchertrends zu erfassen und entsprechend zu handeln. Angetrieben nicht durch Zwang, sondern von dem Wunsch, die Informationsasymmetrie zu verringern und das beste Interesse der Kunden als allerwichtigsten Ausgangspunkt zu betrachten. Die neueste Technologie zu nutzen, die zentrale Rolle der Branche in der Gesellschaft anzuerkennen und entsprechend zu handeln, sind weitere Schlüsselüberzeugungen dieser Vision. Es ist eine Vision, die alle Beteiligten einbezieht, einschließlich des wertvollsten Kapitals jedes Dienstleistungsunternehmens: seiner Mitarbeiter. Ein wesentlicher Aspekt, um sich auf das Vorangehen konzentrieren zu können, ist die Vereinbarkeit von Kundenorientierung und profitablem Wachstum. Der Weg nach vorn besteht nicht darin, ewig nur den Kunden zu gefallen, eher geht es darum, Möglichkeiten zu finden, Kundenorientierung zu implementieren und trotzdem angemessen Geld zu verdienen.

Das wettbewerbliche Spielfeld ist wieder planiert worden

Die Krise veränderte die Wettbewerbslandschaft und die Funktionsweise der Branche. Sie hat die Spielregeln verändert. Wir müssen unsere Konkurrenten in einem neuen Licht betrachten, da neue Standards neue Indikatoren der Wettbewerbsfähigkeit hervorbringen. Ein Konkurrent mag durch die Finanzkrise beschädigt worden sein oder von staatlicher Unterstützung abhängen. Er könnte durch interne Neuausrichtungen abgelenkt sein oder von einer Aufsichtsbehörde gezwungen werden, sein Unternehmen aufzuspalten und in Einzelteilen zu verkaufen. Unternehmen könnten zusammenbrechen oder fusionieren, weil sie nicht mehr genug Masse haben, um allein zu überleben. All diese Indikatoren sind zugleich wichtig, präsent und für die Welt der Finanzfirmen relevant.

Eine riesige Zahl an Branchenkonventionen sind durch die Finanzkrise und ihre Folgen verändert worden. Traditionell wichtige Kriterien wie Unternehmensgröße, bekannte Marken, internationales Image oder eine lange Unternehmensgeschichte haben einen Großteil ihres Werts für den Entscheidungsprozess des Kunden verloren, denn keiner dieser Werte hat vor der Krise geschützt.

Die ausgeweitete Aufsicht durch die Behörden räumt den Markt auf. Kunden, Medien und die öffentliche Meinung beobachten jeden Schritt. In zahlreichen Ländern sind die Regierungen zu Aktionären großer Finanzinstitute geworden, was auch die Wahrnehmungen und die Prozesse beeinflusst.

Ohne Zweifel bleiben die Jahres- und Quartalsergebnisse wichtig, aber heute gibt es noch weitere Beteiligte – Kunden, Mitarbeiter und die Öffentlichkeit. Diese Interessen in Einklang zu bringen, ist entscheidend, und sie lediglich auszubalancieren, reicht nicht aus. Die Vorstände müssen die Aktionäre überzeugen, dass Kundenorientierung langfristig auch ihren Interessen dient. Und zugleich müssen sie die Botschaft zu ihren Kunden transportieren, wofür sie stehen und wie ihre Vision aussieht. Sie müssen sogar in der Lage sein, Angelegenheiten, die ihre Bilanz betreffen, in für Laien verständliche Begriffe zu kleiden. Wir steuern in Richtung einer Kultur der Partizipation, und die Stakeholder werden auf vielerlei Art und auf vielen Ebenen eingebunden. Die meisten Unternehmen der Branche tun dies zum ersten Mal.

Was ist von neuen Marktteilnehmern zu erwarten?

Die große Dynamik des Wettbewerbs und der Spielregeln könnte neue Marktteilnehmer veranlassen, die Gunst der Stunde zu nutzen und in den Markt einzutreten. Wir glauben, dass definitiv neue Mitbewerber zu erwarten sind, und sie werden es schaffen, ihr Stück des Kuchens zu gewinnen. Aber wir sind uns nicht sicher, dass sie es schaffen werden, die Position der größeren Finanzinstitute zu übernehmen. Nehmen Sie zum Beispiel CheBanca! in Italien. Sie entzog dem Markt in einem Jahr annähernd 6 Milliarden Euro. Gewiss eine beeindruckende Zahl, aber nicht im Vergleich zu den Dutzenden Milliarden, die von den größeren Akteuren am italienischen Kreditmarkt kontrolliert werden. Als Marktanteil ausgedrückt sind 6 Milliarden deutlich weniger beeindruckend. Am niederländischen Sparkontenmarkt gelang es neuen Marktteilnehmern jeweils, Anteile von 1 bis 2 Prozent auf sich zu vereinen – mehr nicht.

Doch die neuen Marktteilnehmer werden sicher einen Einfluss haben. Ihr Marktanteil mag begrenzt bleiben, aber sie werden neue Standards setzen, was Kunden in Bezug auf Leistungen und Kosten erwarten. Die Ankunft von CheBanca! veranlasst nun die Kunden der traditionellen italienischen Finanzanbieter, ein vergleichbares Serviceniveau und ähnlich niedrige Preise zu verlangen. Dasselbe galt vor ein paar Jahren für die ING Direct. Wenn ein Konkurrent durch einen spezialisierten Anbieter gezwungen wird, seine Zinsen um ein paar Punkte anzuheben, macht das unterm Strich Millionen, wenn nicht Milliarden aus. In dieser Hinsicht können neue Marktteilnehmer den etablierten wirklich einen Schlag versetzen.

Wir erwarten kaum neue Anbieter aus den Schwellenländern, vor allem weil sie sich auf das Wachstum, das sie auf ihren Heimatmärkten erzielen können, konzentrieren werden.

Daneben bleibt die Frage, ob neue Anbieter alle Kriterien des Vertrauens erfüllen können, insbesondere die Kriterien, die finanzielle Stabilität betreffen. Diese Frage ist nicht rhetorisch gemeint.

Wir hatten bereits die Umfrage des britischen Magazins Marketing Week erwähnt, die ergab, dass nichttraditionelle Finanzdienstleister wie die Sansbury's Bank, O2 Money und Marks & Spencer Money es nicht schafften, den Zusammenbruch des Verbrauchervertrauens auszunutzen. Andererseits haben wir in anderen Branchen gesehen, dass die Ankunft neuer Marktteilnehmer oder von Innovationen genauso leicht die Kaufkriterien verändern kann – so geschehen, als die Billig-Airlines in die Reisebranche eintraten. Unternehmen wie eBay oder PayPal, aber auch Peer-to-Peer-Plattformen, auf denen Leute Geld an Fremde verleihen können, haben dem Thema »Vertrauen« einen neuen Aspekt hinzugefügt.

Auch wenn diese Initiativen auf einem komplett anderen Geschäftsmodell beruhen, wird interessant sein, welchen Einfluss sie auf das Verbrauchervertrauen haben und wie sich dies auf andere Finanzdienstleistungen überträgt wird. Es wird genauso interessant sein wie das, was wir von Unternehmen wie Rakuten in Japan und Falabella in Lateinamerika lernen können, die als Einzelhändler ihren Kunden ohnehin schon nah und täglich in zahllose Kaufentscheidungen eingebunden sind.

Bleibt die Frage, welche Nischen und welche Unzulänglichkeiten neue Marktteilnehmer in Angriff nehmen werden. Die Skaleneffekte werden eine große Rolle spielen, daher werden neue Teilnehmer zögern, alles komplett neu aufzubauen. Es ist weitaus sinnvoller, sich auf die Vorderseite (das Marketing) zu konzentrieren und sich für den kompletten Hintergrund mit einem etablierten Anbieter zusammenzutun. Beispiele dafür sind EasyMoney in Großbritannien, die Kooperation von EasyJet und Zurich Financial Services sowie Richard Bransons Übernahme von Church House Trust, um den Angriff von Virgin Money auf das britische Handelsbankengeschäft zu beschleunigen. Für Google wäre es leicht, durch einen ähnlichen Schritt in den Markt einzutreten.

Viele Leute in der Branche scheinen die bevorstehende Ankunft solcher neuer Konkurrenten zu unterschätzen. Wir haben in allen Branchen erlebt, wie Unternehmen, die sich weigerten, neue Entwicklungen ernst zu nehmen, überflüssig wurden, zum Beispiel Agfa und Polaroid in der Fotografie. Finanzfirmen sollten wirklich verfolgen, wie sich diese neuen Marktteilnehmer entwickeln, um sicherzugehen, dass sie nicht den Anschluss verlieren.

Das Ende der Informationsasymmetrie

In den letzten 20 Jahren kam ein Großteil des Vermögens der Finanzbranche aus der Ausbeutung sogenannter »Pockets of Opacity«, also intransparenten Nischen.

Zum einen gibt es das Phänomen des grauen Kapitalmarkts: Es werden komplizierte Produkte für die Finanzmärkte erfunden und massiv gehebelt.

Zum anderen setzten – oder vielleicht ist »setzen« im Präsens zutreffender – Finanzdienstleister Transaktionen auf Grundlage ungleicher Informationen um. Die Bank oder Versicherung weiß immer mehr als der Kunde, sie hat Zugang zu mehr und besseren Informationen. Produkte und Beratung sind mysteriös. Je komplizierter ein Produkt wird, desto ungleicher der Informationsstand. Wenn Erträge und Kosten für den Kunden weniger transparent sind, dann nehmen die Margen für die Bank oder Versicherung zu. Hier und da hat dies zu dem geführt, was man Exzesse nennen muss. Viele Kunden zahlten für ihren Mangel an Wissen einen hohen Preis. Zum dritten finden wir weiterhin intransparente Nischen bei den Gesamtvergütungen, die Finanzfirmen für ihre Produkte berechnen. Diese treten in vielen Formen und Größen auf: Provisionen und Gebühren auf Lebensversicherungen, übertriebene Gebühren für gewöhnliche Überweisungen, empfindliche Kreditkarten- und Darlehenszinsen und Strafgebühren für den Wechsel zu einem anderen Hypothekenmakler. In der Mehrzahl der Fälle stehen diese Kosten in keinem Verhältnis zum erforderlichen Aufwand und werden vom Ziel geleitet, die Kunden zu melken oder um jeden Preis festzuhalten.

Die Tage, in denen Finanzdienstleister auf diese Weise riesige Gewinne machen konnten, sind vorbei auf allen drei Gebieten, die wir gerade erwähnten.

Die Gewinne aus herkömmlichen intransparenten Nischen wie unregulierten Derivaten werden zurückgehen. Diese Investments haben den Sektor beschädigt, und Regierungen auf der ganzen Welt straffen nun die laxe Regulierung, die derartige Praktiken zulässt. Die Öffentlichkeit fordert nun mehrheitlich sogar, dass Finanzinstitute daran gehindert werden, in solche Produkte zu investieren. Wir glauben, die Hauptsorge sollte sein, die Transparenz solcher Aktivitäten sicherzustellen; sie sollten ehrlich in den Bilanzen verbucht werden, und die Finanzinstitute sollten angemessene Kapitalreserven dafür einsetzen müssen.

Das erprobte Geschäftsmodell, mit intransparenten Nischen und Informationsasymmetrie Geld zu verdienen, wird durch den Wunsch nach Transparenz verdrängt werden. In der Folge werden die meisten Finanzfirmen ein ganz anderes Geschäftsmodell als das bisher verwendete übernehmen müssen. Dies mag keine leichte Aufgabe sein, aber andererseits ist es das vielleicht doch. Momentan gibt es nur eine Möglichkeit, mit der gegenwärtigen – völlig neuen – Situation umzugehen: Hören Sie den Verbrauchern zu und führen Sie Transparenz ein, anstatt Renditen durch ohnehin nicht nachhaltige Praktiken erzielen zu wollen. Das heißt nicht nur, dass Finanzfirmen eine Welt mit weniger asymmetrischen Informationen akzeptieren müssen, sondern sie müssen auch noch einen Schritt weiter gehen: Sie müssen eine aktive Rolle bei der Verminderung der Informationsasymmetrien spielen. Transparenz wird unausweichlich zu kleineren Margen führen. Doch wenn die Verminderung der Informationsasymmetrien einen Zusatznutzen bietet, dann wird sie auch zur Basis künftiger Umsatzströme. Aus dieser Perspektive widersprechen Verbraucherorientierung und profitables Wachstum einander nicht mehr, sondern sie sind miteinander verknüpft und verbunden. Verbraucher sind nicht gegen die Vorstellung, dass Finanzinstitute Geld verdienen, solange es eine Verhältnismäßigkeit zu ihrer Leistung und dem Zusatznutzen für den Verbraucher gibt. Eine Bank oder Versicherung darf auch eine Menge Geld verdienen, wenn der Gewinn für den Kunden ebenfalls substanziell ist. Genau dies ist in den letzten Jahren schiefgelaufen. Die Finanzinstitute haben eine Menge Geld verdient, aber in der Wahrnehmung der Verbraucher waren sie ihr Geld nicht in ausreichendem Maße wert.

Die Einstellung und das Verhalten der Verbraucher haben sich verändert

Die Krise hat nicht nur die Wettbewerbslandschaft verändert – verändert hat sich auch das Verhalten der Kunden. Die Verbraucher passen besser auf und sind auch, was die Fähigkeit ihrer Finanzdienstleister angeht, ihre Grundbedürfnisse zu erfüllen, skeptischer und sensibler geworden. Finanzdienstleistungen erfahren vonseiten der Kunden im Vergleich zu vor der Krise weitaus mehr Beachtung.

Die Verbraucher sind auch sparsamer, abwartender, reflektierter, breiter informiert und weniger risikobereit geworden. Sie bevorzugen Sicherheit und sind weit weniger leichtgläubig als zuvor. Vor der Krise schien das Verbraucherverhalten durch Gier bestimmt zu sein – es ging beispielsweise darum, die höchsten Sparzinsen und die günstigste Hypothek zu finden. Während der Krise gewann die Angst die Oberhand, und plötzlich wurde die sicherste Möglichkeit bevorzugt. Während der Niederschrift dieses Buches gab es in der Schlacht zwischen Angst und Gier noch keinen Gewinner.

Die Bedürfnisse und Wünsche der Verbraucher haben sich ebenfalls geändert. Die Verbraucher wollen jetzt mehr Informationen. Sie suchen in Reaktion auf die Krise nach rationalen, umsichtigen Lösungen für ihre individuellen Bedürfnisse, und sie erwarten einen einwandfreien Service.

Zusammenfassend lässt sich sagen, dass sich die Kaufkriterien der Verbraucher geändert haben, ebenso wie ihre Einstellung, ihr Verhalten, ihre Bedürfnisse und ihr Vorgehen beim Kauf.

Verbraucher sind nun fordernder denn je. Und da die Entwicklung der Ereignisse die Machtverlagerung von den Anbetern hin zu den Verbrauchern beschleunigt hat, wird dies höchstwahrscheinlich so bleiben.

Verbrauchertrend	Was die Verbraucher erwarten
1 Das Verhältnis der Verbraucher zu Finanzinstituten hat sich verändert	• Bekommen Sie erst mal die Grundlagen richtig hin, damit ich Ihre Dienstleistungen ohne Überraschungen nutzen kann. • Beweisen Sie es mir: Lassen Sie mich den Zusatznutzen erleben, den Sie anzubieten haben. • Ich möchte Ihre schmutzige Wäsche nicht in der Zeitung nachlesen. Gehen Sie mit dem, was Sie tun, transparent um.
2 Die Verbraucher wollen Transparenz und Einfachheit	• Erleichtern Sie meine täglichen Finanzgeschäfte: Helfen Sie mir, meinen Weg zu finden. Benutzen Sie eine verständliche Sprache. Bieten Sie Produkte, die man leicht verstehen kann, und stellen Sie bequeme Kanäle bereit. • Ich möchte das Unternehmen hinter der Marke kennen. • Konzentrieren Sie sich auf das, was mir wirklich wichtig ist, und verschwenden Sie nicht meine Zeit und Mühe. Geben Sie mir drei gute Optionen anstelle von 99 unpassenden. • Stellen Sie sicher, dass ich wirklich verstehe, was ich von Ihnen kaufe. Ich mag keine negativen Überraschungen. • Überraschen Sie mich: Übertreffen Sie meine Erwartungen in den Augenblicken, die für mich während der gesamten Customer Journey am wichtigsten sind.
3 Die Verbraucher werden immer eigenständiger	• Schulen Sie mich, lassen Sie mich verstehen und nicht im Dunkeln tappen. • Helfen Sie mir, meine eigenen freien Entscheidungen zu treffen. • Befähigen Sie mich: Geben Sie mir die Hilfsmittel an die Hand, so dass ich Dinge selbst erledigen kann. • Behandeln Sie mich nicht, als wäre ich jemand anderes – nehmen Sie mich als Individuum wahr und bieten Sie mir Lösungen an, die zu meinen persönlichen Bedürfnissen passen. • Lassen Sie mich Ihnen dabei helfen, Ihre Produkte und Dienstleistungen mitzugestalten, oder sogar mitentscheiden, wie diese aussehen sollten.
4 Die Verbraucher verlassen sich auf die Schwarm- intelligenz	• Hören Sie mir zu. Machen Sie aus Ihrer Kommunikation eine Straße mit zwei Fahrtrichtungen. • Zeigen Sie mir, dass Sie meine Meinung und meine Anregungen ernst nehmen, und handeln Sie zeitnah danach.

	• Helfen Sie mir bei Entscheidungen – auch indem Sie mich mit meiner Peer-Gruppe und anderen Kunden in Verbindung bringen. Ich will meine Ansichten mitteilen und hören, was andere denken und fühlen.
	• Bieten Sie mir positive Erfahrungen und Geschichten, die es wert sind, sie weiterzuerzählen.
	• Halten Sie in passenden Momenten über die verschiedenen Medien Kontakt mit mir, ohne mich in meiner »sicheren« sozialen Umgebung zu belästigen.
5 Die Verbraucher bewerten Werte neu	• Behandeln Sie mich so, wie Sie gern behandelt werden möchten.
	• Handeln Sie in meinem besten Interesse. Empfehlen Sie mir nur Produkte, die ich wirklich brauche und die Sie selbst kaufen würden.
	• Zeigen Sie, dass Sie mich als Kunden wertschätzen, seien Sie ehrlich zu mir, garantieren Sie mir einen ehrlichen Preis, hören Sie mit den leeren Versprechungen auf, bieten Sie neuen Kunden keinen besseren Preis an als den, den Sie mir angeboten haben.
	• Zeigen Sie Kulanz, handeln Sie nicht rigide. Unterstützen Sie mich, wenn ich vor Schwierigkeiten stehe; entlasten Sie mich.
	• Seien Sie aufrichtig: Tun sie es aus den richtigen Gründen. Entspricht es Ihrem innersten Wesen, oder ist es einfach ein weiterer PR-Trick?
	• Denken Sie über das Tagesgeschäft hinaus, und denken Sie an Ihre Rolle und Verantwortung in der Gesellschaft.
6 Die Verbraucher möchten Nähe spüren	• Kennen Sie mich, nicht nur mein Geld. Seien Sie da und helfen Sie mir, wenn es darauf ankommt.
	• Sorgen Sie dafür, dass ich Sie leicht über verschiedene vertrauliche Kanäle erreichen kann. Behandeln Sie mich über alle von mir bevorzugten Kanäle wie jemanden, den Sie kennen. Ich will keine Geschäfte mit einem entfernten, unpersönlichen Institut machen.
	• Bieten Sie nicht nur Produkte an: Verstehen Sie die Gefühle dahinter und was sie für mich bedeuten. Zeigen Sie Empathie.
	• Interessieren Sie sich für den lokalen Bedarf und die lokale Kultur. Leisten Sie in der örtlichen Kommune einen Beitrag.
	• Zeigen Sie Ihre Persönlichkeit und nehmen Sie Anteil.

Eine Blaupause für künftige Finanzdienstleistungen

Die sechs wesentlichen Verbrauchertrends, die wir in diesem Buch präsentierten, stellen neue Anforderungen daran, wie eine Bank oder Versicherung künftig operieren sollte. Kernelemente sind der Interessenausgleich unter den Stakeholdern, einfache Erfahrungen, Befähigung, neue Kaufwege, allgemeine Anständigkeit und die menschliche Dimension.

Diese sechs Trends haben Einfluss auf das Geschäftsmodell, auf die Art und Weise, wie sich das Unternehmen und seine Marken gegenüber dem Kunden positionieren, auf die angebotenen Produkte und Dienstleistungen, auf die Art, wie die Customer Journey erlebt wird, und auf die Organisation, die gebraucht wird, um all diese Veränderungen zu bewirken. »Geschäftsmodell« ist ein viel gebrauchter Begriff mit ebenso vielen verschiedenen Definitionen. So wie wir ihn verwenden, schließt er das Erlös- wie auch das operative Modell ein, aber auch alle Ausgangspunkte, die für beide notwendig sind. Das Leitprinzip ist Kundenorientierung. Diese langfristig zu implementieren, ist eine vielfältige und komplizierte Herausforderung.

Ein wichtiger Teil der Kundenorientierung ist die Verringerung der Informationsasymmetrie, was unmittelbar die Grundlagen des gegenwärtigen Geschäftsmodells berührt. Die Verminderung der Informationsasymmetrie wird zur Entmystifizierung und damit zu Margendruck führen, was Skaleneffekte erforderlich macht. Ein anderer Aspekt ist der Ausgleich unter den Vorschlägen aller Stakeholder, ganz nach dem Mantra »zuhören – lernen – einbinden«, sowie die Steigerung der lokalen Relevanz.

Die Herausforderung besteht darin, beide Aspekte zu vereinen und ein profitables Geschäft daraus zu machen. Bei der Positionierung und beim Branding wird sich die Verlagerung der Macht zu den Verbrauchern an Stellen bemerkbar machen, an denen es nicht erwartet. Rechnen Sie damit, dass Kunden Marken machen oder zerstören können und dass es nicht mehr so leicht ist wie zuvor, Marken zu positionieren. Früher fand die Positionierung über Werbung statt, heute dagegen verlagert sich diese an den Ort, wo die Verbraucher die Marke tatsächlich erleben. Die Marke an allen Kontaktpunkten zu verwirklichen, ist entscheidend, und im Dienstleistungsbereich bedeutet dies, dass alle Mitarbeiter für die Marke und das, wofür sie steht, leben müssen.

Das Angebot – Produkte, Dienstleistungen und Preise – sowie die Customer Journey müssen sich radikal ändern. Bieten Sie einfache und kohärente Produkte an, die Sie selbst kaufen würden, und gestalten Sie Ihren Service so, wie Sie selbst gern behandelt werden würden. Der Service und in einer weiteren Perspektive die Customer Journey werden künftig noch wichtiger werden, als sie es heute schon sind. Die Herausforderung besteht darin, all dies trotz des Margendrucks, der von den einfacheren Produkten ausgeht, zu erreichen. Die Lösung kann zum Teil im geschickten Einsatz von Technologie liegen. Nehmen Sie die Online-Welt als Ausgangspunkt für die

Gestaltung von Geschäftskonzepten anstelle der physischen Präsenz und der Begegnung mit dem Kunden von Angesicht zu Angesicht.

All das zusammen hat riesige Auswirkungen für den organisatorischen Aufbau und die Kultur des Unternehmens.

Offenheit, die Bereitschaft, als Unternehmen verletzlich zu sein, Aufrichtigkeit und Empathie sowie das Ziel einer Kundenbeziehung auf Augenhöhe – der Bedarf an solchen Werten mag logisch und unmittelbar verständlich sein, aber das macht die Umsetzung nicht einfacher. Die meisten Banken und Versicherungen kommen aus einer anderen Richtung. Die gegenwärtigen Belegschaften wurden nicht im Hinblick auf diese Fähigkeiten eingestellt, und sie wurden nie unter diesem Aspekt evaluiert oder dafür belohnt. Die meisten Mitarbeiter sind gewöhnliche, anständige Leute, die keine Schwierigkeiten haben, sich in die Kunden einzufühlen. Doch diese Qualitäten in der Unternehmenskultur zu verankern und mit dem in Einklang zu bringen, was wir honorieren, wird große Anstrengungen erfordern.

Wir haben die Konsequenzen in der Tabelle auf den folgenden beiden Seiten zusammengefasst – es handelt sich um eine Blaupause für die Aufbauprinzipien einer Bank oder Versicherung der Zukunft. Ein genauerer Blick auf die Blaupause zeigt, dass die Konsequenzen und Aufbauprinzipien sich in einigen Fällen zu widersprechen scheinen. Nehmen Sie zum Beispiel Transparenz und Einfachheit contra Marge, die Notwendigkeit von Skaleneffekten contra Wunsch nach Nähe. Hinzu kommen die gegenwärtigen Kosteneinsparungen und Restrukturierungen contra die sehr nötige Service-Exzellenz und das Mitarbeiterengagement sowie die »Zurück-zum-Original«-Funktion contra neuer Zusatznutzen. Dann gibt es noch den Konflikt zwischen Compliance und Kundenkommunikation, den zwischen künftigen Lösungen und vergangenen Problemen sowie den zwischen einerseits Verantwortung und Nachhaltigkeit und andererseits kurzfristigen Verkaufsergebnissen.

Kurz: Dilemmata allüberall, und es ist wichtig, sich ihrer bewusst zu sein. Sie erfordern eine richtige Interpretation sowie eine klare Vision, wie man diese Herausforderungen bewältigen will.

	1	2	3
	Das Verhältnis der Verbraucher zu Finanzinstituten hat sich verändert	Die Verbraucher wollen Transparenz und Einfachheit	Die Verbraucher werden immer eigenständiger
	Verständigung der Stakeholder	**Einfache Erfahrungen**	**Befähigung**
Geschäfts-modell	Ausgleich zwischen allen Stakeholder-Vorschlägen für eine langfristige Profitabilität	Entzauberung, Margendruck, Skaleneffekte	Online und mobil. Finanzwissen startet den Primärprozess
Positionierung und Branding	Die Marke an allen Kontaktpunkten zu verwirklichen, baut die Marke auf.	Verstecken Sie die Unternehmens-marke nicht	Finanzieller Vermittler
Angebot	Lösungen für persönliche Anliegen	Strukturiertes Portfolio. Vereinfachen Sie das Alltagsleben	Denken Sie über die pferdelose Kutsche hinaus
Customer Journey	Service-Exzellenz zusätzlich zur operativen Exzellenz	Einfache Erfahrungen. Durch Technologie unterstützt	Befähigung
Kultur und Organisation	Leben Sie Vertrauen nach innen und nach außen. Nehmen Sie an der öffentlichen Debatte teil.	Offenheit, Schlankheit	Kunden-beziehungen auf Augenhöhe

Tabelle: Eine Blaupause für den Finanzdienstleister der Zukunft.

4	5	6	
Die Verbraucher verlassen sich auf die Schwarmintelligenz **Neue Kaufwege**	Die Verbraucher bewerten Werte neu **Allgemeine Anständigkeit**	Die Verbraucher möchten Nähe spüren **Menschliche Dimension**	
Zuhören – lernen – einbinden	Verminderung der Informationsasymmetrie	Skaleneffekte lokal erzielen	**Geschäftsmodell**
Von Kunden aufgebaute Marken	Authentizität	Lokale Relevanz	**Positionierung und Branding**
Mitgestaltung. Die Kaufkriterien verlagern sich zum Service	Produkte, die Sie selbst kaufen würden, zu einem angemessenen Preis	High Touch	**Angebot**
Neue Kaufwege, neue Wettbewerbsfelder	Allgemeine Anständigkeit	Kundennähe, Verbindlichkeit, menschliche Dimension	**Customer Journey**
	Aufrichtigkeit	Empathie	**Kultur und Organisation**

Die Identitätskrise und die Beziehungskrise zugleich lösen

Die Folgen der Finanzkrise – die unmittelbaren Auswirkungen und die Konsequenzen der sechs wichtigen Verbrauchertrends, die sich beschleunigen – scheinen, wenn man sie aus größerer Distanz betrachtet, die Finanzbranche in zwei verschiedene Krisen gestürzt zu haben: eine Identitätskrise und eine Beziehungskrise.

Mit der Identitätskrise ist das Auftauchen einiger existenzieller Probleme gemeint. Angesichts all dieser Veränderungen und der komplizierten Situation glaubt die überwältigende Mehrheit der Branchenvorstände, mit denen wir sprachen, dass die bisherigen Renditen sicher der Vergangenheit angehören. Viele erfahrene Vorstände fragen sich, wie die Finanzbranche künftig Geld verdienen will und wie ihre Firma anständige Gewinne erwirtschaften kann. Und natürlich fragen sich dieselben Vorstände: Wie sollen wir uns an diese neue Realität anpassen? Und in welchem Maß lässt sich diese neue Realität mit dem in Einklang bringen, was wir sind? Die Beziehungskrise bezieht sich auf ihre Interaktionen mit Kunden und Verbrauchern im weiteren Sinne. Seit der Krise haben die meisten Vorstände, mit denen wir sprachen, eine einzige Priorität: zu überleben, und für irgendeine größere oder mutigere Vision war kein Platz. Sie hatten zweifellos recht damit. Dennoch: Sich allein aufs Überleben zu konzentrieren, reicht nicht aus, wenn sich die Welt um uns herum derart schnell verändert, wie es gegenwärtig der Fall ist. Irgendwann muss man aus der Deckung kommen und sich vorwärtsbewegen. Laut Charles Darwin »ist es nicht der Stärkste einer Spezies oder der Intelligenteste, der überlebt, sondern der, der am schnellsten auf Veränderungen reagiert.«

Die Herausforderung wird noch größer dadurch, dass die Märkte so unvorhersehbar sind. Wer kann heute vorhersagen, wie die Landschaft in einem Jahr aussehen wird? Das momentane Veränderungstempo erfordert entsprechende Beweglichkeit, welche unter Finanzfirmen nicht gerade eine weit verbreitete Eigenschaft ist. Eine robuste, anpassungsfähige und engagierte Strategie ist entscheidend. Sie muss unabhängig von Entwicklungen funktionieren, die wir nicht beeinflussen können.

Gibt es etwas, womit wir anfangen können? Wir glauben, ja. Nehmen Sie zunächst zwei fundamentale Probleme in Angriff. Zunächst lösen Sie die Identitätskrise, in der sich die meisten Finanzdienstleister befinden, sowie die Beziehungskrise mit den Kunden.

Was die erste Herausforderung angeht – die Lösung der Identitätskrise –, so liegt es nur an Ihnen zu entscheiden, wo Sie aktiv werden wollen, wofür Sie stehen und an wen Sie sich richten. Die zweite Herausforderung – die Lösung der Beziehungskrise – kann ebenfalls heute angegangen werden, indem Sie sich damit beschäftigen, was die Kunden beschäftigt, und dies in bessere Produkte und Dienstleistungen umsetzen. Setzen Sie den Kunden an die erste Stelle – nicht nur in irgendeinem Ausschussbericht, sondern gehen Sie es wirklich an.

Entweder groß oder spezialisiert – kleine Generalisten haben keine Zukunft

Die Verbraucherpräferenz für Nähe wirft die Frage auf, ob Klein das neue Groß sei. Wir glauben es nicht. Der Trend führt nicht unbedingt dazu, dass alle kleinen Finanzdienstleister, die ihren Kunden nahe sind, ein großes Potenzial haben. Es ist eine Menge mehr erforderlich, um mit allen sechs beschriebenen Verbrauchertrends fertig zu werden. Denken Sie an die notwendigen Investitionen, um die Bedürfnisse der eigenständigen Verbraucher zu erfüllen oder Transparenz einzuführen, die die Margen in Mitleidenschaft zieht.

Eine kleinere Spanne pro Kunde sowie der Umfang der nötigen Investitionen geben vor, dass man mehr Kunden haben muss. Skaleneffekte werden in den kommenden Jahren immer wichtiger werden.

Man kann nur als großer Generalist erfolgreich sein oder als der beste auf einem bestimmten Gebiet oder für ein bestimmtes Zielsegment. Ein solcher Spezialist wird seinen Mangel an Größe durch ein überlegenes Verständnis für die Bedürfnisse des Kunden kompensieren müssen. Er wird in der Lage sein müssen, dies rasch in einen Wettbewerbsvorteil umzumünzen, und eine intelligent aufgebaute Organisation benötigen, um dies auszuführen. Die meisten Privatbanken arbeiten mit einem relativ teuren Betriebsmodell mit Kontakten von Angesicht zu Angesicht. Dies wird nicht so bleiben können, insbesondere bei einem zu kleinen Heimatmarkt. Für diese Finanzfirmen ist eine Konsolidierung unausweichlich.

Dies widerspricht übrigens dem, was viele Regierungen offensichtlich anstreben: eine Verkleinerung. Die Frage »international contra national« muss unter demselben Gesichtspunkt betrachtet werden. Die Internationalisierung ist schließlich kein Ziel an sich, sondern eine Methode, um Skaleneffekte und Wachstum zu erzeugen. Der Lebensversicherungssektor in Schwellenländern ist zum Beispiel noch immer sehr attraktiv, während er an den meisten reifen Märkten unter Druck steht.

Vereinbarkeit: Geld wieder an Bedeutung binden

Finanzdienstleister müssen sich fragen: Wofür sind wir da? Sie sind nicht mehr nur dem Aktionär verpflichtet, so viel ist klar. In Kapitel 1 haben wir angedeutet, dass die »Betriebsgenehmigung« dazu verpflichtet, den Nutzen für alle wichtigen Stakeholder, zu denen nicht nur die Aktionäre, sondern auch Kunden, Mitarbeiter und die Gesellschaft gehören, in Einklang zu bringen.

»Gewinn ist nicht das Ziel, es ist höchstens ein Mittel.« Dies ist das Ergebnis vieler Diskussionen über das Ziel oder die Mission künftiger Finanzdienstleister.

Diskussionen wie diese müssen unserer Meinung nach vor allem als Überreaktion auf das betrachtet werden, was in den letzten Jahren schiefgelaufen ist: die Profit-Obsession, die übertriebene Gier, die einseitige Durchsetzung der Interessen der Aktionäre.

Außerdem scheinen Finanzfirmen, die den Gewinnen weniger Priorität eingeräumt haben, wie Genossenschaftsbanken, weit besser gefahren zu sein.

Unserer Meinung nach ist ein Ausgleich das Mittel, um Geld und Bedeutung wieder miteinander zu verknüpfen und das Gleichgewicht des Systems wiederherzustellen. Gewinn ist gut, er ist nicht schmutzig, sondern im Gegenteil unbedingt notwendig. Doch der Ausgleich wirft auch die Frage auf, was denn die Erfolgskriterien sind, wenn der Gewinn nicht mehr das einzige Kriterium darstellt.

Ein Vorstand des Pharmaunternehmens Pfizer erzählte uns, dass er nicht nur über die Finanzzahlen informiert werden will, sondern auch über die Zahl der Leute, denen geholfen wurde oder die geheilt wurden, sowie die Zahl der geretteten Leben. Im Fall ihres Produkts Viagra möchte er wissen, »wie vielen Paaren wir im letzten Quartal zu einem angenehmen Abend verholfen haben«.

Ziele wie diese beziehen alle vier Gruppen von Stakeholdern ein. Die Mitarbeiter sind engagierter, weil das, was sie tun, eine positive Bedeutung erlangt. Sie empfinden mehr Stolz auf ihr Unternehmen, wenn sie diese Ziele erreichen, als durch die Tatsache, dass ihr Arbeitgeber einen Gewinn von 5 oder 6 Milliarden erzielt hat.

Genauso sind Finanzdienstleister denkbar, die ihren Erfolg nicht nur in Umsätzen und Gewinnen bemessen, sondern auch anhand der Zahl der Leute, denen dabei geholfen wurde, ein sorgenfreies Alter zu genießen, oder die bei der finanziellen Genesung oder der Verbesserung ihrer Situation unterstützt wurden. Der Erfolg könnte anhand der Leute, die durch die Hochschule gebracht wurden oder die nach einem Autounfall schnell ihre Mobilität wiedererlangten, gemessen werden. Oder an der Zahl der Unternehmen, die durch eine neue Finanzierung Innovationen durchführen und neue Arbeitsplätze schaffen konnten.

Im Wesentlichen geht es immer darum, direkt und explizit zur wirtschaftlichen und sozialen Entwicklung beizutragen.

Kundenorientierung

Finanzdienstleister müssen sehr viel besser darin werden, die Verbraucher zu verstehen. An dieser Stelle beginnt die Kundenorientierung.

Dies scheint sich von selbst zu verstehen, aber in Wahrheit ist es ein wirklicher Paradigmenwechsel in den Finanzdienstleistungen. Mit der Machtverlagerung hin zu den Verbrauchern wird outside-in zu dem zwangsläufigen Modell der Zukunft.

Wie wir in der Einleitung erwähnten, geht es in Vorstandssitzungen um die finanzielle Lage, die Bilanz, die Solvenz, Übernahmen, Restrukturierungen, die Unternehmensführung – aber kaum je um die Kunden.

Die Leute, mit denen wir sprachen, fanden die Diskussionen über wichtige Verbrauchertrends – was Kunden empfinden, was sie antreibt – ausnahmslos erfrischend. Diskussionen über Kundenorientierung finden im Unternehmen auf einer zu niedrigen Ebene statt und werden rasch operativen Fragen untergeordnet, dem CRM oder

der Kundenkontaktstrategie. Oder es geht darum, welche Tools auf der Internetseite verwendet werden könnten, oder welchen Inhalts die Skripte sind, die Callcenter-Mitarbeiter verwenden.

Dies mag etwas für sich haben, denn dort erleben die Kunden Verbraucherorientierung. Doch zuvor sollte es eine Debatte und eine Vision geben.

Die Essenz der Kundenorientierung ist die Überzeugung, dass ein tieferes Verständnis der Verbraucher und Verbrauchererkenntnisse die Eckpfeiler eines zunehmenden Verbraucherzuspruchs sind.

Dies zielt darauf ab, den Verbraucher als den wichtigsten Ausgangspunkt für die Strategie zu nehmen und ein echtes Interesse an den Kriterien und Werten der Verbraucher zu entwickeln. Erfassen Sie, was einen Verbraucher wirklich antreibt. Was sind die relevanten großen Verbrauchertrends? Wie werden sich die Verbraucherbedürfnisse in den kommenden fünf Jahren verändern, und wie reagieren wir darauf?

Kundenorientierung betrifft das gesamte Unternehmen, das Geschäftsmodell – wie können wir mit einer verbraucherorientierten Philosophie Geld verdienen? –, das Angebot an Produkten und Dienstleistungen, die Erfahrung der Customer Journey und die Organisation und Kultur, die all dies umsetzen müssen.

Im besten Falle sind diese Erkenntnisse und diese Arbeitsweise tief im Unternehmen verwurzelt, und diese sind ganz oben an der Spitze angesiedelt. Die reibungslose Durchsetzung dieser Strategie von oben nach unten auf die operativen Ebenen wird von einer starken Vision darüber begleitet, »wie wir unsere Kunden einbeziehen sollten«. Darum geht es bei echter Kundenorientierung. Wenn Sie zustimmen, dass Kundenorientierung der Schlüssel zur Zukunft ist, dann setzen Sie auch darauf. Belohnen Sie das Verhalten, das Sie erreichen wollen, und machen Sie den Kunden zum wichtigsten Erfolgsmesser. Sie können im gesamten Unternehmen Zahlen für das Kundenengagement oder die Kundenfürsprache als wichtigstes Kriterium für Bewertung und Vergütung verwenden – von den Mitarbeitern mit direktem Kundenkontakt bis hin zu Vorstandsmitgliedern. Und trauen Sie sich, die Ergebnisse zu veröffentlichen.

Einige Dinge, die wir über Kundenorientierung gelernt haben

- Stellen Sie die Customer Journey in den Mittelpunkt der Veränderung. Dies führt zu kurzfristigen Ergebnissen mit hoher Sichtbarkeit, sowohl intern als auch extern.
- Organisieren Sie, dass Informationen von Kunden, Vertriebsteam, Zweigstellen, Kontaktpunkten und Agenturen zum Spitzenmanagement fließen. Stellen Sie sicher, dass dies synchron mit dem tatsächlichen Veränderungsfortschritt erfolgt, mit den diesbezüglichen Haltungen der Kunden und Mitarbeiter sowie mit den Anreizen und Hindernissen für die Zusammenarbeit und die Umsetzung.

- Erleben Sie selbst, was die Kunden erleben. Versuchen Sie, Ihre eigenen Produkte zu kaufen, durchstöbern Sie Ihre Unternehmenswebsite, seien Sie ein Testkunde und besuchen Sie eine Filiale oder Agentur, erleben Sie die Beratung und den Service und füllen Sie alle Formulare aus.
- Denken Sie darüber nach, einen Kundenmanager auf Vorstandsniveau zu berufen – jemanden, der dafür verantwortlich ist, die Kundensicht in die Vorstandsentscheidungen einfließen zu lassen, einen »Kundenadvokat«.

Finanzdienstleister haben Zugang zu einer großen Menge an Kundendaten. Über Kreditvermittlern und Partnerschaften mit Einzelhändlern sind sie in der Lage, jede Vertriebsaktion, ob für eine zusätzliche Kreditkarte, eine Hypothekenerneuerung oder einen Autokredit, maßzuschneidern. Es scheint, als sei aus der Vermarktung von Finanzdienstleistungen eine Datenwissenschaft geworden. Doch wie können wir diesen Datenüberfluss so umsetzen, dass wir unsere Kunden besser verstehen, ihnen besser dienen und ihnen bessere, zu ihren Bedürfnissen passende Produkte liefern? Geld ist zweifellos ein wichtiger Teil unseres täglichen Lebens, aber Finanzdienstleistungen sind es eher nicht. Das ist ein bisschen merkwürdig.

Wie auch immer Sie über dieses Thema denken – die Finanzbranche hat es lange Zeit geschafft, exzellente, innovative Produkte für die Finanzmärkte zu entwickeln. Stellen Sie sich vor, was die Branche leisten könnte, wenn sie diese Fähigkeit nutzen würde, um die Kunden zu verstehen und ihre Bedürfnisse besser zu erfüllen.

Die Lösung liegt nicht in noch mehr Daten, sondern in einer neuen Einstellung und einem anderen Ansatz. Das Mantra muss lauten: zuhören – lernen – einbinden. Binden Sie die Kunden aktiv ein und hören Sie zu, was sie zu sagen haben. Versuchen Sie, besser zu verstehen, was sie im Leben antreibt, was sie wertschätzen und was sie wirklich wollen. Dazu gehört, wie sie sich verhalten und für was sie bereit sind zu zahlen. Ein kontinuierlicher Dialog bietet die beste Anleitung, wie man seinen Kunden näherrückt.

Auch das Marketing muss sich weiterentwickeln

Nicht nur die Finanzdienstleister haben in den letzten Jahren einen Imagezusammenbruch zu beklagen. Dasselbe gilt für das Marketinggewerbe. Zu viele Finanzdienstleister behandeln das Marketing nur als eine nach außen gerichtete Einbahnstraße. Der Verbraucher ist hier nicht der Ausgangs-, sondern der Endpunkt: eine unpersönliche, leichte Umsatzquelle. Einige Finanzfirmen bezeichnen ihre Kunden als »Profitcenter«. Die einzige Aufgabe der Marketingabteilung ist, die gegenwärtige Kundenbasis zu melken, indem man den Verbrauchern so viele Produkte wie möglich verkauft, egal, ob sie sie wirklich benötigen.

Einige neue Marketingparadigmen der Finanzbranche bringen auch das Marketing insgesamt voran:

- Früher waren die Kunden loyal. Heute sind sie es nicht mehr. Es ist also wichtiger denn je, die aktuelle Kundenbasis zu pflegen.
- Marketing heißt Erwartungsmanagement. Seien Sie Sie selbst. Versprechen Sie nichts, was Sie nicht halten können. Seien Sie ehrlich, lassen Sie die Verkaufsmaschen bleiben.
- Statt »unser wichtigstes Vermögen ist Kapital« sagen Sie lieber »unser wichtigstes Vermögen sind unsere Kunden«.
- Statt »Steigerung der verwalteten Vermögenswerte« streben Sie lieber die »Steigerung der Vermögenswerte unserer Kunden« an.
- Statt neue Marketingtricks auszutüfteln, versetzen Sie sich lieber in Ihre Kunden.
- Das neue Mantra lautet: zuhören – lernen – einbinden. Finden Sie heraus, was die Kunden wirklich bewegt.
- Gehen Sie vom Cross-Selling, der Maximierung des Umsatzes pro Kunde, zum »Cross-Buying« über – versetzen Sie den Kunden in die Lage, zu lernen und zu kaufen, was er wirklich braucht.

Der Innovationsschwerpunkt verlagert sich hin zur Kundenerfahrung und zur Verwirklichung der Marke

»Innovation« ist nach »Zuverlässigkeit« der Begriff mit den zweitnegativsten Konnotationen. Dies ist unverdient.

Die Branche selbst verwendet Innovation als Synonym für allzu kreative und komplizierte Produkte am Finanzmarkt: für den grauen Kapitalmarkt, die Produkte, die die ganzen Schwierigkeiten überhaupt erst verursacht haben.

Man vergisst dabei fast die Existenz eines echten Marktes, des Marktes der Unternehmen und der Verbraucher. Auch wenn auch dieser Markt genügend dubiose Produkte kennt, ist der Innovationsbedarf – der Austausch der gegenwärtig angebotenen Produkte und Dienstleistungen – offensichtlich und gegenwärtig.

Dies führt uns zu der Frage: Worin bestehen die Möglichkeiten zu einem nachhaltigen Wettbewerbsvorteil, wenn zugleich die Produkte standardisiert sind? Natürlich wird Innovation schwieriger, wenn die Produkte einfacher werden. Doch wer sagt, dass Innovation einfach sein sollte? Unserer Meinung nach besteht kein Gegensatz zwischen Einfachheit und Innovation. Bedeutet einfach zugleich einfältig? Viele Finanzdienstleister denken so. Doch das ist natürlich irrelevant – das Einzige, was zählt, ist, was die Verbraucher denken. Außerdem bestreiten wir, dass von jetzt an alles einfältig wird. Die Verschmelzung der Medien macht die Produktentwicklung viel kreativer und intelligenter. Wie können wir ein Mobiltelefon zu einer Kreditkarte machen? Wie integrieren wir all diese verschiedenen Produkte und Konten, um unseren Kunden das Leben zu erleichtern? Und wie können wir kontinuierlich jeden Tag und an allen Kontaktpunkten unseren Zusatznutzen dokumentieren? Es gibt genügend Herausforderungen.

Wichtiger ist, dass die Innovation in den Finanzdienstleistungen von den Produkten auf den Service übergeht. Günstige Preise, konkurrenzfähige Produkte und Kundenservice sind die wichtigsten Faktoren für Kundentreue. Und da günstige Preise und konkurrenzfähige Produkte zu Grundvoraussetzungen werden, wird der Kundenservice in den kommenden Jahren der Schauplatz für die Alleinstellung sein. Die Gewinner von morgen werden wahrscheinlich diejenigen sein, die erstklassigen Service bieten. Und es ist definitiv möglich, hier einen dauerhaften Wettbewerbsvorteil zu erlangen: über eine besondere Kundenerfahrung. CEOs und COOs konzentrieren sich darauf, Effizienz und Profitabilität zu steigern. Die Branche muss effizienter werden und die Kosten pro Trade oder pro Transaktion und pro verwaltetem Asset so niedrig wie möglich halten – doch übertreiben wir es nicht mit der operativen Exzellenz, denn die positive Kundenerfahrung ist eine überaus wichtige Möglichkeit, sich dem Preiskampf zu entziehen.

Finanzdienstleister haben sich in der Vergangenheit auf die Produktinnovation konzentriert. Jetzt haben sie die Chance, ihre Innovationsanstrengungen auf die Dienstleistungen zu lenken sowie auf die Art und Weise, wie diese umgesetzt werden, im Grunde auf die Unternehmenskultur. Wir glauben, dass Unternehmen, die ihren Innovationsfokus erfolgreich auf diese Weise verbreitern, im künftigen Wettbewerb gut positioniert sein werden. Streben Sie einfache Erfahrungen an, die auf allgemeiner Anständigkeit beruhen, und stellen Sie sicher, dass diese wirklich die Marke verkörpern: Lassen Sie die Leute die Kultur des Unternehmens erleben, mit dem sie es zu tun haben, egal, ob die Umgebung physisch oder virtuell ist. Eine erstklassige Erfahrung, verbunden mit einer zuverlässigen Bereitstellung, gewinnt immer, und eine solche Premium-Erfahrung kann umgesetzt werden, egal, wo sich ein Produkt auf der Preisskala befindet. Denken Sie kleinteilig, verblüffen Sie die Kunden mit Ihrer Aufmerksamkeit für das Detail. Machen Sie jeden Schritt auf dem Weg zum Kauf einfacher und angenehmer, und lassen Sie Ihr Publikum Wertschätzung erfahren.

Eine großartige Kundenerfahrung ist wesentlich schwieriger zu kopieren als ein Produkt. Verbraucher sind keine streng rationalen Wesen. Schließlich setzt sich die Wettbewerbsfähigkeit bei den Dienstleistungen aus Menschen, Kultur und Unternehmensstolz zusammen. Und diese kann man nicht einmal imitieren.

Deswegen sollte die Strategie für die Mitarbeiter bedeutungsvoll und glaubwürdig sein, wenn sie diese erfolgreich umsetzen sollen.

Einfachheit ist der Schlüssel

Bei der Diskussion der sechs Verbrauchertrends mit den Vorständen taucht immer wieder dieselbe Frage auf: Wo fangen wir an?

Wir sind überzeugt, dass jeder einzelne der in den vorangehenden Kapiteln vorgestellten sechs Trends der Zukunft und der strukturellen Kundenorientierung den Boden bereiten. Unter diesem Gesichtspunkt sind alle beschriebenen Trends gleichermaßen wichtig und sollten im Blick behalten werden.

Den Wunsch nach Transparenz zu übergehen oder die eigenständigen Verbraucher zu vernachlässigen, ist immer eine Option. Man kann sich entscheiden, die Schwarmintelligenz zu ignorieren. Doch die Zahl der Verbraucher, die Sie so ansprechen, wird immer kleiner werden.

Man könnte sich auch entscheiden, an den Schwellenmärkten alles so zu lassen, wie es ist. Wir glauben, dass die Verbraucher in diesen Märkten finanziell sehr schnell reifen, und sie zu unterschätzen, wird langfristig sicherlich kontraproduktiv sein. Außerdem schafft eine solche Strategie wahrscheinlich nur ähnliche Probleme, wie sie gegenwärtig die gereiften Märkte erleben. Es führt kein Weg daran vorbei: Auf alle Trends muss reagiert werden.

Um Sie zu beruhigen – die Trends haben eine bestimmte Reihenfolge, denn es gibt logische Verbindungen zwischen ihnen:
Wir schrieben über zwei eng miteinander verbundene Trends, den Wunsch nach Transparenz und Einfachheit. Unsere Schlussfolgerung war, dass Einfachheit eine Vorbedingung für Transparenz ist.
Eigenständige Verbraucher erwarten Produkte und Dienstleistungen, über die sie autonom entscheiden können, wenn nötig mithilfe einiger zusätzlicher Informationen und Werkzeuge. Je einfacher und transparenter die Produkte und Dienstleistungen werden, desto besser können wir auf die spezifischen Bedürfnisse dieses wachsenden eigenständigen Segments eingehen.
Die Transparenz einer Organisation wird natürlich durch die Schwarmintelligenz größer. Doch das funktioniert auch umgekehrt: Wenn Sie wollen, dass die Leute über Ihr Unternehmen, Ihre Produkte und Dienstleistungen sprechen, dann hilft ein einfacher und gut strukturierter Ablauf. Einfachheit und Transparenz sind Voraussetzungen dafür, die Schwarmintelligenz einzubinden.
Um als anständig betrachtet zu werden, ist Transparenz ebenfalls eine wichtige Voraussetzung. Ein Mangel an Transparenz entspricht der Absicht, am Unwissen der Verbraucher zu verdienen. Als anständig angesehen zu werden, wird zu einer positiveren Behandlung durch den Schwarm und seine Intelligenz führen.
Unter den erwähnten Trends wird der Wunsch nach Nähe vor allem durch den Wunsch nach Transparenz motiviert, in geringerem Maße auch durch den Wunsch nach gemeinsamen Ansichten über moralische Werte.
Einfachheit liegt allen anderen Trends zugrunde; ohne Einfachheit wird es ein Unternehmen noch schwieriger finden, die anderen Trends in Angriff zu nehmen. Jedoch soll

das nicht heißen, es gebe eine Reihenfolge, die mit Einfachheit beginnt und sich mit Transparenz fortsetzt und so weiter. Wir können uns eine derartige Herangehensweise nicht erlauben. Alle Trends sind wichtig, und wir müssen alle von ihnen einbeziehen. Allerdings heißt es tatsächlich, dass Einfachheit der Schlüssel ist, um alle Trends in Angriff zu nehmen, und somit der Schlüssel zur Kundenorientierung. Einfachheit ist eine exzellente Basis, um kundenorientierte Veränderungen einzuleiten.

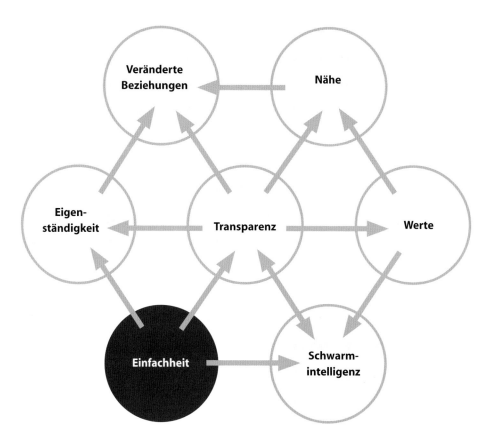

Abbildung: Einfachheit ist der Schlüssel.

Dies wird durch unsere eigene Erfahrung bekräftigt. In den letzten Jahren haben wir das Konzept der Einfachheit bei mehreren Finanzinstituten eingeführt, und wir haben erlebt, wie wirksam Einfachheit im Hinblick auf die Verwirklichung von Veränderungen ist, selbst in multinationalen Betrieben. Einfachheit setzt Unternehmen wirksam in Bewegung. Das Konzept ist leicht zu verstehen. Die Dinge können immer einfacher gemacht werden, und niemand kann dagegen sein, die Dinge zu vereinfachen. Jeder im Unternehmen, von ganz oben bis ganz unten, unabhängig vom Arbeitsgebiet, kann damit etwas anfangen und es auf seine Aktivitäten anwenden. Einfachheit ermöglicht es, den Kunden ins Zentrum der Arbeit von allen zu rücken. Sie kann objektiv gemessen und unmittelbar wahrgenommen werden. Von Beginn an können Erfolge erzielt werden, Fall für Fall, Monat für Monat, Jahr für Jahr. Und last but not least ist Einfachheit, wenn sie aus Verbraucherperspektive umgesetzt wird, die perfekte Plattform, um operative Exzellenz und Kundenorientierung in Einklang zu bringen.

Wir hatten das Privileg, die Metamorphose des multinationalen Verbraucherelektronik-Konzerns Philips von einem technologiegetriebenen hin zu einem kundenorientierten Unternehmen aus nächster Nähe mitzuerleben. »Einfachheit« sowie deren Aspekte »um Sie herum aufgebaut«, »leicht zu erleben« und »fortgeschritten« hatten und haben einen entscheidenden Einfluss auf den Transformationsprozess. In allen Teilen der Firma – beim Primärprozess, bei den Produkten und den Kontaktpunkten – wurde Einfachheit implementiert, wobei der Schwerpunkt auf der Verbraucherperspektive als dem Ursprung von allem lag. Finanzinstitute wie BBVA folgen Philips' Weg.

Vier Dinge, die wir über Einfachheit lernten

- Die meisten Finanzdienstleister haben radikale und nicht nur schrittweise Veränderungen nötig, um das angestrebte Maß an Einfachheit zu erreichen. Diese radikalen Veränderungen müssen aus Kundenperspektive definiert werden, und es ist entscheidend, gemischte Teams mit kaufmännischem, operativem und Management-Know-how zu bilden. Diese Teams müssen sich regelmäßig mit tatsächlichen Kunden in Verbindung setzen oder sie sogar in den Prozess einbeziehen.
- Die meisten Vereinfachungsprogramme haben die Unterstützung des Spitzenmanagements, schaffen es aber nicht, dass Transparenz und Einfachheit auf allen Hierarchieebenen ankommen. Das erhöht das Risiko, dass Transparenz und Einfachheit bloße Kosmetik darstellen, anstatt tief im Unternehmen verwurzelt zu werden. Es ist daher entscheidend, eine gute Unternehmensführungsstruktur zu haben, die auch transparenz- und einfachheitsbasierte Leistungskennzahlen und Anreizsysteme umfasst.
- Transparenz und Einfachheit müssen gemanagt werden wie die kontinuierliche Innovation. Es muss eine Pipeline geschaffen werden, die fortlaufend Einfachheitsinitiativen hervorbringt und durch eine systematische Weitergabe der besten Vorgehensweisen ergänzt wird.
- Um nachhaltige geschäftliche Erfolge zu erzielen, ist es wichtig, die ersten Erfahrungen festzuhalten und daraus zu lernen. Der nächste Schritt ist, einen Fokus zu schaffen und die Umsetzung zu beschleunigen, indem man Einfachheit in jedem Aspekt des Geschäfts verankert, eine Produktgruppe nach der anderen und ein Markt nach dem anderen.

Führung in der Zukunft

In den letzten Jahren standen die Führung und die Mitarbeiter von Finanzdienstleister unter großem Druck. Die meisten haben solch beispiellose Veränderungen nie miterlebt. Die Unternehmenslenker der Finanzdienstleister müssen eindeutig für neue, stabile Fundamente sorgen und sich um die drängenden Prioritäten auf den Gebieten Risikomanagement und bilanzielle Gesundung kümmern.

Wir glauben aber, dass dies erst die halbe Lösung ist; die Bedürfnisse und das Verhalten der Verbraucher haben sich dramatisch verändert, und da gibt es, wie bei der Machtverlagerung zu den Verbrauchern, kein Zurück.

Die Finanzdienstleister werden nicht einfach zur Tagesordnung zurückkehren können. Ein fundamentales Umdenken und eine Erneuerung sind nötig – wir brauchen eine Renaissance der Finanzdienstleistungen. Die Renaissance stellt eine nützliche Metapher dar, da diese Bewegung den Übergang vom Mittelalter in die Neuzeit markierte und einen riesigen Einfluss auf das Geistesleben hatte. Denken Sie an den Aufstieg des Humanismus und das Interesse am menschlichen Geist und am menschlichen Leben, die Neubewertung der traditionellen Werte, die Verbreitung einer höchst realistischen Perspektive in der Malerei sowie die Reform der Bildung. Während sich die Aufmerksamkeit im Mittelalter vornehmlich dem Leben nach dem Tod zuwandte, verlegte die Renaissance das Bewusstsein des Menschen vollständig ins Hier und Jetzt. Der ideale Mensch hatte viele Talente und war in mehreren Disziplinen versiert. Die Familie der Medici aus Florenz, Vermittler und Bankiers, spielten in der Renaissance-Bewegung eine wichtige Rolle, indem sie neue Entwicklungen initiierten und anregten. Einige Medici wurden sogar selbst zu Vorbildern: Lorenzo de Medici, »Il Magnifico«, war nicht nur ein brillanter Bankier, sondern auch ein herausragender Künstler, Sportler und Philosoph, ein Multitalent auf vielen Gebieten. Die Führungspersönlichkeiten im Finanzbereich werden auf ähnliche Weise als Förderer und Beschleuniger der neuen Ära in der Finanzbranche auftreten müssen.

Über Führung im Allgemeinen und, speziell in den letzten Jahren, Führung in Finanzdienstleister im Besonderen wurde viel gesagt und geschrieben. Natürlich bleiben die üblichen Führungsprinzipien gültig, etwa ehrlich und realistisch mit dem Zustand des Unternehmens umzugehen, ein gut begründetes Gefühl von Dringlichkeit zu erzeugen, eine klare und glaubwürdige Vision zu verfolgen, diese klar zu kommunizieren, Selbstverpflichtungen einzugehen und frühzeitig Erfolge vorweisen zu können. Doch laut unserer Vision erfordert der Schritt nach vorn eine Art der Führung, die über diese Fähigkeiten hinausgeht. Zu den neuen Führungsqualitäten gehören folgende Aspekte: (1) die Interessen aller vier wichtigen Gruppen von Stakeholdern in Einklang zu bringen, (2) Kundenorientierung und profitables Wachstum miteinander zu vereinbaren und (3) ein Finanzinstitut in ein kundenorientiertes Unternehmen zu verwandeln.

Gegenüber dem puren Shareholder-Kapitalismus erfordert die Berücksichtigung aller vier wichtigen Stakeholder eine neue Geisteshaltung. Der Umgang mit den staatlichen Interessen und die Rückkopplung an die Verbraucher setzen eine Teilnahme an der öffentlichen Debatte voraus. Die Mitarbeiter einzubeziehen, erfordert einen integrativen Führungsstil, die Wiederherstellung des internen Vertrauens und eine Kultur der Offenheit. An diesen Stellen werden bedeutende Veränderungen entfacht, und das Unternehmen kann sich der langfristigen Wertschöpfung zuwenden.

Kundenorientierung und profitables Wachstum miteinander zu vereinbaren, benötigt kreative Lösungen. Auf den ersten Blick widersprechen sich beide Aspekte. Um hier Fortschritte zu erzielen, wird man Geschäftsmodelle ändern müssen – die intransparenten Nischen dürfen nicht mehr als Gewinn- und Umsatzquelle herhalten, Transparenz muss herrschen, und mit dem Margendruck muss man umgehen lernen. Das Tempo, in dem technologische Veränderungen aufgegriffen werden, wird ein wesentlicher Erfolgsfaktor bei der Umsetzung all dessen sein.

Ein Finanzinstitut zu einem kundenorientierten Unternehmen zu machen, wechselseitig nutzbringende und wertvolle Beziehungen zu den Kunden aufzubauen, erfordert eine Neujustierung »der Art und Weise, wie wir Dinge hier regeln«. Neue Zeiten erfordern neue Wege: Befähigung, allgemeine Anständigkeit, eine menschliche Dimension, Offenheit, persönlich und empathisch. Es geht um eine Kultur, die das »zuhören – lernen – einbinden« verinnerlicht.

Der Weg zur Kundenorientierung führt über innere Veränderungen. Seien Sie selbst ein Beispiel, denn wenn Sie nicht selbst über Ihre Kunden nachdenken und reden, warum sollten Ihre Mitarbeiter und Kollegen dies tun? Kundenorientierung bedeutet, für die Werte zu leben. Es bedeutet, auf die Existenzberechtigung des Unternehmens zurückzukommen: die Kunden.

Die Neuerfindung der Finanzbranche endet nie. Um sich über unsere neuesten Erkenntnisse, neue Best Practices, die wir rund um die Erde aufgespürt haben, und aktuelle Interviews mit Branchenmanagern und Vordenkern zu informieren, besuchen Sie www.reinventingfinancialservices.com.

Fair Share ist das Programm der Zukunft

Markus Pertlwieser, Chief Transformation Officer und Mitglied der deutschen Geschäftsleitung für Privat- und Geschäftskunden der Deutschen Bank, im Gespräch mit Egbert Deekeling, Gründer und Partner von Deekeling Arndt Advisors.

Wie schätzen Sie die heutige und künftige Innovationsfreude der Banken und Finanzdienstleister ein? Befinden wir uns in einer innovationsreichen oder eher innovationsarmen Zeit?

Die 1990er Jahre waren ein sehr innovatives Jahrzehnt für die Branche. In diese Zeit fallen neue Angebote des Direkt- und Internetbankings, die Öffnung und Demokratisierung von Private Banking für ein breites Publikum wie auch die Popularisierung von Aktien und Finanzanlagen insgesamt. Die 2000er Jahre waren dagegen eher von Krisen und den Reaktionen darauf geprägt, außerdem von Konsolidierungsbestrebungen im deutschen Markt und den sich anschließenden Integrationsaufgaben. Ich erwarte den nächsten großen Innovationsschub erst in einigen Jahren, weil die kommenden Jahre stark von der Rückgewinnung des Vertrauens geprägt sein werden. Angesichts der aktuellen gesellschaftlichen Debatte über die Rolle von Banken ist jetzt für jede Retail Bank verpflichtend, das eigene Geschäftsmodell auf den Prüfstand zu stellen und Innovationen kontinuierlich genau dort zu implementieren, wo sie das Geschäft zentral unterstützen.

In welchen Bereichen sehen denn Sie die Schwerpunkte für das nächste Innovationsjahrzehnt ab 2020?

Vor allem im Bereich der Prozess- und Serviceinnovationen. Mit dem schwindenden Fokus auf Produkte und der zunehmenden Hinwendung zu einer ›customer care bank‹ werden vor allem die Kundenprozesse transparenter, individueller und komfortabler werden. Wir kommen von einer Bank, die Produkte vertreibt, zu einer Bank, die selbst das Produkt ist. Die Digitalisierung unterstützt dabei beide Arten des Retail Banking. Im Convenience-orientierten Consumer Banking schafft die Digitalisierung neue Services und Angebote, die nicht nur den Smart-Shopping-Käufer effizient bedienen. Im Advisory Banking leistet die wachsende Digitalisierung einen entscheidenden Beitrag zur individuellen Informationsbeschaffung von beratungsorientierten Kunden. Vor allem die Digitalisierung spielt hier eine große Rolle.

Verstehen Sie die Digitalisierung hauptsächlich als einen technologischen oder soziokulturellen Veränderungsprozess? Welchen Stellenwert haben soziale Netzwerke, Augmented Reality oder Mobile Bildtelefonie für die Bank der Zukunft?

Die technologische Dimension beschert uns Reichweite, Frequenz und Effizienz, ist also ökonomisch von hoher Bedeutung. Im Hinblick auf die Kundenbeziehung und das Vertrauensverhältnis zwischen Bank und Kunde sind die soziokulturellen Trends in der Gesellschaft für uns noch wichtiger. Die Menschen verändern gerade ihre Kulturtechniken, die Art und Weise, wie Informationen beschafft, interpretiert und verbreitet werden, wandelt sich grundlegend. Bei den Digital Natives lässt sich das besonders intensiv beobachten. Social Computing und Social Networks werden folglich den höchsten Stellenwert einnehmen.

Was halten Sie denn von den Trendbegriffen zu neuen Formen des Bankings, die augenblicklich im Umlauf sind? Life Cycle Banking oder Community Banking zu Beispiel?

Zukunftsprognostik und Trendscouting sind anregend, müssen sich aber auch den Realitäten des Geschäfts stellen. Klar ist, daß Community ein sehr wichtiger Orientierungsbegriff in der Marktbearbeitung ist und bleiben wird. Wir segmentieren die Gesellschaft nicht mehr nach soziodemographischen Merkmalen oder Milieus, sondern müssen den einzelnen Menschen in seiner Zugehörigkeit zu verschiedenen Communities erkennen. Eine Community ist ja nichts anderes als ein informelles Netzwerk, ganz egal, ob das Netzwerk um einen Ort, um ein Thema, um einen Lifestyle herum gebildet wird. Community Banking wird also wachsen und hat Chancen, zu einer eigenständigen Formatgattung ausgestaltet zu werden.

Sie haben die wachsende Zielgruppe der Digital Natives erwähnt. Wird sich das Verhältnis von clicks und bricks, also der digitalen und stationären Präsenz von Banken durch diese neue Generation verändern?

Der digitale Drift setzt sich unvermindert fort, verschiebt aber nicht die Bedeutung der traditionellen und neuen Zugangswege für Kunden im Retail Banking. Gerade im beratungsintensiven Advisory Business bleiben digitale Medien wertvolle Hilfen zur Erstinformation und Orientierung des Kunden. Die heute und auch künftig bedeutendsten Kundengruppen erwarten aber die persönliche und vertrauensbildende Beratung vor Ort in der Filiale.

Die Generation der Digital Natives ist auch eine sehr individualistische Generation, die wenig Sympathien für Massenproduktion und Standardisierung aufbringt. Hat das Konsequenzen beispielsweise für Ihre Vertriebswege?

Nicht generell aber punktuell. Die Deutsche Bank hat bereits seit langem die Individualisierung in der Gesellschaft durch eine Auffächerung des Angebots mit modularen Systemen aufgegriffen und in kundenorientierte Leistungen übersetzt. Es wird weiterhin einen Massenmarkt geben, der effizient und kostengünstig für den Kunden arbeiten muss. Hier sind industrialisierte, standardsierte Konzepte zwangsläufig erforderlich. Aber daneben wird es auch einen steigenden Bedarf nach Kundenbetreuung mit regionalem und lokalem Fokus geben. Wir können hier mit gezieltem Mikromarketing mittels neuer Community-Filialen oder Flagship-Stores einen höheren Individualisierungsgrad bieten – nicht allein im Design, sondern auch in Beratung und Service.

Wie wichtig ist denn eigentlich die Beratung und der Bankberater noch, wenn ich nur einen Klick von der Antwort entfernt bin? Der Stern des Expertenwissens sinkt. Schwarmintelligenz tritt an seine Stelle.

Einspruch, Euer Ehren. Die meisten Menschen wollen sich nicht auf die Meinungen einer Zufallsgruppe aus dem Internet verlassen. Die interessantesten Kundengruppen im Retail Banking wollen über alle Produktbedarfe hinweg den Rat und die Orientierung im persönlichen Gespräch. Das ist eine Chance für Banken. Aber jede Bank ist nur so gut wie die Berater an der Schnittstelle zum Kunden. Wir legen allergrößten Wert auf die Qualifikation und permanente Weiterbildung unserer Berater, deren Leistung am Kunden nicht durch das Netz substituiert werden kann.

Werden die Kunden in ihrem Investitionsverhalten denn generell ihre Güterabwägung

zwischen Rendite, Sicherheit und Nachhaltigkeit neu gewichten? Wie viel Gier und Vernunft erwarten Sie auf der Kundenseite?

Die Wahrnehmung hat sich deutlich verändert. Eine große Rolle spielt die höhere Lebenserwartung der Menschen und die damit verbundene langfristige Perspektive. Wenn ich weiß, dass ich 90 Jahre alt werden kann, verblasst die Idee eines schnellen Profits im laufenden Quartal gegenüber der langfristigen Kalkulierbarkeit und Sicherheit. Eines ist aber sicher: Es hat immer Krisen gegeben, und es wird immer Krisen geben. Das Grundbedürfnis der Menschen nach der Sicherung und Mehrung ihres finanziellen Vermögens wird es immer geben. Und damit bleibt die Suche nach attraktiven Anlageformen auch in Zukunft intakt.

Und wie halten Sie es mit dem Vertrieb in der Zukunft? Die vergangenen Jahre waren von Push-Strategien geprägt, fast nur Angebotswerbung, wenig Investitionen in die Nachfrage.

Der Vertrieb muss auch in Zukunft das Angebot konsequent auf die Kunden ausrichten und eine exzellente und wertstiftende Beratungsleistung erbringen. Dabei bleibt eine aktive und möglichst individuelle Ansprache der Kunden wichtig. Kundenperspektive schlägt auch in Zukunft die Produktperspektive.

Was ist Ihr wichtigster Punkt für die künftige Positionierung der Banken und Finanzdienstleister?

Fair Share ist das Programm der Zukunft. Die Legitimation einer Retail Bank kann es nur sein, für Kunden und Aktionäre gleichermaßen nachhaltige Werte zu schaffen – und sich selbst auch daran zu messen. Eine Retail Bank muss in der Lage sein, bei der Steuerung des Geschäftes immer auch die Perspektive ihrer Kunden und Aktionäre gleichzeitig einzunehmen. Der ein oder andere mag in den letzten Jahren vergessen haben, dass sich der Erfolg einer Bank unmittelbar aus den Erfolgen ihrer Kunden ableitet. Wir haben die Weichen bei der Deutschen Bank dafür bereits gestellt.

Die Bank zur Kundenorientierung führen

Standard Chartered First Bank Korea ist eine der größten Banken in Korea und macht den größten Teil der weltweiten Aktivitäten von Standard Chartered aus. Richard Hill, President und CEO der Bank, sprach mit uns über Führung in einem Finanzdienstleistungsunternehmen.

Welche Veränderungen in der Führungsphilosophie sind notwendig, um die Finanzdienstleister aus der aktuellen »Vertrauenskrise« herauszuholen?

Die Führungskräfte von Finanzdienstleistungsunternehmen müssen mehr Zuversicht in ihre Unternehmen bringen, indem sie Klarheit über

Probleme und Lösungen schaffen, so dass alle Angestellten wissen, welche Prioritäten sie setzen müssen, wie sie zum Erfolg beitragen können und welche Pläne zur Ausführung gebracht werden sollen. Die Führungskräfte müssen tatsächlich tun, was sie sagen, indem sie leidenschaftlich und zielstrebig ihre Unternehmen auf den richtigen Weg führen, sich an ihre Versprechen halten und langfristig angelegte Pläne umsetzen. Außerdem müssen die Führungskräfte Werte wie Integrität, Bescheidenheit und Vertrauen praktizieren. Ehrlichkeit und das Eingeständnis von Fehlern sind keine Schande. Es ist wichtig, die guten und die schlechten Seiten unseres Geschäfts zu zeigen und offen und ehrlich mit den Menschen umzugehen, denen wir begegnen.

Welche Fähigkeiten sollten Führungskräfte entwickeln, um zu stärkeren und zuversichtlicheren Führungskräften zu werden?

Seit vielen Jahren verwendet Standard Chartered weltweit einen Ansatz zur Entwicklung von Führungskräften, der sich auf die bekannte Tatsache stützt, dass sich Zuversicht bei der Ausführung einer Aufgabe einstellt, wenn der Betreffende seine persönlichen Stärken bei der Arbeit zum Einsatz bringen kann. Es ist natürlich einfacher, Stärken bei Tätigkeiten zu entwickeln, die man bereits gut beherrscht, und es ist dagegen viel schwerer, Schwächen auszumerzen. Teams mit großen, unterschiedlichen Stärken sind die besseren Teams. Das gilt im Sport genauso wie in der Geschäftswelt. Wenn ein Team gebildet wird, in dem die Mitglieder über komplementäre Stärken verfügen, dann kann der Einzelne sich der gemeinsamen Stärken der anderen bedienen. Das führt zu mehr Zuversicht, Leistungssteigerung und Engagement und sendet Signale von Zuversicht an andere Teams innerhalb des Unternehmens.

Was müssen Finanzdienstleistungsunternehmen tun, um das Vertrauen ihrer Kunden zurückzugewinnen?

Die Finanzdienstleistungsbranche muss sich vor allem darauf konzentrieren, ihre Bilanzen, ihre Liquidität und ihre Risikobetrachtung in Ordnung zu bringen. Die Aufsichtsräte sollten sich auf die Wahrung der Interessen der Aktionäre genauso wie auf die Wahrung der Interessen ihrer Kunden konzentrieren. Um das zu erreichen, haben wir bessere und einfachere interne Prozesse entworfen, die es erlauben werden, schneller auf äußere Veränderungen zu reagieren. Um eine stabile Bilanz aufweisen zu können, hat zum Beispiel das Asset & Liability Committee die Häufigkeit seiner Besprechungen erhöht und bestimmte Liquiditätsziele für jeden Zweig des Unternehmens gesetzt, die jede Woche kontrolliert werden.

2007 haben wir eine Initiative gestartet, die den Kunden in den Mittelpunkt rücken und dazu führen soll, dass sich die Bank nach den Bedürfnissen des Kunden richtet anstatt umgekehrt. Eine gut funktionierende Ausrichtung auf den Kunden zu schaffen, erfordert viel Zeit. Das Ziel ist, dem Kunden das Gefühl zu geben, dass wir für ihn da sind und dass wir in der Lage sind, seine jeweiligen Wünsche an dem Punkt, an dem er aktuell in seinem Leben steht, zu verstehen und in sinnvolle Produkte und Dienstleistungen zu übersetzen. Wir interessieren uns nicht dafür, unseren Kunden einfach Kredite oder Darlehen zu verkaufen, sondern wir wollen Lösungen für einen schnellen und einfachen Wohnungsumzug finden oder es unseren Kunden ermöglichen, ihre Kinder auf eine bestimmte Schule zu schicken. Im November 2009 hat Standard Chartered First Bank ein neues, ganz auf den Kunden fokussiertes »Dream Pack« herausgebracht, das aus sechs innovativen Finanzprodukten besteht. Für die Zukunft glaube ich, dass die Banken von anderen Unternehmen im Endkundengeschäft lernen sollten, wie zum Beispiel von Fast-Food-Ketten, Kleiderläden oder Friseuren, die ihren Kunden eine angenehme und emotionale Einkaufserfahrung ermöglichen. Es wird immer gewisse Aktivitäten geben, die wir als Bank von Staats wegen auch immer erfüllen sollten, zum Beispiel die Durchleuchtung des Hintergrunds eines Kunden, der Verkauf adäquater Produkte und die Verhinderung von Straftaten. Die Banken können jedoch diese Prozesse auf eine Art und Weise ausführen, die den Kunden mehr in den Mittelpunkt rückt und nicht vergessen lässt, dass eine Bank einen großen Einfluss auf die Wahlmöglichkeiten eines Menschen hat und das Bedürfnis nach größtmöglicher Sicherheit ernst nehmen muss.

Die Hebelwirkung des Netzwerkes

Gianfranco Bisagni, Head of CEE Corporate and Investment Banking, UniCredit Bank Austria.

Die zentral- und osteuropäischen Märkte standen im Mittelpunkt der globalen Finanzkrise von 2008/2009. Nur noch wenige werden sich erinnern, dass sich Österreichs Länderrisiko durch sein CEE-Exposure verschlechtert hatte: Es lag vorübergehend über dem Griechenlands zu dieser Zeit, und die Anspannung war entsprechend hoch.

Obwohl die CEE-Volkswirtschaften stark betroffen waren, blieb der Bankenmarkt in der Region attraktiv. Laut aktuellen Konjunkturprognosen wird sich die CEE-Region auch weiterhin besser entwickeln als der Rest Europas. Das ist ein wesentlicher Antrieb für unsere Aktivitäten in dieser Region.

Unser gesamtes CEE-Netzwerk umfasst 19 Länder und mehr als 3800 Filialen. Das Ziel ist es, dieses Netzwerk maximal zu nutzen. Natürlich ist ein derartig großes Netzwerk in vielen verschiedenen Märkten mit hoher Komplexität verbunden. Die folgenden fünf Säulen unterstützen uns dabei, diese Komplexität effizient zu managen und gleichzeitig die maximal möglichen Synergien daraus zu ziehen.

Das »Hubs-and-Spokes-Model«

Das sogenannte »Naben-und-Speichen-Modell« ist essentiell für die Bewältigung dieser Komplexität. Es wird in unserem gesamten CEE-Bankennetzwerk angewendet, und es stellt auf globaler Ebene eine umfangreiche Palette an Investmentbanking- und Transaktionsdienstleistungen zur Verfügung. Sogenannte »CEE Produktfabriken« ergänzen dabei die Expertise anderer Kompetenzzentren in London, Mailand und München.

Innovation

Ein großes Netzwerk bietet uns auch die Möglichkeit, innovative Ideen – von neuen Produkten bis hin zu IT-Lösungen – zu testen und zu implementieren.

Kundenorientierte Produkte und Dienstleistungen werden – so sie sich einmal bewährt haben – auf das gesamte CEE-Netzwerk ausgerollt. Dies ist zwar mit einem beträchtlichen Aufwand verbunden; dieser führt jedoch zu positiven Resultaten. Somit stellen Koordination und gut abgestimmte Projekte wichtige Erfolgsfaktoren dar.

So arbeiten wir seit geraumer Zeit an einem Redesign unseres Filialkonzeptes. Die Filiale der Zukunft wird voraussichtlich weit weniger auf Bargeldservices ausgelegt sein, stattdessen werden die Kundenberatung und die Integration in moderne Internet-Technologien an Bedeutung gewinnen. Schritte in diese Richtung setzen wir gegenwärtig in mehreren CEE-Ländern parallel um und nutzen dabei die gleichen Plattformen.

Musterlösungen

Unser Customer-Relationship-Management-System – ein Instrument, das in verschiedensten Branchen gebräuchlich ist und mit dem auch wir Kundendaten sowie Geschäftsprozesse (Angebotsaktionen, Marketing etc.) organisieren – ist dafür ein gutes Beispiel. Es baut auf eine Musterlösung der ungarischen und kroatischen Tochterbank der Gruppe auf und wird derzeit in weiteren CEE-Ländern eingeführt. Der zentrale Gedanke dabei ist, unseren Mitarbeitern ein noch besseres Verständnis für die Bedürfnisse ihrer Kunden zu ermöglichen und sie unter Berücksichtigung lokaler Besonderheiten in der Kundenbetreuung optimal zu unterstützen.

Skaleneffekte

Synergien gibt es also in vielen Bereichen, von der Werbung (wie unser Sponsoring der UEFA Champions Leagues meist über internationale Plattformen durchgeführt) bis zur globalen Abrufbarkeit zahlreicher Bankdienstleistungen, von der volkswirtschaftlichen und Wertpapieranalyse bis zur Abwicklung.

Grenzüberschreitende Servicelösungen

Das internationale Geschäft liegt also gewissermaßen in der DNA einer Bank mit einem derart ausgedehnten Netzwerk wie der UniCredit. Grenzüberschreitend tätige CEE-Kunden genießen dabei ganz besondere Aufmerksamkeit: Unser GAM- und CBBM-Betreuungsmodell (Global Account Management, Cross Border Business Management) wenden sich speziell an internationale Firmenkunden mit Interesse an der CEE-Region und stellen sicher, dass sie in allen UniCredit-Ländern in gewohnter Qualität betreut werden. Unsere International Desks sind die zentralen Anlaufstellen für globale Kunden, von großen bis hin zu kleinen Unternehmen.

Das Ergebnis: Die UniCredit betreut mehr als 10 000 deutsche, italienische und österreichische Firmen mit Tochterunternehmen in Zentral- und Osteuropa, und diese tragen maßgeblich zum wirtschaftlichen Erfolg unserer Bankengruppe bei. Internationale Bankprodukte machen etwa ein Zehntel des gesamten Firmenkundengeschäftes der UniCredit aus.

Betrachtet man nur die österreichischen Kommerzkunden, so sind über 70 Prozent der Firmenkunden der UniCredit Bank Austria international, das heißt 70 Prozent verfügen über ein Tochterunternehmen außerhalb Österreichs. Darüber hinaus wird mehr als ein Drittel der Geldflüsse im Zusammenhang mit österreichischen Exporten durch das Netzwerk der UniCredit abgewickelt.

Insgesamt ist das Osteuropageschäft der UniCredit ebenso wie ihre regionale Strategie breit diversifiziert und bleibt ein wichtiger Beitragsleister für das Gruppenergebnis: 2010 hat es rund 14 Prozent der Bilanzsumme der UniCredit ausgemacht und einen bedeutenden Anteil am konsolidierten Nettogewinn gehabt. Der Blick in die Zukunft zeigt, dass unser CEE-Netzwerk auch weiterhin ein bestimmender Faktor unserer Erfolgsgeschichte sein wird.

Ein Paradigmenwechsel: Das Outside-In-Prinzip

Jouk Pleiter, CEO und Mitbegründer von Backbase, Softwarespezialist von Bank 2.0, hilft den Geldinstituten, im heutigen Zeitalter des sogenannten Engagement Banking konkurrenzfähig zu bleiben. Sein Unternehmen stellt Software zur Verbesserung der Online-Kanäle sowie der mobilen Kanäle einer Bank her. In diesem Interview erläutert er seine Vision des Engagement Bankings und wie Geldinstitute und Banken ihre Geschäfte optimieren können, damit sie der Konkurrenz immer einen Schritt voraus sind.

Was ist Engagement Banking?

Web 2.0 World, eingesetzt von Technologieunternehmen wie Amazon, Apple und Facebook, ermöglicht eine benutzerorientierte, nicht-übertragbare Online-Nutzung. Die Schlüsselwörter von Web 2.0 World wie ›User in Control‹, ›Superior Experience‹ und ›Do-It-Yourself‹ sind einfach zu verstehen. Aufgrund der ständig neu entwickelten mobilen Geräte und der neuen Social Media Tools ändert sich das Kundenverhalten immer wieder grundlegend, und die Kunden suchen nach einer Möglichkeit, um mit Unternehmen über diese wachsende Anzahl digitaler Kontaktpunkte zu kommunizieren. Leider haben die Banken es nicht verstanden, sich schnell genug an diese neue Art der digitalen Nutzung anzupassen, sodass Kunden ihre Bemühungen, digital mit ihrer Bank zu kommunizieren, aufgeben.

Die meisten E-Banking-Manager möchten ihren Kunden ein verlockendes digitales Angebot machen, werden jedoch von den Altlasten der IT-Systeme daran gehindert. Diese Systeme können nicht mit Web 2.0 World oder mit den schnellen Veränderungen infolge der mobilen Revolution mithalten. Es geht darum, die Möglichkeiten ihrer vorhandenen Systeme weiter zu benutzen und die Kernfunktionen der Bank gleichzeitig mit neuen, frischen Engagement-Banking-Eigenschaften zu kombinieren, bei denen der Kunde das Sagen hat.

Das Outside-In-Prinzip

Aufgrund der globalen Trends hin zu Einfachheit und Bequemlichkeit sowie der mobilen Internet-Revolution und der sozialen Interaktionen müssen Finanzexperten lernen, umzudenken. In den letzten zehn Jahren waren die meisten Banken damit beschäftigt, ihre Produkte und internen Prozesse online zu stellen, das heißt im Grunde genommen, ihre internen Systeme webfähig zu machen. Dieser Ansatz basiert größtenteils auf dem Inside-Out-Prinzip, also von innen nach außen, bei dem die Bank ihre internen Bildschirme einfach auf eine HTML-Seite stellt, sodass die meiste Arbeit vom Kunden erledigt wird. Dieses Inside-Out-Prinzip greift jedoch nicht mehr im Zeitalter des Engagement Banking. Ein Paradigmenwechsel ist erforderlich.

Im Engagement-Banking-Zeitalter müssen die Banken ihre Kunden in den Vordergrund stellen und die Interaktionen mit der Bank müssen leicht und intuitiv gestaltet werden. Dies erfordert ein Umdenken zum Outside-In-Prinzip, das heißt das Denken aus der Sicht des Kunden. Es ist dem Kunden egal, ob eine Bank über multiple Produktgruppen, Geschäftsabteilungen oder fragmentierte IT-Systeme verfügt. Es interessiert ihn auch nicht, ob sein Hypothekenantrag von einer anderen Abteilung bzw. einem anderen System bearbeitet wird als von dort, wo sein aktuelles Bankguthaben gespeichert ist. Ein Kunde heiratet, wird Vater oder Mutter oder möchte wissen, wieviel er sparen muss, um ein neues Auto oder Boot kaufen zu können. Im Zeitalter des Engagement Bankings geht es darum, so flexibel zu sein, dass man dem Kunden bei seiner Customer Journey, das heißt also von der ersten Kontaktaufnahme bis zum endgültigen Online-Abschluss, die richtigen Informationen und Funktionalitäten zur Verfügung stellen kann. In diesem Kontext bedeutet das: dem Kunden eine einfache und relevante Online-Nutzung zu ermöglichen.

Den Kunden in den Vordergrund zu stellen – das ist natürlich einfacher gesagt als getan. Es ist vor allem aufgrund der vielfach unterschiedlich nachgelagerten Systeme, Prozesse und Geschäftsabteilungen in einer Durchschnittsbank eine Herausforderung. Das Zusammenfügen sämtlicher Kundenbedürfnisse zu einer nahtlosen Customer Journey ist ein großes Vorhaben. Es ist für die Banken äußerst wichtig, sich in eine Outside-In-Organisation zu verwandeln und auf den vorhandenen Kernfunktionen und den anderen Systemen eine neue, frische User-Experience-Ebene aufzubauen, die lose mit den nachgelagerten Systemen und Prozessen der Bank verbunden ist. Es gibt den Banken die Flexibilität, dem Kunden über die verschiedenen Geräte (Desktop, Tablets, Smartphones) online die Möglichkeit einer einfachen, persönlichen, benutzerorientierten Customer Journey zu bieten.

Die User-Experience-Ebene

Durch Hinzufügen einer neuen User-Experience-Ebene auf Ihre vorhandenen Kernsysteme können Sie die Customer Journey optimieren, ohne dabei die vorhandene IT-Infrastruktur komplett erneuern zu müssen. Innerhalb der User-Experience-Ebene können Sie kundenorientierte Dialoge zusammenstellen und es den Kunden ermöglichen, Inhalte, Daten und Funktionen aus verschiedenen, unterliegenden Systemen in eine neue, frische, kundenorientierte Präsentation zusammenzufügen.

Das Herzstück der neuen User-Experience-Ebene sind Widgets. Widgets sind modulare Miniprogramme, die Inhalte und Funktionen aus unterschiedlichen, unterliegenden Systemen in ein neues Format zusammenfügen und wiederverwenden. Widgets ermöglichen es Ihnen, schnell Composite Applications oder Mashups zu erstellen, die Informationen und Funktionalitäten aus verschiedenen Systemen sammeln und zusammenfügen. Widgets sind zu einer einfachen Webseite versammelt, die im Kundenbrowser angezeigt wird. Widgets können überall wiederverwendet werden: in Ihrem Portal, auf Websites Dritter und auf mobilen Geräten. Natürlich muss die neue User-Experience-Ebene auf allen Geräten (das heißt regulären Browsern, iPad, Android und iPhone) funktionieren und auch die Wünsche Ihres Kunden pro Gerät kennen.

Der Handygebrauch wird in den nächsten fünf Jahren den Gebrauch von Desktop oder Laptop überholen. Touchscreen-Handys werden immer beliebter, wodurch Touch-Web-Anwendungen irgendwann zur Norm werden. Aus dem Grunde muss die User-Experience einer Bank sowohl für reguläre Browser als auch für mobile Touch-Geräte mit touch-freundlichen Layouts und leichten Seiten, die schnell geladen werden können, optimiert werden.

Stärkung der wichtigsten Anspruchsgruppen

Um das Engagement Banking zu ermöglichen, muss die Bank die drei entscheidenden Interessengruppen stärken: den Kunden, die Geschäftsteams und die IT-Teams der Bank. Engagement Banking bedeutet, sämtliche wichtigen Interessengruppen zu stärken.

Für den Kunden bedeutet das eine persönliche und relevante Superior-User-Experience, die auf allen Geräten funktioniert: Banking zu jeder Zeit, von jedem Ort aus und auf jedem Gerät. Für Geschäftsabteilungen bedeutet das eine Plattform, wo sie online Ergebnisse optimieren können, wo die Kosten-Pro-Kontakt niedriger sind und wo sie – auch ohne IT-Kenntnisse – Kontrolle über die Customer Journey haben. Für IT-Teams ist es wichtig, existierende Infrastrukturen wirksam einzusetzen, Integration zu vereinfachen und alles sicher und leistungsfähig zu halten.

Für das Funktionieren des Engagement Bankings ist ein effizienteres Zusammenarbeitsmodell zwischen den Geschäfts- und IT-Teams der Bank unerlässlich. Der wichtigste Grund für die problematische Zusammenarbeit zwischen E-Business und IT ist die Tatsache, dass beide völlig unterschiedlich ticken. Während E-Business den Kunden und den Markt anhand von KPIs (Leistungsindikatoren) wie Umsatz, Net Promoter Score (NPS), Anpassung und Kundenloyalität beobachtet, ist IT für die nachgelagerten Systeme mit KPIs wie Uptime, Leistung und Sicherheit verantwortlich. Zwei vollkommen unterschiedliche Pulsschläge: auf der einen Seite der schnelle Pulsschlag des Kunden und auf der anderen Seite die nachgelagerten Systeme, bei denen Sicherheit und Uptime an erster Stelle stehen und die eine viel langsamere Änderungsfähigkeit und einen langsameren Pulsschlag aufweisen.

Nun, wie können wir diese beiden unterschiedlichen Pulsschläge synchronisieren? Die Antwort heißt auch hier wieder: die User-Experience-Ebene. Diese User-Experience-Ebene ist auf den Kunden fokussiert und ermöglicht es dem E-Business-Experten, die Kundeninteraktionen zu beaufsichtigen. Da das Internet ein Kundeninteraktionskanal ist, muss das E-Business überwacht werden. Durch Hinzufügen der User-Experience-Ebene können sich die IT-Teams auf die internen Systeme und Prozesse konzentrieren und ihre KPIs in Bezug auf Sicherheit und Uptime beaufsichtigen. Gleichzeitig kann E-Business die KPIs der Customer Journey wie Kundenloyalität, NPS und Umsatz direkt in der User-Experience-Ebene verbessern.

Ein guter Unternehmenslenker interessiert sich für Menschen und Resultate

Von Willy Linssen, CEO von Heartware, einer auf die Entwicklung von Führungspersönlichkeiten spezialisierten Consulting-Firma aus Südkorea, die mit weltweit tätigen Finanzdienstleister zusammenarbeitet, um die Qualitäten der Führungskräfte im mittleren Management weiterzuentwickeln. Heartware repräsentiert außerdem Human Synergistics.

Die Herausforderungen, vor denen die Finanzbranche – wie im vorliegenden Buch beschrieben beschrieben – steht, erfordern ganz klar grundlegende Veränderungen, und zwar sowohl in der Unternehmenskultur wie auf der Führungsebene. Unternehmenskultur und Führungsstil haben mit einem bestimmten Verhalten zu tun, nämlich damit, was Führungskräfte und Angestellte tun oder tun sollten.

Human Synergistics International, eine branchenführende Beratungsfirma im Bereich Unternehmensorganisation und effiziente Unternehmensführung, hat die Erwartungen von 375 besonders effizient arbeitenden Führungskräften analysiert. In einer weiteren Studie wurde das tatsächliche Verhalten von 165 000 unteren, mittleren und höchsten Führungskräften in der Finanzbranche (zum größten Teil im angelsächsischen Raum) ermittelt.

Das Erwartungsprofil von besonders effizienten Führungskräften kann als äußerst konstruktiv, an Menschen interessiert und gleichzeitig erfolgsorientiert zusammengefasst werden. Effiziente Führungskräfte kümmern sich um die Wünsche ihrer Angestellten und sind gleichzeitig daran interessiert, Ergebnisse zu erreichen.

Im Gegensatz dazu zeigt die zweite Studie, dass das tatsächliche Verhalten der Führungskräfte im Finanzsektor vorwiegend defensiv und aufgabenorientiert ist, wobei die »Zurschaustellung von Macht«, die »Suche nach Anerkennung«, »Konkurrenzdenken« und die »Vermeidung von Risiken und der Übernahme von Verantwortung« eine beherrschende Rolle spielen. Die Unterschiede sind frappierend, und wenn man sie mit den Ergebnissen aus *Wie sich die Finanzbranche neu erfindet* zusammendenkt, dann ergibt sich ein genaues Bild der Herausforderungen, vor denen Führungskräfte heute stehen, und es zeigt sich, wie Unternehmenskulturen geändert werden müssen, um zu mehr Effizienz gelangen zu können.

Intuitiv betrachtet ist klar, dass die oben erwähnten konstruktiven Verhaltensweisen effizienter als eine nur defensive Haltung sein müssen. Weitere von Human Synergistics durchgeführte Studien mit mehr als 1000 Organisationseinheiten haben überzeugend gezeigt, dass konstruktives Verhalten auf allen Ebenen eines Unternehmens zu positiveren Ergebnissen führt. Der einzelne Mitarbeiter ist motivierter, hat mehr Freude an seiner Arbeit, leistet mehr und fühlt sich stärker eingebunden, während gleichzeitig weniger Stress auftritt, was alles dazu beiträgt, Mitarbeiterfluktuation zu verhindern. Die Qualität der Beziehungen zwischen den Mitgliedern eines Teams verbessert sich, und es kommt zu einer besseren Zusammenarbeit mit Kollegen und über die Grenzen der Abteilung hinaus. Das Unternehmen als Ganzes ist in der Lage, bessere Dienstleistungen anzubieten, und das führt zu zufriedeneren Kunden.

Das Verhalten von Führungskräften ist gegenwärtig meist durch defensive Züge gekennzeichnet

Auf der sicheren Seite bleiben und Risiken vermeiden (Vermeidungsstrategie)

Führungskräfte meiden Situationen, die sie als »riskant« einschätzen, um Vorwürfen zu entgehen, wenn später Fehler festgestellt werden.

Dieses Verhalten wird dadurch verstärkt, dass Finanzinstitute traditionell eine starke Risikovermeidungs- und Risikominderungsstrategie in ihre Unternehmenskultur eingebettet haben.

Diese Vermeidungshaltung führt bei vielen Führungskräften zu typischen Verhaltenweisen. Dazu zählen die Vermeidung von schwierigen Entscheidungen und die Übertragung von Verantwortung auf andere, wenn die Situation anders als gewöhnlich scheint oder sich nicht mit früheren Erfahrungen vergleichen lässt; Entscheidungen werden nur widerstrebend gefällt, womöglich werden keine Verbesserungsmaßnahmen eingeleitet und Risiken kaum akzeptiert; Unternehmen bestrafen Fehler, erkennen aber gute Leistungen zu wenig an.

Standpunkte einnehmen und Kritik geben (Oppositionsstrategie)

Führungskräfte neigen dazu, Bewertungen und Kritik auszusprechen, und suchen in den Ideen ihrer Mitarbeiter nach Fehlern, um Risiken und die Übernahme von Verantwortung vermeiden zu können. Führungskräfte suchen Aufmerksamkeit und Anerkennung, indem sie eine kritische Haltung einnehmen.

Solche Verhaltensweisen haben eine starke Verbindung zur Vermeidungsstrategie, denn ein Manager kann sagen: »Ich habe doch gleich gesagt, dass die Idee nicht gut war.«

Angestellte erwarten im Allgemeinen konstruktives Verhalten von effizienten Managern

Das Richtige tun (Selbstbestimmungsstrategie)

Führungskräfte sollten sich an die Unternehmenswerte halten (zum Beispiel Vertrauen, Integrität, Ehrlichkeit) und sich mit den Kompetenzmodellen für Führungskräfte identifizieren, zum Beispiel ein hohes Maß an Verantwortung übernehmen, integer handeln und das Richtige tun, anstatt den einfachsten Weg zu gehen oder es so zu machen, wie es immer gemacht wurde.

Von Führungskräften wird erwartet, dass sie sich engagieren, Werte schaffen und Qualität über Quantität stellen. Gleichzeitig erzeugen diese Verhaltensweisen eine gesunde Überzeugung vom eigenen Wert und Selbstvertrauen für die Führungskräfte wie auch für die Angestellten und Kunden, die mit ihnen zusammenarbeiten. Dadurch wird das Bedürfnis nach Rückversicherung von der nächsthöheren Hierarchiestufe vermindert, nach der viele Führungskräfte geradezu zu lechzen scheinen.

Fragen stellen, die dem anderen helfen, selbst zu denken (Humanistisch-ermunternde Strategie)

Führungskräfte sollten Diversität anerkennen und sich über die Stärken ihrer Mitarbeiter bewusst werden. Eine Idee auf den Prüfstand zu stellen, ist nicht verkehrt, solange die Person dahinter nicht in Frage gestellt wird; die richtige Art zu fragen wäre zum Beispiel: »Wie wird diese Idee unserem Kunden einen Mehrwert bieten?«

Führungskräfte sollten mehr Zeit damit verbringen, ihre Mitarbeiter wachsen zu lassen und Unternehmensziele durch Unterstützung und Coaching ihrer Mitarbeiter zu erreichen.

Gewinnen oder Verlieren (Konkurrenzdenken)
Führungskräfte sehen ihre Arbeit als einen Wettstreit und versichern sich ihres Selbstwertgefühls, indem sie sich mit anderen innerhalb oder außerhalb des Unternehmens vergleichen. Starkes Konkurrenzdenken führt zu einer Fixierung auf das Ziel, lenkt aber vom Prozess der Zielerreichung ab.

Das führt schnell dazu, dass sich Führungskräfte darauf konzentrieren, die Führungsebene und die Aktionäre zufriedenzustellen, während die Wünsche anderer Beteiligter vergessen werden.

Das Ergebnis ist ein Denken im Sinne von »wir gegen die anderen«, was häufig zum Nachteil des Kunden ausschlägt.

Die Dinge gut aussehen lassen (Bestätigungsstrategie)
Führungskräfte haben ein starkes Bedürfnis, von anderen gemocht und akzeptiert zu werden. Manchmal werden Mitarbeiter sie meiden, um Anerkennung von anderen zu suchen, und sie weden sich enttäuscht, vielleicht sogar gekränkt fühlen, wenn die gesuchte Anerkennung ausbleibt. Zwischen der Aufgabe einer Person und der Person selbst wird kein Unterschied gemacht.

Die Regeln beachten (Konventionelle Strategie)
Führungskräfte berufen sich auf die Regeln und verstecken sich hinter ihnen, um Entscheidungen zu fällen (oder zu blockieren), und übertragen im Grunde die Verantwortung auf die Regeln, anstatt selbst als Führungskraft Verantwortung zu übernehmen.

Den Weg zum Erfolg managen (Erfolgsstrategie)
Von Führungskräften wird erwartet, dass sie ihre Arbeit wie olympische Athleten betrachten. Sie beobachten die »Konkurrenz«, um festzustellen, was getan werden muss, um am Ende als Gewinner in einer Disziplin dazustehen. Mit diesem Wissen gewappnet, setzen sie sich auf der Grundlage ihrer Stärken und Fähigkeiten Ziele, und sie setzen sich für eine hohe Qualität der Ausführung ein.

Vor der Erreichung des Ziels vergleichen sie ihre selbstgesteckten Ziele mit den bislang erreichten Ergebnissen. Wettkämpfer konzentrieren sich ebenfalls stark auf die Vorgehensweise, die zum Erfolg führt, und versuchen dann, den Prozess zu meistern, der zu guten Ergebnissen führt (zum Beispiel Punkte sammeln). Durch die Fokussierung auf den Prozess des Punktesammelns schlagen sie eher früher als später die Konkurrenz aus dem Feld.

Tue Gutes (Affiliative Strategie)
Die meisten Menschen haben den Wunsch, gemocht und dafür akzeptiert zu werden, wofür sie sich selbst halten. Führungskräfte sollten mit Nachdruck daran arbeiten, die Beziehungen, die ihnen wichtig sind, zu verbessern und zu unterhalten.

Führungskräfte sollen sich auf Zusammenarbeit und Teamwork konzentrieren und können sich darauf verständigen, nicht derselben Meinung zu sein, sich aber dennoch als Kollegen oder Kunden respektieren.

Solche Führungskräfte trennen die Funktion einer Person von der Person selbst.

Verhaltensweisen und -beschreibungen aus Life Styles Inventory ™ Leaders Guide, Human Synergistics International. Copyright 1987–2010. Bearbeitung mit freundlicher Genehmigung.

Fotografie auf den folgenden Seiten mit freundlicher Genehmigung der Jyske Bank. Eine Kundenerfahrung, die auf den Werten der Jyske Bank beruht, zu denen Humor und Bescheidenheit gehören.

Roger Peverelli

Roger Peverelli (50) ist ein Partner der in den Niederlanden ansässigen Strategieberatung VODW. Er ist auf kundenorientierte Strategien und Veränderungen in Richtung Kundenorientierung spezialisiert. Während seiner 25-jährigen Karriere erfüllte er Aufträge auf diesem Gebiet für Finanzdienstleister auf der ganzen Welt – am B2C- sowie am B2B-Markt, auf dem Gebiet Haftpflicht- und Lebensversicherungen, vom Handelsbankengeschäft bis zur privaten Vermögensverwaltung, von kleinen und mittleren Unternehmen bis zum Großkundenbereich. Roger Peverelli hat bereits in jedem europäischen Land, in Nord- und Südamerika sowie Asien gearbeitet.

Er hat zahlreiche Artikel und Interviews über Strategie und Innovation im Finanzdienstleistungsbereich publiziert.

Er wird regelmäßig eingeladen, seine Vision bei Konferenzen und an Business Schools vorzustellen und an Vorstandssitzungen teilzunehmen.

Sie können Roger Peverelli unter rpeverelli@vodw.com kontaktieren.

Reggy de Feniks

Reggy de Feniks (43) ist Gründungspartner der Strategieberatung 9senses in Barcelona. Er verfügt über 20 Jahre internationale Geschäftserfahrung, unter anderem als geschäftsführender Berater bei VODW, vor allem im Bereich Banken und Versicherungen. Sein spezielles Fachwissen liegt hauptsächlich auf den Gebieten strategische Partnerschaften, Entwicklung neuer Angebote, Markteintrittsstrategien und Aufbau von kundenorientierten Unternehmen. Er wickelte erfolgreich Aufträge in über 40 Ländern auf der ganzen Welt ab. Er spricht regelmäßig auf internationalen Konferenzen und hat Seminare und Workshops an Business Schools in den Niederlanden und Spanien abgehalten. Reggy de Feniks hat diverse Artikel zum Thema Finanzdienstleistungen, internationales Marketing und Innovation veröffentlicht.

Sie können Reggy de Feniks unter rdefeniks@9senses.com kontaktieren.

Walter Capellmann

 Walter Capellmann (58) ist Gründer der Unternehmensberatung Capellmann Consulting mit dem Schwerpunkt Vertriebs- und Marketing-Beratung für Finanzdienstleister. Er verfügt über mehr als 20 Jahre Erfahrung im Bereich Marketing und Kommunikation von Konsumgütern. Während seiner Laufbahn arbeitete er für international agierende Unternehmen im Bereich Finanzen sowie in der Verlagsbranche als Operation Manager, Geschäftsführer und Vorstand. Walter Capellmann ist Hauptbevollmächtigter der Monuta Versicherungen in Deutschland, war General Manager des niederländischen Immobilienfinanziers ABN AMRO Hypotheken Groep B.V., Vorstandsvorsitzender der AEGON Lebensversicherungs-AG, Mitglied des Verwaltungsrates des AEGON International SICAV Luxembourg sowie Vorstandsmitglied der Schweiz Direkt Versicherung.

Als Dozent und Redner spricht er außerdem regelmäßig zu Marketing- und Vertriebsthemen, speziell zum Thema Finanzdienstleistungen.

Sie können Walter Capellmann unter w.capellmann@capconsult.de kontaktieren.

Stichwortverzeichnis

Wenn Sie **Interesse** an
unseren Büchern haben,

z. B. als Geschenk für Ihre Kundenbindungsprojekte,

fordern Sie unsere attraktiven Sonderkonditionen an.

Weitere Informationen erhalten Sie bei unserem

Vertriebsteam unter +49 89 651285-154

oder schreiben Sie uns per E-Mail an:

vertrieb@finanzbuchverlag.de

FinanzBuch Verlag